Título original:
Struggle for Survival: The History of Second World War

Copyright © R.A.C. Parker, 1989

Tradução: Maria João Freire

Revisão da Tradução: Pedro Bernardo

Capa de FBA

Depósito Legal n° 245326/06

Impressão, paginação e acabamento:
MANUEL A. PACHECO
para
EDIÇÕES 70, LDA.
Julho de 2006

3.ª edição
ISBN (10): 972-44-1303-9
ISBN (13): 978-972-44-1303-9

ISBN da 1.ª edição: 972-44-0747-0
ISBN da 2.ª edição: 972-44-1088-9

Direitos reservados para língua portuguesa
por Edições 70

EDIÇÕES 70, Lda.
Rua Luciano Cordeiro, 123 – 1° Esq° - 1069-157 Lisboa / Portugal
Telefs.: 213190240 – Fax: 213190249
e-mail: geral@edicoes.pt

www.edicoes70.pt

Esta obra está protegida pela lei. Não pode ser reproduzida,
no todo ou em parte, qualquer que seja o modo utilizado,
incluindo fotocópia e xerocópia, sem prévia autorização do Editor.
Qualquer transgressão à lei dos Direitos de Autor será passível
de procedimento judicial.

HISTÓRIA da II GUERRA MUNDIAL

HISTÓRIA da II GUERRA MUNDIAL

R.A.C. PARKER

70

PREFÁCIO

Este livro é uma pequena história da Segunda Guerra Mundial. Aborda não apenas a história militar — a forma como a guerra foi ganha e perdida — mas analisa também as suas causas e consequências. Um estudo como este obriga a uma selecção rigorosa, porque diz respeito à maior parte da história mundial entre 1939 e 1945 e a alguns anos anteriores e posteriores a estas duas datas.

Optei, assim, por analisar apenas os episódios decisivos da guerra: aqueles que mudaram o seu curso e que determinaram o seu fim. Por exemplo, tal como o governo australiano afirmou na altura, a intensa luta ofensiva, sob as mais árduas condições, travada pelas forças australianas na área sudoeste do Pacífico, tinha pouca relação com as operações planeadas contra o arquipélago do Japão. O mesmo se verificou no que respeita à campanha da Birmânia levada a cabo pelo 14.º Exército Imperial Inglês que, apesar de ter vencido algumas das melhores tropas japonesas, não constituiu mais do que um brilhante espectáculo secundário na guerra contra o Japão, não obstante o significado que possa ter tido no restabelecimento da influência inglesa no Sudeste Asiático.

Alguns autores ingleses encaram os contributos americanos para os debates sobre estratégia de guerra com alguma condescendência. Tentei ultrapassar quaisquer preconceitos ingleses que possam existir, ao tomar em consideração o comportamento dos Aliados.

A guerra mudou as vidas de um vasto número de homens, mulheres e crianças mais do que qualquer outra série de acontecimentos. Com efeito, para se conseguir ilustrar o diversificado e incerto impacto da guerra sobre os indivíduos seriam necessários muitos volumes de experiências individuais. Seleccionei alguns aspectos da guerra que afectaram grupos completos, nacionais, étnicos ou sociais. As experiências das populações em países atacados ou ocupados pelo inimigo foram tão diferentes das daqueles que escaparam à invasão, que se torna impossível fazer generalizações sobre as consequências sociais da guerra; as sociedades de língua inglesa, em particular, escaparam a muitas das atribulações sofridas na Europa continental e no Leste da Ásia. Fiz referência a algumas das formas mais importantes que podem afectar a vida humana mas, de uma maneira geral, cada sociedade não dispensa a sua própria análise pormenorizada. Não esqueci os sofrimentos passíveis de serem ocultos pelas estatísticas, e espero que o leitor se aperceba das misérias desta guerra. Dediquei um capítulo à terrível provação vivida pelos judeus da Europa.

As consequências da guerra afectam ainda os acontecimentos mundiais. Este livro tenta demonstrar a sua variedade e importância, salientando as de maior alcance e durabilidade.

Impõe-se actualmente uma decisão aos escritores que pretendam abordar a história da China: se devem ou não adoptar o novo sistema de transliteração dos nomes chineses, no qual, por exemplo, Pequim passa a ser Beijing e Mao Tse Tung, Mao Zedong. Parece mais aconselhável empregar a forma utilizada pelos participantes na Segunda Guerra Mundial, que teriam ficado perplexos ante a substituição do «Generalíssimo» Chiang Kai-Chek pelo nome Jiang Jieshi.

Qualquer autor que aborde assunto tão intenso e de tão grande alcance não pode deixar de ficar em dívida para com os trabalhos de tantos outros escritores. A lista de livros incluída contém algumas, mas não todas, das minhas fontes. Os meus agradecimentos a todos aqueles cujos trabalhos utilizei, e a Miss Pat Lloyd, minha secretária.

ALASTAIR PARKER, 1989

I

HITLER, A ALEMANHA E AS ORIGENS DA GUERRA NA EUROPA

A Segunda Guerra Mundial foi composta por duas guerras distintas: a que se travou na Europa, e a que seu deu no Extremo Oriente. Depois de 1941, os Estados Unidos e o Reino Unido participaram em ambas, enquanto os seus inimigos lutavam em guerras diferentes e, até aos últimos dias, a União Soviética lutou apenas na Europa. Estas duas guerras tiveram origem nos conflitos entre as acções dos governantes da Alemanha e do Japão por um lado e, por outro, naquilo que os governos e os sectores politicamente influentes das populações da Inglaterra, da França e dos Estados Unidos consideravam aceitável. Em 1939, o governo da Polónia decidiu lutar, encorajado pela Inglaterra e pela França, em vez de se arriscar a perder a sua independência; em 1940, Mussolini envolveu voluntariamente a Itália na guerra na Europa, mas apenas por pensar que esta estava ganha. Todos os outros países que combatiam ou que estavam a ser invadidos não tinham hipótese de escolha. Perto do fim da guerra, mais Estados se uniram na luta contra a Alemanha, de forma a poderem qualificar-se como membros fundadores das Nações Unidas: a sua participação foi, de um modo geral, apenas nominal.

As acções da Alemanha e do Japão e as reacções da Inglaterra, da França, da Polónia e dos Estados Unidos explicam a Segunda Guerra Mundial. O mais importante é estudar a Alemanha; o governo alemão começou a guerra na Europa. Se esta guerra criada pela Alemanha não tivesse começado, os Japoneses não poderiam ter atacado o Império Britânico e os Estados Unidos. O paradoxo do domínio nazi na Alemanha residiu no facto de o governo de Hitler ser, simultaneamente, não representativo e popular. Apenas uma pequena percentagem de Alemães teria aprovado de antemão as acções expansionistas, violentas e assassinas de Hitler; no entanto, a sua ditadura parece ter ganho o apoio da maioria durante vários anos e uma quase total aceitação até praticamente ao fim da guerra. O apoio alemão a Hitler dependia da ignorância dos Alemães acerca do que o regime lhes traria. Os objectivos nacionalistas dos Alemães desejados pela maioria teriam certamente sido difíceis de alcançar; não necessitavam, contudo, de causar uma grande guerra europeia. Para que isto acontecesse eram necessárias uma ferocidade e impetuosidade especiais, que os nazis investiram na sua política externa. As actividades externas de Hitler foram aprovadas, pelo menos até 1941, porque os seus objectivos aparentes correspondiam aos objectivos da maioria dos alemães politicamente conscientes, apesar de os verdadeiros objectivos de Hitler irem muito mais longe do que isso: sair vitorioso de uma luta auto-imposta pela sobrevivência.

Hitler e os nazis chegaram ao poder devido ao apoio dos votantes alemães em 1932 (37 e 33 por cento dos votos expressos nas duas eleições para o Reichstag), e porque os políticos poderosos não nazis preferiam colaborar com os nazis e explorar a situação em vez de se aliar aos socialistas para os combater. O ressentimento e os receios gerados pela crise económica e as supostas injustiças políticas explicam o apoio maciço dado a este partido nacionalista e autoritário. Era imprescindível para o sucesso dos nazis e para a eventual aceitação de Hitler por parte dos Alemães, no que diz respeito à política externa, que o povo alemão acreditasse que os seus infortúnios económicos e políticos eram uma consequência da imposição e da aplicação do Tratado de Versalhes por parte dos predadores estrangeiros. Poucos Alemães sentiam qualquer «culpabilidade» especial em relação à Primeira Guerra Mundial e não sentiam que as suas dolorosas consequências, encarnadas no Tratado de Versalhes, representassem um castigo justificado. As «indemnizações», a obrigação de pagar pelos danos causados aos Aliados durante a guerra, inspiravam uma ira especial porque eram consideradas injustas e também ruinosas. Os Alemães culpabilizavam simultaneamente a enorme inflação de 1922, que acabou por retirar todo o valor à moeda alemã e teve como consequência uma paragem da vida económica, e a crise posterior a 1929, que culminou no desemprego de quase metade da mão-de-obra industrial em 1932, devido às políticas vingativas dos Aliados, especialmente dos Franceses. A inflação tinha, em grande parte, origem na resistência alemã às indemnizações, e a crise foi provocada pela retirada dos capitais dos investidores americanos, cujos motivos não incluíam qualquer particular hostilidade em relação à Alemanha ou às políticas rigorosamente deflacionistas do seu governo. No entanto, as atitudes estrangeiras, especialmente aquelas manifestadas pela ocupação franco-belga do Ruhr em 1923 e pela relutância da França em cooperar num abrandamento da pressão sobre os bancos alemães em 1931, forneciam uma justificação aparente para a crença de que os desastres económicos alemães eram causados pela maldade dos estrangeiros.

As fronteiras definidas pelo Tratado de Versalhes forneciam ainda mais motivos para a existência de um nacionalismo xenofóbo. Alguns Alemães encaravam desfavoravelmente a separação entre os Austríacos de língua alemã e a Alemanha, e o domínio dos Checos sobre Alemães que se seguiu à queda da monarquia dos Habsburgo e à criação da Checoslováquia. Muitos Alemães consideravam errado que Polacos governassem Alemães na Polónia renascida. Outros aspectos de Versalhes, como a perda das colónias alemãs, irritavam certos grupos de interesses especiais, enquanto um sector extremamente influente da sociedade alemã não via com bons olhos as limitações impostas pelo Tratado no que respeitava às dimensões e ao equipamento do Exército alemão.

O apoio aos nazis resulta das suas manifestações de ódio em relação aos estrangeiros e também do pânico causado pela catástrofe económica dos anos de depressão, entre 1929 e 1932. Os nazis acusavam simultaneamente os socialistas e os capitalistas e denunciavam ambos como não patrióticos, como instrumentos internacionais da malevolência e da exploração estrangeira. A subversão socialista, afirmavam, fora a causa da derrota alemã em 1918, e daí em diante os agentes do liberalismo capitalista, especialmente Stresemann, apóstolo da execução do Tratado de Versalhes entre 1924 e 1929, tinham-se sujeitado à ditadura dos Aliados. Durante a segunda catástrofe económica dos anos que mediaram entre as duas guerras, a Alemanha foi, mais do que qualquer outro grande país industrial, atingida pela grande depressão. Em 1932, a depressão tornava o partido nazi o mais forte de todos os partidos políticos. Poucos trabalhadores simpatizavam com os nazis: os votos combinados dos socialistas (SPD) e dos comunistas (KPD) mantiveram-se constantes durante a ascensão do partido. O apoio em massa provinha sobretudo da classe média e dos camponeses. Para a classe média era fácil acreditar que a depressão resultava das ideias socialistas, simbolizadas pelos sindicatos supostamente egoístas, e de perspectivas limitadas. A resistência da classe trabalhadora à imposição de baixos tectos salariais e à redução da despesa pública relativa à segurança social, concluíram de imediato as classes médias, era uma atitude estúpida e nociva para toda a gente e atrasava a recuperação da economia que a diminuição dos custos dos salários e a manutenção da confiança na moeda poderiam proporcionar.

O suposto apelo dos nazis à classe trabalhadora era, na realidade, um apelo efectivo aos outros Alemães: afirmavam não pertencer a qualquer classe e simbolizar um Estado e um governo acima dos conflitos sociais que acabaria com o desperdício dos conflitos laborais. Daí o seu apelo aos homens imparciais e moderados. Contra os mais exacerbados defensores da luta de classes, os comunistas, os nazis prometiam a luta mais vigorosa, o que era uma perspectiva agradável para aqueles que estavam assustados com a fragilidade da estrutura social e que temiam que esta fosse derrubada. A insistência nazi na necessidade de uma cooperação abnegada pelo bem comum deu à sua causa um aspecto reformador e até mesmo progressista, o que tornava mais fácil o desinteresse dos inimigos do socialismo.

Os nazis eram apoiados por um número desproporcionado de jovens votantes, provavelmente por causa da sua oposição aos partidos baseados nas classes. Apenas um único partido não socialista manteve intacta a sua força de voto, o partido do Centro, caracterizado pela independência que mantinha relativamente às classes sociais, devido à sua ligação com a Igreja Católica. A pretensão do partido Nazi de ser alheio à luta de classes era reforçada pela sua hostilidade contra os excessos individualistas que atribuía ao capitalismo internacional. Numa época de profunda recessão económica, um ataque aos capitalistas de sucesso, apelidados de vigaristas conspiradores, exercia uma grande atracção, especialmente nos devedores e, consequentemente, nos camponeses e comerciantes, severamente atingidos pela baixa dos preços e pela tendência dos governos de Weimar, em especial o de Brüning, para favorecerem os produtores de cereais em detrimento dos produtores de gado. Era evidente que os nazis discriminariam os judeus, mas poucos votantes poderiam ter imaginado o morticínio organizado pelo governo alemão durante a guerra. Em 1932, o anti-semitismo afastava provavelmente mais Alemães do que atraía. Exercia, no entanto, uma atracção difícil de precisar, nos camponeses, que se indignavam com as dívidas contraídas aos endinheirados, nos pequenos comerciantes que não apreciavam a competição dos estabelecimentos maiores, e em certos ramos de actividade, como advogados e médicos por exemplo, que atribuíam os seus insucessos ou falta de emprego aos privilégios injustos conferidos aos judeus pela pretensa coesão da sua cultura ou da sua religião. Os votos a favor dos nazis expressavam os medos e os ódios surgidos das privações ou do medo das privações. Os nazis encorajavam e exploravam a desconfiança entre os diferentes grupos sociais, enquanto se reclamavam partidários de uma nação unida.

Antes de Hitler se tornar chanceler, a maioria da população votou, no entanto, contra os nazis em todas as eleições. Teria sido impossível uma tomada do poder pelas armas contra a polícia e o Exército, em cuja obediência o marechal de campo Hindenburg, o presidente, e os ministros por ele designados podiam confiar. Para os nazis conseguirem obter o poder constitucionalmente era necessária a ajuda dos não nazis. Em 1930, Brüning foi nomeado chanceler, quando o anterior governo alemão se dividiu em consequência do desacordo surgido quanto à questão de as despesas governamentais deverem ser diminuídas através da redução dos custos da defesa nacional ou da ajuda aos pobres. Hindenburg e os seus conselheiros esperavam que Brüning evitasse a dependência do apoio socialista no Reichstag, de modo a poder manter, ou mesmo aumentar, as despesas com a defesa nacional. No entanto, quando se tornou claro que não conseguia a colaboração dos nazis, viu-se afinal obrigado a apoiar-se na «tolerância» do apoio semioculto dos socialistas.

Em 1932, os socialistas começaram a insistir nos governos provinciais que se devia controlar os nazis, especialmente a violência das SA, as tropas de choque. Obrigaram o governo a atacá-las, forçando assim Brüning a colaborar com o seu partido contra os nazis. Esta colaboração foi simbolizada pela eleição presidencial de 1932, quando Hindenburg foi apoiado pelos socialistas de modo a manter Hitler em segundo lugar. Hindenburg e os seus conselheiros mais próximos, que queriam acima de tudo enfraquecer o socialismo e fortalecer o Exército, tentaram escapar a esta aliança indesejável, descobrindo uma outra forma de colaboração com os nazis. Para tal, afastaram Brüning e colocaram Franz von Papen no seu lugar. Este acabou com o governo da Prússia, no qual ministros socialistas detinham posições-chave, anulou as medidas contra as SA e ofereceu a Hitler a vice-chancelaria. Mas Hitler recusou--se a aceitar uma posição subalterna, e negou a Papen os votos nazis no Reichstag. O Exército não queria igualmente aceitar uma ditadura militar presidida por Papen já que, segundo o seu porta-voz político, general von Schleicher, ela não era suficientemente forte para combater nazis, socialistas e comunistas em simultâneo. Em vez disso, Schleicher tornou--se ele próprio chanceler, e tentou colaborar com os sindicatos e dividir os nazis de modo a enfraquecer Hitler. Não conseguiu contudo cumprir o seu objectivo e, em Janeiro de 1933, as hipóteses de escolha residiam entre uma dependência renovada dos socialistas, o domínio dos militares ou a aceitação das condições de Hitler. O presidente Hindenburg foi persuadido, especialmente por Papen e pelo general Blomberg, de que os interesses do Exército e dos conservadores alemães podiam ser realizados mesmo no caso de Hitler se tornar chanceler.

Depois de Hitler se tornar chanceler, e insistindo, com sucesso, no controlo nazi dos ministérios do Interior e da Polícia da Prússia e do *Reich*, e explorou a sua posição utilizando as SA para intimidarem os políticos civis, ao mesmo tempo que utilizava a lisonja e o suborno com Hindenburg e os chefes do Exército, prometendo-lhes expansão do Exército e mais independência. Conseguiu a dissolução de todos os outros partidos, ao mesmo tempo que a votação da Lei de Autorização Legislativa conferia uma aura de legalidade à sua ditadura. O grande problema que se lhe colocou em 1933 e no início de 1934 era que, para intimidar os políticos civis, tinha de pressionar certos grupos que tinham ligações sociais e políticas com o Exército. Pior ainda, os chefes das SA e muitos dos seus membros pretendiam a radicalização da sociedade alemã, com um estatuto mais elevado e cargos superiores para si. Os oficiais das SA, diziam eles, deviam ter uma posição igual à dos oficiais do Exército, mas o exército regular temia ser esmagado. Por conseguinte, no Verão de 1934, Hitler foi obrigado a escolher — ou utilizar as SA para fazer uma revolução social e colocar homens novos no poder, ou suprimir as pretensões dos seus chefes e trabalhar com os detentores de riquezas, bens e influência já existentes. Em Junho de 1934, um número incerto de chefes das SA, provavelmente entre 100 e 200, foram mortos, juntamente com alguns velhos inimigos de Hitler, como, por exemplo, Schleicher.

Desde essa data até 1938 seguiu-se um período de normalização e de relativa respeitabilidade. A ordem voltou. A discriminação dos judeus era levada a cabo mais por intermédio de proibições legislativas do que pela brutalidade declarada. A violência aplicada aos inimigos políticos dos nazis era ocultada atrás das grades dos campos de concentração. A partir daí, a Alemanha nazi foi dirigida por dois grupos de governantes, só parcialmente juntos: o funcionalismo público tradicional, a magistratura, os professores, os oficiais do Exército, os homens de negócios e a polícia, por um lado, e, por outro, o partido com as suas próprias hierarquias e esferas de influência. Estes dois grupos de governantes toleravam-se sem apreço ou respeito mútuos, pelo que o III *Reich* combinava, assim, a honestidade e a eficiência ordenada, antiquadas e conservadoras em muitos dos aspectos governamentais e das forças armadas, com a influência poderosa dos mecanismos brutais, marginais e muitas vezes corruptos e incompetentes da supremacia do partido nazi. A preguiça e a incoerência intelectuais de Hitler contribuíram para o seu predomínio político: evitando escolhas entre objectivos e métodos em conflito, fortaleceu a sua posição como árbitro. Os nazis fanáticos e, embora com menos razão, os conservadores e inclusive aqueles que acreditavam na legalidade, podiam continuar a considerar Hitler um aliado contra os outros. O efeito, conjugado com a forma através da qual o génio orador de Hitler o transformava no único chefe possível do Nazismo, iria impô-lo como verdadeiro ditador, governante absoluto — não à maneira de Filipe II de Espanha ou de Napoleão, como administrador trabalhador que estuda todos os aspectos do seu império — mas no sentido em que foi sempre o último recurso absoluto, o árbitro final entre subordinados em conflito e jurisdições confusas.

Em 1939, quando rebentou a guerra europeia, o apoio a Hitler no interior da Alemanha aumentara ainda mais. A princípio, o seu governo manteve apenas os esquemas de credibilização, como Papen e Schleicher, mas alguns meses depois alargaram-se a programas de obras públicas realizadas em grande escala e, a partir de 1934, o rearmamento aumentou. O serviço militar obrigatório foi reinstituído em 1935. Por conseguinte, em 1936 o desemprego desaparecera praticamente. Os recursos não utilizados durante a depressão eram tão grandes que o renascimento económico alemão conseguiu proporcionar a toda a força de trabalho, no final dos anos 30, um nível de vida equivalente ao de um trabalhador empregado em 1932, maiores lucros, rendimentos mais elevados para os produtores agrícolas e fabrico de armamento, que ultrapassava o nível de outros países. Não havia, evidentemente, eleições ou voto livre para testar a opinião pública, mas parece claro que, no final de 1938, o regime havia sido aceite por uma maioria substancial de alemães. Senhor de um país poderoso e unido, Hitler podia tentar alcançar os seus objectivos externos.

Quais eram estes objectivos? A resposta deve ser cautelosa, já que é neles, se é que existiram, que se podem descobrir as causas da Segunda Guerra Mundial. Vários historiadores dignos de crédito defendem que esta investigação é fútil por uma das duas razões que se seguem. A primeira é a de que Hitler, fossem quais fossem os seus desejos subjectivos, deve ser considerado um produto de forças sociais e económicas inelutáveis, derivadas dos mecanismos do capitalismo, que levaram, necessariamente à ditadura nazi e à eclosão da guerra na Europa. É sem dúvida verdade que Hitler não conseguiria ter chegado ao poder sem a depressão mundial, e que ela própria foi consequência da forma como as economias capitalistas estavam organizadas. E é também verdade que o regime provou, na maioria dos aspectos, ser compatível com os interesses do capitalismo alemão. Este não tinha, no entanto, necessidade de uma guerra. Pelo contrário, a política externa nacionalista seguida antes de 1939, fornecia a base para uma prosperidade estável, mas isto se Hitler concordasse em controlar o rearmamento. Os produtores de matérias-primas, no Sueste da Europa e na América do Sul, assim como os países industrializados, em particular o Reino Unido, estavam prontos para responder às necessidades económicas da Alemanha. Um restabelecimento da cooperação com a União Soviética demonstrou ser possível em 1939. Se é um facto que o «capitalismo» ditou a destruição da União Soviética, o seu suposto fantoche revelou uma inépcia pouco plausível ao desafiar simultaneamente o Império Britânico e os Estados Unidos. Havia formas mais eficazes e menos arriscadas de prosseguir os interesses capitalistas do que o caminho seguido pela Alemanha de Hitler após 1939.

A segunda razão que leva a negar-se que Hitler tivesse «planos» ou «objectivos», é o facto de se tornar difícil incluir as suas acções num padrão claro, e as suas próprias justificações para as suas atitudes, bem como a explicação dos seus objectivos, serem incoerentes e inconsistentes. É possível concluir que um impulso irracional para a violência tenha movido Hitler e os nazis, ou que o seu domínio na Alemanha, juntamente com a ditadura de Hitler, precisavam de ser justificados através de uma luta interminável contra inimigos cuja identidade era, em qualquer momento, determinada por circunstâncias acidentais. Muitos factos corroboram esta interpretação. A popularidade pessoal de Hitler na Alemanha assentava, em grande parte, no desempenho do seu papel de salvador do povo alemão contra inimigos perigosos. Pode afirmar-se que, em 1938, eram necessários novos inimigos. Esta linha de raciocínio enquadra-se na natureza extraordinariamente confusa e nebulosa do regime. Como *Führer*, Hitler liderava o seu governo através de indivíduos e organizações subordinadas mas que competiam entre si, e agia como árbitro evasivo, interferindo com relutância e tentando evitar comprometer-se com qualquer ponto de vista definido. Discussões sobre a política geral raramente tinham lugar ou, se tinham, consistiam em conversas não registadas entre Hitler e um punhado de indivíduos da sua confiança. As decisões do *Führer*, surgiam, assim, de forma arbitrária, sem discussão, sem serem resultado de princípios gerais ou explicadas enquanto métodos para alcançar objectivos previamente acordados. A notória falta de vontade de Hitler para tomar decisões reforça a impressão, dada pela falta de princípios orientadores por detrás dessas decisões, de que as suas acções eram respostas a mudanças de circunstâncias e surgiam para garantir apenas a sobrevivência do regime.

Não existe uma forma concludente de refutar a afirmação segundo a qual Hitler precisava de crises e de emergências externas constantes, porque não podemos saber o que teria acontecido se tivesse tentado governar sem elas. Ter-lhe-ia sido decerto possível tentar um caminho diferente em 1939: limitar o armamento, ganhar pacificamente concessões à custa da Polónia, garantir concessões de trocas e empréstimos estrangeiros e, deste modo, consolidar a posição da Alemanha como potência mais forte da Europa. A dificuldade em considerar Hitler senhor de uma Alemanha tão pacífica e conservadora, provém não apenas da sua dificuldade em conseguir apoio para uma ditadura em condições tão tranquilas, mas também de não se poder acreditar que ele próprio as teria aceite. Parece mais provável que Hitler acreditasse sinceramente que devia guiar a Alemanha naquilo que pensava ser uma inevitável luta pela existência — nacional, racial — e que, por assim dizer, o consequente estado de crise permanente fornecia uma justificação para a ditadura nazi.

Nos escritos de Hitler e nas suas conversas privadas registadas, dois termos são constantes: a necessidade de resolver «o problema judaico» e a necessidade de garantir «um espaço vital» para os Alemães. Derrotar os judeus era uma garantia da pureza racial dos Alemães, enquanto esse «espaço vital» os fortaleceria na sua luta pela sobrevivência, que acreditava estar a ocorrer entre raças e nações em competição. As suas ideias pormenorizadas sobre a forma como esses objectivos podiam ser alcançados eram vagas e inconsistentes. Era necessário lutar contra «o Judeu» — mas a «solução final», o assassínio em massa, só surgiu depois de 1941. O «espaço vital» significava terras para os camponeses alemães e uma fonte de matérias-primas para a indústria alemã. Hitler era a favor da expansão armada para criar um conjunto de terras, na Europa, dominadas pela Alemanha, com capacidade para serem auto-suficientes na guerra e aguentarem uma luta contra qualquer nação rival. Isto implicava uma expansão a «Leste» que parecia incluir a Rússia europeia. A maioria dos historiadores concorda que o grande objectivo da vida de Hitler foi a destruição da União Soviética e a exploração alemã dos recursos soviéticos. Porém, mesmo neste aspecto, Hitler foi inconsistente. No início de 1939, tentava aparentemente colaborar com a Polónia contra a União Soviética, mas durante alguns meses em 1939 e 1940 parece ter tentado seriamente cooperar com a União Soviética, na base de um acordo comum em relação a esferas de influência, e estava até disposto a resignar-se, no aspecto do «espaço vital», a ficar com a parte alemã da Polónia. Ribbentrop, o seu ministro dos Negócios Estrangeiros, estava decerto autorizado a agir segundo estas directivas. Em contrapartida, no final de 1940, Hitler decidiu conquistar a Rússia e explorar, do ponto de vista do «espaço vital», tanto a Rússia como a Polónia.

A conquista do «espaço vital», e, na verdade, a «luta» à qual, segundo Hitler, a Alemanha não podia escapar, necessitava de poderio militar. Antes de 1939 insistiu regularmente na aceleração e extensão do ritmo e da escala do rearmamento alemão. Em Agosto de 1936, pôs as suas ideias por escrito — um acontecimento raro após a sua chegada ao poder — numa exposição dos objectivos do Plano Quadrienal, um conjunto de medidas económicas destinadas a tornar a Alemanha o mais auto--suficiente possível. Hitler terminava assim: «O Exército alemão deve estar a postos para operações militares num espaço de quatro anos; a economia alemã deve estar preparada para a guerra num espaço de quatro anos». Não se estabeleceram prioridades entre o Exército, a Força Aérea e a Marinha, ou entre a produção civil e a das forças armadas. Como também não se estabeleceu uma estratégia de expansão. Neste aspecto, como em todos os outros, os objectivos de Hitler eram prosseguidos através de uma série de improvisações. Foi uma improvisação política e estratégica que iniciou a guerra na Europa: o ataque à Polónia em 1939.

A tendência de Hitler para a agressão armada, juntamente com a sua crença na inevitabilidade de uma luta constante pela sobrevivência entre nações e raças, devia certamente levar a uma guerra. A forma e o momento em que se deu foram, sobretudo, resultado da política inglesa. Os governos ingleses não se opunham de modo algum ao desenvolvimento da prosperidade alemã: com efeito, partiam do princípio de que a prosperidade alemã era uma das condições da prosperidade inglesa. As queixas da Alemanha contra o Tratado de Versalhes foram bem recebidas por todo o lado em Inglaterra. Nos anos 20 e mesmo no início dos anos 30, a Inglaterra pressionava a França para que aceitasse fazer concessões à Alemanha no aspecto do «desarmamento» (que significava autorizar algum rearmamento da Alemanha) e das indemnizações de guerra. A Inglaterra pouco contribuiu para ajudar a França a executar as cláusulas territoriais do Tratado. A maioria das pessoas em Inglaterra teria aceite, com bons olhos, uma Alemanha forte, próspera e pacífica.

A Alemanha nazi adquiriu força e prosperidade mas estava longe de ser pacífica. Para os governos britânicos, ela parecia muito ameaçadora. O medo não respeitava a uma ameaça directa aos interesses dos Ingleses; apesar de os nazis manterem e até encorajarem a exigência de certos grupos não nazis de uma restituição das colónias alemãs anteriores à guerra, Hitler não insistia nessa exigência nem a considerava incompatível com o entendimento anglo-germânico que afirmava desejar. Os métodos comerciais alemães afectavam o comércio britânico no Sueste da Europa e na América Latina, mas o impacto a nível global no comércio externo britânico era demasiado pequeno para provocar uma resistência armada contra a Alemanha. Com efeito, os ministros ingleses parecem ter considerado que a existência de um domínio puramente económico da Alemanha no Sueste europeu era um preço aceitável para a paz.

No entanto, a preparação dos Alemães para a guerra e o que se podia avaliar das intenções do regime nazi sugeria uma perspectiva militar expansionista orientada para o Leste da Europa. Hitler tinha esperança de que os Ingleses lhe dessem luz verde a Leste, em troca da aceitação, por parte da Alemanha, do Império Britânico e da situação tal como se apresentava fora da Europa e, talvez também, na Europa Ocidental. A desvantagem que daí advinha, do ponto de vista britânico, residia no facto de Hitler e a Alemanha nazi, se não fossem detidos, passarem a dominar politicamente o Leste da Europa. Se o desinteresse britânico obrigasse também a França a abandonar o Leste da Europa, a União Soviética ficaria isolada e, como se pensava que ela não teria capacidade para lutar sozinha contra a Alemanha, ver-se-ia confrontada com a sua destruição ou com a sujeição aos desígnios de Hitler, quaisquer que eles fossem. Na Europa Ocidental ocorreria um caso semelhante, já que a França não conseguiria defender a sua própria independência e teria de se confrontar com a mesma escolha. O belicoso governo nazi organizaria então a Europa de forma a tornar a Alemanha ainda mais poderosa do ponto de vista militar. Contra uma tal Europa organizada pelos Alemães, seria difícil defender a Inglaterra durante muito tempo, e esta tornar-se-ia, por sua vez, dependente da boa vontade dos Alemães. O governo britânico não tinha outra hipótese senão parar este processo, se o conseguisse, pelo que encorajou, em 1939, dois aliados seus, a França e a Polónia, a arriscarem a guerra de forma a conter o avanço de Hitler. Esta foi a razão pela qual a guerra rebentou na Europa — o governo britânico interferia na Europa para manter o equilíbrio do poder.

Os governos britânicos não pensavam contudo nestes termos, nem mesmo em 1939, e não teriam conseguido apoio das massas se parecesse que o estavam a fazer. Os governos acreditavam que estavam a tentar manter a paz, pensavam cuidadosamente na forma como o poderiam fazer, e não consideravam, de um modo geral, que fosse necessário explicar, nem sequer para eles próprios, que a paz tinha de ser mantida de forma a assegurar a independência e o bem-estar britânicos contra uma ameaça externa. Esta questão, assim como a maioria dos objectivos deveras importantes da política, era tida como certa. Pouco se falava sobre o significado que teria, na prática, a perda da independência britânica: talvez se pensasse que o acontecimento mais provável fosse uma exigência armada e irresistível, por parte da Alemanha, da devolução das colónias anteriores a 1914. A ameaça nazi parecia mais grave do que isso e, no entanto, era difícil explicar exactamente o que estava a ser ameaçado. Esta ideia vaga acerca de quais seriam os interesses britânicos que precisavam de ser defendidos facilitou a expressão de uma política em termos evoluídos, exigida pela maioria dos sectores cultos do eleitorado. O domínio da lei, a frustração da agressão, o sustentar dos princípios do acordo da Sociedade das Nações e os direitos das nações mais fracas deviam ser garantidos por meios pacíficos. Tudo isto se inseria no objectivo do «apaziguamento Europeu», um conceito que teve apoio generalizado até ao momento em que os métodos utilizados por Chamberlain em 1938 para o conseguir lhe começaram a atribuir uma má reputação. O apaziguamento significava a obtenção de uma Alemanha pacífica. Para conseguirem isto, os governos britânicos tentaram uma mistura de conciliação e coerção, tentativas para alcançar uma solução pacífica para as queixas legítimas da Alemanha com ameaças de resistência à agressão alemã. À medida que o tempo passava, um número crescente de políticos e observadores perdia cada vez mais a esperança na possibilidade de estabelecer acordos duradoiros com Hitler e aumentou o elemento de coerção na política externa britânica.

A princípio, as concessões oferecidas à Alemanha eram surpreendentemente reduzidas: de 1933 a 1935, a legalização do rearmamento alemão em troca dos limites acordados quanto ao seu poder militar e, em 1936 e 1937, as tentativas para conseguir uma Alemanha pacífica em troca tanto do fim da «zona desmilitarizada» — ou seja da proibição das actividades militares na zona do Reno (algo de que os Alemães, em qualquer caso, se apoderaram, em Março de 1936) — como de uma restituição muito limitada das colónias alemãs anteriores à guerra. Esta confiança na facilidade com que se podia pacificar a Alemanha provinha da crença de que a insistência francesa na obediência ao Tratado de Versalhes fora a causa original da agressividade nazi; uma vez que se tivesse conseguido convencer os governos franceses, ou estes tivessem sido levados a assumir uma atitude menos rígida, tudo iria pelo melhor.

Esta convicção foi abalada em 1935, com o notório rearmamento da Alemanha que violava abertamente os termos do Tratado de Versalhes, e em 1936 com a remilitarização forçada da zona do Reno. No início de 1936, o governo britânico concordou no rearmamento para uma eventual guerra. Em 1936 e 1937, porém, continuava a procurar um pretexto que pudesse persuadir as autoridades alemães a tornar-se pacíficas e a limitarem os seus armamentos. Este pretexto ainda se podia encontrar nas concessões coloniais. Só em 1938 é que o governo britânico, firmemente liderado por Neville Chamberlain como primeiro-ministro, optou pela nova linha de interferência na Europa Central e Oriental para conseguir concessões políticas para os desejos da Alemanha. Os apaziguadores britânicos tinham objectivos incompatíveis. Esperavam modificar suficientemente a Europa de forma a torná-la aceitável para Hitler (ou, se não o conseguissem, para outros alemães que fossem capazes de o deter) e simultaneamente impedir o domínio absoluto da Europa pelo poder militar alemão. Não importava muito aos Ingleses quais os pormenores das mudanças necessárias na Europa Central e Oriental, mas o seguimento deste tipo de «apaziguamento» transformava a Inglaterra no obstáculo principal à expansão alemã.

Em Março de 1938, Hitler e Goering (que ainda detinha o primeiro lugar na luta pela influência existente em redor de Hitler) utilizaram a força para conseguir a incorporação da república austríaca na Alemanha. Quase de imediato, os Alemães dos Sudetas que viviam nas áreas fronteiriças ocidentais da Checoslováquia, um dos novos Estados constituídos no final da Primeira Guerra Mundial, foram encorajados a exigir a solução para os seus problemas, reais e imaginários. Adivinhava-se uma enorme crise internacional. Se a Alemanha atacasse a Checoslováquia, a França não teria outra solução senão ajudá-la, e a União Soviética seria então obrigada, pelos termos do Tratado, a solidarizar--se com a Checoslováquia. E se a França se envolvesse numa guerra com a Alemanha, a Inglaterra entraria quase certamente na guerra.

O conselho de ministros britânico considerou duas formas de deter esta reacção em cadeia dos acontecimentos. Uma delas consistia em fazer uma promessa de ajuda à Checoslováquia, no caso de ela ser atacada, mas esta ideia foi rejeitada. Chamberlain e o ministro dos Negócios Estrangeiros, lorde Halifax, sentiram que isto poderia precipitar uma guerra passível de ser evitada, enquanto outros ministros hesitavam ante o receio de que as defesas britânicas contra um ataque aéreo alemão não fossem suficientes para poderem correr o risco de uma guerra. Em vez disso, concordaram em apoiar uma solução para as queixas alemãs contra a Checoslováquia. Hitler seria avisado de que a Inglaterra poderia apoiar os Checos no caso de a Alemanha atacar; Benes, presidente da Checoslováquia, deveria ser informado de que a Inglaterra poderia não lhe dar apoio se ele não se mostrasse razoável. O governo francês foi aconselhado a dizer o mesmo.

Em Setembro de 1938, Hitler ameaçou fazer uma declaração de guerra se as reivindicações alemãs não fossem imediatamente atendidas. O primeiro-ministro britânico tomou o avião para se encontrar com Hitler em Berchtesgaden, onde prometeu tentar uma transferência pacífica do território checo, habitado por Alemães. Os Franceses foram persuadidos a juntar-se à pressão exercida sobre o governo checo para concordar com isto, e Chamberlain regressou finalmente para organizar tudo com Hitler em Godesberg. Uma vez aí, o chanceler alemão, numa tentativa de isolar a Checoslováquia com o objectivo de a destruir, exigiu uma aceleração desta transferência. Chamberlain foi, então, compelido pelo conselho de ministros a obrigar Hitler, sob ameaça de guerra, a recuar o suficiente para possibilitar o acordo de Munique no que respeitava a uma cedência ligeiramente adiada, por parte da Checoslováquia, do território checo habitado por Alemães. Apesar de não ter sido, por conseguinte, uma vitória total para Hitler, este acordo mais parecia ser uma derrota anglo-francesa. O culminar deste «apaziguamento» tem levantado enorme controvérsia. O acordo de «Munique», diz-se, tornou mais provável a guerra. Se a Inglaterra e a França se tivessem oposto a Hitler, tê-lo-iam obrigado a aceitar a derrota, ou, se este tivesse tentado uma declaração de guerra, teria sido derrubado. Os militares alemães, bem posicionados, estavam prontos, segundo informações dadas aos Ingleses, para derrubar Hitler se as suas exigências em relação à Checoslováquia encontrassem forte resistência por parte dos aliados ocidentais. Em vez disso, o acordo de Munique reforçou o prestígio de Hitler e tornou quaisquer esforços para contê-lo menos prováveis no futuro. Sob outros aspectos, a Alemanha ganhava forças para levar a cabo novas ameaças e acções agressivas, especialmente através de um desenvolvimento da sua capacidade industrial, bem como de uma neutralização do Exército checo. O comportamento dos Aliados no que diz respeito à pressão exercida sobre a Checoslováquia para que esta não cedesse tornou ainda mais difícil a obtenção de uma resistência contra a Alemanha no futuro; com efeito, é possível que Munique tenha sido a causa pela qual Estaline abandonou as tentativas de organizar uma oposição a Hitler, e o tenha persuadido, em vez disso, a levar a União Soviética para o pacto germano-soviético, de Agosto de 1939. O facto de não se ter levado em consideração os interesses soviéticos — a Rússia não participara nas negociações em Munique — deu, na época, origem a muitas críticas no Ocidente, especialmente porque isto se vinha juntar à negligência da Sociedade das Nações e da doutrina da «segurança colectiva». A Sociedade tinha um sólido apoio em Inglaterra, sobretudo entre liberais, progressistas e socialistas, como meio para impedir a guerra, quer através da conciliação, quer da coerção. Mas os governos ingleses evitaram deliberadamente a Sociedade (e a União Soviética, que foi proeminente na Sociedade depois de 1935), porque pensavam que ela tornaria mais difícil a obtenção de acordos com Hitler.

A resposta mais eficaz que Chamberlain poderia ter dado a estas críticas era que o facto de «se oporem a Hitler», com ou sem a Sociedade e a União Soviética, implicaria um sério risco de guerra que os conspiradores alemães poderiam não ser capazes de evitar. As probabilidades de a Alemanha ganhar uma guerra começada em 1938 pareciam maiores do que se esta fosse adiada. A razão era que um ataque aéreo alemão contra a Inglaterra poderia constituir «um golpe mortífero». Em 1939, as defesas britânicas contra um ataque aéreo estariam muito mais fortes, graças a radares de maior alcance e a um número muito superior de caças. Este argumento não impediu contudo, nem na altura nem posteriormente, a existência de uma acesa hostilidade contra Chamberlain. Uma das razões era que se havia tornado claro antes de Munique, e ainda mais evidente depois, que Chamberlain não estava a pensar na forma mais eficaz e segura de forçar Hitler, mas acreditava pelo contrário, com algumas dúvidas esporádicas, que descobrira um método de conseguir manter a paz através de um consenso. Munique mostrava o caminho para a «paz nos nossos dias». Depois de Munique, por conseguinte, Chamberlain não concordava com os preparativos para a guerra e resistia, porque, pensava ele, o facto de provocar Hitler poderia dificultar a obtenção de soluções pacíficas. Não partilhava o cepticismo crescente surgido depois de Munique relativamente à paz com a Alemanha nazi.

Várias razões estavam na origem deste cepticismo. Em primeiro lugar, Hitler manifestou claramente, numa reacção de cólera contra a aceleração do rearmamento britânico que o conselho de ministros obrigara Chamberlain a anunciar, depois de Munique, a sua oposição a uma interferência britânica na Europa continental. Nessa altura, os violentos ataques contra os judeus na Alemanha, na Noite dos Cristais de 9 para 10 de Novembro de 1938, despertaram repulsa e falta de confiança na honestidade do regime nazi. Em Janeiro de 1939, acumulavam-se provas plausíveis quanto ao facto de Hitler não apreciar de modo algum o interesse britânico pela manutenção da paz na Europa e de estar a considerar um ataque surpresa contra a Inglaterra, talvez precedido de uma invasão dos Países Baixos. Em Março de 1939, as tropas alemãs ocuparam o que sobrava das províncias checas da Checoslováquia, e concediam à Eslováquia uma ténue independência. Depois disto, a maioria dos políticos e, tanto quanto se sabe, a maioria dos cidadãos ingleses, convenceram-se de que uma preparação intensiva para a guerra, através de um rearmamento acelerado e do encorajamento de alianças contra a Alemanha, constituía o único caminho possível para evitar a guerra, inspirando medo a Hitler ou, tal como o esperavam alguns ministros e oficiais, fazendo com que os Alemães moderados — militares, homens de negócios e banqueiros — detivessem o chanceler, talvez com ajuda de Goering.

A convicção geral em Inglaterra no Verão de 1939, segundo a qual devia ser estabelecido um limite, apoiado por uma clara ameaça de força, contra a expansão de Hitler, era uma consequência do malogro da tentativa determinada para estabelecer uma cooperação pacífica com a Alemanha. É difícil imaginar que qualquer governo britânico tivesse conseguido impedir uma tentativa deste tipo, como também não é fácil acreditar que a opinião pública inglesa pudesse ter sido persuadida a aceitar o risco de uma outra guerra europeia sem que essa tentativa fosse primeiro feita. A convicção de que era necessária uma maior firmeza era partilhada por Chamberlain, mas este tinha ainda esperança e acreditava até que podia conduzir a Alemanha, incluindo o próprio Hitler, de volta a um compromisso de paz. Daí o facto de concordar com a declaração britânica, feita no final de Março de 1939, segundo a qual qualquer ataque ao território polaco a que o seu governo resistisse, por constituir uma ameaça à independência polaca, levaria o Reino Unido a apoiar a Polónia. Por outro lado, tentou firmemente mas sem sucesso impedir a aceitação pelo conselho de ministros de uma tentativa anglo--francesa de estabelecer uma aliança com a Rússia, facto que acreditava diminuir as possibilidades de uma renúncia alemã ao uso da força, já que dava origem a ressentimentos contra tal «cerco». É possível que a atitude de Chamberlain em relação às negociações tenha finalmente levado Estaline a decidir fazer um acordo com a Alemanha, em vez de se juntar à resistência contra Hitler.

No Inverno de 1938/39, tiveram lugar conversações entre Beck, ministro dos Negócios Estrangeiros polaco, Ribbentrop, o seu homólogo alemão, e o próprio Hitler. Os Alemães pediram concessões relativamente pequenas à Polónia, de modo a resolver os diferendos entre os dois países. Danzig, declarada em 1919, apesar da sua esmagadora população alemã, «cidade livre» separada, administrada pela Sociedade das Nações, seria de novo entregue à Alemanha, e o Corredor Polaco, um pedaço de território destinado a proporcionar à Polónia um acesso a Danzig e ao mar, que separava a Prússia Oriental do resto da Alemanha, deveria ser atravessado por uma estrada sobre a qual a Alemanha teria direitos extraterritoriais. Em troca, foi sugerido que a Alemanha daria o seu apoio a uma expansão da influência ou território polacos à custa da União Soviética. O que os Polacos não queriam era que a Polónia se tornasse um país satélite da Alemanha; só evitando os extremos da hostilidade ou da estreita amizade, quer com a Alemanha, quer com a União Soviética, é que a Polónia conseguiria manter a sua independência. O governo polaco rejeitou as ofertas de Hitler. Assim, na Primavera de 1939, a Polónia deixou de ser uma possível aliada de Hitler e tornou-se um alvo de conquista. A garantia britânica de ajuda a este país significava que a guerra na Europa iria começar, se as forças alemãs atacassem.

Tendo desistido de conseguir a colaboração dos Polacos contra a União Soviética, Hitler começou a procurar a ajuda da União Soviética contra a Polónia. No dia 23 de Agosto foi assinado o Pacto Germano-Soviético, que incluía cláusulas secretas no que respeitava às esferas de interesse soviético nos países fronteiriços com a União Soviética e, como se tornou evidente em Setembro, planos para uma divisão da Polónia. Hitler pensava que o insucesso da Inglaterra e da França no sentido de conseguirem uma ajuda soviética teria por consequência o seu abandono da Polónia mas, dois dias depois, a Inglaterra assinava a aliança formal anglo-polaca. Claramente surpreendido, Hitler adiou o ataque para ganhar tempo de forma a conseguir persuadir a Inglaterra a abandonar a sua aliada. A sua sugestão era a velha sugestão de sempre: que a Inglaterra deixasse de interferir na Europa Ocidental, apoiando a Alemanha, em troca da perpetuação do Império Britânico. Por parte dos Ingleses a reacção, com algumas dúvidas de Chamberlain, foi a de acreditar que Hitler estava a ser obrigado a recuar e que a continuação da recusa inglesa de abandonar a Polónia era a única forma de evitar a guerra. Mas o governo inglês não estava a fingir: se as suas ameaças não conseguissem deter Hitler, pô-las-ia em acção. Para Hitler era porém impossível recuar, especialmente porque os Ingleses insistiam desta vez em que não obteria concessões sem dar garantias sérias de que a política alemã não continuaria a ser beligerante. Se a Inglaterra lhe negasse a luz verde a Leste, Hitler teria, mais cedo ou mais tarde, de lutar, e teria mais possibilidades de conseguir o apoio da opinião pública para uma guerra de resistência contra uma interferência inglesa, que tinha por objectivo uma solução das reivindicações alemãs contra a Polónia, do que noutro contexto qualquer.

Tanto Hitler como os Ingleses se sentiam, por conseguinte, arrastados para a guerra, em Setembro de 1939. Os seus objectivos eram incompatíveis: Hitler desejava remodelar a Europa Oriental de uma forma que exigia a utilização de forças armadas poderosas e, se o conseguisse, a Alemanha dominaria a Europa. O governo britânico tinha de resistir a isto, se lhe fosse possível, a não ser que pudesse ter a certeza de que a Alemanha nazi não tiraria partido deste domínio para limitar a independência britânica. Mas a Alemanha de Hitler parecia estranhamente predisposta a utilizar a força para impor os seus desígnios às nações estrangeiras e a considerar a independência destas uma ameaça e, no Verão de 1939, o governo e, ao que parece, a maioria dos Ingleses, consideravam Hitler uma ameaça à segurança da Inglaterra. Isto era uma consequência natural da apologia dos nazis da violência, combinado com manifestações de força bem divulgadas e com a utilização das forças armadas para violar tratados na zona do Reno, na Áustria e na Checoslováquia.

A Inglaterra declarou guerra no dia 3 de Setembro de 1939 para impedir o domínio alemão na Europa. Porém, isto não era apenas o resultado de um cálculo impessoal de forças: o poder que ameaçava dominar a Europa era um poder cujo comportamento, mesmo antes da guerra, sugeria que o seu domínio se poderia tornar intolerável. O comportamento dos governantes da Alemanha durante a guerra fez acrescer uma justificação retrospectiva à decisão britânica.

O ataque alemão à Polónia foi o momento e não o motivo da entrada da Inglaterra na guerra, apesar de ter sido a tendência da Alemanha para levar a cabo ataques deste tipo que deu origem à guerra. Nessa época, o governo britânico estava já ciente de que nem as acções inglesas nem as acções francesas poderiam impedir uma conquista rápida da Polónia. O governo e o povo polacos, por outro lado, esperavam muito mais dos aliados ocidentais. Os Polacos estavam profundamente ligados à sua independência nacional e estavam prontos, mais do que a maioria dos outros grupos nacionais, a correr riscos para a sua defesa. Qualquer que tivesse sido a acção dos Aliados, teria sido difícil, para qualquer governo polaco, ceder à pressão dos Alemães. Uma derrota heróica e a manutenção da dignidade nacional teriam sido mais aceitáveis. Ninguém, contudo, poderia ter imaginado o terrível sofrimento que tiveram de suportar entre 1939 e 1945.

Entre os beligerantes de 1939, o Francês comum foi talvez o mais relutante em aceitar ir para a guerra. Para a maioria dos Alemães, um ataque à Polónia tinha um certo atractivo; os Franceses foram apenas confrontados com a perspectiva de derrotarem o poderio alemão. O facto de terem de o fazer constituía uma prova de que a vitória da Primeira Guerra Mundial de nada servira. Um novo conflito não traria qualquer proveito e, tal como o sugere a guerra de 1914-18, havia muito a perder, mesmo em caso de vitória. O declínio da taxa de natalidade conferia à França uma estrutura populacional muito pouco adaptada a uma guerra, e este país sofrera mais do que qualquer outra grande potência na guerra anterior. O Tratado de Versalhes, as alianças francesas anteriores à guerra com a Bélgica, a Checoslováquia e a Polónia, e as suas ligações com a Jugoslávia e a Roménia, tinham supostamente dado segurança à França. Em face de Hitler, os governos franceses insistiam que se devia manter o Tratado de Versalhes, mas tinham relutância em arriscar uma guerra para o fazer cumprir. Os governos franceses, por conseguinte, nada fizeram para apaziguar a Alemanha através de concessões mas, por outro lado, exploraram de boa vontade os pretextos para a inactividade quando Hitler se apoderava do que queria através de uma acção directa. Foi este o padrão seguido na altura do rearmamento alemão, em violação dos tratados, quando a força aérea alemã foi novamente constituída, durante a remilitarização unilateral da Alemanha na zona do Reno e a invasão da Áustria. Este processo de não concessão mas não resistência levou a um enfraquecimento constante da França, em comparação com a Alemanha, e a uma divergência crescente entre aqueles que eram a favor de uma escolha definida de um ou outro caminho, como sendo aquele que teria mais probabilidades de assegurar um futuro aceitável para a França.

Em 1938, o governo de Daladier, que se manteve no poder de Abril de 1938 até Março de 1940, estava profundamente dividido em relação ao problema da Checoslováquia. Não era muito difícil concordar-se que se devia mostrar uma atitude firme em relação a Hitler — a maioria dos políticos franceses rejeitava a crença de Chamberlain segundo a qual as concessões o tornariam menos perigoso — a dificuldade estava em descobrir o que fazer se Hitler utilizasse a força. O problema era particularmente grave já que a França era obrigada pelo Tratado a defender a Checoslováquia contra um ataque dos Alemães. No seio do governo, o ministro dos Negócios Estrangeiros, Georges Bonnet, e mais indeciso ainda, o primeiro-ministro, Edouard Daladier, eram a favor de uma concessão, como último recurso, em vez da guerra: outros, como Reynaud e Mandel, não estavam de acordo e eram a favor da guerra ou afirmavam, por outro lado, que a disposição de ir para a guerra era a única hipótese, a longo prazo, de a evitar. Em 1938, a determinação de Chamberlain de conseguir um acordo com Hitler permitiu a Bonnet e a Daladier persuadirem os seus colegas a recuarem e abandonarem a aliança checa, enquanto os Ingleses ficavam com as culpas.

A perda da Checoslováquia preocupava os chefes das forças armadas francesas, especialmente o seu líder, general Gamelin. Estes pediram, em compensação, um contributo significativo no terreno por parte dos Ingleses numa eventual guerra, mais do que as duas divisões que estes prometiam em 1938. Como resultado do receio de um ataque dos Alemães aos Países Baixos — receio esse que se agudizou no início de 1939 — e da ocupação de Praga pelos Alemães em Março, os Franceses conseguiram que os Ingleses concordassem com o recrutamento militar em tempo de paz e com a criação de um exército muito maior — 32 divisões — do que aquele que havia sido anteriormente considerado. Isto foi acompanhado de uma promessa inglesa de defender a França contra qualquer ataque. Com estas concessões, os ministros ingleses esperavam fortalecer a determinação dos Franceses, apesar de Chamberlain esperar também conseguir uma influência sobre a política francesa de forma a induzir os seus ministros a serem tolerantes em relação à Itália.

Depois de Março de 1939 e da ocupação de Praga pelos Alemães, tornava-se claro, também para os Franceses, que o domínio de Hitler na Europa Oriental só poderia ser detido pela força. A França era obrigada pelo Tratado a defender a Polónia no caso de um ataque dos Alemães, compromisso que reafirmara em 1936 e renovara em 1939, quando Gamelin encorajou a resistência polaca contra as reivindicações da Alemanha, prometendo um ataque dos Franceses de modo a enfraquecer qualquer ataque que os Alemães levassem a cabo contra a Polónia. O governo francês acreditava que era bastante desejável conseguir uma nova aliança com a Rússia juntamente com uma promessa russa de defender a Polónia. A ameaça de uma acção conjunta de Ingleses, Franceses e Russos talvez detivesse os Alemães. O próprio Bonnet estava ansioso por fazer uma aliança mas, quando as negociações falharam, regressou à sua posição do ano anterior: se a Alemanha voltasse atrás, óptimo; caso contrário, a França deveria fazê-lo. Bonnet pensava assim que, em última análise, a Polónia devia ser persuadida ou obrigada a fazer concessões de forma a evitar o embaraço que implicava uma nova deserção francesa em relação a um aliado seu.

Em 1939, apesar de ainda hesitar, Daladier encontrava-se mais disposto a fazer face aos riscos de uma guerra do que em 1938. Depois de Munique, Bonnet tentara melhorar as relações com o governo alemão: Ribbentrop, ministro dos Negócios Estrangeiros nazi, veio a Paris em Dezembro de 1938, e foi divulgada uma declaração de amizade. Esta declaração, que Ribbentrop afirmou mais tarde ter sido explicitamente aceite em particular por Bonnet, implicava que os Franceses dariam luz verde a Hitler na Europa Oriental. Os acontecimentos da primeira metade de 1939 salientaram, porém, as desvantagens de um acordo deste tipo. A ocupação de Praga era uma manifestação da impossibilidade de se poder confiar em Hitler. No início de 1939, as reivindicações da Itália em relação a territórios franceses foram energicamente reafirmadas, e o «Pacto de Aço» entre a Itália e a Alemanha, feito em Abril de 1939, acrescenta a ameaça de um apoio alemão às reivindicações dos Italianos.

Parecia, por conseguinte, cada vez menos seguro para a França permitir que Hitler dominasse a Europa Oriental. Em particular após o malogro das negociações para uma aliança com a União Soviética, a resistência a Hitler significava um risco imediato de guerra. No final de Agosto, quando o ataque alemão à Polónia se tornou iminente, o governo francês reconsiderou toda esta situação sombria. Bonnet sugeriu que a garantia dada aos Polacos contra um ataque deveria ser retirada; Gamelin defendeu, por outro lado, que se devia honrar esta garantia com uma declaração de guerra. Se a Polónia resistisse, a luta a Leste poderia durar o tempo suficiente para tornar impossível um ataque à França pela Alemanha em 1939, e dava assim possibilidade às forças francesas de beneficiarem de um aumento da sua produção de armamento. A atitude britânica de firmeza significava que a França tinha, desta vez, a certeza de ser ajudada, e que o Corpo Expedicionário Inglês tornaria mais fácil uma defesa da França em 1940. Sem a ajuda russa, a França não poderia dispensar da frente alemã forças suficientes para derrotar a Itália no início da guerra. Assim, na última semana de Agosto, informações segundo as quais a Itália se manteria neutra confirmaram o raciocínio de Gamelin. Para este, a perda da aliança russa tornava ainda mais necessário aproveitar as vantagens momentâneas da neutralidade italiana e da determinação dos Ingleses de se envolverem num conflito. As hesitações de Daladier e dos outros ministros franceses foram ultrapassadas pela determinação mostrada pelos governos polaco e britânico: se a França tivesse alguma vez de lutar pela independência contra uma expansão alemã, o mês de Agosto de 1939 parecia ser o momento mais indicado para o fazer.

Os governos tratavam da política externa e reuniam as forças militares, lançavam ataques e declaravam a guerra. Sentiam-se responsáveis pela manutenção da segurança e da independência das populações e eram, por conseguinte, talvez mais sensíveis a ameaças do que os cidadãos comuns. É difícil avaliar o grau de apoio que os quatro governos que entraram na guerra em 1939 tinham por parte das respectivas populações. O consentimento da guerra era, pelo menos, geral: um consentimento relutante de uma guerra considerada defensiva, inclusive pelos próprios Alemães, que a encaravam como uma consequência da interferência ocidental na sua tentativa tardia de corrigir um dos males do Tratado de Versalhes. O entusiasmo era inexistente: a guerra de 1914-1918 estava ainda demasiado presente.

Em Inglaterra, parece ter-se verificado um apoio mais positivo em relação à guerra do que em França: à medida que se aproximava a hora, o governo britânico sentia que tinha de se mostrar firme ou então correria o risco de uma hostilidade por parte da opinião pública, representada no Parlamento. Em França, por outro lado, Daladier considerava essencial deixar transparecer que todas as oportunidades de uma solução pacífica estavam a ser exploradas. Isto manifestava-se na diferença de respostas às tentativas italianas de última hora para impedir a guerra. Os esforços realizados durante muitos anos pelos governos britânicos para resolver as queixas dos Alemães por meios pacíficos tinham, ao que parece, convencido a opinião inglesa, em 1939, de que Hitler tinha de ser detido, pela força, se necessário. A opinião francesa, habituada a governos que proclamavam um desafio vigilante em relação à Alemanha, talvez tivesse mais dificuldades em convencer-se de que o caminho das negociações pacíficas fora suficientemente explorado para que se justificasse uma alternativa de guerra. As sondagens de opinião em ambos os países sugeriam, porém, que existia um apoio mais ou menos relutante à resistência. Em Julho de 1939, os votos «sim» à pergunta sobre se a guerra contra a Alemanha devia ou não ser declarada no caso de os Alemães invadirem a Polónia, foram de 76 por cento tanto em Inglaterra como em França: uma coincidência notável.

A Polónia foi invadida na madrugada do dia 1 de Setembro de 1939. A declaração de guerra dos Ingleses foi adiada, a pedido dos Franceses, até ao meio-dia do dia 3 de Setembro, e a destes últimos teve lugar às 17 horas do mesmo dia.

II

A CONQUISTA ALEMÃ DA POLÓNIA, DA NORUEGA, DOS PAÍSES BAIXOS E DA FRANÇA

A guerra começou com o ataque da Alemanha à Polónia. Os Alemães tencionavam conquistar a Polónia rapidamente, antes que as chuvas de Outono tornassem os movimentos mais difíceis e antes que os Franceses pudessem atacar a oeste. Os comandantes polacos esperavam poder resistir aos ataques alemães até que a ofensiva francesa, com a qual contavam, fizesse recuar as tropas alemãs. Gamelin, comandante supremo do Exército francês durante a guerra, prometera um ataque dos Franceses, que principiaria no 16.º dia após a mobilização, o que apontava para o dia 12 de Setembro. O facto de a Polónia ter decidido lutar contra a Alemanha teve de imediato um resultado satisfatório: a mobilização dos Franceses continuava a fazer-se sem perturbações. Em consequência disto, os estrategos franceses e ingleses esperavam que houvesse uma resistência polaca prolongada, de forma a adiar uma concentração de tropas alemãs contra os seus exércitos a oeste, até que o Corpo Expedicionário Britânico em França tivesse sido aumentado e completamente treinado. Receavam, porém, que a resistência dos principais exércitos polacos não durasse muito tempo. As estimativas variavam entre três semanas e três meses. Depois disso, poderia prosseguir uma guerra de guerrilha, com a ajuda da Rússia, na Polónia Oriental. O pacto germano-soviético fez desaparecer esta esperança.

A Polónia foi defendida por 30 divisões regulares de infantaria, mais 10 divisões de reserva. As forças móveis consistiam em 11 brigadas de cavalaria e uma brigada blindada. A pressão britânica sobre os Polacos, verificada no final de Agosto, no sentido de adiarem a sua mobilização de forma a não darem aos Alemães uma desculpa para atacarem, significava que as divisões de reserva não estavam prontas a tempo. Os Alemães tinham 55 divisões. Destas, 24 eram divisões de infantaria da «primeira vaga», que continham quatro quintos de soldados regulares e um quinto de soldados de reserva, saídos havia pouco tempo do serviço activo. Quinze eram divisões de infantaria de 2.ª ou 3.ª categoria, com elementos regulares e reservistas de alta qualidade. Todas as divisões de infantaria marchavam a pé, e o transporte e a artilharia eram puxados por cavalos. As restantes 16 divisões iam inaugurar um novo capítulo na história militar. Incluíam as melhores unidades: muitas delas continham apenas soldados regulares, e eram completamente mecanizadas. Seis eram divisões *panzer*. Consistiam em unidades de tanques pesados e médios com infantaria motorizada e artilharia. O seu papel era avançar e explorar: derrubar defesas, seguido de ataques rápidos às linhas de comunicação, de abastecimento e comando. As outras dez eram divisões motorizadas de infantaria, que deviam ser utilizadas para uma rápida consolidação de posições-chave, recentemente capturadas. As divisões de infantaria mais lentas ocupavam o terreno e aniquilavam as pequenas bolsas de resistência de tropas inimigas deixadas para trás pelos *panzers*.

As disposições dos Polacos não se adequavam a este tipo de ataque. O comando polaco tinha duas opções: uma delas era manter as divisões blindadas e outras divisões móveis na reserva, prontas para executarem contra-ataques rápidos devido a quaisquer brechas surgidas durante a movimentação de tropas defensivas, mas os Polacos não estavam de modo algum equipados para esta opção; a única outra opção consistia em estabelecer posições defensivas em grande profundidade, para impedir um avanço dos blindados. A estratégia polaca tornava difícil esta opção, na medida em que o comando polaco tentava defender a totalidade de uma fronteira extremamente longa, da Eslováquia à Prússia Oriental. Aparentemente, a intenção era tentar manter uma situação de combate, embora procedendo a um recuo sistemático das posições avançadas, controlando o território, especialmente as áreas fabris, por mais tempo possível, até que a ofensiva dos Franceses a oeste debilitasse o ímpeto alemão a leste. Isto teve como consequência facilitar o objectivo dos Alemães, que consistia no avanço e ocupação de territórios.

A vitória dos Alemães deveu-se à sua espantosa superioridade aérea: aproximadamente 2000 aviões alemães contra cerca de 600 aviões polacos, na sua maioria obsoletos. A força aérea polaca, que dispunha de inadequados sistemas de pré-aviso, foi na sua maioria destruída no solo.

A *Luftwaffe* foi capaz de dar apoio às tropas terrestres e de atacar os quartéis-generais e comunicações dos Polacos. No espaço de uma semana, todos os exércitos de defesa, com excepção de um, haviam sido divididos em fragmentos separados, e várias divisões polacas cercadas. O contra-ataque lançado, no dia 10 de Setembro, pelo único exército polaco intacto teve como consequência o seu cerco. Duas semanas após o início da invasão, a maior parte das forças combatentes polacas estavam contidas em bolsas separadas, sendo as maiores perto de Kutno, Radom e Varsóvia. Varsóvia rendeu-se no dia 27 de Setembro, depois de uma resistência pertinaz, mas algumas unidades polacas continuaram a combater até ao dia 6 de Outubro.

Nessa altura, dera-se um acontecimento sinistro para a Inglaterra e para a França. As tropas russas haviam começado a avançar em território polaco, no dia 17 de Setembro. A Polónia estava em vias de ser dividida entre a Alemanha e a União Soviética. Tornou-se claro que a Alemanha e a União Soviética tinham chegado a um qualquer acordo que implicava o apoio soviético à Alemanha, o que era diferente da estrita neutralidade que teria obrigado à manutenção de tropas alemãs na Polónia para vigiarem o Exército Vermelho. Estaline dava a Hitler luz verde a Ocidente. Além disso, os recursos em minério e matérias-primas soviéticas atenuavam seriamente os efeitos do bloqueio marítimo dos Aliados contra a Alemanha.

A estratégia dos Aliados foi, por conseguinte, posta em causa. A estratégia anglo-francesa era uma estratégia de adiamento. Os Aliados tinham concordado que, à medida que o tempo passasse, a capacidade da Inglaterra e da França de se defenderem contra o ataque aumentaria, enquanto o bloqueio económico e, mais tarde, os bombardeamentos aéreos, minariam o poder e o estado de espírito dos Alemães. Hitler acabaria por ser derrubado por Alemães descontentes ou, em última instância, uma invasão dos Aliados acabaria com o seu regime enfraquecido. Havia muito a dizer em favor desta estratégia. Hitler teve aparentemente também o mesmo raciocínio, de que o tempo não jogava a seu favor. Ansiava por levar a cabo uma ofensiva contra a França, impôs esta ideia aos seus generais, e começou por ordenar que o ataque tivesse início no dia 12 de Novembro de 1939. O ataque foi adiado 29 vezes antes da sua data efectiva, o dia 10 de Maio de 1940.

POLÓNIA: FRONTEIRAS DE 1939 E A PARTILHA GERMANO-SOVIÉTICA

Sob alguns aspectos, a força dos Ingleses e dos Franceses aumentava mais depressa do que a força dos Alemães. Nos primeiros seis meses de 1940 a produção conjunta anglo-francesa de tanques foi de 1412 unidades, em comparação com um total alemão de 558. Entre Janeiro e Maio de 1940, a produção anglo-francesa de aviões foi de 6794 unidades, contra um total alemão de pouco mais de metade deste número. O governo britânico e os seus conselheiros militares continuavam a ter fé na estratégia passiva de defesa contra o ataque dos Alemães, e a confiar no bloqueio para tornar a vitória de um ataque desse tipo um acontecimento cada vez menos provável. Os Franceses eram muito menos complacentes. A cooperação entre a União Soviética e a Alemanha permitiria realizar uma ofensiva alemã a ocidente com as melhores unidades do Exército alemão. Entretanto, do ponto de vista dos Franceses, a ajuda soviética a Hitler tornava ineficaz o bloqueio da Alemanha. Para os Franceses, a Alemanha estava cada vez mais forte, enquanto o contributo para a defesa terrestre da França por parte dos Ingleses progredia muito lentamente. A menos que se fizesse algo, pensavam os Franceses, para equilibrar o contributo soviético, a França poderia ser derrotada antes de as forças anglo-francesas conseguirem recuperar. Os Ingleses, pelo contrário, pensavam que o pacto germano-

-soviético não duraria muito tempo e que, entretanto, o bloqueio da Alemanha acabaria por ter as suas consequências. O Ministério da Guerra britânico insistia que o tempo jogava a favor dos Aliados e que a Alemanha não conseguiria aguentar os seus crescentes problemas económicos. Acima de tudo, os Ingleses acreditavam mais na defesa da França do que os próprios Franceses. Os primeiros-ministros franceses, primeiro Daladier e depois Reynaud, e os chefes de Estado-Maior — Gamelin, do Exército, Darlan, da Marinha e Vuillemin, da Força Aérea — procuravam ansiosamente outras maneiras de debilitar a Alemanha, para enfraquecer a ofensiva que os Alemães pudessem organizar contra a França. Pressionaram os Ingleses por intermédio de quatro estratagemas. Um deles consistia em intensificar os combates no Sueste europeu e construir uma força aliada em Salonica para a alimentar. Outros dois estratagemas tinham por intenção reduzir a ajuda soviética à Alemanha. No final de Novembro de 1939, o governo soviético, explorando o consentimento por parte da Alemanha do pacto germano-soviético, atacou a Finlândia. Os ministros franceses estavam particularmente ansiosos por apoiar a resistência finlandesa. Uma terceira sugestão era bombardear os campos petrolíferos russos no Cáucaso. A proposta final foi interromper o fornecimento à Alemanha de minério de ferro de alta qualidade oriundo do Norte da Suécia. As primeiras três ideias geraram controvérsia entre a Inglaterra e a França. A interferência anglo-francesa no Sueste europeu, pensavam os Ingleses, constituía um risco sem o apoio da Itália. Não queriam obrigar Mussolini a tomar uma decisão, que poderia ter consequências erradas, a favor ou contra a Alemanha: com efeito, o governo britânico, sobretudo o próprio Chamberlain, considerava a neutralidade italiana uma ajuda. Os Ingleses discordavam por completo do ponto de vista dos Franceses segundo o qual talvez fosse razoável arriscar uma guerra contra a União Soviética. Os Ingleses acreditavam que uma cooperação germano-soviética não iria durar; os Franceses receavam que durasse o tempo suficiente para que a França fosse derrotada. Os Ingleses tinham, deste modo, uma profunda relutância em apoiar a Finlândia e conseguiram pôr de parte as estratégias preocupantes dos Franceses relativas a um bombardeamento do território russo.

A única sugestão com que concordaram foi a de cortar o fornecimento de minério de ferro sueco aos Alemães. A princípio, podia encontrar-se uma desculpa para o envio de tropas aliadas para junto da linha férrea através do Norte da Noruega e da Suécia, a pretexto de levar ajuda aos Finlandeses. Estas tropas poderiam então apoderar-se dos campos de minério de ferro e das rotas de exportação a partir desses campos. Depois de a Finlândia se ter rendido, a 12 de Março de 1940, descobriu-se um novo estratagema. Os Ingleses concordaram em colocar minas nas águas territoriais norueguesas de modo a bloquear a rota sem gelo utilizada pelos cargueiros de minério de ferro que navegavam em direcção à Alemanha. Se, tal como se esperava, os Alemães respondessem invadindo os países escandinavos, então uma expedição dos Aliados poderia apoderar-se imediatamente dos territórios do Norte, onde se situavam os campos de minério de ferro. Por fim, Hitler foi o primeiro a agir, por meio de uma invasão preventiva.

Prosseguiram as conversações entre Ingleses e Franceses. Juntamente com as mudanças políticas em França, contribuíram para um atraso das operações dos Aliados na Noruega. Reynaud, supostamente mais enérgico, havia sucedido a Daladier como primeiro-ministro no dia 21 de Março. Porém, teve, a princípio, de manter este último como ministro da Defesa nacional. A má vontade de Daladier foi uma obstrução ao acordo anglo-francês. No dia 8 de Abril de 1940, os Ingleses começaram a colocar minas em volta da costa da Noruega; uma acção preventiva começara entretanto. Os barcos de abastecimento alemães já tinham partido a caminho da Noruega no dia 3 de Abril, e quatro barcos de guerra rápidos, com tropas a bordo, seguiram a 6 de Abril. Os Ingleses pararam, por conseguinte, imediatamente de colocar minas, abandonaram os seus planos de enviar tropas para terra na Noruega, e ordenaram a partida de todos os barcos de guerra disponíveis para atacarem os navios alemães no mar. Os soldados ingleses já embarcados a caminho da Noruega foram desembarcados e só partiram no dia 12 de Abril. Em consequência, os Aliados defrontaram-se com a necessidade de expulsar as forças alemãs que haviam tido tempo de se instalar na Dinamarca e na Noruega e que, utilizando barcos de guerra como meio de transporte de tropas, tinham já atingido o porto de minério de ferro, Narvique. As tropas inglesas desembarcaram no centro da Noruega e foram novamente expulsas. Mais a norte, as forças anglo-francesas recapturaram Narvique, muito a custo, e voltaram a abandoná-la depois do ataque alemão a França. No centro da Noruega, o poder aéreo dos Alemães impedia a movimentação de tropas e punha em perigo os barcos de guerra; no extremo Norte, a superioridade naval dos Ingleses dificilmente contrabalançava a vantagem que os Alemães tinham de ter sido os primeiros a ocupar o território. Durante toda a campanha, foram ajudados pelo facto de ter conseguido descodificar uma grande percentagem das mensagens enviadas pela marinha inglesa.

A Conquista Alemã

A consequente ocupação da Noruega pelos Alemães salvaguardava os abastecimentos de minério de ferro e constituía uma ajuda para a guerra naval contra os Ingleses. A derrota dos Ingleses na Noruega conduziu à queda do governo de Chamberlain.

A outra grande viragem teve início no dia 10 de Março de 1940, quando os Alemães atacaram a Holanda, a Bélgica, o Luxemburgo e a França. Os acontecimentos das seis semanas que se seguiram determinaram as linhas gerais da guerra. A derrota da França permitiu o ataque dos Alemães à Rússia; o facto de a Inglaterra continuar a combater deu a possibilidade aos Estados Unidos de intervirem na Europa. O historiador da Segunda Guerra Mundial deve, por conseguinte, ter um cuidado especial ao analisar e explicar estes acontecimentos.

Partira-se do princípio de que o ataque dos Alemães à França seria feito através da Bélgica e do Luxemburgo. Um ataque através da fronteira franco-alemã pela Alsácia-Lorena era pouco provável, porque proporcionava menos oportunidades para manobras de cerco que conduzissem a um desfecho rápido e por causa das fortificações francesas existentes atrás da fronteira — a chamada Linha Maginot. Esta fora concebida para impedir uma incursão alemã repentina em território francês, antes de a mobilização francesa estar concluída, e para economizar forças necessárias à defesa dessa zona da fronteira francesa de modo a poderem concentrar mais recursos a norte, porque o Exército francês não contava, como é lógico, apenas com a Linha Maginot para defender a França.

A quase certeza de que o ataque alemão por terra se faria através da Bélgica levantava problemas políticos e estratégicos às autoridades francesas. Em 1936, o governo belga declarou a neutralidade do país em qualquer conflito europeu, e desistiu da sua aliança com a França, realizada após a Primeira Guerra Mundial. A esperança belga era a de que uma intenção firmemente declarada de negar a Bélgica aos exércitos franceses anularia todos os motivos para um ataque preventivo dos Alemães. Isto fazia sentido se a guerra europeia que se seguisse começasse a Leste, e se a Alemanha acolhesse favoravelmente a neutralidade belga como meio de dificultar a interferência francesa. Se a Alemanha estivesse, porém, em guerra com a França mas em paz a Leste, então uma ofensiva alemã contra a Bélgica era quase certa. Ainda assim, o governo belga não mudou de atitude: as tropas francesas não seriam autorizadas a entrar no seu território, até as tropas Alemãs terem entrado na Bélgica. Realizaram-se, então, contactos militares franco-belgas e anglo-belgas muito secretos e limitados, para se decidir o que aconteceria, mas nada mais.

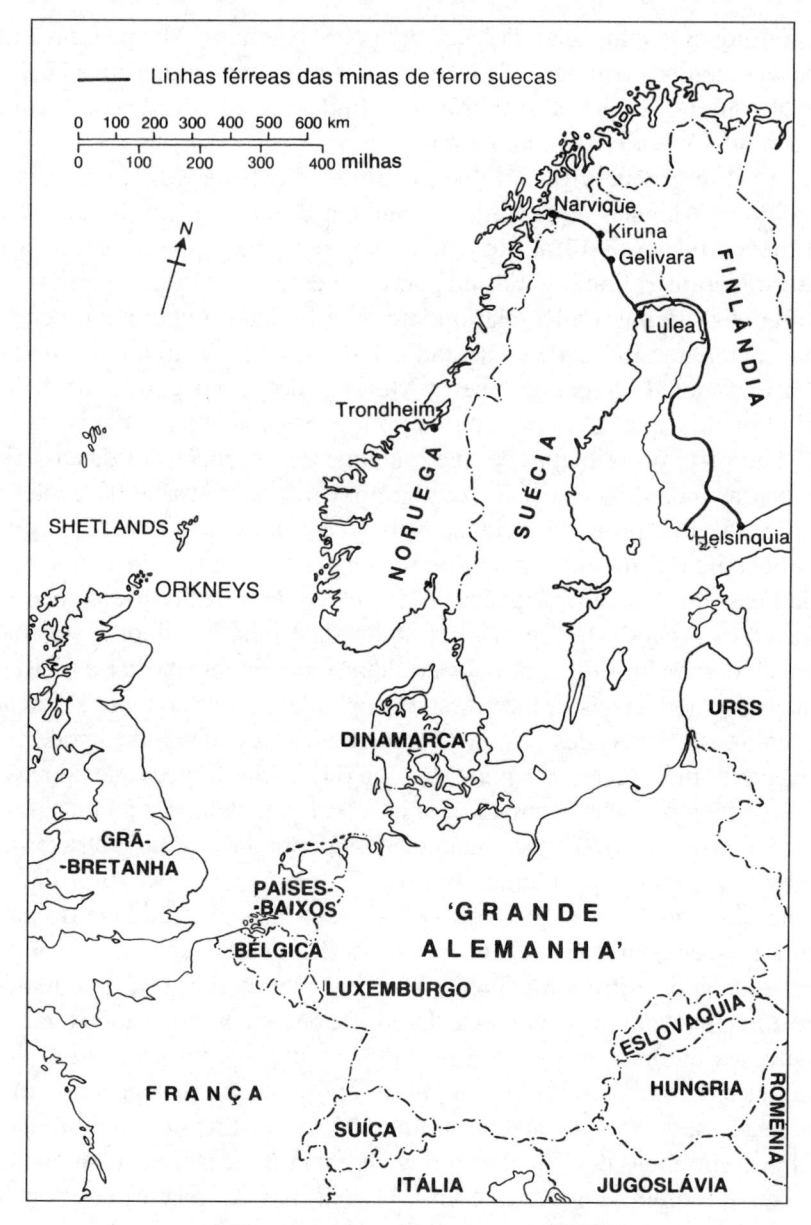

A Dinamarca e a Noruega em 1940

Havia duas opções em aberto aos defensores da França no caso de um ataque alemão pela Bélgica. Uma era deixar os Belgas entregues ao seu destino e defender a fronteira francesa. A vantagem consistia no facto de aí se poderem construir posições bem preparadas. Havia, porém, grandes desvantagens. Perder-se-iam todos os recursos belgas, teria de se defender uma linha muito mais longa, e os Alemães avançariam perigosamente para junto de algumas das zonas mais industrializadas de França. Além disso, a utilização de portos belgas pelos Alemães agravava bastante a ameaça naval às comunicações marítimas dos Ingleses. Não é de surpreender que os estrategos franceses tenham escolhido a segunda opção, a de avançar para a Bélgica, após ter tido início o ataque dos Alemães. Permanecia o desacordo quanto à amplitude do avanço dos Aliados em território belga. O general Gamelin, comandante do Exército francês e comandante supremo das forças aliadas, encorajado pelas afirmações de que as forças belgas cooperariam tanto nos preparativos como nas operações, quando chegasse o momento, impôs uma solução bastante arriscada, o «Plano D». A maioria dos seus subordinados preferia o «Plano E», em que o grosso das forças de defesa permaneceria na fronteira. Apenas a ala esquerda das forças aliadas na fronteira franco-belga, isto é, o Corpo Expedicionário Inglês, avançaria até à linha do Scheldt, de Tournai a Gante e Antuérpia, cobrindo apenas a extremidade ocidental da Bélgica. Gamelin era a favor do «Plano D», que defenderia a linha do rio Dyle de Wavre a Lovaina e Antuérpia, e depois numa linha avançada em relação a Gembloux, até à linha do Meuse, de Namur a Sedan. A maior parte da Bélgica, incluindo Bruxelas, seria então negada aos Alemães. Gamelin defendia, para além deste, um plano arriscado que consistia no envio de um exército francês de grande mobilidade para o território holandês, de modo a defender, com uma eventual ajuda dos Holandeses, o estuário do Scheldt. No dia 10 de Maio de 1940, foi posto em acção o «Plano D», com esta «variante Breda».

A quantidade e o equipamento das forças aliadas, que iriam sofrer o ataque dos Alemães a Oeste, em 1940, davam-lhes uma razoável esperança de boa defesa: a suposição de que os Alemães eram assustadoramente superiores em número ou em equipamento é incorrecta. No dia 10 de Maio, o Exército alemão a oeste tinha 136 divisões, das quais 89 estavam nos exércitos da linha da frente. Entre as divisões de infantaria, 46 eram divisões de «primeira vaga» — aproximadamente quatro quintos do seu pessoal, aproximadamente 18 000 homens em cada divisão, eram soldados regulares. Havia seis divisões de infantaria motorizada e dez divisões *panzer*. As seis divisões *panzer* que haviam combatido na Polónia tinham agora uma força reduzida de tanques e uma infantaria motorizada duplicada. As quatro novas divisões *panzer*, tinham uma força de tanques ainda mais reduzida. Na prática, a média de tanques das divisões *panzer* em Maio de 1940 era de 250 unidades. Entre os cerca de 2500 tanques, mais de metade eram antiquados e bastante vulneráveis, os *PzKw*, modelos I e II. Cada uma das divisões *panzer* incluía também quatro batalhões de infantaria motorizada, um batalhão de motociclos e um regimento de artilharia motorizada, assim como batalhões antitanque e de reconhecimento, e unidades de engenharia, de operadores de rádio e de serviços.

O Exército francês tinha o equivalente a 91 divisões, das quais três eram blindadas, três eram «divisões ligeiras motorizadas» (DLM) e cinco eram de cavalaria. Trinta e uma das divisões de infantaria, as divisões «A», tinham preponderância de soldados regulares na sua força de aproximadamente 16 500 homens. Em Maio de 1940, sete divisões de infantaria eram motorizadas. As divisões de cavalaria ligeira eram, em grande parte, motorizadas e parcialmente blindadas. As DLM assemelhavam-se mais às divisões *panzer* alemãs de 1940 do que as divisões francesas blindadas, as *Divisions Cuirassées de Réserve*. As DLM tinham uma força total de 200 tanques, dos quais cerca de metade eram *H-35*, equivalentes aos *PzKw* modelo III alemães — ou *Somuas* — comparáveis aos mais pesados tanques alemães de 1940, os *PzKw IV*. Incluíam três batalhões de infantaria motorizada, esquadrões de motociclos e batalhões de reconhecimento, artilharia de campanha e antitanque, unidades de engenharia, antiaéreas e de operadores de rádio e, tal como as *panzer* alemãs, eram uma combinação eficaz de todas as armas. A sua força numérica era semelhante, ou ultrapassava ligeiramente os 10 000 homens. As divisões blindadas francesas, as DCR, tinham uma força de 156 tanques, dos quais cerca de 90 eram *H-39* e 66 eram *Char B*. Estes últimos, apesar de serem lentos e de curto alcance, estavam mais fortemente blindados e eficazmente armados do que qualquer outro tanque alemão. As DCR eram unidades mais pequenas do que as DLM, com cerca de 6500 homens. Tinham um único batalhão de infantaria motorizada, não possuíam unidades de reconhecimento ou de motociclos, uma companhia de engenharia e de operadores de rádio e artilharia, tanto de campo como antitanque. No dia 10 de Maio, só a primeira e segunda divisões blindadas estavam completas e aptas a combater. Uma percentagem consideravelmente mais elevada de blindados alemães estava, por conseguinte, organizada em divisões móveis, ao contrário do que acontecia com o Exército francês, no qual eram atribuídos mais tanques a um apoio directo aos batalhões de infantaria. É, porém, obviamente errado imaginar que o alto-comando francês ignorasse o valor das divisões blindadas.

Os Ingleses tinham 10 divisões de infantaria, ligeiramente mais pequenas do que as divisões francesas e alemãs — com aproximadamente 13 600 homens. Cinco delas eram em grande parte compostas por soldados regulares. Cinco eram divisões territoriais, compostas por voluntários que haviam sido treinados enquanto civis em regime parcial juntamente com quadros regulares. Todas as divisões inglesas tinham transporte motorizado para o seu equipamento e abastecimento, mas a maioria não tinha camiões para a infantaria. Algumas das divisões territoriais estavam abaixo da sua capacidade, mal treinadas e com poucos meios de transporte. Havia duas brigadas ligeiras blindadas de reconhecimento, cada uma com 56 tanques ligeiros, quatro regimentos, cada um com 28 tanques ligeiros, e uma brigada de tanques de combate, com 100 tanques de infantaria. Estes últimos eram *Matildas*, lentos mas tão bem blindados que conseguiam resistir a todas as armas do inimigo, exceptuando a artilharia de campanha ou os canhões antiaéreos de 88 mm, adaptados a artilharia antitanque. Os *Matildas*, armados com obuzes de 2 libras eram, em 1940, superiores em todos os combates de blindados, a curta distância. Após o início dos combates, em 1940, chegou uma divisão inglesa blindada, mas nunca chegou a combater como divisão completa. No máximo da sua força possuía 312 tanques médios «ligeiros» e armas de apoio, incluindo dois batalhões de infantaria motorizada. Com 10 divisões belgas a juntar às inglesas e às francesas, as tropas terrestres dos Aliados eram equivalentes em número às dos atacantes alemães. Em tropas de melhor qualidade os Alemães eram superiores em número, com quase 1 000 000 de homens em divisões regulares, em comparação com os 650 000 homens, aproximadamente, das forças inglesas e francesas. O número total de tanques era aproximadamente o mesmo, mas os Alemães tinham cerca de 1200 dos seus tanques pesados de combate disponíveis nas unidades móveis, a 10 de Maio, em comparação com os cerca de 850 existentes em idênticas unidades inglesas e francesas.

No que respeitava às forças aéreas, os Aliados eram inferiores: havia 1046 aviões franceses no activo, na primeira linha da frente Nordeste, mais 416 aviões ingleses e cerca de 300 aviões belgas e holandeses. Os Alemães tinham à sua disposição mais de 3000 aviões. A disparidade era ainda maior dada a qualidade comparativa dos aviões utilizados. Os

Alemães tinham, pelo menos, 2000 aparelhos modernos, enquanto a maioria dos aparelhos franceses e ingleses era obsoleta ou antiquada, em parte porque os Ingleses insistiam em reservar a sua principal força de bombardeiros para um possível ataque estratégico à região do Ruhr, e a maioria dos seus melhores esquadrões de caças de combate para a defesa nacional.

A superioridade alemã em número e equipamento não era suficientemente grande para implicar a derrota da França em 1940. Tal aconteceu devido à superior organização dos Alemães e à sua táctica de surpresa. Tem-se afirmado muitas vezes que havia causas mais profundas: por exemplo, que os países com governos democráticos têm tendência para formar exércitos inferiores aos dos regimes autoritários ou ditatoriais. As provas acumuladas desde a Revolução Francesa não apoiam convincentemente este ponto de vista. É possível que as sociedades em que as forças armadas são consideradas com especial respeito possam ter soldados bastante eficazes, e talvez essas sociedades tenham particular tendência para o autoritarismo. Porém, essas sociedades funcionarão talvez melhor se forem governadas democraticamente, de modo a que a guerra se possa basear no consentimento comum. O governo alemão teria decerto sido menos agressivo se a democracia tivesse sobrevivido na Alemanha; com efeito, teria sido impossível uma guerra europeia generalizada. É difícil dizer até que ponto o zelo de Hitler pela luta armada terá afectado os Alemães por ele governados; apesar da vitória da Alemanha sobre a França ter sido bastante popular, as provas sugerem que isso se deveu principalmente ao facto de essa vitória ter parecido arrastar consigo o fim rápido de uma guerra pouco popular.

Muitos autores sugeriram que os mecanismos da democracia francesa haviam gerado um tal grau de discórdia que se tornara difícil aos cidadãos franceses trabalharem juntos para defenderem o seu país. Uma parte da direita política, segundo parece, estava pronta a acolher a derrota militar de modo a acabar com os perigos de um domínio da esquerda radical. É verdade que a derrota, quando se deu, foi explorada deste modo pelo regime de Vichy. Esta consequência da derrota não foi, porém, necessariamente uma das suas causas. Apenas uma pequeníssima minoria de direita queria que a França fosse conquistada, apesar de a culpa ter sido atribuída à esquerda logo após isso ter acontecido. No seio da esquerda, o pacifismo total, desgastado continuamente pelo comportamento nazi, havia-se tornado uma coisa rara depois de Março de 1939. É verdade que os comunistas se tornaram hostis à guerra após o pacto germano-soviético, mas a consequência foi enfraquecer mais o partido do que a França porque, exceptuando os militantes mais ferrenhos, a nova linha do partido era aceite com grande relutância. Para os civis, a produção militar francesa alcançara um nível elevado no momento em que estalou a guerra.

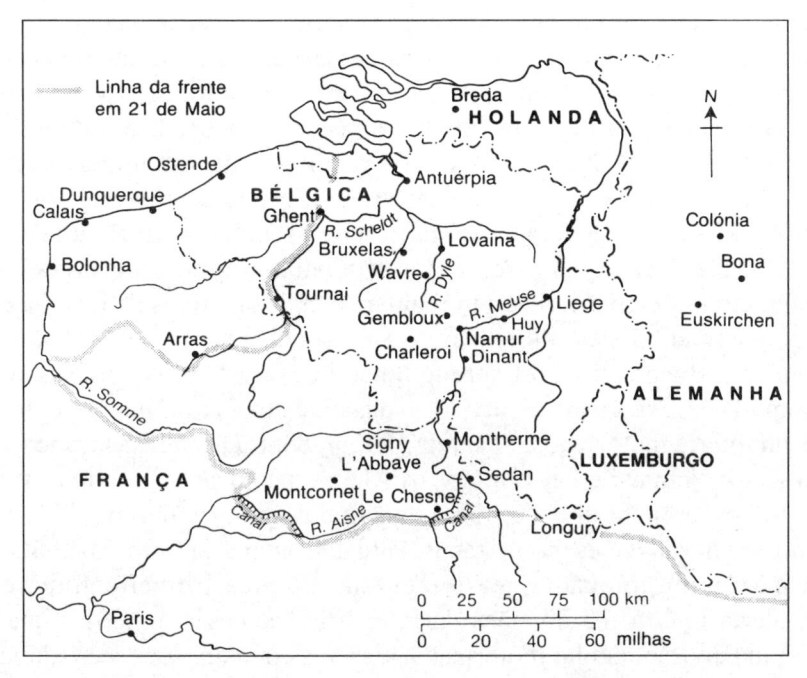

BÉLGICA E NORDESTE DE FRANÇA: OFENSIVA ALEMÃ DE 1940

Deste modo, é necessário perguntar se a derrota se pode com razão atribuir a causas estritamente militares. Já vimos que as tropas aliadas começaram a avançar para uma linha de defesa na Bélgica e na Holanda no momento em que estes dois países solicitaram ajuda contra os Alemães, a 10 de Março de 1940. Entre estas tropas encontrava-se a maior parte das melhores unidades disponíveis, incluindo a quase totalidade do Corpo Expedicionário Inglês. O alto-comando francês era de opinião de que o principal impacto do ataque alemão se verificaria a norte de Namur, na planície belga. Numerosos efectivos franceses, juntamente com forças inglesas, deveriam avançar para a linha Namur--Wavre-Antuérpia-Breda. Os Belgas deveriam atrasar o avanço dos Alemães para esta posição e depois recuar para defender o sector

Lovaina-Antuérpia. O 7.º Exército Francês incluía uma DLM e duas divisões de infantaria motorizada, bem como mais quatro divisões de infantaria, duas das quais se encontravam de reserva. O Exército belga tinha seis divisões para a defesa na frente, os Ingleses deslocaram mais quatro, e ficaram com outras quatro de reserva. O 1.º Exército francês era muito forte. Seis divisões de infantaria, todas elas de efectivos regulares, metade motorizadas, avançaram para posições defensivas a norte de Namur. As duas DLM foram enviadas para a frente do corpo principal e utilizadas como cavalaria para cooperar com as forças de cobertura belgas, com o objectivo de atrasarem a chegada dos Alemães à linha principal de resistência. Teoricamente deveriam ser depois colocadas de novo de reserva para virem a efectuar possíveis contra--ataques. A norte de Namur, os Franceses e os Ingleses utilizaram então 29 divisões, das quais três eram blindadas e cinco motorizadas, enquanto as de infantaria eram regulares ou de efectivos de reserva de alta qualidade. Estes reforçavam o grosso do Exército belga. Para as combater (bem como ao Exército holandês) os Alemães colocaram o Grupo B de Exércitos, 28 divisões, das quais três eram *panzer* e duas de infantaria motorizada. A sul de Namur, contra as defesas francesas no sector Namur-Sedan-Longuy, os Alemães colocaram o Grupo A de Exércitos, com 44 divisões, com uma ponta-de-lança de sete divisões *panzer* e três divisões motorizadas. Para defrontar esta formidável força alemã foram colocadas, na retaguarda de uma primeira linha de cavalaria ligeira, 13 divisões de infantaria francesas, uma das quais era uma divisão regular motorizada, mas três eram divisões secundárias compostas pelas categorias mais fracas de reservistas. Esta concentração alemã de divisões de grande mobilidade, preparadas para derrubar as defesas no Meuse entre Namur e Sedan, resultava de uma mudança de planos.

O plano alemão original era tornar o Grupo B de Exércitos o mais poderoso possível e utilizá-lo no flanco norte para avançar para oeste e para sul. As disposições dos Aliados poderiam ter conseguido conter uma manobra deste tipo. No entanto, a influência de Rundstedt, que comandava o Grupo A de Exércitos, e do seu chefe de estado-maior, Manstein, com algum apoio de Hitler, forçaram Brauchitsch e o alto--comando a modificar esse plano e a atribuir a maioria das divisões móveis e blindados ao Grupo A. Estas avançariam em direcção à costa, para separar as forças dos Aliados que se encontravam na Bélgica das forças em França, e para cortar as linhas de abastecimento das tropas colocadas a norte.

Os Alemães conseguiram o elemento surpresa. Tanto a data do ataque como o ponto do seu impacto principal foram inesperados. Sucessivos cancelamentos de última hora de ofensivas prévias permitiram às forças avançadas alemãs assumir posições muito antes do dia 10 de Maio. Na sua retaguarda, a grande concentração de blindados alemães na área de Bona-Euskirchen não dava qualquer indicação sobre que ponto da frente aliada, a norte da Linha Maginot, estava mais ameaçado. As mensagens alemãs entre as altas instâncias não estavam a ser descodificadas com sucesso pelos Aliados no momento crítico. Pelo contrário, o facto de conseguir descodificar as mensagens francesas do Ministério da Guerra significava que o alto-comando alemão estava ao corrente da intenção de Gamelin de avançar até Dyle, e conhecia a força e as disposições das tropas dos Aliados. Não foi por mero acaso que os Alemães atacaram sectores debilitados da frente francesa. Os invasores avançaram mais depressa do que os Franceses esperavam; ao terminar o dia 13 de Maio, as tropas alemãs tinham atravessado o Meuse a sul de Namur, e avançado até perto de Sedan, Dinant e Monthermé. Em Sedan e Dinant, os tanques começaram a passar o rio no dia 14 de Maio, em Monthermé no dia 15 de Maio.

A inesperada força das tropas alemãs num sector inesperado só podia ser contrabalançada por uma reacção rápida e um novo posicionamento das tropas francesas. Neste ponto, um trabalho deficiente do comando e incorrecções nos altos-comandos acarretaram a derrota. As consequências foram decisivas no que respeita à utilização das formações blindadas francesas. As duas «divisões motorizadas ligeiras» que se tinham sucedido na frente para cobrir o avanço do 1.º Exército, através da Bélgica, deveriam ter sido colocadas na reserva após a execução desta tarefa. De facto, as divisões de infantaria conseguiram dividir as unidades blindadas de modo a fortalecer as suas defesas, e estas duas excelentes divisões, bem treinadas e poderosas, só voltaram a estar disponíveis como organizações de combate móveis no dia 21 de Maio, depois de muitos esforços e tribulações.

No dia 10 de Maio, as três divisões blindadas estavam concentradas, em reserva, perto de Reims. No dia seguinte, foi enviada para Charleroi a 1.ª Divisão Blindada. Na madrugada do dia 14 de Maio, ordenaram-lhe que contra-atacasse a testa-de-ponte em Dinant. Mas só pôde avançar para o ponto de reunião à noite, já que o abastecimento de combustível se atrasou até ao meio-dia do dia 15 de Maio. Nessa altura já a divisão estava a ser atacada pela 7.ª Divisão *Panzer*. No dia seguinte, restavam apenas 17 tanques, e a divisão deixara de ser uma força de combate eficaz: a falta de combustível explicava grande parte das perdas, enquanto o resto dos tanques se havia perdido no caminho. A 2.ª Divisão Blindada foi também enviada para Charleroi e avançou no dia 13 de Maio. No dia seguinte, Georges, comandante-em-chefe francês no Nordeste, alterou a sua rota para Signy l'Abbaye, para conter o avanço dos Alemães em Sedan. Infelizmente, os tanques e a artilharia haviam seguido de comboio para pontos mais a norte do que os dos veículos sobre rodas. Na tarde do dia 15 de Maio, os blindados alemães haviam separado as duas partes da divisão, que permaneceu inoperacional durante algum tempo. No dia 13 de Maio, a 3.ª Divisão Blindada e a 3.ª Divisão de Infantaria Motorizada foram enviadas para se concentrarem a sul de Sedan. Na madrugada do dia 14 estavam em Le Chesne, com ordens para atacar a norte com o máximo «vigor e determinação». Só estavam abastecidas com combustível e prontas para avançar às 4 horas da tarde. O comandante adiou, então, o ataque e ordenou que a 3.ª Divisão Blindada tomasse posições defensivas. Na manhã seguinte, Georges interveio para insistir que se realizasse a ofensiva. Os blindados não puderam, no entanto, ser reagrupados nesse dia, pelo que, devido a estes contratempos, se desistiu do ataque a 16 de Maio.

Numa guerra entre forças comparáveis a vitória vai para o lado que sofre menos contratempos e distúrbios, e no qual a cadeia de comando é mais lúcida e eficaz. Os melhores exércitos franceses, o seu equipamento e o seu moral eram totalmente equivalentes aos das melhores tropas alemãs. Foram derrotados porque muitas vezes não estavam no sítio certo no momento certo.

Ao fim do dia 14 de Maio, Corap, que comandava o 9.º Exército, confrontado com penetrações dos Alemães em Dinant e Sedan, ordenou uma retirada geral e uma tentativa para manter uma linha na retaguarda. O processo acelerou o colapso das suas divisões estáticas mais fracas e, no dia 15 de Maio, as forças blindadas alemãs começaram a avançar. A 16 de Maio os seus elementos avançados tinham percorrido 56 quilómetros para além do Meuse; no dia 18 de Maio, 128 quilómetros, e no dia 20 alcançaram o mar depois de terem coberto 216 quilómetros numa semana. As forças francesas, inglesas e belgas que se encontravam a norte estavam separadas do grosso das tropas francesas. O avanço dos *panzers* era extremamente ousado: estendiam-se em enormes colunas ao longo das estradas, avançando rapidamente e apenas a infantaria motorizada conseguia acompanhá-los. A infantaria, a pé, mais lenta, que se apoiava no transporte a cavalo, seguia-os. Entretanto, os Alemães estavam vulneráveis a um contra-ataque mas os Aliados não tinham forças adequadas imediatamente disponíveis. O que se podia ter feito foi demonstrado pelas ofensivas efectuadas. Desde o sul do corredor alemão até ao mar, a rapidamente improvisada e incompleta 4.ª Divisão Blindada, comandada por De Gaulle, atacou no dia 17 de Maio, alcançou Montcornet e interrompeu o tráfego alemão por estrada. Na ausência da infantaria, De Gaulle foi, porém, obrigado a recuar. No dia 19 de Maio atacou de novo com os mesmos resultados imediatos, que uma vez mais não puderam ser explorados por falta de apoio da infantaria e da artilharia. Do norte, a brigada de tanques inglesa, com dois batalhões de infantaria e artilharia de apoio, atacou no dia 21 de Maio a sul de Arrás, estando o seu flanco direito coberto por aquilo que o comandante conseguiu juntar da 3.ª DLM francesa. Os Ingleses defrontaram a 7.ª Divisão *Panzer* de Rommel e recuaram no mesmo dia, depois de ter incomodado os Alemães. O próprio Hitler foi informado de que forças inglesas haviam tentado avançar para sul, e tinham conseguido fazer recuar temporariamente os Alemães em vários pontos.

Estes ataques, especialmente os dos Ingleses, inspiraram cautela aos Alemães. No entanto, uma ofensiva em grande escala de todos os Aliados, a norte e a sul, contra o corredor alemão, nunca se realizou. Foram dadas ordens por Georges a 18 de Maio para que tal ataque tivesse lugar. Por Gamelin, no dia 19 de Maio, e pelo seu sucessor no comando geral, Weygand, nos dias 21 e 22 de Maio. Ao fim do dia 25 de Maio, esta ideia havia sido abandonada. Na noite do dia 23 de Maio, lorde Gort, comandante-em-chefe inglês, retirou as forças inglesas (5.ª e 6.ª divisões) de Arras. No dia seguinte, o general Besson, no comando do proposto ataque dos Franceses a sul, afirmava que a retirada dos Ingleses permitira um reforço dos Alemães contra as suas forças e tornava, assim, impossível o seu ataque. Apesar disto, continuavam os preparativos para um ataque conjunto dos Aliados a norte e, na manhã do dia 25 de Maio, a junta de chefes de estado-maior anglo-franceses confirmou que três divisões francesas, com tanques, cooperariam com duas divisões de infantaria inglesas e com a brigada de tanques inglesa numa ofensiva que começaria na tarde do dia 26 de Maio. No entanto, mais tarde, a 25 de Maio, Gort recebia a notícia de que as retiradas belgas abriam uma passagem através da qual os Alemães poderiam avançar e impedir o acesso dos Ingleses à costa. Gort ordenou que as suas divisões inglesas, que estavam a postos para um ataque dos Aliados, a norte, contra o corredor dos Alemães, ocupassem em vez disso esta passagem. Mantinha assim aberta a sua linha de retirada e salvava o exército inglês da possível aniquilação. Só informou os Franceses depois de ter dado a ordem. Isto foi o fim de todas as perspectivas de derrota da incursão alemã. Blanchard desistiu do ataque e ordenou que se formasse uma ponta-de-lança para cobrir Dunquerque e aguentar a posição sem «pensar em recuar». As intenções dos Ingleses eram diferentes. Na tarde do dia 26 de Maio, o almirantado inglês deu ordem para que «a Operação DÍNAMO tivesse início». Os homens do Corpo Expedicionário Inglês [CEI] deviam regressar de Dunquerque.

Gort não tinha esperanças. Não tinha a certeza de conseguir trazer as suas forças de regresso à costa em segurança, nem se seria possível serem aí recolhidas, no caso de lá chegarem. Os Alemães partilhavam da mesma opinião. Em parte por confiarem no facto de o CEI estar encurralado, facilitaram inadvertidamente a sua fuga. No dia 23 de Maio, Rundstedt deteve o avanço das divisões *panzer* avançadas, que agora se dirigiam para leste em direcção à costa belga e à região interior. Uma das razões para este facto era permitir que as divisões de infantaria se juntassem, de modo a estar de prevenção em caso de mais contra-ataques aliados; a outra era evitar que as divisões blindadas alemãs que seriam necessárias para a segunda fase da campanha da França ficassem mais debilitadas. As acções ofensivas das tropas terrestres contra as forças dos Aliados a norte da penetração alemã eram deixadas a cargo do Grupo B de Exércitos. Hitler aprovou esta decisão e só ordenou novas ofensivas no dia 27 de Maio. Foi um erro e não, tal como têm afirmado muitos autores, um gesto deliberado de conciliação para com os Ingleses: no dia 24 de Maio, Hitler ordenara a «destruição» das forças dos Aliados a norte, e a *Luftwaffe* devia impedir a fuga das forças inglesas. Apesar de os Ingleses terem começado a fazer planos de contingência para retirarem o CEI já no dia 19 de Maio, o êxito da evacuação permaneceu bastante tempo em dúvida. No dia 28 de Maio, Churchill acreditava que 50 000 homens podiam decerto ser evacuados, mas 100 000 seria um milagre. No dia seguinte, Ironside, chefe do Estado-Maior do Império pensava que havia «poucas hipóteses de a totalidade do CEI poder ser evacuado».

Foi sob estas perspectivas sinistras que o governo inglês se interrogou se deveria ou não tentar negociar a paz com Hitler. Já no dia 15 de Maio, Churchill considerara necessário avisar o presidente Roosevelt: «Se for preciso prosseguiremos sozinhos» e acrescentava, «não temos medo». No dia 25 de Maio, os chefes de estado-maior fizeram um relatório formal para o conselho de ministros inglês, sobre as perspectivas de a Inglaterra manter o conflito com a Alemanha, e muito provavelmente também com a Itália. Pensavam que a Força Aérea e a Marinha juntas podiam impedir um desembarque em Inglaterra, que seria suficientemente poderoso e aguentaria o tempo necessário para conseguir a derrota dos Ingleses. Se, por outro lado, o Exército alemão se instalasse em terra, tudo estaria acabado: os Ingleses tinham apenas três divisões e meia totalmente equipadas e treinadas e duas brigadas blindadas, enquanto os Alemães teriam 70 divisões ao seu dispor. A superioridade aérea devia ser mantida. Sem ela, a Marinha não conseguiria suster a invasão indefinidamente. A *Luftwaffe* podia tentar obter a supremacia aérea bombardeando as fábricas de aviões. O moral dos trabalhadores podia, então, ser um factor decisivo. Estranhamente, o relatório não mencionava o perigo que colocava a Inglaterra mais perto de uma derrota — o ataque submarino à marinha mercante. O estado-maior das Forças Armadas pensava que o abastecimento da Inglaterra estava principalmente ameaçado devido aos ataques aéreos verificados nos portos, e continuava a subestimar os submarinos. As conclusões do relatório eram ainda mais optimistas quanto às perspectivas de uma derrota da Alemanha. Apoiando-se em informações do Ministério da Guerra, o relatório afirmava que existiria uma falta de mantimentos generalizada na Europa no final de 1940. Em meados de 1941, a Alemanha, com carência de matérias-primas fundamentais, teria dificuldade em continuar a produção de armamentos e, no final desse ano a falta de petróleo «obrigá-la-ia a diminuir o seu controlo militar na Europa». Estes acontecimentos podiam ocorrer até antes disso, em consequência dos bombardeamentos ingleses. Tudo assentava, no entanto, na seguinte suposição: que os Estados Unidos estariam «dispostos a dar-nos um total apoio económico e financeiro, *sem o qual não pensamos poder prosseguir com alguma hipótese de ganhar*».

Quando Churchill fez algumas perguntas suplementares aos chefes de estado-maior, expôs algumas condições para a paz que supunha que Hitler iria impor à Inglaterra: «condições... que a colocariam totalmente à mercê da Alemanha através de um desarmamento, da cessão das bases navais nas Orkney, etc.» Tanto quanto se pode discernir das condições reais de Hitler, estas parecem ter sido, tal como um ministro inglês afirmou mais tarde nesse Verão, que «estaria disposto a desistir na condição de ficar com o que tinha» provavelmente com mais uma colónia ou duas. Mesmo assim, é difícil acreditar que Hitler tivesse consentido que a Marinha e a Força Aérea britânicas continuassem eficazes.

O Ministério da Guerra aceitou a opinião dos chefes de estado-maior segundo a qual a Inglaterra poderia continuar a combater sozinha. A discussão sobre se se devia ou não negociar a paz surgiu indirectamente como resultado de um pedido dos Franceses segundo o qual os Ingleses se deveriam juntar a eles numa tentativa de persuadir Mussolini a permanecer fora do conflito. Mussolini, pensava o conselho de ministros, tentaria então agir como intermediário entre Hitler e as potências ocidentais, de modo a que as negociações com ele pudessem levar a negociações para a paz com a Alemanha. As discussões prolongaram--se por três dias, do dia 26 ao dia 28 de Maio. Churchill, com algumas inconsistências, assumia uma linha cada vez mais provocadora e beligerante. A dada altura queria esperar até que terminasse a evacuação de Dunquerque: «A operação pode ser um grande fracasso. Por outro lado... poderíamos salvar uma parte considerável das nossas forças... Isto constituiria um verdadeiro teste para a nossa supremacia aérea». Noutra altura afirmava que estaria pronto a considerar condições de paz e a ceder alguns territórios ultramarinos, na medida em que o essencial do poder inglês fosse mantido. De forma cada vez mais eloquente e firme, Churchill afirmava, no entanto, que era impossível obter, de Hitler, condições aceitáveis, e que até a própria discussão dessas condições enfraquecia a vontade de combater e que seria preferível «se acontecesse o pior... morrer em combate».

A mudança de governo efectuada no dia 10 de Maio de 1940 revelava-se um factor decisivo. O debate na Câmara dos Comuns, que se seguiu à derrota dos Aliados na Noruega, levara à demissão de Chamberlain do cargo de primeiro-ministro, a favor de alguém que pudesse persuadir o Partido Trabalhista a participar numa coligação governamental. O Partido Trabalhista votou contra Chamberlain, mas estava disposto a aceitar Halifax ou Churchill. Halifax não conseguiu agarrar a oportunidade que Chamberlain lhe tentou conseguir, e Churchill tornou--se, assim, primeiro-ministro. Chamberlain e Halifax foram incluídos no seu Conselho de Guerra como representantes do Partido Conservador, que tinha a maioria na Câmara dos Comuns. Halifax, que manteve durante algum tempo a sua posição como secretário dos Negócios Estrangeiros, desejava utilizar a Itália como meio de encetar as negociações com Hitler. Estava convencido de que Hitler não faria necessariamente exigências excessivas na negociação da paz, e a frequente retórica emocional de Churchill irritava-o. Deu inclusivamente a entender que pretendia demitir-se. O desacordo entre ambos não podia ser resolvido pela lógica nem por qualquer dos outros meios disponíveis: Churchill pensava que a mera discussão das condições com Hitler seria uma coisa intolerável, e que qualquer debate desse tipo significaria aceitar a derrota e, consequentemente, as condições de Hitler. Halifax pensava que estas podiam ser consideradas, e rejeitadas, se pusessem em causa a independência da Inglaterra. Churchill respondia que «descobriríamos então que todas as forças para solucionar o problema que se encontram agora à nossa disposição, teriam desaparecido», e declarava que «não conseguiríamos piores condições se continuássemos a combater, mesmo sendo derrotados, do que aquelas que temos, neste momento, ao nosso dispor».

Halifax estava sozinho; apenas Chamberlain lhe dava algum apoio e mesmo assim não ia para além de solicitar alguma compreensão para o pedido desesperado dos Franceses. Os membros do Partido Trabalhista, Attlee e Greenwood, apoiavam Churchill. E o mesmo acontecia com Archibald Sinclair, que fora chamado para falar em nome do Partido Liberal. Durante o terceiro dia da discussão no Ministério da Guerra, Churchill conseguiu um apoio caloroso ao falar com os ministros fora desse pequeno conselho. Parece ter ficado surpreendido com o entusiasmo que suscitou quando prometeu que não haveria qualquer hipótese de negociação. A partir daí não mais hesitou, nem em público nem em privado, quanto à afirmação resoluta segundo a qual uma paz com Hitler seria uma coisa intolerável, e que a resistência à Alemanha seria dura e dolorosa, mas que podia ser, e seria, vitoriosa.

O primeiro-ministro manifestava assim e reforçava «as forças de resolução» que, paradoxalmente, cresciam à medida que as vitórias alemãs se multiplicavam. A guerra começara porque a Alemanha nazi podia constituir uma ameaça à independência inglesa; a conquista da Polónia, da Dinamarca, da Noruega, do Luxemburgo, da Holanda e da Bélgica, pelos Alemães, e o avanço dramático até ao canal da Mancha, eram a confirmação do poder implacável dos Alemães. Hitler tinha de ser detido, ou então a independência da Inglaterra desapareceria.

Entretanto, mais soldados estavam a ser evacuados de Dunquerque, a sua maioria pelo porto, muitos pelas praias. 765 navios ingleses foram a Dunquerque, sendo dois terços deles civis. De 27 de Maio a 4 de Junho foram evacuados 338 000 homens, dos quais aproximadamente 140 000 eram Franceses. As autoridades francesas só ordenaram que as suas tropas se retirassem no quinto dia da evacuação. Até lá agarraram--se à esperança de conseguir manter uma forte testa-de-ponte, uma esperança fútil, porque não poderia ser abastecida. Como consequência, os Franceses tiveram o papel principal na acção de impedir que os Alemães aniquilassem as tropas aliadas, e nas fases finais da retirada, a retaguarda era totalmente composta por Franceses. Isto foi um serviço de grande valor, já que seriam as tropas inglesas que viriam a desempenhar um importante papel no futuro da guerra. Muitos dos melhores soldados do Exército inglês tinham ido para França. Mesmo com a perda de equipamento e de veículos, o seu regresso fortalecia enormemente a defesa inglesa contra uma invasão: quanto mais tropas os Ingleses pudessem reequipar e reunir, maior teria de ser uma invasão alemã na costa de Inglaterra e mais vulnerável ficaria a um ataque naval e aéreo dos Ingleses.

Em França, o general Weygand organizava a sua última linha de defesa, linha essa que esperava defender apenas por pouco tempo. Tinha à sua disposição as quatro divisões blindadas que não haviam conseguido deter a penetração inicial dos Alemães, mas estas tinham menos de um terço da sua força inicial. Por intermédio de um feito considerável de organização, foram reconstruídas três divisões móveis enfraquecidas com pessoal evacuado de Dunquerque e trazido de Inglaterra, e outras duas foram constituídas com o resto das divisões de cavalaria que tinham combatido na Bélgica. Mas, agora que a maioria das melhores divisões se perdera, Weygand tinha apenas cerca de 45 divisões, muitas delas abaixo da sua total capacidade de combate, para tentar defender a Linha Somme-Aisne «sem pensar em retirar», contra 95 divisões, incluindo dez *panzer*, que tinham descansado e sido rapidamente fortalecidas. Num combate que durou cinco dias, do dia 5 ao dia 9 de Junho, a «Linha Weygand» foi penetrada, e uma breve defesa francesa na linha Seine--Marne não tardou a falhar. Depois do dia 12 de Junho, os Alemães perseguiram os Franceses derrotados até ao rio Loire e além dele, isolando tropas francesas que continuavam a combater na Linha Maginot, penetrada apenas em dois pontos.

Continuaria a França na guerra? A metrópole francesa poderia ser derrotada, mas o Império Francês permanecia, com alguns soldados disponíveis, algumas unidades da força aérea, e uma marinha poderosa. Algumas unidades podiam ainda ser embarcadas para o ultramar. Após a rendição da Finlândia à União Soviética, no dia 13 de Março de 1940, dera-se a queda do primeiro-ministro Daladier, tendo sido substituído por Reynaud, que era a favor da continuação, de forma mais acesa, da guerra. Na realidade, isto não teve maiores consequências do que uma crescente retórica e discussões mais acesas entre Reynaud e Daladier, cuja força política lhe permitiu continuar no governo, e intensificou as intrigas de Reynaud contra Gamelin, protegido de Daladier. Reynaud só se viu livre de Gamelin no dia 19 de Maio, a meio do combate; o seu substituto, Weygand, era uma boa escolha do ponto de vista militar, mas politicamente desastrosa. Ao mesmo tempo, Reynaud trouxe o marechal Pétain para o governo, aparentemente com o objectivo de inspirar confiança na vitória. Mostrou, contudo, ser impróprio para este fim. Reynaud era inteligente, liberal, veementemente antinazi e um eloquente defensor de uma guerra total contra a Alemanha de Hitler. Era ambicioso e bem à direita, do ponto de vista político. As suas amizades e os seus apoiantes incluíam pessoas para quem uma resistência persistente contra Hitler não era uma prioridade tão fundamental como para ele próprio, e que estavam mais dispostas a aceitar as perdas.

Weygand informava o governo, cada vez com maior convicção, de que teria de se fazer um armistício. Reynaud queria que ele ordenasse a rendição dos exércitos em França, deixando que o governo prosseguisse a guerra no exterior. Weygand recusou-se e insistiu que o governo deveria ser responsável pelo armistício. No governo de Reynaud, Chautemps sugeriu que se perguntasse aos Alemães quais eram as suas condições. Afirmava, como Halifax o fizera algumas semanas antes, durante a evacuação de Dunquerque, que as condições, após terem sido estudadas, poderiam ser rejeitadas caso fossem consideradas demasiado duras. Reynaud não conseguiu o apoio suficiente para derrotar Chautemps, e demitiu-se no dia 16 de Junho de 1940.

Foi substituído pelo marechal Pétain, que não hesitou em aceitar a derrota. Com efeito, parecia saboreá-la como se fosse um castigo adequado para um suposto hedonismo dos Franceses e como meio de construir uma nova França, baseada no altruísmo e no apelo ao dever. Além disso, Pétain afirmava que o governo francês não devia ir para o ultramar de forma a continuar a luta. Isto seria uma deserção, um abandono da população francesa ao inimigo. Weygand pretendia que fosse mantida uma autoridade constitucional francesa em França, com forças armadas à sua disposição que pudessem ser preservadas da derrota, presumivelmente por meio de um acordo com os Alemães, de modo a impedirem a desordem e uma possível tomada de poder revolucionária em França. Os comunistas, agora membros de uma organização ilegal, opunham-se, evidentemente, à guerra contra a Alemanha, devido ao pacto germano-soviético. Podia esperar-se que se empenhassem nas causas contra a manutenção do conflito, talvez no sentido de obterem o apoio dos Alemães. De qualquer modo, Pétain e Weygand eram ambos de opinião de que a resistência inglesa seria derrotada dentro de pouco tempo. A continuação da resistência francesa não faria mais, por conseguinte, do que ajudar os Ingleses a conseguirem melhores condições dos Alemães do que os Franceses, que haviam suportado a maior parte dos combates. Pétain ofereceu-se como salvador da França, e o armistício franco-alemão foi assinado no dia 21 de Junho.

O desejo do governo francês de chegar a acordo deu a Hitler duas enormes vantagens. Por um lado, poderia governar a França indirectamente por meio de um governo estabelecido na zona não ocupada — toda a zona norte da França e a costa atlântica, incluindo a linha férrea para Espanha, estavam ocupadas pelas forças alemãs; por outro, podia impedir que a frota francesa se juntasse à marinha real inglesa. No dia 15 de Junho, o general De Gaulle, ministro recentemente nomeado do governo de Reynaud, retirado do comando vitorioso da 4.ª Divisão Blindada, emitiu pela rádio, de Londres, um apelo aos Franceses no sentido de continuarem a luta. Em oposição a Pétain, De Gaulle acreditava que a guerra mundial estava apenas no início, que as democracias ganhariam a guerra, e que a França deveria estar entre os países vitoriosos. Poucos responderam. Os representantes do governo colocados na maior parte do Império Francês, incluindo Marrocos, Argélia e Tunísia, seguiam as directivas das autoridades legais, se bem que com relutância, considerando a preservação da unidade francesa mais importante do que a necessidade de derrotar Hitler.

O controlo inglês do Mediterrâneo, a defesa do Egipto e do Canal de Suez, com a Palestina, e os campos de petróleo além desses territórios, encontravam-se ainda mais ameaçados devido à declaração de guerra da Itália, no dia 10 de Junho de 1940. É difícil atribuir com precisão quaisquer ideias ou aspirações a Mussolini, para além do seu poder pessoal. Ditador da Itália desde 1925, expressou muitas ideias em várias alturas, mas a falta de consistência dessas ideias e o seu conteúdo vazio e bombástico retiravam-lhe credibilidade. Chegou ao poder como líder, ou mais precisamente como porta-voz dos fascistas, uma associação de bandos de grupos políticos violentos, envolvidos na intimidação física e moral das organizações de esquerda e dos sindicatos, nas cidades e no campo, especialmente nas zonas a norte de Roma. Alguns políticos liberais antiquados acharam por bem colaborar com os fascistas, contra os socialistas e o partido progressista cristão, em vez de se lhes unirem contra os fascistas. Politicamente, Mussolini conseguiu o apoio da Igreja, dos industriais e dos homens de negócios e dos proprietários de terras, satisfeitos com a destruição dos sindicatos agrícolas e com os preços altos para os seus produtos, bem como com a procura da auto-suficiência nacional.

Arrogante e por vezes violenta, a ditadura autoritária fascista justificava-se por meio de um apelo não classista ao nacionalismo e apelos incoerentes à «grandiosidade». Se Mussolini tinha, ele próprio, objectivos consistentes, o que não é certo, a afirmação nacional era sem dúvida um deles. O apelo que esta exercia nos Italianos era limitada, em comparação com as respostas patrióticas que existiam na Alemanha, na Inglaterra e em França. A população italiana era, em média, consideravelmente mais pobre e menos culta, pelo que o conceito de nação exercia neste povo, em comparação, uma atracção mais limitada. As vitórias nacionais tinham, no entanto, a aprovação dos fascistas e dos conservadores monárquicos, se fossem alcançadas sem sacrifícios excessivos. As vitórias nacionais fortaleceriam pessoalmente Mussolini, e talvez o ajudassem a atacar as instituições não fascistas sobreviventes, como a própria monarquia.

Considerações deste tipo contribuíram para confirmar a inclinação de Mussolini para uma aventura no exterior. O começo da guerra, em Setembro de 1939, tornou-o impaciente. A neutralidade não era uma posição adequada para um homem viril e violento. Por outro lado, a Inglaterra e a França juntas eram assustadoramente fortes no Mediterrâneo. A impressionante vitória da Alemanha em Maio de 1940 precipitou uma decisão, e, a 26 de Maio, Mussolini optou por entrar no conflito. Alguns dias mais tarde, informou Hitler de que a Itália declararia guerra a 5 de Junho, data que foi adiada, a pedido de Hitler, para 10 de Junho. Seguiram-se 11 dias de completo insucesso contra a França, antes do armistício. No entanto, isto não significava que Mussolini pretendesse fazer apenas parte da conferência de paz. Pelo contrário, queria que a guerra continuasse e ansiava pela participação italiana nos confrontos bélicos. Ignorava, evidentemente, a fraqueza das forças armadas italianas.

A força do Exército italiano durante a guerra era grande, mas só no papel: 73 divisões, estando 53 em Itália e 20 no resto do Império. Mas só 19 divisões estavam completas. Havia três divisões blindadas, mas os tanques italianos eram, ou demasiado ligeiros ou, na sua maioria, obsoletos. A Itália possuiu 3300 aviões militares, mas só 1800 podiam ser utilizados de imediato, e apenas cerca de 1100 eram razoavelmente modernos. Do ponto de vista teórico, a Marinha era uma força formidável, com dois couraçados e mais dois quase completos, sete cruzadores pesados, 12 cruzadores ligeiros, 59 *destroyers*, 67 lanchas torpedeiras e nada menos do que 115 submarinos. No entanto, a maioria do equipamento e o treino das tripulações dos navios eram deficientes. Os submarinos eram lentos, barulhentos, de pouca profundidade e com uma resistência limitada. Os oficiais e os homens eram corajosos, e os soldados pacientes e bem humorados no seu conjunto. No entanto, a maioria dos oficiais era egocêntrica, negligente e profissionalmente incompetente. A Itália não possuía uma tradição militar a que se pudesse recorrer para oficiais competentes. Entre as fileiras havia pouco patriotismo nacional, que, no Exército alemão, superava as diferenças regionais. A Itália da metrópole era vulnerável e tinha de defender um Império ultramarino na Albânia, na Líbia, no Dodecaneso, na Etiópia recentemente conquistada, na Somalilândia italiana e na Eritreia. Mussolini não pensava, porém, em defesa mas sim numa «guerra de alguns meses», na qual a Itália tomaria a ofensiva para criar um Estado satélite à custa da Jugoslávia, aumentando a Albânia à custa da Grécia e, sobretudo, forçar os Ingleses a saírem do Egipto conseguindo, assim, o domínio do Mediterrâneo e um caminho seguro para a África Oriental, através do Canal de Suez. Estas ambições mostraram ser absurdas, mas foi necessária a intervenção da força inglesa para o demonstrar.

III

A INGLATERRA SOZINHA NA GUERRA

A 18 de Junho de 1940, Churchill anunciou: «A Batalha de França terminou; julgo que a Batalha de Inglaterra está agora prestes a começar». Conseguiria a Inglaterra continuar a resistir? Aceitaria a população os riscos imediatos de uma tentativa desse tipo?

Em Maio de 1940, os desastres sucediam-se, à medida que o Exército francês ia ficando cada vez mais confuso e sem margem de manobra. Foi uma coincidência que levou Churchill ao poder quando a luta começou; o resultado foi a atribuição de uma qualidade especial à opinião do governo, num momento em que uma crise tornava a opinião pública inglesa receptiva a uma liderança. Já no dia 10 de Maio, quando se tornou primeiro-ministro, Churchill tinha bastante apoio: as suas afirmações anteriores à guerra, quanto às deficiências do rearmamento, especialmente no tocante à força aérea, e a sua profecia segundo a qual a destruição da Checoslováquia se seguiria à sua suposta salvação em Munique, foram recordadas e conferiam-lhe uma nova reputação de clarividência e de sabedoria. O seu empenho na guerra activa e a sua energia como ministro eram sentidos pelo público e pelos políticos. Nesse momento decisivo, três características conferiam aos discursos de Churchill um poder excepcional. Desde o início que ele previa dificuldades e perigos. No seu primeiro discurso como primeiro-ministro, no dia 13 de Maio, ele disse perante a Câmara dos Comuns: «Nada mais tenho a oferecer para além de sangue, esforço, suor e lágrimas. Temos perante nós uma tarefa dolorosa. Esperam-nos muitos e longos meses de luta e de sofrimento». Uma segunda qualidade consistia numa combinação de exaltantes apelos ao dever e de visões sombrias mas encorajadoras de um futuro melhor. Assim, declarava no dia 18 de Junho:

> Toda a fúria e poder do inimigo serão provavelmente lançados sobre nós. Hitler sabe que terá de nos derrotar nesta ilha ou então perderá a guerra. Se formos capazes de o defrontar, toda a Europa conseguirá ficar livre, e a vida no mundo poderá continuar a avançar, para horizontes mais vastos e soalheiros; mas se falharmos, então o mundo inteiro, incluindo os Estados Unidos, bem como tudo que conhecemos e de que gostamos, afundar-se-á no abismo de uma nova idade das trevas, mais sinistra e talvez mais longa em consequência das luzes de uma ciência pervertida. Cumpramos assim os nossos deveres, e tenhamos em mente que, se o Império Britânico e a Comunidade Britânica durarem mil anos, os homens continuarão ainda assim a afirmar: «Este foi o seu momento de glória».

A imprecisão destes discursos evitava os pormenores sobre os métodos de defesa ou a discussão de objectivos de guerra precisos. Os assuntos eram mantidos num plano emocional elevado, e Churchill adiava deste modo a controvérsia calma e racional que poderia ser incompatível com a beligerância altruística. Acima de tudo, o seu mérito literário era uma garantia de que os seus discursos eram ouvidos e recordados. A magnificência estrondosa da sua linguagem criava e expressava, em parte, a crença segundo a qual a decisão de continuar a combater constituía a única resposta possível para a derrota da França:

> Continuaremos até ao fim. Lutaremos em França, nos mares e nos oceanos, lutaremos com uma certeza e uma força cada vez maiores no ar, defenderemos a nossa ilha, a qualquer custo. Lutaremos nas praias, nos locais de desembarque, no campo e nas ruas, lutaremos nas colinas; nunca nos renderemos...

Churchill tornava empolgante a perspectiva do perigo: a «retórica», tal como escreveu mais tarde, «não era uma garantia de sobrevivência», mas ajudava.

Hitler esperava uma paz de compromisso. As suas condições nunca foram devidamente explicitadas: a Inglaterra teria talvez de reconhecer a supremacia da Alemanha na Europa continental e devolver as antigas colónias alemãs, enquanto a Alemanha permitiria, ou ajudaria até, a manter o Império Britânico. A crença de Churchill, segundo a qual os Alemães insistiriam no desarmamento da Inglaterra de modo a conseguirem a execução destas condições, era quase uma certeza. Não sabemos, porque a questão nunca chegou a ser colocada. Após a queda da França, as tentativas para fazer um acordo de paz com a Alemanha foram postas de parte, sem que alguém se voltasse a interessar por elas à excepção de R. A. Butler e do duque de Windsor, que pouco contavam, e um ou outro diplomata inglês que rapidamente se calou. Entretanto, a marinha, o exército e a força aérea alemãs consideravam, cautelosamente, a possibilidade de invadir a Inglaterra. No fim de Junho, Jodl, do alto-comando das força armadas alemãs, elaborou um relatório sobre a continuação da guerra contra a Inglaterra, enquanto Hitler decidia que poderia ser necessária uma demonstração de força para submeter a Inglaterra; essa força teria talvez de ser utilizada. No dia 2 de Julho, Hitler ordenou que fossem feitos planos para uma invasão da Inglaterra. No dia seguinte, um inexorável acto de guerra manifestava a determinação do governo britânico. A frota francesa foi bombardeada pelos navios de guerra ingleses, em Mers-el-Kébir, perto de Orão. Segundo o armistício franco-alemão, os navios de guerra franceses deviam ser desarmados sob a supervisão dos Alemães ou dos Italianos. Apesar de o comandante-em-chefe naval francês, Darlan, ter garantido aos Ingleses que os barcos franceses nunca seriam utilizados contra eles, o governo britâni-

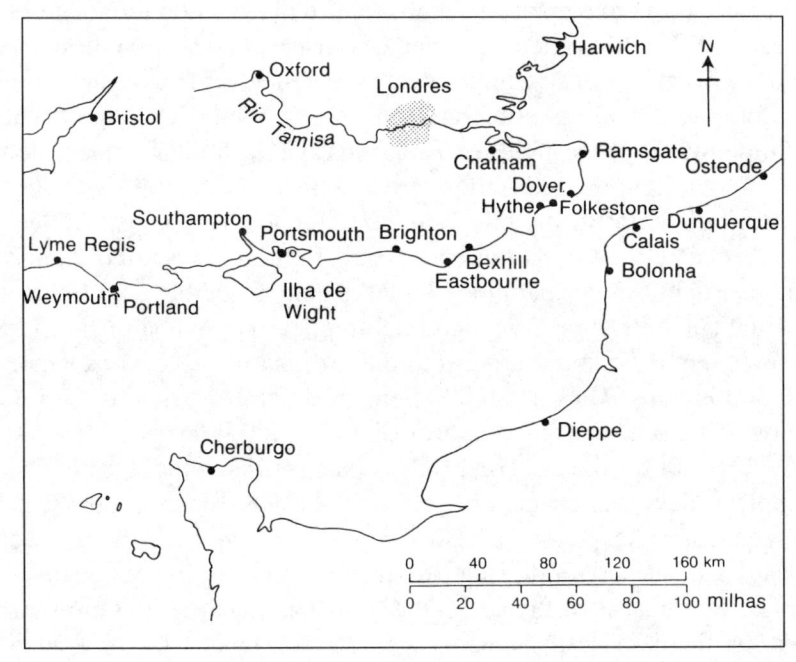

SUDESTE DA INGLATERRA E CANAL DA MANCHA : A COSTA DA INVASÃO EM 1940

co queria ter a certeza de que não caíriam intactos nas mãos do inimigo. A aposta era arriscada, porque a marinha francesa era poderosa e eficaz. Se, pela força e pelo embuste, os Alemães assumissem o controlo dos barcos de guerra franceses, a capacidade da Inglaterra para continuar na guerra estaria ameaçada. Em menos de dez minutos, a força inglesa pôs fora de combate três navios de guerra franceses importantes, incluindo o moderno couraçado *Dunquerque*, e matou mais de 1250 marinheiros franceses. No entanto, um outro couraçado, o *Estrasburgo*, fugiu para Toulon. (Todos os navios de guerra em Toulon foram destruídos pelas autoridades francesas, quando os Alemães se apoderaram do porto, no final de 1942). Churchill emocionou-se até às lágrimas ao explicar a acção na Câmara dos Comuns. Alguns meses depois, um colaborador de Roosevelt, Harry Hopkins, afirmou ter sido esta acção que convencera o presidente americano de que a Inglaterra lutaria até ao fim.

No dia 17 de Julho, o Exército apresentou o seu plano de invasão: numa primeira fase, 13 divisões deveriam ser seguidas por seis divisões *panzer* e três divisões motorizadas, seguidas por mais 17 divisões de infantaria. Uma divisão aerotransportada ajudaria esta primeira vaga. O desembarque teria lugar entre Ramsgate e Bexhill, entre Brighton e a Ilha de Wight e entre Weymouth e Lyme Regis. 90 000 homens tomariam parte no ataque inicial e até ao terceiro dia 260 000 teriam desembarcado. As autoridades navais alemãs afirmavam que seria difícil reunir os navios necessários e impossível protegê-los ao longo de uma frente tão comprida, com desembarques em vários pontos ao longo de 320 quilómetros de costa inglesa. A marinha queria limitar os desembarques a uma frente de 80 quilómetros, entre Folkestone e Eastbourne. Brauchitsch, comandante-em-chefe do Exército alemão, insistiu que se fizesse mais um desembarque perto de Brighton, no sentido de evitar qualquer tentativa por parte dos Ingleses de defenderem uma linha entre Chatham e Brighton. O plano final implicava desembarques em três sectores, entre Folkestone e Brighton, ao longo de aproximadamente 120 quilómetros. Mais de 80 000 homens desembarcariam nas primeiras duas horas e no espaço de três dias 125 000 homens estariam em terra. Os pára-quedistas seriam lançados atrás de Hythe. Dez divisões completas deveriam chegar nos primeiros 11 dias, seguidas pela segunda vaga, composta por seis divisões *panzer* e duas divisões motorizadas (uma das quais seria a divisão SS *Totenkopf*) nas primeiras quatro semanas, e outras nove divisões duas semanas mais tarde. Oito outras divisões ficariam de reserva. A operação, designada LEÃO MARINHO, deveria estar pronta a partir do dia 15 de Setembro.

Não é surpreendente que o Exército alemão estivesse certo de obter uma vitória, se conseguisse desembarcar e ser abastecido. Em Setembro, os Ingleses possuíam 27 divisões de infantaria, mas só 14 estavam equipadas na totalidade (incluindo uma divisão canadiana) e oito razoavelmente equipadas. Além disto, tinham 11 brigadas. A artilharia de campanha, as metralhadoras e armas antitanque eram muito poucas; a prioridade em matéria de equipamento tinha ido para o Corpo Expedicionário, que deixara a maior parte do seu equipamento em Dunquerque. O treino era deficiente. Duas divisões blindadas e duas brigadas de tanques tinham de partilhar apenas 600 blindados ligeiros e pesados, em todo o país. O comando do Exército alemão tinha muito respeito pela qualidade das tropas inglesas, que lutariam «com tenacidade e determinação», mas muito pouco respeito pelo «comando operacional, que possuía pouca flexibilidade» e era ineficaz em conflitos de extrema mobilidade. A Guarda Nacional, composta por 500 000 voluntários uniformizados, estava essencialmente armada com velhas espingardas americanas e organizada para uma defesa local. Em Julho, os Alemães consideravam o seu valor combativo «fraco»; em Setembro talvez fosse mais eficaz.

O general Jodl considerava a invasão como «um rio atravessando à força uma vasta frente... o papel da artilharia ficará a cargo da *Luftwaffe*». A força aérea alemã devia, por conseguinte, compensar a inferioridade naval dos Alemães. O comando naval estava deprimido: «em comparação com a força do inimigo, as diversas possibilidades operacionais que a marinha tem ao seu dispor... são infinitamente pequenas». Em águas territoriais, a marinha inglesa tinha a postos navios decisivos (três couraçados pesados e dois ligeiros), 10 cruzadores e 50 *destroyers*. A marinha alemã, muito enfraquecida pelas perdas sofridas na campanha norueguesa, dispunha de cinco cruzadores, dos quais quatro tentariam distrair os Ingleses fazendo a escolta de um comboio de invasão simulada em direcção à costa entre Aberdeen e Newcastle, enquanto o cruzador pesado *Hipper* e, no caso de ficar reparado a tempo, o couraçado de bolso *Almirante Scheer* atacariam a marinha mercante. Dez *destroyers*, 50 lanchas torpedeiras e 27 submarinos interceptariam a aproximação dos navios de guerra ingleses e protegeriam os barcos que transportavam as tropas. Estes formavam um conjunto pouco homogéneo: para os primeiros desembarques 1130 lanchas e 1028 barcos a motor e de pesca, com 390 rebocadores ou barcos de arrasto para rebocarem as lanchas que não tinham potência suficiente. Como apoio, havia 170 navios mercantes de grande porte.

A marinha tencionava lançar minas para estabelecer uma rota protegida, mas os marinheiros mostravam-se cépticos quanto à sua utilidade no canal da Mancha. Com efeito, o comando naval alemão duvidava de todo este empreendimento: «mesmo que a *Luftwaffe*, depois de derrotar a força aérea do inimigo no canal da Mancha, esteja disponível e com o seu poder intacto, a frota inimiga poderá penetrar na zona de tráfego». Todos concordavam que a *Luftwaffe* tinha de derrotar a RAF [*Royal Air Force*] e conseguir a supremacia aérea no canal da Mancha, como condição necessária para uma invasão vitoriosa. Os bombardeiros alemães poderiam, então, atacar os navios de guerra ingleses sem interferências dos caças ingleses. O Comando de Caças da RAF tinha de ser esmagado. A estratégia aérea dos Alemães era óbvia. Os bombardeiros deviam fazer ataques de dia a importantes alvos que a RAF seria obrigada a defender. Os caças alemães atacariam então os caças ingleses. Os Alemães esperavam que a RAF se sentisse na obrigação de desafiar os caças alemães num combate directo.

Os Alemães começaram, perto de finais de Julho de 1940, a fazer ataques à navegação costeira inglesa e aos portos do Sul. A *Luftwaffe* tinha, então, ao seu dispor três esquadrilhas no Norte da França, nos Países Baixos, no Norte da Alemanha, na Dinamarca e na Noruega. No total, os Alemães conseguiriam pôr no ar aproximadamente 900 bombardeiros de longo raio de acção, 250 bombardeiros de voo picado, 190 caças bimotores e aproximadamente 630 caças monolugares. Contra isto, a RAF dispunha apenas de 600 caças monolugares. O Comando de Caças tinha a desvantagem, estando na defensiva, de os Alemães poderem escolher a zona de combate em qualquer dia pré-estabelecido. Por outro lado, a RAF combatia sobre solo inglês ou zonas acessíveis do canal da Mancha. Os pilotos ingleses que saltassem de pára-quedas dos aviões poderiam muitas vezes voltar a combater; os Alemães eram normalmente feitos prisioneiros ou afogavam-se.

Os caças envolvidos eram sobretudo do tipo monolugar, os *Messerschmitt 109* e os *Hurricane* e *Spitfire* ingleses. O caça alemão de dois motores, o *Messerschmitt 110,* tinha um raio de acção mais vasto, mas era pouco manobrável e estava ultrapassado por ambos os tipos de caças ingleses. O *Me 109 E*, versão que se destacou na Batalha de Inglaterra, era tão veloz como o *Spitfire* e consideravelmente mais rápido do que o *Hurricane*. Subia com maior rapidez, mas era menos manobrável do que o *Hurricane* e o *Spitfire*, à excepção de um aspecto: se os aviões ingleses realizassem um voo picado depois de ter gasto quase todo o seu combustível, os seus motores, com carburadores flutuantes, desligavam-se, de modo que o *Me 109*, com injecção a gasolina, podia fazer um voo picado para escapar à perseguição ou para atacar. A grandes altitudes, o *Me 109* era muito superior, até que, no início de Agosto de 1940, os *Spitfires* e os *Hurricanes* foram equipados com novas hélices de três pás. Os Ingleses tinham uma enorme vantagem: um sistema bem integrado de controlo de caças. De uma cadeia de estações de radar, complementadas por postos de observação, as informações sobre os aviões que se aproximavam eram enviadas para o Comando de Caças e para as estações de sector. Daí, os esquadrões de caças de cada um dos sectores eram orientados contra o inimigo por radiotelefone. Os caças ingleses concentravam-se o mais possível no ataque aos bombardeiros alemães. Em consequência, os caças alemães eram obrigados à fraca posição, do ponto de vista táctico, de escoltar de perto os seus bombardeiros.

Entre o dia 10 de Junho e o dia 12 de Agosto, a *Luftwaffe* dirigiu os seus ataques a embarcações, destruindo aproximadamente 30 000 toneladas. No entanto, isto incidia sobre um tráfego no Canal da Mancha de quase um 1 000 000 de toneladas semanais. A RAF perdeu 148 aviões. Os Alemães 298, dos quais 105 caças. A *Luftwaffe* deu início à batalha mais importante no dia 13 de Agosto, o *Eagle Day* [Dia da Águia]. As três frotas aéreas alemãs entraram então em acção. Os ataques iniciaram-se contra pistas de aterragem e fábricas de aviões. Esta fase continuou até 6 de Setembro, com um período de actividade reduzida do dia 19 ao dia 23 de Agosto. No final de Agosto, os comandantes alemães reduziram a percentagem de aviões bombardeiros em benefício de um aumento de caças de modo a poderem combater com maior eficácia os caças ingleses.

Esta foi a fase crítica da batalha, quando a *Luftwaffe* esteve muito próxima de derrotar o Comando de Caças da RAF. A falta de aviões-caças foi evitada por meio de esforços especiais relacionados com a sua construção, executada sob a direcção de um indivíduo excêntrico escolhido por Churchill para o recém-criado Ministério da Produção de Aeronáutica, lorde Beaverbrook. Este deu assim prioridade aos aviões-caças e originou um acréscimo inesperado da sua produção. Durante o mês de Agosto, foram abatidos 390 *Spitfires* e *Hurricanes*, enquanto foram construídos 414 novos aviões. Mesmo assim, durante o período mais perigoso da guerra, entre 24 de Agosto e 6 de Setembro, foram abatidos 295 caças, e 171 ficaram bastante danificados, enquanto a produção e a reparação de *Spitfires* e de *Hurricanes* nessas duas semanas foi de 269. Do lado dos Alemães a situação era, contudo, pior: em Agosto perderam-se 231 *Me 109*, enquanto 160 foram construídos. A construção de aviões ingleses ultrapassava agora a dos Alemães, devido à prioridade dada à RAF pelos governos de Baldwin e de Chamberlain antes da guerra, e da prioridade dada aos aviões-caças por este último, do trabalho de Inskip como ministro da Coordenação da Defesa, de Kinsley Wood como ministro do Ar e de Sir F. Lemon como director de produção do Ministério do Ar. Estes proporcionariam os meios: Bearverbrook tirava agora o máximo partido da situação.

A escassez de pilotos tornou-se um problema mais premente do que a falta de aviões. Entre 24 de Agosto e 6 de Setembro, o Comando de Caças perdeu 231 pilotos, abatidos ou feridos, quase um quarto do total da sua força inicial e praticamente o dobro do número de novos pilotos que saíam das unidades operacionais de treino. Perto do final de Agosto, foi necessário ir buscar 53 pilotos que não pertenciam ao Comando de Caças e dar-lhes um curso de reciclagem de seis dias. Entretanto, o nível de perícia ia baixando à medida que os pilotos eram abatidos, iam de folga ou faziam serviço de instrução, pelo que as perdas aumentavam. No entanto, no início de Setembro, a força numérica do Comando de Caças era superior à de finais de Julho. Apesar de tudo, o controlo inglês do espaço aéreo nos estreitos de Dover foi posto em perigo devido à estratégia dos Alemães durante esse período. Os Alemães fizeram ataques constantes aos campos de aviação no Sueste de Inglaterra, incluindo as estações de sector que dirigiam os esquadrões de caças para os seus alvos. As salas de comando de sector eram vulneráveis (estavam no solo, muitas vezes situadas em edifícios frágeis). Havia o perigo de inutilização dos aeroportos no Sueste de Inglaterra, bem como o de os esquadrões de caças serem obrigados a aterrar a norte e a oeste de Londres. Em caso de invasão, a RAF teria então menos possibilidades de interceptar os bombardeiros alemães que atacassem os navios de guerra ingleses. Nesse momento crítico, a *Luftwaffe* transferiu os seus ataques para áreas situadas mais no interior, permitindo a recuperação dos aeroportos de primeira linha. Este erro dos Alemães resultava da sua excessiva autoconfiança. Durante os combates, ambos os lados exageravam as baixas do inimigo, pelo que, no início de Setembro, os Alemães supuseram que as unidades da primeira linha de defesa do comando aéreo dos Ingleses estariam quase dizimadas. Tudo o que precisavam de fazer era obrigar os esquadrões ingleses, que tinham permanecido de reserva no interior, a entrar em acção, e depois abatê-los. Os ataques a Londres seriam um meio de alcançarem os seus objectivos. Além disso, o bombardeamento de Londres poderia muito bem ser o fim da guerra e tornar a invasão desnecessária, excepto talvez como golpe final para eliminar um inimigo em colapso.

A 7 de Setembro, mais de 300 bombardeiros alemães, escoltados por 600 caças, foram enviados para atacar Londres. As forças terrestres inglesas estavam em alerta de prontidão de oito horas. O ataque a Londres ajudou a convencer o comando inglês de que era necessário um grau de prontidão mais elevado. Só havia uma maneira de o conseguir: imediatamente após as duas da tarde, o sinal CROMWELL — «invasão iminente» — foi enviado para os comandos de Leste e do Sul, e para os quartéis-generais de reserva. Quando nada aconteceu, espalharam-se boatos reconfortantes entre as tropas de defesa inglesas quanto a supostos desastres relacionados com a tentativa de invasão dos Alemães. No dia 9 de Setembro, Londres foi atacada de novo. Em três dias, a *Luftwaffe* perdeu 84 aviões. A RAF estava evidentemente ainda na luta, e no dia 11 de Setembro e novamente no dia 13, Hitler adiava a decisão de invasão. No dia 15 de Setembro, 220 bombardeiros alemães atacaram Londres, com ataques de diversão a Southampton e Portland. A RAF teve um dos seus melhores dias: 60 aviões alemães abatidos, em comparação com os 26 do Comando de Caças. No dia 17 de Setembro, Hitler adiou a invasão deixando em aberto a possibilidade de ela se efectuar em Outubro. No dia 12 de Outubro, adiou-a de novo até à Primavera de 1941. Nunca voltou a considerá-la. Entre 10 de Julho e 31 de Outubro, o Comando de Caças perdeu 792 aviões, a *Luftwaffe* 1389. Durante todo o período de combate, estiveram em acção 2945 pilotos da RAF: 507 foram abatidos e aproximadamente 500 foram feridos. Os números justificam o famoso comentário de Churchill: «Nunca antes na história dos conflitos entre os homens, tantos deveram tanto a tão poucos».

A «Batalha de Inglaterra», essa tentativa dos Alemães de destruir em pleno dia o Comando de Caças e obter assim a supremacia no canal da Mancha, foi acompanhada pelo começo do *Blitz*, nome popular inglês para a campanha alemã de bombardeamentos nocturnos. Os bombardeamentos nocturnos, dispersos e em pequena escala, prosseguiam desde Julho, à medida que os Alemães procuravam ganhar experiência e testar os seus sistemas de navegação. Os ataques intensos tiveram início de 28 a 31 de Agosto, com quatro ataques a Liverpool. Aproximadamente 160 aviões bombardeiros foram enviados para Liverpool todas as noites. As vantagens e as desvantagens dos bombardeamentos nocturnos eram evidentes. A defesa era fraca; apenas se perderam sete bombardeiros, e os bombardeamentos fizeram muitos estragos: no dia 31 de Agosto deflagraram 160 fogos no centro da cidade. Por outro lado, poucas docas foram atingidas. Com efeito, a maioria das bombas não caiu perto de Liverpool, mesmo as largadas por pilotos que afirmavam ter atingido os seus alvos. Fortes ataques de diversão, a outros pontos, levaram a bombardeamentos espalhados e muitas vezes ineficazes. Os comandantes alemães pretendiam destruir alvos militares e não aterrorizar civis, mas a precisão necessária para tal era muitas vezes impossível de conseguir. Mais tarde, a interferência vitoriosa nos sistemas de navegação pelos Ingleses, dificultou ainda mais as coisas. Os bombardeiros podiam ser enganados por meio de sinais falsos, e lançavam os seus carregamentos de bombas em campo aberto. No dia 8 de Maio de 1941, os pilotos que pensavam ter bombardeado Derby tinham, na realidade, bombardeado Nottingham, e aqueles que deviam ter bombardeado Nottingham tinham bombardeado campo aberto, tão a leste de Nottingham como Nottingham relativamente a Derby. Porém, a partir do dia 7 de Setembro, após mais alguns ataques a outras cidades, sobretudo Liverpool, Bristol e Swansea, os bombardeiros alemães atacaram Londres. Durante 68 noites seguidas, com apenas uma noite de descanso, os Alemães bombardearam Londres. A fuga em pânico da população, que os governos anteriores à guerra tinham receado, não aconteceu. O moral não esmoreceu, apesar de não se dever acreditar na propaganda de guerra dos Ingleses e imaginar que existia um espírito geral de coragem indómita. O «golpe final» falhou enquanto meio de vencer a guerra.

No início de Novembro de 1940, a *Luftwaffe* abandonou a concentração exclusiva sobre a cidade de Londres e começou a afligir uma selecção de centros industriais ingleses, que chegou a incluir 16 cidades. No dia 14 de Novembro, teve lugar o maior ataque realizado fora da área de Londres — com 450 aviões — em Coventry. Um autarquia pouco eficiente e um alvo mais concentrado tornaram as consequências do ataque mais graves do que as da maioria dos ataques individuais feitos à cidade de Londres.

Entre Novembro de 1940 e meados de Maio de 1941, após o que a atenção dos Alemães se deslocou para a frente Leste, mais de 20 000 toneladas de bombas de grande potência e 80 000 bombas incendiárias foram lançadas sobre a Inglaterra. Londres não foi descurada e, apesar de poupada a ataques constantes, o bombardeamento mais forte executado pelos Alemães deu-se em Londres, a 19 de Abril de 1941, quando mais de 700 aviões carregados com mais de 1000 toneladas de bombas de grande potência e 4000 bombas incendiárias se dirigiram para a capital. Alguns aviões faziam viagens duplas ou até triplas, como manobra de diversão para ocultar o início da transferência das operações da

Luftwaffe para o Leste de Inglaterra. No final da campanha, o lugar-tenente de Hitler, Rudolph Hess, voou para Inglaterra para descobrir alguém com autoridade e bom senso suficientes para negociar a paz com a Alemanha. Porém, nada conseguiu. Os bombardeamentos à Inglaterra, apesar de terem causado graves perdas e danos (cerca de 42 000 pessoas morreram e pelo menos 50 000 ficaram gravemente feridas) não tiveram outras consequências senão algumas paragens temporárias da produção de material de guerra. A única excepção foi a quebra verificada no fabrico de motores de avião, em consequência do bombardeamento a uma fábrica de componentes.

Outro dos métodos utilizados para derrotar a Inglaterra, que esteve perto de alcançar a vitória, foi o afundamento de cargueiros, com o objectivo de privar o país de importações de mantimentos e matérias-primas. As armas utilizadas foram submarinos, navios de guerra, aviões e minas. Num espaço de tempo que decorreu entre o início da guerra e finais de Maio de 1940, foram afundados 562 barcos de mercadorias ingleses, dos Aliados e de países neutros, num total de 1 750 000 toneladas. A ocupação da Noruega e da França pelos Alemães fortaleceu grandemente a sua campanha. No período que se seguiu, no mesmo número de meses, de Junho de 1940 a Fevereiro de 1941, perderam-se 1377 barcos num total de 5 300 000 toneladas. Nos meses seguintes, de Março a Junho de 1941, prosseguiu a média das perdas, tendo sido afundados 582 barcos, e 2 160 000 toneladas. Em Abril de 1941, foram destruídas 688 000 toneladas, uma percentagem anual de mais de 8 000 000 de toneladas, que não era possível suportar. As perdas começaram a ultrapassar a produção. De final de Setembro de 1940 até finais de Junho de 1941, a tonelagem de cargueiros decresceu 2 890 000 toneladas, de 17 718 000 para 14 828 000 toneladas. Felizmente, houve um enorme acréscimo de barcos estrangeiros fretados ou requisitados, que fez com que o total de barcos controlados pelos Ingleses fosse de 22 459 000 toneladas, no final de Setembro de 1940. No entanto esse número baixou para 21 115 000 em finais de Junho de 1941, o que constituía uma perda efectiva de bastante mais de um milhão de toneladas. No primeiro ano da guerra, as importações inglesas tinham atingido 44 200 000 toneladas, enquanto no segundo ano baixaram para 31 500 000 toneladas. Isto era suportável (em 1942 provou-se ser possível sobreviver com 22 900 000 toneladas), mas a tendência era assustadora. Na primeira metade de 1942, os petroleiros sob controlo do inglês baixaram para 400 000 toneladas, aproximadamente seis por cento do total.

Em Agosto de 1940, os aviões alemães de longo alcance, os *Focke--Wulfe Kondors,* tinham a sua base perto de Bordéus e mais tarde também em Stavanger, na Noruega. Nessa altura, as escoltas armadas a comboios de navios só podiam ser feitas pelos Ingleses até 17 graus para oeste, aproximadamente até 480 quilómetros a oeste da Irlanda. O grande raio de acção dos *Focke-Wulfe* significava que podiam bombardear os navios ingleses completamente indefesos. Em Janeiro e Fevereiro de 1941, foram afundados 47 barcos, perfazendo 168 000 toneladas, por apenas 15 aviões. Os barcos de mercadorias estavam armados (na Primavera de 1941 mais de 4 000 barcos possuíam algumas armas antiaéreas). Barcos transformados em navios de transporte de aviões improvisados começaram a entrar em acção depois de Abril de 1941. 50 barcos de mercadorias foram equipados para catapultar *Hurricanes,* para efectuarem ataques aos *Focke-Wulfe.* Bases aéreas para os caças foram construídas nas ilhas Hébridas e na Islândia. Um outro método de ataque, a colocação de minas, causou graves problemas quando a mina magnética foi usada pela primeira vez. Mas para este tipo de mina, tal como para a mina acústica que se seguiu, a resposta foi positiva, pelo que a guerra das minas passou a ser uma questão de números: na medida em que houvesse um número suficiente de draga-minas disponíveis, as rotas libertas de minas podiam ser mantidas.

Os ataques de superfície tinham constituído a ameaça que mais preocupara o almirantado antes da guerra. Estes processavam-se de dois modos: com barcos de carga transformados, que eram muito vulneráveis aos navios de guerra ingleses, e com barcos de guerra alemães, que podiam necessitar de fortes concentrações navais para os combater. Os Alemães utilizavam um couraçado ligeiro, dois cruzadores, três couraçados de bolso (cruzadores superpesados) e dois cruzadores pesados, mais sete cargueiros armados. Antes de Junho de 1941, afundaram aproximadamente 900 000 toneladas, mas o ataque mais espectacular não causou quaisquer perdas aos barcos de carga dos Aliados. No dia 21 de Maio de 1941, o mais potente vaso de guerra, o *Bismarck*, acompanhado pelo cruzador pesado *Prinz Eugen* partiu da Noruega em direcção ao Atlântico. A marinha inglesa enviou muitos barcos para o detectarem e destruírem. Estiveram envolvidos três couraçados ligeiros, um couraçado pesado, dois porta-aviões, um cruzador e cinco *destroyers*. O couraçado pesado *Hood*, o maior barco da frota inglesa, foi destruído, mas o *Bismarck* foi afundado a 27 de Maio.

Só em Junho de 1940 é que Hitler deu prioridade suficiente à construção de submarinos, o que permitiu à marinha alemã estabelecer um objectivo de produção de 25 submarinos por mês em 1941. A partir de Janeiro de 1941, o número de submarinos operacionais começou a aumentar, e em Julho, os 22 submarinos que existiam em Janeiro haviam triplicado. Em Outubro de 1940, um número crescente de navios de escolta ingleses dava a possibilidade aos comboios de barcos de se estenderem até 19 graus para oeste, aproximadamente 640 quilómetros a oeste da Irlanda. Os submarinos alemães podiam atacar bem para além deste limite. Mesmo contra barcos escoltados, eram bem sucedidos. Antes do desenvolvimento dos radares anti-submarino nos barcos, o equipamento de detecção dos Ingleses só funcionava contra navios submersos. Os submarinos alemães deslocavam-se mais depressa à superfície do que os navios. Realizavam ataques nocturnos à superfície contra comboios de barcos cujas posições tinham sido previamente determinadas. Em Abril de 1941, quando as bases de abastecimento de combustível na Islândia ficaram prontas, os Ingleses foram capazes de estender a sua protecção aos comboios até 35 graus para oeste, a mais de meio caminho no Atlântico. O comandante dos submarinos, almirante Dönitz, respondeu desenvolvendo uma táctica do tipo «alcateia», na qual grupos de submarinos se juntavam para efectuar sucessivos ataques a um comboio de barcos de carga.

Na batalha entre atacantes de superfície ou submarinos contra barcos de carga e as suas escoltas, a vitória estava dependente dos factores quantidade e perícia, mas o conhecimento da localização do inimigo ou da forma de lhe escapar podia revelar-se decisivo. Esse conhecimento facilitava o alcance do ponto certo, com as forças certas, no momento certo, bem como saber de onde podiam surgir os perigos. O desfecho da Batalha do Atlântico dependia sobretudo da decifração dos códigos. Os submarinos e os comboios de cargueiros moviam-se lentamente, pelo que havia tempo para agir, com o conhecimento prévio das suas intenções. As ordens tinham de ser dadas via rádio e podiam ser interceptadas. As transmissões de rádio alemãs enviadas pelo alto-comando eram codificadas pela máquina *Enigma*, um aparelho electromecânico que funcionava com uma bateria. Carregando numa tecla com uma letra, tal como numa máquina de escrever, fechava-se um circuito eléctrico que iluminava uma letra num painel. O percurso do circuito dependia da escolha de três entre cinco rodas com fios internos, da posição das rodas umas em relação às outras, e a qual das 26 fichas estava ligada a ficha correspondente a cada uma das letras no teclado. Todas estas ligações eram mudadas diariamente ou dia sim dia não. Quando se carregava numa letra, uma das rodas avançava uma posição, mudando assim constantemente o circuito activado por qualquer uma das letras do teclado. Se fosse utilizada devidamente, a máquina *Enigma* era segura: as transmissões de rádio de certas organizações alemãs nunca foram descodificadas. No entanto, as mensagens codificadas pela *Enigma* eram, por vezes, também enviadas em cifra com um grau de dificuldade menos elevado, que permitia a sua descodificação, e as repetições de fórmula em muitas mensagens, ou o uso repetido da mesma sequência de rodas, dava a possibilidade de descobrir as ligações da máquina. Do ponto de vista operacional, muito dependia da rapidez com que isto se fazia. De 1940 até ao fim da guerra, a máquina *Enigma* da *Luftwaffe* foi descodificada com maior ou menor rapidez. Um acontecimento mais impressionante no que respeita ao seu efeito imediato nas operações foi a descodificação da *Enigma* das «Águas Territoriais» alemãs no início de Junho de 1941. Todos as transmissões emitidas para os submarinos tornaram-se acessíveis, e eram atentamente controladas por Dönitz a partir do seu quartel-general em Paris. Os comboios de cargueiros alteravam agora muitas vezes a rota para escapar aos ataques em grupo dos Alemães e, se havia navios de guerra à disposição ou aviões nas proximidades, os submarinos podiam ser capturados. As rotas de abastecimento dos Ingleses estavam temporariamente seguras. Em Julho de 1941, as perdas de cargueiros causadas por ataques de submarinos baixaram para menos de um terço das perdas em Junho, apesar do crescente número de submarinos. A Batalha do Atlântico fora aparentemente ganha pelos Ingleses.

Contra a Itália, a defesa inglesa obteve uma vitória semelhante. O império italiano na África Oriental, constituído pela Somalilândia, Eritreia e Etiópia, sem contacto com a Itália, foi conquistado. O marechal Graziani, com uma força numérica esmagadora, mas cujas tropas eram fracas em equipamento e treino, invadiu com alguma relutância o Egipto em Setembro de 1940, a partir da colónia italiana da Líbia, para logo de seguida se deter. Em Novembro de 1940, aviões bombardeiros da marinha inglesa (numa operação que suscitou grande interesse no Japão) inutilizaram metade da frota italiana de couraçados ancorada em Taranto. Em Dezembro, com duas divisões de infantaria e um regimento de tanques, o general O'Connor lançou um ataque inglês às forças de Graziani. As vitórias sucediam-se, e no início de Fevereiro de 1941, os Ingleses tinham destruído dez divisões italianas e capturado 130 000 homens, à custa de menos de 500 mortos e 1500 feridos ingleses. O general Wavell, comandante-em-chefe inglês no Médio Oriente, conseguiu destituir o governo pró-germânico que tomara o poder no Iraque, e conquistar a Síria às autoridades francesas que aí tinham permanecido e que eram fiéis ao governo de Pétain em Vichy. Na Síria, os Ingleses foram ajudados por alguns dos poucos soldados franceses que se tinham juntado a De Gaulle, de forma a continuarem na guerra a favor da «França Livre».

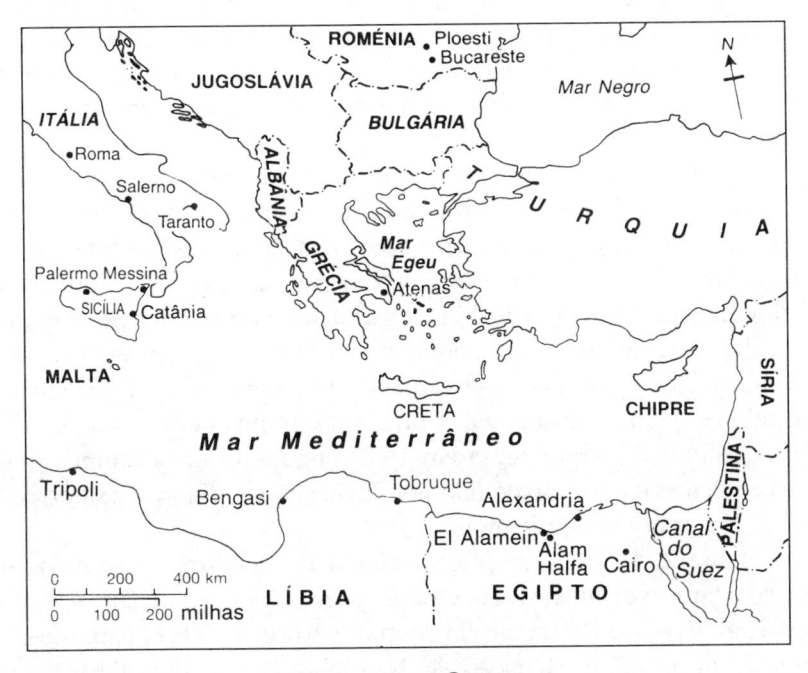

MEDITERRÂNEO ORIENTAL

Em Outubro de 1940, as tropas italianas da Albânia, que Mussolini havia ocupado em 1939, invadiram a Grécia. Em pouco tempo, o Exército grego obrigou-as a retirar. Hitler decidiu-se por uma intervenção dos Alemães para garantir que não se estabeleceriam, na Grécia, bases aéreas inglesas, a partir das quais os campos de petróleo romenos podiam ser bombardeados, e para ajudar os Italianos a permanecerem na Líbia. No dia 4 de Novembro de 1940 decidiu-se por uma invasão da Grécia e no dia 11 de Janeiro de 1941 ordenou o envio de forças terrestres alemãs para a Líbia. Rommel, o vitorioso comandante de uma divisão *panzer* em França, chegou à Líbia no dia 12 de Fevereiro. Quase ao mesmo tempo, Churchill decidia que as tropas vitoriosas inglesas deviam renunciar à oportunidade de conquistar todo o território da Líbia e, em vez disso, partir para uma expedição de ajuda aos Gregos contra o iminente ataque dos Alemães.

Os Alemães convenceram primeiro a Roménia e a Bulgária a deixar entrar as suas tropas. A resistência da Jugoslávia contra este processo, depois de um golpe de Estado interno, foi esmagada por uma campanha preparada à pressa que durou apenas uma semana e, a 6 de Abril de 1941, os Alemães invadiram a Grécia. As forças inglesas, compostas por duas divisões, uma australiana e outra neo-zelandesa, e por uma brigada blindada, tiveram dificuldade em cooperar com o Exército grego, e os Alemães eram mais fortes. A 30 de Abril as forças inglesas abandonaram a Grécia, após perderem muito equipamento e 11 000 homens.

Poucos dias antes, Hitler concordara em lançar um ataque a Creta com pára-quedistas e tropas aerotransportadas, para proteger o mar Egeu, manter as bases inglesas fora do alcance dos campos de petróleo romenos, e dar às forças da *Luftwaffe* de Goering uma oportunidade de se distinguirem. Assim veio de facto a suceder, tendo os Alemães capturado a ilha e infligido graves perdas aos navios de guerra ingleses que haviam sido enviados para interceptar os desembarques, e afundado três cruzadores e cinco *destroyers*, danificando muitos outros barcos. A lição da campanha norueguesa em 1940 tinha aqui um exemplo ainda mais evidente: o controlo do mar por navios não podia ser mantido contra um poder aéreo dominante.

Em Junho de 1941, as forças britânicas encontravam-se ainda no Egipto e controlavam o Médio Oriente e territórios circundantes. A primeira ofensiva de Rommel, em Março e Abril de 1941, expulsara os Ingleses da Líbia, à excepção de Tobruque, mas a linha de fronteira egípcia foi mantida, e Wavell contra-atacou, ainda que sem sucesso, em Maio e Junho. Esta campanha no deserto chamou a atenção do povo britânico. Era a primeira vez que as tropas terrestres inglesas combatiam sozinhas contra as forças do Eixo, enquanto uma aura de estrela começava a envolver Rommel. No entanto, esta não era uma questão de vida ou de morte, como tinham sido a Batalha da Inglaterra ou a Batalha do Atlântico. A perda do petróleo do Iraque e do Irão, que poderia ter ocorrido após uma derrota inglesa no Egipto, não teria obrigado a Inglaterra a render-se. Tal como a situação se apresentava no Verão de 1941, quase nenhum petróleo do Golfo Pérsico chegava à Inglaterra — a viagem era demasiado longa. Já na primeira metade de 1941, pelo menos 82 por cento das importações de petróleo inglesas eram provenientes do hemisfério ocidental. A derrota no Médio Oriente, verdade se diga, teria tido consequências nefastas, e teria significado uma dependência crescente em relação aos Estados Unidos, no que respeita aos abastecimentos de petróleo à Índia e ao Oriente e obrigando assim a uma dependência ainda maior do petróleo para a manutenção do Império Britânico. Dado o estado de coisas na época, essa dependência já era suficientemente grande.

Entre Junho de 1940 e Junho de 1941, a Inglaterra só conseguiria aguentar-se sozinha com a ajuda da América. Esta verificar-se-ia se o seu presidente se convencesse de que valia mais a pena apoiar a Inglaterra do que concentrar os recursos numa defesa directa dos Estados Unidos, e se conseguisse apoio suficiente para torná-lo politicamente possível. A natureza determinada da resistência inglesa e a retórica de desafio de Churchill permitiram a concretização de ambas as condições, a primeira, talvez, com mais facilidade do que a segunda. A necessidade mais premente dos Ingleses, no Verão de 1940, eram armas para substituir algumas perdas sofridas em França e navios de guerra para escoltarem os comboios de cargueiros. Após a sua nomeação como primeiro-ministro, Churchill pediu a Roosevelt «40 ou 50 *destroyers* vossos dos mais antigos» e repetiu o pedido, até que no dia 2 de Setembro de 1940 foi decidido propor aos Estados Unidos concessões de 99 anos para bases aéreas e navais americanas nas Antilhas Ocidentais inglesas e na Terra Nova, em troca dos 50 *destroyers* americanos da Primeira Guerra Mundial. Os Ingleses compraram 500 000 espingardas, 85 000 metralhadoras, 900 peças de artilharia de campanha, 25 000 espingardas automáticas e 21 000 revólveres, que haviam permanecido nos armazéns militares americanos, e recolheram-nos nos portos americanos em Junho. Ficaram igualmente com os contratos franceses de compra de aviões às fábricas americanas. Daí em diante, o governo inglês deu ordens para que maquinaria e armas apoiassem a expansão das forças britânicas, fortalecendo deste modo a capacidade de produção americana de armamentos. No Outono foi celebrado um contrato com Henry Kaiser para a construção de 60 navios mercantes, fundamentais para uma indústria básica de guerra. Nos finais de 1940, mais de metade das importações inglesas provinha do Canadá e dos Estados Unidos. O Canadá fornecia os financiamentos por meio de empréstimos sem juros ou doacções, mas os fornecimentos dos Estados Unidos eram um assunto bem diferente. Tudo tinha de ser pago, porque os empréstimos a países em guerra ou aos seus cidadãos eram proibidos pela lei americana.

No final de 1940, os compromissos dos Ingleses com os Estados Unidos atingiam 10 mil milhões de dólares. Não havia qualquer hipótese de os Ingleses conseguirem arranjar esta quantia. O primeiro ano de guerra apresentava uma balança de pagamentos adversa para a zona económica da libra, de quase 2 000 milhões de dólares, e as exportações continuavam necessariamente a baixar (no fim de 1940 tinham descido abaixo de metade do nível anterior à guerra). No início de 1940, as reservas de ouro valiam cerca de 1,8 mil milhões de dólares e a produção de ouro da zona económica da libra acrescentava a esse valor 200 milhões de dólares por ano. Os títulos do tesouro comercializáveis em dólares alcançavam talvez os quatro mil milhões de dólares. Por altura de Dunquerque, o governo britânico desistiu da sua tentativa de combater na guerra apenas com os seus recursos. Em Maio de 1940, Churchill escrevia a Roosevelt: «Continuaremos a pagar em dólares enquanto pudermos, mas gostaria de ter a certeza de que quando deixarmos de o poder fazer, vocês continuarão a ceder-nos o equipamento». Os gastos prosseguiam, com vagos e intermitentes apoios de Washington. Em Novembro de 1940 restavam aproximadamente 2 000 milhões de dólares, a maior parte dos quais em investimentos que não eram fáceis de transaccionar. No dia 8 de Dezembro de 1940, Churchill assinou uma carta detalhada para Roosevelt, agora reeleito Presidente para um terceiro mandato. Para evitar a derrota, a Inglaterra necessitava de mais navios mercantes, e os Estados Unidos teriam de os construir e ajudá-la a defendê-los. Para tornar a vitória possível, a Inglaterra teria de beneficiar de uma produção cada vez maior de aviões americanos. A produção americana de armamento deveria aumentar de modo a ajudar a equipar o Exército inglês. «Aproxima-se o momento em que deixaremos de poder pagar os navios e outros fornecimentos». Quase imediatamente depois, Roosevelt acelerou os processos políticos que levaram à publicação do *Lend-Lease Act* em Março de 1941(*). Os Estados Unidos tornar-se-iam «o arsenal da democracia» e não seriam necessários dólares para aqueles que lutassem contra os nazis.

O sucesso dos Ingleses na defesa da sua pátria durante o ano em que lutaram sozinhos teve duas consequências primordiais no desenrolar da guerra. Antes de mais, a Grã-Bretanha continuava a contribuir com recur-

---

(*) O *lend-lease* consistiu no fornecimento, contra pagamento ou simplesmente oferecido, de material bélico, abastecimentos e matérias-primas aos países aliados dos Estados Unidos da América. Segundo esta lei, o Presidente estava autorizado a auxiliar qualquer país cuja defesa entendesse vital para os Estados Unidos e a aceitar o pagamento «em espécie, em bens ou qualquer outro benefício directo ou indirecto que entendesse satisfatório». Apesar de inicialmente ter sido apenas concedido à Inglaterra, foi alargado à China, em Abril de 1941, e à União soviética, em Outubro do mesmo ano. Até ao final da guerra mais de 40 países receberam auxílio por esta via, num total avaliado em 49 mil milhões de dólares. [*N. do R.*]

sos materiais e com uma população extremamente bem organizada, hábil e determinada. Em segundo lugar, a sua luta incessante não só acelerou como facilitou a participação da América na luta contra Hitler. A resistência dos Ingleses aos Alemães fez com que a América considerasse prudente conceder à Inglaterra uma ajuda, que seria efectivada próximo do teatro de guerra, e envolver-se desta forma no conflito europeu antes de Hitler conseguir organizar as suas conquistas continentais, e isto significava também que o poder americano poderia efectivamente estabelecer-se do outro lado do Atlântico, através de uma base bem equipada, segura e adequadamente localizada.

IV

A OPERAÇÃO BARBAROSSA:
O ATAQUE DA ALEMANHA À UNIÃO SOVIÉTICA

Em 1940, Hitler tomou a sua decisão mais importante, a de atacar a Rússia. Se tinha algum objectivo definido, este era um deles. Em 1924, no seu *Mein Kampf* [*A Minha Luta*], Hitler falava na urgência de uma expansão territorial e insistia que «quando falamos de novas terras para darem um espaço vital ao povo alemão na sua luta pela existência, temos de pensar, em primeiro lugar, na Rússia e nos seus Estados fronteiriços».

A 2 de Junho de 1940, Hitler afirmava que a Inglaterra estaria em breve pronta para assinar uma «paz razoável» e, então, «ele teria finalmente o caminho livre» para esta «tarefa grandiosa e verdadeira: a luta contra o bolchevismo». No dia 30 de Junho, explicava que uma «demonstração do nosso poder militar» obrigaria a Inglaterra a ceder «e deixaria livre a nossa retaguarda em direcção ao Leste». O Estado-Maior do Exército começou, no dia 3 de Julho, a estudar a possibilidade de uma invasão à Rússia. No dia 21 de Julho, Hitler apresentou aos comandantes das forças armadas os seus pontos de vista quanto aos problemas causados por uma resistência dos Ingleses. Talvez, pensava ele, a Espanha, a Itália, a Rússia e a Alemanha se devessem juntar contra o Império Britânico. Mais adequado seria fazer um compromisso com a Inglaterra, seguido de uma guerra de conquista contra a Rússia. No entanto, os militares convenceram rapidamente Hitler de que atacar a Rússia no Outono de 1940 era uma coisa impossível e, em consequência, foram ordenados preparativos para um ataque à Rússia na primeira data possível: o mês de Maio de 1941. No dia 31 de Julho, Hitler disse a

Brauchitsch, comandante-em-chefe do Exército e a Halder, chefe do Estado-Maior, que, se fosse necessário, a derrota da Inglaterra demoraria uns dois anos (com ataques aéreos e de submarinos). Contudo, se a Rússia fosse esmagada, a última esperança da Inglaterra desapareceria e a Alemanha seria «senhora da Europa e dos Balcãs». Quando a Rússia fosse derrotada, a importância do Japão aumentaria e os Estados Unidos teriam então mais dificuldades em manter as esperanças da Inglaterra. As notas de Halder mostram qual era a conclusão de Hitler: «Quanto mais depressa esmagarmos a Rússia melhor... a Ucrânia, a Bielorússia e os Estados do Báltico serão nossos».

A persistência inesperada e vitoriosa dos Ingleses obrigou Hitler a escolher entre a continuação da cooperação com a União Soviética, pelo menos até a Inglaterra capitular, e a alternativa de uma guerra em duas frentes. A favor da cooperação com a Rússia estava a comprovada boa vontade do governo soviético de satisfazer as exigências alemãs em mantimentos e minérios, e a evidente dificuldade de «destruir» a União Soviética. Os Alemães, por exemplo, nunca decidiram o que fazer, depois da vitória, com os territórios para além dos Urais. Um Império Britânico bem organizado poderia ajudar a manter a Rússia asiática sob controlo, e isto era mais uma razão para obrigar os Ingleses a cederem antes da revogação do acordo com a União Soviética.

Existiam, porém, razões convincentes para uma guerra imediata contra a Rússia. Em 1940, acumulavam-se provas de que Roosevelt decidira utilizar os recursos americanos para a defesa da independência da Inglaterra. Em 1941, pensava Hitler, a força dos Americanos seria negligenciável, em 1942 significativa, e depois disso seria formidável. Não era certo que conseguisse derrotar a Inglaterra em 1941. Nessa altura, os Ingleses já teriam equipado 30 ou 35 divisões contra uma invasão e «no momento isso significava muitíssimo». Para 1941, consequentemente, havia a perspectiva de uma luta árdua contra as potências anglo-saxónicas. Entretanto, a União Soviética tornar-se-ia mais forte e a Alemanha, envolvida a oeste, ficaria altamente vulnerável às ameaças russas. Por outro lado, se as forças russas pudessem ser destruídas em 1941, a Alemanha, detendo o controlo dos recursos na Europa continental, defrontaria com confiança a coligação anglo-americana. Além disso, em 1942, a Inglaterra estaria enfraquecida pelos submarinos e pelos navios de superfície, enquanto o Japão estaria livre do seu medo da Rússia e teria a possibilidade de ameaçar os interesses americanos no Oriente. Partindo do princípio de que o Exército soviético podia ser destruído numa única campanha, estes argumentos tinham muito peso. Hitler e os seus conselheiros partiram de tal princípio. Talvez a guerra fosse uma coisa inevitável em qualquer dos casos. Para um Estado que baseava a sua legitimidade, dentro e fora das fronteiras, na supremacia da força, não podia existir segurança enquanto continuasse a existir uma força rival.

Apesar destes motivos para a acção, e apesar dos seus sonhos de instalar os camponeses nortenhos nos campos de milho orientais, Hitler hesitava. Perto do final da sua vida, no dia 26 de Fevereiro de 1945, explicava o seguinte:

> Eu tinha a esperança de que um entendimento, pelo menos honestamente sincero, se não amigável sem reservas, pudesse estabelecer-se entre o Terceiro *Reich* e a Rússia de Estaline. Eu pensava que, depois de quinze anos no poder, Estaline, que era realista, se tivesse livrado da nebulosa ideologia marxista e que a seguisse apenas como um veneno destinado exclusivamente para uso externo... poderíamos ter criado uma situação na qual um entendimento duradoiro teria sido possível — definindo com precisão as zonas de influência que deveriam ser atribuídas às duas partes, limitando rigorosamente a nossa colaboração ao campo da economia e de tal forma que ambas as partes teriam beneficiado com tudo isso. Em suma, um entendimento controlado, com olhos de águia e dedo no gatilho.

Em Outubro de 1940, Hitler decidiu-se por uma estratégia, a favor da qual estavam o seu ministro dos Negócios Estrangeiros, Ribbentrop, e os chefes da Marinha, que consistia numa coligação da Espanha, França, Itália, Alemanha, Rússia e Japão contra a Inglaterra. A Rússia faria a sua expansão em direcção ao Golfo Pérsico, o Japão em direcção ao sul, a Alemanha dominaria a Europa de Leste e Sueste. A Itália podia ficar com o Egipto, a Espanha juntar-se-ia para um ataque a Gibraltar e, juntamente com a França, garantiria uma posição no Noroeste de África contra os Ingleses e Americanos. De alguma maneira, as concorrentes pretensões da Espanha, da França e da Itália deviam conciliar-se. Pediu-se a Estaline que enviasse Molotov, o seu colaborador mais próximo, para uma conferência em Berlim e Hitler partiu no seu comboio especial para falar com Franco, o ditador espanhol, com Pétain, o chefe do novo Estado francês, e com Mussolini.

Tudo se desmoronou em breve. Franco não aceitou participar na guerra, enquanto Pétain, apesar de parecer mais receptivo, em teoria, evitava quaisquer planos definidos para combater contra os Ingleses. Mussolini lançou a sua invasão fútil e inútil à Grécia. Acima de tudo, Estaline mostrava ser, do ponto de vista de Hitler, um aliado incómodo.

Recusou concentrar a sua atenção no Golfo Pérsico e continuou a interessar-se pelo Sueste da Europa. Estaline respondeu às vitórias alemãs de 1940 alargando as fronteiras soviéticas mais para oeste: em Junho e Julho o Exército Vermelho ocupava os Estados do mar Báltico e conquistava a Bessarábia e o Norte da Bukovina à Roménia. Tudo isto estava dentro da linha geral do pacto Germano-Soviético de Agosto de 1939. No entanto, quando Molotov veio a Berlim, no dia 12 de Novembro de 1940, tirou, tal como dizia Hitler, muitos coelhos da cartola. Pediu mais uma parte da Roménia, o caminho livre na Finlândia, o direito a proteger a Bulgária, uma base russa nos estreitos turcos e o reconhecimento do interesse soviético na Hungria, Jugoslávia, Grécia e Polónia, ocupada pela Alemanha, assim como na Suécia e pelos estreitos de entrada no mar Báltico. Hitler, apesar de tomar a precaução de ordenar a continuação dos estudos para um possível ataque contra a Rússia, não obstante a visita de Molotov, considerara esta visita um teste para saber se a Rússia e a Alemanha estariam «costas com costas» ou «cara a cara». Hitler ainda mantinha em aberto a possibilidade de invadir a Inglaterra na Primavera de 1941, coisa que, se fosse verdade, implicaria um entendimento renovado com a Rússia.

A resposta soviética às propostas dos Alemães que Molotov levara consigo de Berlim chegou no dia 26 de Novembro de 1940. Insistia que as tropas alemãs deviam ser imediatamente retiradas da Finlândia, «que pertence à esfera de influência da União Soviética», que deveria existir um pacto de assistência mútua entre a União Soviética e a Bulgária, que está «situada dentro da zona de segurança das zonas limítrofes do mar Negro da União Soviética», que a União Soviética deveria ter uma base perto dos estreitos, e que a área a sul do Cáucaso deveria ser o centro das «aspirações da União Soviética». Sob estas condições, e desde que o Japão desistisse das suas exigências de carvão e de petróleo no Norte de Sacalina, Estaline aceitaria um acordo quadripartido com a Alemanha, a Itália e o Japão.

Com esta resposta soviética, Hitler deixou de procurar um compromisso e, no dia 5 de Dezembro, ordenava aos seus chefes do Estado-Maior que atacassem a Rússia em Maio próximo. A 17 de Dezembro, explicou ao general Jodl que «era preciso resolver todos os problemas da Europa continental em 1941 porque, a partir de 1942, os Estados Unidos estariam prontos para interferir na guerra». O facto de a Inglaterra ter continuado em guerra significava que se acelerara a possibilidade de uma interferência efectiva dos Americanos e, em consequência, Hitler tinha de encontrar de imediato uma solução duradoura para o problema russo. A 13 de Dezembro de 1940, assinou a ordem para a operação BARBAROSSA. Os preparativos deviam estar terminados no dia 15 de Maio de 1941. As principais forças russas deviam ser destruídas por uma série de envolvimentos em profundidade, o mais a leste possível. O objectivo final consistia em formar uma barreira contra a Rússia asiática ao longo de uma linha que ia de Arcangel até ao Volga. Depois da operação BARBAROSSA, a nova Europa ficaria protegida a ocidente por posições defensivas na Europa e no Nordeste da África. Os Alemães e os Italianos expulsariam os Ingleses do Mediterrâneo e do Próximo Oriente e ocupariam os campos de petróleo do Iraque e do Irão. Os Açores seriam tomados como bases para eventuais ataques aéreos aos Estados Unidos. O Exército alemão ficaria reduzido nas suas dimensões mas tornar-se-ia mais móvel, com uma base de 36 divisões blindadas ou motorizadas.

Enquanto Hitler deitava foguetes, Estaline assistia ao colapso iminente da sua política, e talvez do regime, sem poder acreditar no que estava a acontecer. Sabemos menos sobre os motivos e intenções do governo soviético do que de qualquer outra das grandes potências envolvidas na guerra. Nem sequer é claro quem governava a Rússia; Estaline era obviamente a pessoa que, em última instância, tomava as decisões, mas não sabemos quem eram os seus conselheiros. Ignoramos sobretudo o que se passava nos anos imediatamente anteriores à guerra. Possuindo poucos documentos, tudo o que podemos fazer é descortinar os motivos que provavelmente explicam as acções do governo soviético. Estas explicações são meras tentativas de solução. Em 1939, antes da invasão alemã da Polónia ter dado início à guerra, Estaline podia escolher entre aliar-se à Inglaterra e à França para lutar contra a expansão alemã ou então, ao mesmo tempo que encorajava as potências do Ocidente a lutarem contra a Alemanha, manter a União Soviética fora da guerra e exigir um preço a Hitler em troca da neutralidade ou da cooperação da União Soviética. Pode ser que Estaline tenha feito o acordo com Hitler por pensar que a Inglaterra e a França procuravam uma aliança soviética apenas para as ajudar a intimidar a Alemanha forçando-a a um acordo com elas, acordo este que poderia deixar a União Soviética sozinha perante uma Alemanha reforçada. Também é possível que Estaline nunca tenha tido a intenção de lutar contra a Alemanha e tenha utilizado a perspectiva de uma aliança russa para encorajar a Inglaterra e a França a resistirem a Hitler em 1939, enquanto encorajava os Alemães a invadirem a Polónia e a arriscarem-se a uma guerra com as potências ocidentais, oferecendo secretamente aos Alemães a perspectiva de uma neutralidade soviética. Se a Inglaterra e a França respeitassem o pacto com a Polónia quando a Alemanha atacasse, então Estaline teria a possibilidade de observar o enfraquecimento mútuo das potências capitalistas; se tal não acontecesse, então, teria feito bem em vender a sua neutralidade com antecedência enquanto podia ser negociada por um preço alto.

Estaline necessitava pouco de justificar a sua política externa e isso era uma vantagem a seu favor. Não precisava de se preocupar com a «opinião pública». Os Russos cultos e ambiciosos eram provavelmente membros de um partido que, na década de 30, se tornara cada vez mais submisso à ditadura de Estaline, enquanto os que estavam fora do partido eram ou ignorantes ou obedientes. A única excepção poderia ter sido o Exército Vermelho, mas até esse se tornara efectivamente obediente em razão da purga de 1937. A União Soviética, por conseguinte, podia seguir políticas mais decidida e subtilmente prescritas pela *raison d'état* do que qualquer outra potência. Estaline oferecia uma ajuda económica vital à Alemanha em troca da divisão da Polónia e da liberdade de estender o seu controlo no território finlandês, nos três Estados do mar Báltico e parte da Roménia. As exigências em relação à Polónia e às bases e territórios na Finlândia foram conseguidas antes do ataque a França. Tudo o resto foi tomado à pressa nos meses de Junho e Julho de 1940. A derrota da França foi, por certo, uma má notícia para Estaline — em vez de os imperialistas se enfraquecerem lentamente uns aos outros, Hitler, o fantoche dos mais formidáveis imperialistas, teria a mão livre em relação ao Leste da Europa. Estaline pensava, talvez, que a resistência dos Ingleses era mais reconfortante e poderia fazer com que a neutralidade russa continuasse a ter valor para os Alemães. Estaline demonstrava a sua fiabilidade e o seu valor aos Alemães enviando fornecimentos ao *Reich*, enquanto tentava fazer um acordo apresentando condições mais gravosas.

Existem informações, sobretudo do período posterior à sua morte, quando Estaline foi desacreditado pelos seus sucessores, que sugerem que ele ficou surpreendido com o ataque dos Alemães. Se assim foi, é estranho, porque recebeu avisos de várias fontes seguras. Talvez tenha pensado que os grandes movimentos de tropas dos Alemães, na Primavera de 1941, fossem uma manobra rebuscada para enganar os Ingleses e fazer com que aliviassem as suas defesas contra a invasão (uma notícia divulgada pelos próprios Alemães) ou um *bluff* diplomático, um meio de reforçar a posição dos Alemães em relação a um eventual acordo. Provavelmente, terá pensado que seria uma coisa impensável Hitler correr o risco de uma guerra prolongada em duas frentes.

Hitler, por seu lado, não pensava que a guerra fosse longa. A 27 de Março, informou os seus generais de que o início da operação BARBAROSSA fora adiado pelo menos quatro semanas em razão da necessidade de esmagar a Jugoslávia antes da invasão da Grécia. Até então, os preparativos para a operação BARBAROSSA deveriam estar terminados no dia 15 de Maio; o ataque começou no dia 22 de Junho. Não é certo que este ataque pudesse ter começado antes mesmo que não tivessem existido as operações nos Balcãs. Os treinos e os movimentos de algumas das tropas poderiam ter atrasado a data do ataque. Além disso, o período da Primavera, com o degelo e a lama, em 1941 durou mais do que era habitual, e o rio Bug ainda estava demasiado cheio, no início de Junho, para que fosse seguro atravessá-lo. Em qualquer dos casos, apesar do atraso ter sido considerado importante posteriormente, o comando alemão atribuiu-lhe pouco relevo na altura. Partia-se do princípio de que as forças alemãs podiam começar a ser retiradas da Rússia e preparadas para as operações contra os anglo-americanos em Agosto (de forma que 10 semanas foram consideradas suficientes para derrotar e reunir as principais forças russas.

Sob qualquer ponto de vista militar, exceptuando o exigido pela operação BARBAROSSA, a acção do Exército alemão na Rússia foi incomparável. Este instrumento soberbo, a força terrestre mais eficaz jamais reunida, obteve as maiores vitórias da história militar. Como executantes da guerra moderna, os Alemães eram, em média, infinitamente superiores aos seus adversários, mas a sua superioridade não era suficiente para derrotar as forças soviéticas e conquistar a Rússia europeia. Esta foi a campanha decisiva; mais do que tudo, a sobrevivência da União Soviética determinou as características da Segunda Guerra Mundial e do mundo do pós-guerra. Foram a resistência vitoriosa da União Soviética e a vitória dos exércitos russos que tornaram possível à coligação anglo-americana aliar-se-lhe para derrotar Hitler, com muito menos sofrimento para as suas populações e apenas em poucos anos, em vez de décadas de luta que, de outra forma, talvez tivessem sido necessárias.

O poder dos Alemães baseava-se numa sociedade culta cuja história implicava que os cientistas, técnicos e, sobretudo, os soldados fossem respeitados e tivessem uma posição destacada. Os nazis enfraqueceram a instrução e a ciência na Alemanha por meio do seu anti-intelectualismo e do seu anti-semitismo, mas o capital intelectual acumulado não podia ser dissipado nos breves anos do domínio nazi. Por outro lado, o regime nazi atingiu um dos seus objectivos — diminuir a desconfiança entre as diversas classes sociais, desviando a atenção das desigualdades que continuavam a existir na sociedade alemã e, assim, fortaleceu a coesão dos Alemães. Um alto grau de coesão numa nação constitui uma condição essencial para a sua eficácia militar porque facilita um sentimento de lealdade e obrigação mútuas entre as tropas e entre oficiais e soldados. O domínio nazi deixou a independência do Exército praticamente intacta, pelo menos até 1944. À medida que as suas dimensões aumentavam, o Exército tinha a possibilidade de utilizar os seus próprios métodos de recrutamento, promoção e treino. O Exército do tempo de guerra distinguia-se pela alta qualidade dos seus chefes ao nível dos altos-comandos, dos oficiais de todos os níveis e dos sargentos. O prestígio do Exército significava que os seus quadros em tempo de guerra haviam sido escolhidos entre homens com grandes potencialidades. O Estado-Maior continuava a atrair homens de grande capacidade intelectual. A disciplina baseava-se no consentimento, no sentido em que os oficiais e os sargentos eram obedecidos em razão das suas reais capacidades, de forma que a disciplina alemã não impedia que existisse a iniciativa individual. Os soldados alemães eram uma mistura de pronta obediência a ordens e de capacidade individual para descobrir a solução correcta em situações inesperadas. Faziam-se exercícios com as diferentes armas para criar hábitos de cooperação flexível. Os Alemães não eram super-homens: podiam sentir medo, pânico e desorientação, mas a capacidade militar média dos soldados alemães era a mais alta do mundo. E, para a apoiar, existia a indústria alemã, que lhes fornecia um equipamento bem concebido e seguro. Mesmo assim, apenas uma parte do Exército alemão era altamente móvel (as divisões *panzer* e motorizadas (estas últimas foram depois chamadas *Panzer Grenadier*). Numa guerra em constantes mudanças, estas unidades dominavam o campo de batalha.

O Exército Vermelho era composto por uma aglomeração de diferentes povos. A União Soviética incluía muitas nacionalidades, que, muitas vezes, não se entendiam entre si ou que se hostilizavam. Os soldados do Exército Vermelho tinham educações muito diferentes: o analfabetismo e a ignorância coexistiam com grandes capacidades intelectuais e conhecimentos sofisticados. Era comum uma disciplina rígida e dura baseada numa obediência cega e, no entanto, a desordem, a ineficácia e a embriaguez eram muitas vezes toleradas. O Estado-Maior era fraco, as comunicações, primitivas, a cooperação entre as diversas armas, inadequada, a cadeia de comando, complicada. As iniciativas intelectuais eram uma coisa rara. O regime soviético, tal como se desenvolvera com Estaline nos anos 30, não encorajava a assunção de responsabilidades. As grandes purgas militares do final dos anos 30 geraram um conformismo receoso entre os oficiais superiores — provavelmente não sobravam mais de metade dos seus efectivos. O Exército Vermelho era pouco flexível, lento e tinha tendência para a desorganização. Individualmente, os oficiais e soldados ficavam espantados com acontecimentos inesperados. Alguns serviam o regime apenas por obrigação e rendiam-se logo que surgia uma oportunidade, apesar de muitos outros terem lutado tenazmente desde o início.

A campanha de seis meses de 1941 pode resumir-se muito simplesmente da seguinte maneira: a enorme superioridade alemã não era suficientemente grande. Havia 208 divisões alemãs em 1941, das quais 167 na sua máxima força. A invasão da Rússia foi confiada a 146 divisões. Além disso, havia o equivalente a 14 divisões romenas, enquanto o Exército finlandês tomava conta do seu próprio sector na frente Leste. O Exército Vermelho, na região da fronteira, incluía 150 divisões, com mais 20 divisões dirigidas contra a Finlândia. Estas, como previam os Alemães, tinham as suas forças seriamente diminuídas: os efectivos de uma divisão de atiradores cifravam-se em 14 500 oficiais e soldados, mas a maioria tinha menos de 9 000 homens. No entanto, havia muito mais homens do que os estrategos alemães esperavam: no interior e no extremo oriente havia mais 133 divisões. As divisões móveis alemãs haviam sido concebidas para atingir a vitória e havia 17 divisões *panzer* e 12 divisões motorizadas na vanguarda da invasão. Os Russos, porém, já estavam a constituir 20 novos Corpos de Exército mecanizados — apenas metade estava equipada em Junho de 1941, mas a força total de cada um destes Corpos, com 1000 tanques e 17 000 homens, transformá-los-ia em instrumentos formidáveis. O exército invasor possuía 3 350 tanques. O Exército Vermelho tinha aproximadamente 20 000 tanques, na sua quase totalidade obsoletos e três quartos fora de serviço na altura da invasão, mas havia quase 1500 tanques novos entre os quais os tanques pesados *KV* e *T-34* — os tanques mais eficazes de toda a guerra — que causaram a surpresa e o espanto dos Alemães porque eram invulneráveis aos tanques alemães comuns e a todas as armas, exceptuando algumas das armas antitanques mais fortes. A força aérea soviética, com aproximadamente 8 000 aparelhos, em Junho de 1941, também incluía um grande número de máquinas obsoletas, mas visando a oposição à força de combate dos Alemães, composta por 2 000 aviões modernos, iniciara-se a produção em grande quantidade de caças e de aviões de ataque ao solo eficazes. A artilharia russa tinha excelente equipamento e homens — depois da NKVD (a polícia de Estado) e da força aérea, tinha a primazia na escolha de recrutas.

O ataque dos Alemães tinha três vagas poderosas: o Grupo de Exércitos do Norte, com seis divisões móveis e 23 divisões de infantaria, devia atacar em direcção a Leninegrado; o Grupo Central de Exércitos, com 15 divisões móveis e 35 divisões de infantaria, devia dirigir-se para Moscovo; e o Grupo de Exércitos do Sul, com oito divisões móveis e 33 divisões de infantaria alemãs e 14 divisões de infantaria romenas devia avançar pela Ucrânia em direcção ao Cáucaso. O plano era derrotar o grosso do Exército Vermelho nas três primeiras semanas, por meio de uma série de envolvimentos. Os grupos de *panzers* deviam penetrar e envolver os exércitos russos e, então, a infantaria alemã, que seguia a pé, mataria ou capturaria os Russos cercados. Depois, os Estados do mar Báltico e Leninegrado seriam capturados, Moscovo e os seus defensores seriam cercados e destruídos, e finalmente atingir-se-ia uma linha que iria do Cáucaso e do Volga até Arcangel. Na fase final, no Outono de 1941, o número de tropas alemãs necessárias seria muito inferior, aproximadamente 60 divisões, e só foi preparada a quantidade suficiente de equipamento de Inverno para essas divisões.

A princípio, tudo correu bem. No espaço de uma semana, realizou-se o primeiro grande cerco, que levou à captura de 287 000 homens do Exército Vermelho, com 2 500 tanques e 1500 peças de artilharia em pequenos grupos à volta de Bialystok e Minsk. No dia 3 de Julho, Halder, o chefe de Estado-Maior alemão escrevia o seguinte: «a campanha contra a Rússia foi ganha nos primeiros 15 dias». Mas, as suas reservas vieram a revelar-se mais certas: «Isto não quer dizer que tenha terminado. As dimensões do país e a resistência tenaz que encontramos manterão ainda as nossas forças ocupadas durante muitas semanas». As vitórias sucediam-se. A 15 de Julho formou-se uma nova bolsa de resistência, devido ao cerco de Smolensk, e mais de 100 000 homens do Exército Vermelho, com 2500 tanques e 1900 peças de artilharia foram isolados. Muito mais à retaguarda, 12 000 prisioneiros russos, que restavam de três divisões, foram capturados em Mogilev que se aguentou até ao dia 26 de Julho. No início de Agosto, 54 000 Russos foram capturados perto de Roslavl. Nessa altura, porém, tornava-se evidente que a operação BARBAROSSA falhara: os seus objectivos não poderiam ser atingidos antes das primeiras chuvas de Outono.

O Exército Vermelho, apesar de terrivelmente depauperado, não sucumbiu; com efeito, a determinação e a tenacidade dos seus homens aumentavam regularmente. Os cercos e avanços rápidos das forças móveis alemãs tinham de ser acompanhados pela infantaria, que seguia penosamente atrás, a pé, para que as zonas da retaguarda pudessem ser consideradas seguras. O regime soviético não se desfez e, pelo contrário, a resposta nacionalista popular à invasão estrangeira, fortalecida pelos aspectos brutais e implacáveis das políticas de ocupação alemãs, fez aumentar o apoio ao regime. Além disso, a constante resistência russa agravava os problemas de abastecimento dos Alemães, em razão da guerra de guerrilha organizada e chefiada por oficiais e soldados do Exército Vermelho que haviam sido deixados para trás pelo rápido avanço dos Alemães. O atraso da ofensiva tripla significava que tinha de ser escolhido um único objectivo do plano BARBAROSSA original com prioridade sobre os outros. O alto-comando do Exército e o estado-maior do Grupo Central de Exércitos queriam concentrar as forças móveis alemãs contra Moscovo. O princípio era que o seu prestígio e importância como centro de comunicações obrigaria Estaline a utilizar todos os recursos disponíveis para a defesa da capital e, consequentemente, proporcionaria uma oportunidade para a derrota das principais forças soviéticas.

Hitler não estava de acordo. Acreditava que se devia assegurar o controlo alemão do mar Báltico, a norte, e que o Grupo de Exércitos do Sul devia ser fortalecido de forma a tomar a Crimeia, para impedir que se efectuassem ataques aéreos a partir de bases aí situadas contra os campos de petróleo da Roménia, para controlar as produções de alimentos da Ucrânia e capturar as indústrias russas na bacia do Donetz. Se a guerra na frente Leste não pudesse ser ganha em 1941, Hitler teria provavelmente razão. Desde 1945 que ele tem sido culpabilizado por ter perdido aquilo que supostamente poderia ter sido uma oportunidade de vitória em 1941 mas, na verdade, em Agosto a resistência russa acabara com essa perspectiva. O avanço do Grupo de Exércitos do Sul fora mais lento do que na frente central, apesar de o cerco de mais de 16 divisões soviéticas perto de Uman, com 103 000 prisioneiros capturados, ter aberto o caminho para o Dniepre em Agosto. Em parte como resultado disto, os Russos ficaram com uma grande saliente em Kiev. Em consequência, a ordem de Hitler ao Grupo Central de Exércitos para enviar a sua ala direita para sul, incluindo a divisão *panzer* de Guderian, teve como resultado a captura de aproximadamente 80 000 Russos perto de Gomel e, depois, uma das duas maiores vitórias da guerra, e talvez de toda a história militar. Cinco exércitos russos foram encurralados, feitos 665 000 prisioneiros, 884 tanques e 3700 peças de

O ATAQUE À URSS, 1941

artilharia capturados. Então, o Grupo de Exércitos do Sul, chefiado por Rundstedt, teve a possibilidade de capturar Carcóvia e avançar até Rostov e ocupar a Crimeia. Enquanto o pequeno grupo de Kiev estava a ser liquidado pela infantaria do Grupo de Exércitos do Sul, a força das tropas móveis do Grupo Central de Exércitos recompunha-se. No início de Setembro de 1941, o 3.º Grupo *Panzer* só tinha 41 por cento da sua força de tanques e o 4.º Grupo *Panzer* 70 por cento mas, no final desse mês, tinham de novo 75 e 100 por cento, respectivamente, das suas forças de tanques. Na primeira semana de Outubro, o avanço em direcção a Moscovo continuou e estes grupos móveis criaram uma enorme bolsa em volta de Vyazma, enquanto o 2.º Grupo *Panzer* de Guderian, apesar de ter metade da sua força em razão dos combates em Kiev, constituiu outra em redor de Briansk. Como sempre, estas bolsas exigiam tempo e combates renhidos para ser aniquiladas mas, por fim, os resultados rivalizavam com os do cerco de Kiev, com a captura de 660 000 prisioneiros, 1242 tanques e 5412 peças de artilharia.

Vendo a situação *a posteriori*, os Alemães deviam ter passado à defensiva até ao princípio do Verão de 1942. Não é de surpreender, porém, que Hitler, o alto-comando do Exército e o Grupo Central de Exércitos pensassem que valia a pena renovar os esforços para conquistar Moscovo, porque parecia que a União Soviética devia estar próxima da queda. O Exército alemão no Leste perdera aproximadamente 560 000 homens, mortos e feridos, um sexto da sua força inicial total (mas uma percentagem muito mais alta da sua infantaria de combate). Por outro lado, pelo menos 4 000 000 de homens das tropas soviéticas haviam sido mortos ou capturados. A 14 de Outubro, o comando do Exército alemão deu ordem para que Moscovo fosse cercada. Estabeleceu-se rapidamente o medo e até mesmo o pânico na capital russa. Exceptuando Estaline e os quartéis-generais militares, o governo abandonou a cidade. O Grupo Central de Exércitos alemão, porém, deparava-se com terríveis problemas de abastecimento. As chuvas e o uso intenso transformavam as estradas russas em lama. As linhas férreas estavam ainda muito atrás das tropas avançadas e a capacidade dos caminhos-de-ferro estava reduzida em razão de destruições e da crescente actividade da guerrilha.

Do lado dos Russos, por outro lado, linhas férreas em bom estado de funcionamento convergiam em direcção a Moscovo, agora apenas a uma distância muito curta da frente. Quando o general Jukov passou a dirigir a defesa de Moscovo, no dia 10 de Outubro de 1941, tinha 90 000 homens ao seu dispor. Constituíram-se unidades de milícia com trabalhadores de Moscovo e mulheres mobilizadas para cavar trincheiras e construir obstáculos defensivos. O espião de Estaline, Richard Sorge, informava, no fim de Setembro, que não havia um perigo imediato de um ataque dos Japoneses aos territórios mais orientais da União Soviética. Em Outubro e Novembro de 1941, pelo menos oito divisões, com aproximadamente 1000 tanques e 1000 aviões, foram trazidas desses territórios.

No início de Novembro, o ataque alemão detivera-se. A 7 de Novembro, o gelo surgiu e, inicialmente, os movimentos tornaram-se mais fáceis de forma que o ataque continuou no dia 15 de Novembro. Nessa altura, já as divisões de infantaria alemãs tinham baixado para 65 por cento da sua eficácia combativa e as divisões *panzer* para 35 por cento. Apenas 30 por cento dos camiões alemães funcionavam. Nenhumas unidades novas se juntaram ao Grupo Central de Exércitos, enquanto o Exército Vermelho reforçava continuamente a cidade de Moscovo com novas tropas que chegavam do Oriente, que incluíam combatentes de Inverno, bem equipados e experimentados. Por volta do fim de Novembro, o tempo ficou extremamente frio, o que interferia com a maquinaria e reduzia a mobilidade e a eficácia de combate. A 5 de Dezembro de 1941, a ofensiva alemã estava acabada: nesse mesmo dia, começava a contra-ofensiva russa. No dia 7 de Dezembro, 353 aviões japoneses atacavam a Frota Americana do Pacífico, em Pearl Harbor. A resistência soviética frustrara a tentativa de Hitler de controlar a Europa continental antes de os Estados Unidos entrarem na guerra.

V

OS ESTADOS UNIDOS ENTRAM NA GUERRA: AS ORIGENS DO ATAQUE DO JAPÃO

As ilhas japonesas possuíam poucos recursos naturais para a indústria fabril e terras impróprias para alimentar uma população que crescia rapidamente. Entre 1920 e 1940, a população subiu de 55 para 71 milhões. Um comércio externo mais desenvolvido ou a emigração, ou então ambas as coisas, tornavam-se essenciais. Para financiar as importações de alimentos e de matérias-primas, as exportações tinham de aumentar e a indústria tinha de se desenvolver. A emigração reduziria a pressão sobre as terras. Havia duas maneiras de se atingirem estes objectivos: uma delas era através da cooperação com os países que tinham um grande comércio externo, fomentando o comércio livre, e o fluxo dos capitais, e ajudando a manter a paz no mundo. A outra era utilizando a força para impor ao exterior as condições políticas e económicas para o bem-estar dos Japoneses. O poder militar japonês poderia conquistar terras para a instalação de colónias ultramarinas e criar oportunidades privilegiadas para o comércio externo e os investimentos. O fornecimento de matérias--primas, incluindo combustível, poderia ser garantido pela força. O Japão poderia, então, progredir e trazer talvez benefícios crescentes para os seus associados involuntários na «Grande Esfera Leste-Asiática de Co--Prosperidade». A primeira política foi aplicada na década de 20, a segunda nos anos 30; a segunda política trouxe a guerra com a China em 1937 e a guerra mundial em 1941. O Japão entrou na guerra devido ao insucesso das políticas de paz e ao consequente aumento da influência das forças armadas, sobretudo do Exército.

Na década de 20, a economia japonesa estava a crescer, em média, 3,3 por cento ao ano. Era um desempenho notável sob todos os aspectos, mas não para o Japão — no período 1890-1920 o número era de 5,7 por cento, enquanto nos anos 30 se atingiram aproximadamente 7,2 por cento. O crescimento industrial foi mais impressionante nos anos 20, com 7 por cento por ano, mas não era suficiente para absorver o excedente de população. A indústria absorveu apenas 11 por cento do crescimento da força de trabalho dessa década. Vários factores contribuíram para transformar este crescimento económico respeitável, apesar de insuficiente, num desastre. A política governamental teve o seu papel. Acreditava-se que o comércio externo se desenvolveria em razão de uma moeda estável, fixa quanto ao seu valor em relação ao ouro e, consequentemente, em relação a outras moedas com paridade semelhante. Pior ainda, as autoridades japonesas eram da opinião, em voga à época, de que o iene devia recuperar o seu valor cambial anterior a 1914. Os preços japoneses tinham de baixar para fazer aumentar o valor do iene para este nível, e isto conseguiu-se através de uma redução nas despesas do Estado. Houve duas consequências: a actividade económica foi limitada e o desemprego aumentou, e as forças armadas ficaram aborrecidas em razão dos cortes governamentais no seu orçamento, que baixou 15 por cento entre 1928 e 1930. Esta tendência era ampliada pelo facto de os Japoneses haverem subscrito o Tratado de Desarmamento Naval de Londres, em 1930, que suscitou feroz oposição nas forças armadas e entre os nacionalistas.

O iene voltou ao padrão-ouro, um pouco menos de 2 ienes para um dólar, no dia 11 de Janeiro de 1930. Não foi um momento feliz. A crise mundial exacerbou a deflação nacional. A economia japonesa foi imediatamente atingida pela depressão que grassava nos Estados Unidos. 40 por cento dos agricultores japoneses dependiam das culturas de seda e a queda da procura americana levou a uma baixa nos valores da exportação de seda em rama em 1931, para menos de metade do nível de 1929. Os agricultores japoneses já sofriam devido aos preços baixos para os alimentos, em relação aos quais não estavam protegidos por governos mais preocupados em desenvolver a indústria moderna. As importações, especialmente da Formosa e da Coreia, que eram então colónias japonesas, fizeram com que o preço do arroz baixasse, em 1931, para menos de metade do preço de 1925. A partir de 1928, o valor crescente do iene aumentou o peso das dívidas dos agricultores.

De 1925 até 1930, os rendimentos reais médios das famílias de agricultores, que nunca haviam sido muito altos, decresceram aproximadamente um terço. As rendas baixaram também, de forma que os resultados da crise agrícola atingiram os senhorios e os rendeiros, mas não equilibraram o ressentimento entre as diversas classes rurais. Pelo contrário, todos os sectores da sociedade rural sentiam rancor em relação às minorias economicamente mais bem sucedidas: os trabalhadores especializados da indústria e os empregados das firmas modernas, especialmente as *Zaibatsu*, os grandes consórcios chefiados pela Mitsui e Mitsubishi. Em 1930, metade da população japonesa dependia ainda da agricultura. O Exército recrutava a maior parte do seu pessoal no Japão rural: preocupava-se com as dificuldades dos agricultores, e estas deram-lhe a possibilidade de encontrar apoios nesse sector para as suas políticas externas mais duras e expansionistas.

Dois acontecimentos assinalaram a mudança de política: o incidente de Mukden, em Setembro de 1931 e o abandono do padrão-ouro, em Dezembro. Na Manchúria, o Japão tinha direitos políticos e económicos valiosos, mas o território fazia parte da China. O governo central da China tinha pouco controlo sobre os grandes senhores das províncias chinesas, mas encorajava, e reflectia, o desenvolvimento do nacionalismo chinês, hostil aos privilégios estrangeiros. O governo japonês, chefiado por Wakatsuki, no qual o internacionalista Shidebara era ministro dos Negócios Estrangeiros, era a favor de concessões às exigências chinesas de abolição dos privilégios conquistados à China. Os comandantes militares japoneses locais eram contra. No dia 18 de Setembro de 1931, explodiu uma bomba perto de Mukden, na linha férrea japonesa do Sul da Manchúria. O exército japonês de Kwantung, que vigiava a linha férrea, pôs imediatamente em acção planos para conseguir o controlo sobre toda a Manchúria. O desejo de paz por parte do governo foi desafiado pelo comando local do exército com o encorajamento de um sector do Estado-Maior em Tóquio, e o governo central só pôde aceitar as consequências. O governo dos Estados Unidos e a Sociedade das Nações, sob a chefia hesitante da Inglaterra, condenaram a acção na Manchúria e recusaram-se a reconhecer o novo Estado de Manchukuo, patrocinado pelos Japoneses. Os Estados Unidos nada fariam para impor os seus pontos de vista e, sozinha, a Sociedade nada podia fazer, mas a sua condenação fez com que o Japão se retirasse da Sociedade, em Março de 1933. O frágil governo chinês encontrava assim um apoio internacional e também o apoio da grande parte da *intelligentsia* chinesa. Para manter estes apoios, o governo chinês recusou-se a reconhecer formalmente o domínio japonês na Manchúria e no Norte da China.

O avanço dos Japoneses na Manchúria levou, por conseguinte, ao isolamento do Japão face à hostilidade da Inglaterra e dos Estados Unidos e a um nacionalismo chinês cada vez maior. Em consequência, a xenofobia japonesa tornou-se mais intensa e as velhas queixas nacionalistas — as restrições americanas e australianas à imigração japonesa e as condições dos tratados de Londres e de Washington sobre o desarmamento naval, que haviam sido acordados por governos japoneses de tendências internacionalistas — agravaram-se. Entretanto, o câmbio fixado quando o iene voltara ao padrão-ouro excedia claramente o valor da moeda japonesa. Mais de metade do ouro e das reservas de moeda estrangeira que o Japão possuía em Janeiro de 1930 foram gastos para suportar o iene em 1930 e 1931. Quando o padrão-ouro foi abandonado, em Dezembro de 1931, o iene baixou 40 por cento. Como consequência, as exportações japonesas passaram a ser baratas para as outras moedas, e recuperaram e floresceram rapidamente. O abandono de uma taxa cambial alta significava que já não era necessário manter a um nível baixo os preços dos produtos. As despesas do Estado aumentaram, financiadas por empréstimos, sendo as despesas com as forças armadas a sua principal componente. Em 1938, as despesas do governo tinham um nível três vezes superior ao de 1931 e os gastos com as forças armadas estavam a um nível mais de 12 vezes maior. O resultado de tudo isto foi um forte crescimento económico e um emprego crescente com, evidentemente, uma ênfase especial nas necessidades militares: os gastos com as forças armadas, em 1938, constituíam uma fatia cinco vezes maior das despesas nacionais do que os gastos com as forças armadas em 1931.

Esta transformação das directivas económicas e políticas foi levada a cabo, e a predominância das forças armadas garantida, sem uma mudança no regime e sem uma tomada de poder por um golpe de Estado militar. Havia inúmeras organizações e sociedades patrióticas e militaristas, algumas das quais exerciam uma atracção especial sobre os oficiais mais novos. Algumas delas viraram-se rapidamente para a violência e para o crime. Um primeiro-ministro, dois ministros das Finanças e o chanceler-mor foram algumas das pessoas assassinadas por estas organizações; planearam-se golpes de Estado e dois, pelo menos, foram tentados. Estes acontecimentos, porém, eram mais sintomas extremos da crescente influência dos militares do que a sua causa. A causa residia no insucesso dos internacionalistas liberais, em parte devido à pouca sorte, em parte por confiança excessiva, e em parte devido à falta de sensibilidade para com os seus problemas manifestada por aqueles que deveriam ser amigos na Europa e na América.

Por conseguinte, a opinião pública japonesa passou a aceitar o ponto de vista dos militares, atitude que era facilitada pela tendência do ensino e da cultura japoneses para a cooperação e para o conformismo, por oposição a um individualismo competitivo. Seria errado supor que as atitudes liberais desapareceram: elas sobreviviam, sobretudo na classe superior ocidentalizada, entre alguns oficiais superiores, tanto no Exército como na Marinha, na pessoa do Imperador e no mais antigo estadista, Saionji, que morreu em 1940 com 92 anos, pregando a cautela e o bom senso até ao fim. Todavia, os dissidentes dos anos 20, como por exemplo Konoe, que foi primeiro-ministro entre Junho de 1937 e Janeiro de 1939 e entre Julho de 1940 e Outubro de 1941, e que escrevia já em 1918: «O pacifismo anglo-americano nada tem a ver com a justiça ou com a humanidade... a nossa posição internacional deveria apelar para que as pessoas pedissem que se acabasse com o *statu quo*... a Sociedade das Nações... deveria ser considerada aquilo que, de facto, é — uma coisa perniciosa», representavam agora o consenso até entre os civis.

Em 1932, o Exército japonês não foi bem sucedido na sua tentativa de alargar o controlo até Xangai mas, em 1933, conseguiu conquistar a província chinesa de Jehol e acrescentá-la ao Estado fantoche de Manchukuo. Durante alguns anos, subsistiram umas tréguas vagamente negociadas enquanto o Exército japonês continuava a procurar dirigentes chineses que aceitassem e salvaguardassem os interesses mercantis japoneses. Uma das razões por que as tréguas continuaram foi que Chiang-Kai-Chek, o chefe do *Kuomintang*, ou partido nacionalista chinês, estava mais preocupado em conter os comunistas chineses do que em desafiar os Japoneses. Em Dezembro de 1936, o perigo desta atitude foi demonstrado de forma aguda a Chiang quando alguns dos seus oficiais se revoltaram contra ele e se declararam a favor de uma colaboração com os comunistas, contra os Japoneses. Chiang reconheceu que devia, pelo menos, aparentar ser um nacionalista antijaponês e evitar as tentativas dos Japoneses para obterem a sua colaboração. Entretanto, o Exército e a Marinha do Japão concordaram entre si, em Maio de 1936, que a defesa do Japão necessitava que se fizessem preparativos contra os Estados Unidos, a União Soviética, a Inglaterra e a China. Havia, porém, muito desacordo entre os Japoneses quanto ao momento certo e às prioridades: até onde se deviam desenvolver, primeiro, os recursos existentes, até que ponto e para onde se deviam alargar, que ameaças deviam ser enfrentadas em primeiro lugar e quando. As circunstâncias ditaram as escolhas que, mais tarde, conduziram à guerra e à derrota.

O problema principal era aumentar os recursos económicos e consolidá-los. Cerca de um terço dos produtos fabricados no Japão eram vendidos ao estrangeiro; entre as duas guerras, o Japão era ainda mais dependente das exportações do que a Inglaterra. Na década de 30 as barreiras aduaneiras aumentaram, sobretudo em relação às exportações de têxteis japoneses. O seu impacto e o receio da imposição de mais barreiras ao comércio externo geraram um desejo de consolidar os mercados através de uma acção política ou militar. Em 1936, a Manchúria e os outros territórios ultramarinos controlados pelos Japoneses asseguravam as importações de alimentos para o Japão, mas só aproximadamente 15 por cento das importações japonesas de matérias-primas industriais vinham desses territórios. 70 por cento do consumo de zinco e de estanho no Japão vinha de fontes externas, 90 por cento do chumbo e todo o algodão em rama e a lã, o alumínio e a borracha. Na década de 30, a fonte principal de divisas estrangeiras provinha do superávit do comércio com a China; em 1936, um saldo favorável de 318 milhões de ienes com a China (incluindo a Manchúria) contrastava com um défice corrente de 425 milhões de ienes com a Europa, os Estados Unidos e os domínios britânicos. Este comércio essencial com a China estava ameaçado pelo nacionalismo chinês. Entre 1931 e 1933, a Manchúria foi tornada segura para os Japoneses. O resultado consistiu num ressentimento ainda maior e num boicote por parte dos Chineses: na década de 20, 25 por cento das importações chinesas vinham do Japão enquanto em 1932 o número baixou para 14 por cento. Em 1937, os Japoneses iniciaram acções importantes contra a China.

Em Julho, os combates começaram na ponte Marco Polo, perto de Pequim. Desta vez, as autoridades civis japonesas em Tóquio estavam mais agressivas do que o Exército e, do lado dos Chineses, Chiang estava pronto a forçar um conflito no Norte da China: só como chefe de um nacionalismo antijaponês é que Chiang conseguiria sobreviver e garantir o apoio de Moscovo mantendo uma aliança temporária com os comunistas chineses. As forças militares de Chiang demonstraram ser uma desilusão. No fim de 1938, o Japão detinha o controlo de todos os portos importantes da China, incluindo Cantão, no Sul, e Chiang retirara-se para Chungking, na província de Szechuan. No entanto, esforços repetidos não conseguiram convencer Chiang a colaborar com os Japoneses e, em 1940, eles estabeleceram o seu próprio governo sob a chefia de Wang Ching-wei. Além disso, a hostilidade contra os Japoneses aumentava. As atrocidades depois da sua entrada em Nanquim, em 1937, chocaram a opinião pública mundial. Os aviões japoneses quase mataram o embaixador inglês e afundaram a canhoneira *Panay*. Os Ingleses residentes em Tientsin foram deliberadamente humilhados pelos oficiais japoneses. No Norte, o Exército japonês pôs em prática o ponto de vista de muitos dos seus oficiais segundo o qual a União Soviética era o inimigo mais perigoso e lançou duros ataques na fronteira, mas a força da Rússia confirmou-se com vitórias claras em 1938 e 1939. Em 1936, os Japoneses assinaram o pacto anti-*Comintern* com a Itália e a Alemanha para deter a União Soviética mas, em Agosto de 1939, ficaram surpreendidos e chocados pelo pacto germano-soviético.

De início, a eclosão da guerra na Europa, em Setembro de 1939, não deu muitas oportunidades ao Japão. A expansão para Sul com o risco de guerra no Sudeste Asiático com a Inglaterra e a França era perigosa agora que a ameaça da União Soviética, no Norte, aumentara em razão do pacto germano-soviético. No entanto, o cenário mudou em Maio-Junho de 1940: a ocupação alemã dos Países Baixos e da França representava, para os Japoneses, perigos que deviam ser adiados e oportunidades de conquistas fáceis que deviam ser agarradas. A Indochina francesa era estrategicamente importante na luta contra a China, e as Índias Orientais holandesas eram ricas em recursos naturais, sobretudo petróleo. Os Japoneses receavam que os Ingleses ou os Americanos pudessem ficar com o controlo desses territórios, mas podiam tentar entrar neles primeiro e ficar com eles. Então, a perspectiva de uma derrota dos Ingleses pelos Alemães oferecia oportunidades ainda maiores, sobretudo na Malásia, que era rica em borracha e estanho. Em Julho de 1940, os Japoneses conseguiram pressionar os Ingleses para que fechassem a estrada da Birmânia durante três meses — esta era uma das poucas ligações de Chiang com o mundo exterior — e, em Setembro, as tropas japonesas começaram a sua expansão em direcção ao Sul, penetrando na parte norte da Indochina francesa. Os Holandeses foram obrigados a prometer a continuação dos abastecimentos das Índias Orientais. No dia 27 de Julho de 1940 o governo japonês tomou uma decisão extremamente importante: explorar as «condições mundiais em processo de mudança» para tratar do «problema do Sul», mas evitar a guerra com os Estados Unidos, que a marinha japonesa acreditava ser a consequência de um ataque aos Ingleses. As autoridades japonesas jogavam, assim, na vitória dos Alemães sobre a Inglaterra. Então poderiam ter a esperança de expandir o controlo do Japão, ou a ocupação, para sul, em direcção à Malásia e às Índias Orientais, sem conflitos. Ao assinarem o pacto tripartido com a Alemanha e a Itália, em Setembro de 1940, os Japoneses apostavam numa partilha dos despojos, eventual-

História da II Guerra Mundial

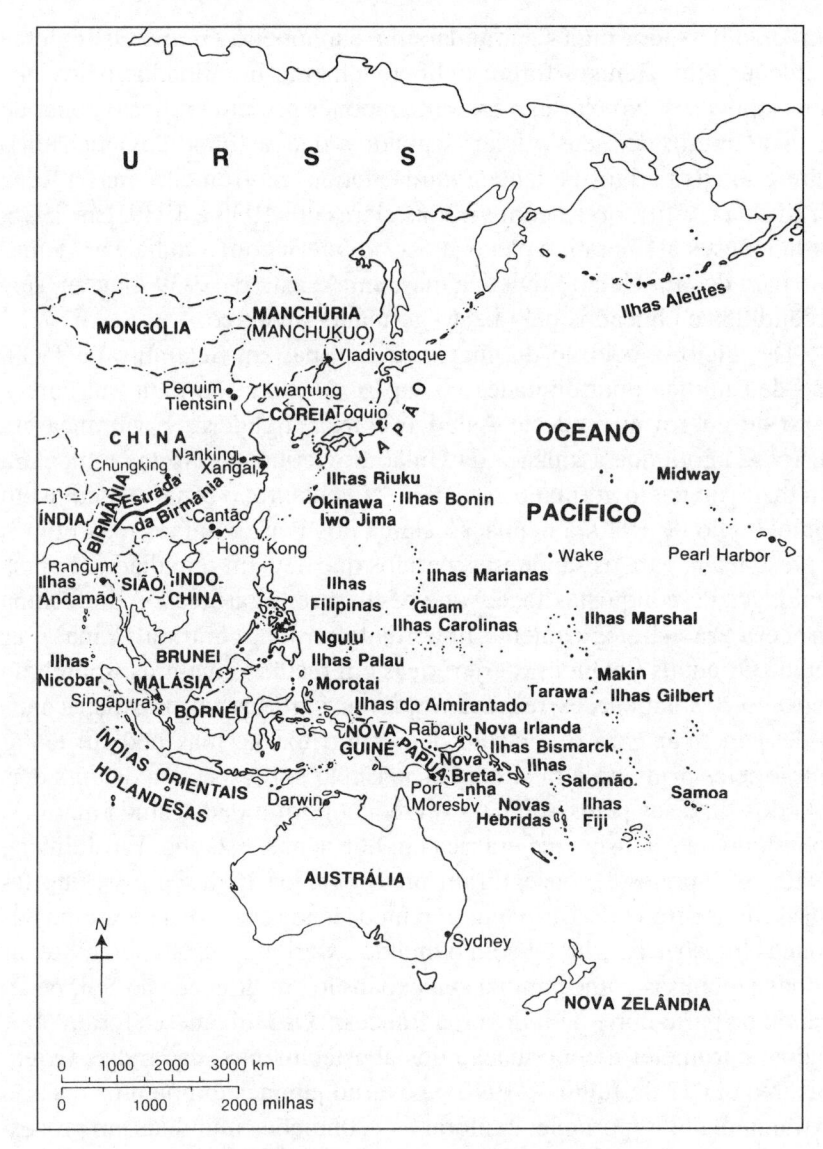

A GUERRA COM O JAPÃO, 1941-1945

mente a expensas do Império Britânico, em troca de uma ajuda à Alemanha que consistia em desencorajar os Estados Unidos de entrarem na guerra, na Europa.

No prazo de um ano, o cenário mudara completamente. A Inglaterra já não estava em perigo iminente de derrota e a Alemanha invadira a União Soviética. O Japão tinha de fazer uma escolha: ou se juntava à Alemanha para destruir a União Soviética ou então, livre da ameaça soviética, no Norte, avançava para Sul. Cada vez se tornava mais urgente entrar em acção já que os Estados Unidos haviam começado a exercer uma pressão económica para enfraquecer e conter o Japão e encorajavam os governos inglês e holandês (este último agora no exílio, em Londres) a fazerem o mesmo no seus territórios do Oriente. Em Julho de 1941, as autoridades no poder no Japão — essencialmente o primeiro-ministro, os ministros de Guerra, da Marinha, do Interior e das Finanças e os estados-maiores general e de abastecimentos do Exército e da Marinha, com o Imperador e os funcionários da corte no papel de aves de mau agoiro — estavam incertas em relação à escolha de uma linha de acção. Fizeram preparativos para ambas as opções, a do Norte e a do Sul. Reforçaram o exército de Kwantung para uma possível acção contra a União Soviética e pressionaram o governo francês de Vichy para que deixasse entrar as forças japonesas no Sul da Indochina para estabelecer bases aéreas e navais avançadas. Para impedir esta manobra, que ameaçava também a Malásia e as Filipinas e não só as Índias Orientais, o presidente Roosevelt ofereceu-se para conseguir a garantia de uma neutralização da Indochina; esta proposta só chegou a Tóquio depois de as forças japonesas lá terem entrado. O resultado desta acção foi um acontecimento carregado de consequências terríveis: os Estados Unidos congelaram os bens japoneses e impuseram um embargo às exportações de petróleo para o Japão. Os Ingleses e, para grande surpresa e consternação dos Japoneses, os Holandeses fizeram o mesmo. Roosevelt não tinha intenção de fazer um embargo total. Ordenara que as licenças para a exportação de petróleo podiam ser solicitadas como em tempo de paz, o mesmo ocorrendo com a gasolina e outros combustíveis de qualidade inferior à do combustível para aviões. Tendo tomado esta decisão, Roosevelt foi encontrar-se com Churchill ao largo da Terra Nova enquanto o secretário de Estado, Hull, adoecia. Entregue a si própria, a comissão que controlava o levantamento dos fundos congelados dos Japoneses tornava impossíveis as compras por parte destes. Quando o presidente descobriu o que acontecera, pensou que aliviaria o impacto sobre o Japão se regressasse à sua primeira intenção. Consequentemente, os Japoneses estavam encurralados: sem petróleo, tinham de se retirar da China e renunciar à sua «Grande Esfera de Co-Prosperidade no Leste da Ásia» ou entrar na guerra.

Para Roosevelt, o Extremo Oriente era importante sobretudo porque o que lá acontecesse poderia afectar o resultado da luta na Europa. A maioria dos Americanos também não estava demasiado preocupada com a situação da China, mas os que estavam eram extraordinariamente hostis às ambições dos Japoneses. As razões não eram normalmente de natureza económica: na China, os investimentos ingleses e japoneses eram dominantes, com mais de um terço cada um deles, em comparação com apenas 6 por cento do investimento externo total dos Estados Unidos na China. As exportações americanas para o Japão eram consideravelmente maiores do que as exportações para a China e, apesar da desvalorização do iene, o valor em dólares das exportações americanas para o Japão duplicou entre 1932 e 1937. Com efeito, as firmas americanas forneciam uma parte do equipamento para a expansão agressiva dos Japoneses. A opinião pública antijaponesa nos Estados Unidos surgiu menos em razão de interesses económicos do que devido a uma reprovação de ordem moral da violência e da falta de legalidade internacionais e de uma simpatia para com o regime de Chiang-Kai-Chek, enquanto governo que lutava pela independência nacional e até pela democracia. No final da década de 30, Chiang conseguiu de forma notável ganhar a simpatia do estrangeiro, ajudado em particular nos Estados Unidos pelo trabalho da família da sua mulher, que era liderada pelo financeiro T.V. Soong. Consequentemente, existia um apoio para a atitude mantida durante muito tempo pela administração Roosevelt em relação à tentativa japonesa de domínio na China: manifestações repetidas de desaprovação da violência, da discriminação económica, dos ataques à integridade territorial da China e das limitações à soberania chinesa. O caminho para o comércio externo e os investimentos na China, insistiam os Americanos, deviam estar aberto a todas as nações em igualdade de condições.

Depois de 1937, as acções dos Japoneses, que violavam todos esses princípios e interferiam com os direitos, e até com a segurança, dos Americanos na China, reforçaram os sentimentos antijaponeses. Os embargos às exportações para o Japão começaram, em Junho de 1938, com um pedido do Departamento de Estado aos exportadores para não enviarem equipamento que pudesse ser utilizado no bombardeamento de civis e, em Dezembro de 1939, isto foi alargado aos metais necessários para a construção de aviões. Em Janeiro de 1940, o governo dos

Estados Unidos deixou caducar o tratado de comércio externo com o Japão, de forma a poder ordenar embargos legalmente executáveis. O objectivo era ajudar Chiang a conter o avanço dos Japoneses na China. Em Junho de 1940, surgiu uma outra razão urgente para conter o Japão. O Império Britânico estava agora sozinho na luta contra Hitler e o avanço dos Japoneses ameaçava os interesses ingleses na própria China, em Hong-Kong, na Malásia, em Singapura, Bornéu e, em última instância, na Birmânia e na Índia. A Austrália e a Nova Zelândia, que haviam entrado voluntariamente na guerra contra Hitler, eram também possíveis vítimas das ambições japonesas.

Em teoria, a Inglaterra podia escolher entre duas políticas em relação ao Japão. A política que foi efectivamente posta em prática foi opor--se ao avanço dos Japoneses para ajudar Chiang e preparar-se para defender os interesses económicos e políticos ingleses no Leste da Ásia. Além do comércio e dos investimentos ingleses na China, a Malásia produzia várias matérias-primas essenciais, especialmente o estanho e a borracha. O Norte do Bornéu e o Brunei produziam petróleo, sendo evidente que a Índia, a Austrália e a Nova Zelândia deviam ser preservadas de uma invasão estrangeira. Uma política alternativa era cooperar com o Japão, que tinha o mesmo interesse do que a Inglaterra numa China calma onde o nacionalismo xenófobo pudesse ser contido. O Japão teria a luz verde na Manchúria e no Norte da China, em troca da aceitação, por parte dos Japoneses, dos interesses ingleses em Xangai, no vale do Iangtzé e no Sul. Um caminho prudente como este era uma coisa impossível. A opinião internacionalista inglesa opunha-se à expansão armada do Japão e proclamava estrondosamente a iniquidade de uma colaboração com os agressores. Acima de tudo, a ameaça alemã tornava indispensável o apoio dos Estados Unidos à Inglaterra, em caso de guerra. Para que fosse possível a Administração e o Congresso darem este apoio, os Ingleses tinham de apoiar as causas virtuosas da ordem e democracia internacionais. Já que Chiang-Kai-Chek, surpreendentemente, era suposto acreditar nestas causas, os Ingleses eram obrigados a opor-se aos Japoneses em vez de procurar um compromisso com eles.

A estratégia britânica no Extremo Oriente assentava na base naval de Singapura, concluída em 1938. Em caso de guerra com o Japão, a ilha de Singapura seria defendida contra um ataque dos Japoneses durante o tempo necessário — três meses aproximadamente — até a frota principal dos Ingleses chegar e expulsar a marinha japonesa. A constituição de uma marinha alemã hostil, na década de 30, tornou esta estratégia cada vez mais difícil; em 1940, a perda da frota francesa e a junção da frota italiana ao inimigo tornou completamente impraticável enviar uma frota capaz de defrontar os Japoneses. Sem ajuda dos Americanos, o Império oriental inglês não podia ser defendido. A política britânica seguiu um padrão consistente e previsível de oposição ao Japão na esperança de que o poder dos Estados Unidos a tornasse eficaz.

A partir de Maio de 1940, os Ingleses não podiam, de modo algum, manter uma política independente, e foram obrigados a deixar que o governo dos Estados Unidos determinasse o que iria acontecer no Oriente. Nem o presidente, nem os seus conselheiros, nem o povo americano queriam uma guerra com o Japão. Se a América pusesse fim à expansão japonesa, sem guerra, então a ordem internacional sairia fortalecida, Chiang e a «democracia» seriam encorajados e a luta dos Ingleses contra Hitler estaria facilitada. A aliança do Japão com a Alemanha e a Itália através do Pacto Tripartido, no Outono de 1940, mostrou que os governantes japoneses consideravam a guerra uma oportunidade e que entrariam na guerra se os Estados Unidos entrassem na guerra contra a Alemanha, o que era possível, e até mesmo provável, em resultado da decisão cada vez mais enérgica, por parte dos Americanos, de «darem uma ajuda, que quase implicava a guerra», ao Império Britânico e, depois, à União Soviética.

Consequentemente, a entrada das tropas japonesas no Norte da Indochina, no Verão de 1941, provocou uma resposta firme dos Estados Unidos sob a forma do embargo petrolífero. Nem os Estados Unidos nem o Japão desejavam a guerra, mas as condições que ambos punham eram francamente divergentes. O Japão queria que Chiang aceitasse as condições económicas e políticas impostas pelos Japoneses à China e que os Estados Unidos autorizassem o Japão a consolidar os recursos necessários para poder impor esta solução para o «incidente chinês». A Administração dos Estados Unidos insistia que o fornecimento de materiais que pudessem ajudar militarmente o Japão continuaria a estar embargado até que o Japão concordasse em restaurar a independência chinesa. O governo americano preferia, em última análise, correr o risco de um ataque dos Japoneses a dar-lhes a liberdade no Leste da Ásia e no Sudoeste do Pacífico, apesar de, até ao último momento, pensar que os Japoneses não corriam o risco de iniciar uma guerra. O general Tojo, o ex-ministro de Guerra japonês que acabava de se tornar primeiro-ministro, apresentou a situação de forma bastante clara durante a análise política, exigida pelo imperador Hirohito. Os Americanos, explicava Tojo, estavam a tentar impor aos Japoneses os Quatro Princípios: 1) respeito pela integridade territorial e pela soberania; 2) não interferência nos assuntos internacionais; 3) comércio externo não discriminado e 4) desaprovação da modificação do *statu quo* pela força... Os Estados Unidos exigem que aceitemos estes princípios. Não podemos fazê-lo, porque levámos a cabo o incidente na Manchúria e o incidente na China para nos livrarmos do jugo que assenta nesses princípios... Eles insistem que o Japão aceite o princípio da retirada das tropas... Enviámos forças consideráveis, um milhão de homens, e isso custou-nos mais de 100 000 mortos e feridos, famílias enlutadas, sofrimentos durante quatro anos... A China ficaria pior do que estava antes do incidente. Tentaria até dominar a Manchúria, a Coreia e a Formosa. Só podemos ter esperança numa expansão do nosso país através do envio de tropas.

O Exército japonês concluía, já em Agosto, que era pouco provável que a Alemanha destruísse completamente a União Soviética em 1941. No Inverno, as operações militares seriam impossíveis no Norte do país. Consequentemente haveria tempo para conseguir uma garantia de recursos para o Japão através da diplomacia ou da conquista por meio de campanhas rápidas e, apesar disso, o Japão estaria pronto para explorar uma vitória decisiva dos Alemães na Rússia, no Verão de 1942. A Marinha afirmava que a utilização da força contra as colónias inglesas ou holandesas implicaria uma guerra contra os Estados Unidos. Assim, o governo japonês concordava que se devia fazer uma tentativa diplomática para conseguir o levantamento do embargo petrolífero mas que, se esta tentativa falhasse, o Japão devia entrar em guerra contra a Inglaterra, a América e o Império Holandês. A guerra deveria começar no início de Dezembro de 1941 porque não havia tempo a perder: num documento que expunha as razões a favor da guerra, as autoridades civis e militares japonesas explicavam:

o petróleo é o ponto fraco da força e do poder combativo do nosso Império... Estamos agora a consumir gradualmente o petróleo que estava armazenado... Seremos auto-suficientes durante mais dois anos, no máximo. Este prazo será inferior se efectuarmos operações militares em larga escala... o nosso Império perderá o seu poderio militar. Entretanto, as forças navais e aéreas dos Estados Unidos desenvolver-se-ão muitíssimo à medida que o tempo for passando... a marinha dos Estados Unidos ultrapassará o poder naval do nosso Império a partir do próximo Outono... é necessário prepararmo-nos para a guerra o mais rapidamente possível, de forma a podermos terminar rapidamente as operações mais importantes no Sul e preservar a nossa liberdade para as acções militares no Norte [isto é, contra a União Soviética] a seguir à Primavera do próximo ano.

As autoridades japonesas não imaginavam que o Japão pudesse destruir a força dos Estados Unidos. Pensavam que a Alemanha acabaria com a Inglaterra e que o Japão conquistaria os recursos necessários para uma defesa prolongada. Nessa altura, os Estados Unidos seriam chamados à razão e não fariam os esforços necessários para esmagar a «Grande Esfera de Co-Prosperidade no Leste da Ásia». Como dizia Tojo, a 12 de Novembro de 1941, «os Americanos ficarão furiosos durante algum tempo mas, depois, compreenderão». Este era, com efeito, um ponto de vista muito estranho, especialmente porque a guerra deveria começar com um ataque surpresa à Frota Americana no Pacífico, ancorada em Pearl Harbor. Às 7:55 da manhã de domingo, dia 7 de Dezembro de 1941, hora local, caíram as primeiras bombas (3:25 da madrugada do dia 8 de Dezembro, em Tóquio; 13:25, de 7 de Dezembro, em Washington; 18 horas, de 7 de Dezembro, TMG). Em consequência de atrasos não previstos, Cordell Hull, o secretário de Estado americano, recebeu a declaração de guerra dos japoneses uma hora mais tarde.

No Japão, as pessoas mais bem informadas estavam preocupadas. O Imperador e alguns dos que o rodeavam, alguns oficiais de marinha, especialmente os mais velhos, muitos diplomatas e representantes de bancos e dos grandes interesses financeiros encaravam com consternação a guerra com a Inglaterra e os Estados Unidos. As vozes destas pessoas haviam sido silenciadas progressivamente na década de 30. A oposição, mesmo no seio do governo, a acções de carácter agressivo implicava o risco de assassínio pelos extremistas nacionalistas. As forças armadas, especialmente o Exército, ganhavam influência e, no seio do Exército, os oficiais médios, majores ou coronéis, tinham tendência para dominar os seus superiores, por vezes mais cautelosos. A Marinha, de forma a manter a sua influência e o seu orçamento, tinha de competir do ponto de vista da combatividade com o Exército e, especialmente, afirmar a possibilidade de uma guerra contra a América. Mesmo aqueles que estavam inseguros levavam muitas vezes a mal a atitude aparentemente arrogante da Administração americana e o seu ponto de vista segundo o qual o governo de Chiang-Kai-Chek era superior ao governo patrocinado pelo Japão. Entre o público, o patriotismo, encorajado por organizações como a Associação dos Reservistas, ajudava ao conformismo. Em 1941, a imprensa era controlada e os partidos da Dieta, que nunca tivera muito poder, haviam-se fundido num só, a «Associação de Assistência ao Domínio Imperial». Em Dezembro de 1941, Tojo afirmava que o «povo em geral tem consciência de que a nossa nação, em consequência da actual situação mundial, se encontra numa encruzilhada, onde um caminho leva à glória e o outro ao declínio». No entanto, reforçara-se o controlo em relação àquelas pessoas «que são contra a guerra e contra os militares, tais como os comunistas, os rebeldes coreanos, alguns chefes religiosos... em certos casos seremos obrigados a efectuar a prisão preventiva de algumas dessas pessoas».

A 11 de Dezembro de 1941, Hitler e Mussolini declararam também guerra aos Estados Unidos. Agora, o alinhamento geral da Segunda Guerra Mundial estava completo: o Império Britânico, a União Soviética e os Estados Unidos contra a Alemanha, a Itália e o Japão, apesar de a União Soviética só ter declarado guerra ao Japão em 1945. Sem a declaração de guerra da Alemanha, Roosevelt poderia não ter conseguido que a América entrasse em guerra aberta contra a Alemanha e desta forma executasse o princípio estratégico anglo-americano segundo o qual a derrota da Alemanha tinha prioridade sobre a derrota do Japão. Não sabemos por que razão Hitler fez o que fez. Em Abril de 1941, ele garantira ao ministro dos Negócios Estrangeiros japonês, Matsuoka, que a Alemanha declararia guerra aos Estados Unidos se o Japão fizesse o mesmo. Era, evidentemente, importante para a Alemanha que a agressão Japonesa distraísse os seus inimigos e limitasse o apoio total dos Estados Unidos à Inglaterra e à Rússia. Hitler tinha também de impedir um qualquer acordo entre o Japão e os Estados Unidos, o que daria a possibilidade à América de concentrar as suas forças no Atlântico e na Europa. Consequentemente, apesar de, ao que parece, ter hesitado, quando confrontado no final de Novembro de 1941 com a perspectiva de um ataque japonês iminente, Hitler não pôde fazer mais do que repetir a sua promessa. Seja como for, os acontecimentos de 1941 mostraram que a guerra com os Estados Unidos era uma possibilidade num futuro próximo, por mais que Hitler desejasse adiá-la. Era mais do que nunca necessário poder confiar no Japão e apresentar uma fachada de solidariedade entre os aliados do Eixo. Sem dúvida, também, que se a guerra contra os Estados Unidos começasse, Hitler achava que seria melhor que esta decisão parecesse ter vindo dele.

Em 1941, Roosevelt dera tanta ajuda aos inimigos da Alemanha quanto a opinião pública americana podia tolerar. O presidente era um político de sucesso ímpar. Eleito quatro vezes, apoiava-se numa percepção cuidadosa e sensível das atitudes eleitorais, assumindo um papel de representante, ou até mais representativo, dessas atitudes do que o próprio Congresso e liderando apenas a opinião pública quando confiava na sua resposta. O facto de que desejava fazer mais do que a opinião pública queria é demonstrado pela ânsia com que explorou, e até exagerou, as provocações da Alemanha. Em Abril de 1941, as patrulhas aéreas e navais americanas começaram a operar no Atlântico a oeste dos 25°, com instruções para informarem os barcos de guerra ingleses de quaisquer barcos alemães que avistassem. Em Julho de 1941, as forças americanas começaram a reforçar (e, mais tarde, a substituir) as tropas inglesas na Islândia, que estavam lá estacionadas desde Maio de 1940. A 4 de Setembro de 1941, um submarino alemão atacou o navio americano *USS Greer*. No dia 6 de Setembro, Roosevelt anunciava que as forças americanas atacariam qualquer submarino alemão ou italiano que encontrassem no Atlântico Ocidental. Posteriormente, durante esse mês, Roosevelt conseguiu que o Congresso autorizasse a extensão do *lend-lease* à Rússia. Em Outubro, o Congresso, depois de muitas hesitações, legislou a favor da autorização do armamento dos barcos de carga americanos e da sua liberdade para navegar para portos pertencentes a países em estado de guerra. Apesar de Roosevelt explorar os novos ataques de submarinos — ao *USS Kearny* e ao *Reuben James* — as maiorias para uma revisão da legislação relacionada com a neutralidade eram pequenas. Obviamente, os congressistas pensavam que os Americanos não tinham vontade de correr o risco de uma entrada dos Estados Unidos na guerra. Agora, porém, depois de Pearl Harbor e da declaração de guerra de Hitler, o apoio da opinião pública à luta pela vitória tornou-se forte, até entre a pequena minoria que atribuía a Roosevelt as culpas por ter provocado o ataque japonês.

VI

AS VITÓRIAS E DESILUSÕES DO JAPÃO: DEZEMBRO DE 1941 A AGOSTO DE 1942

Conjuntamente, os Estados Unidos, o Império Britânico e a União Soviética tinham a certeza de poder derrotar a Alemanha, na medida em que continuassem a combater durante o tempo necessário. A derrota do Japão seria um problema menor desde que o problema da Alemanha estivesse resolvido, em particular se a União Soviética se juntasse aos Ingleses e aos Americanos contra o Japão. Os Aliados, se continuassem unidos, tinham de ganhar. O esforço e o tempo necessários para atingir a vitória dependiam sobretudo da parte do mundo que a Alemanha e o Japão conseguissem conquistar antes de ser detidos. Três grandes campanhas determinaram o resultado da guerra: as operações anfíbias do Japão no Pacífico e no Sul da Ásia, a ofensiva terrestre da Alemanha contra a Rússia e a campanha dos submarinos alemães contra a Inglaterra.

Em Dezembro de 1941, a Marinha japonesa tinha ao serviço 10 couraçados, aos quais foi acrescentado, nesse mês, um navio muito poderoso, maior do que todos os navios de guerra americanos e ingleses (o *Yamato*, com canhões de 45 cm), 10 porta-aviões, dos quais quatro levavam menos de 35 aviões e seis até 72 aviões, oito cruzadores pesados e 18 cruzadores ligeiros, 113 *destroyers* e 63 submarinos. O Exército tinha 51 divisões (cujos efectivos para cada uma eram, normalmente, 18 000 homens). A maioria estava nas ilhas japonesas ou na Manchúria e na China, e só 11 divisões foram utilizadas nos ataques contra os Americanos, os Ingleses e os Holandeses. A Marinha japonesa tinha, aproximadamente, 1000 aviões de combate de primeira linha, dos quais metade estavam em bases em terra e cerca de 600 eram aparelhos de reconhecimento. O Exército japonês tinha aproximadamente 1500 aviões de primeira linha, dos quais um pouco menos de metade foram postos ao serviço para esta guerra. O Exército dos Estados Unidos tinha cerca de 35 000 homens nas Filipinas, apoiados por cerca de 100 000 filipinos, com cerca de 250 aviões e 45 000 homens no Havai, que dispunham de aproximadamente 130 aviões. Na Malásia e em Singapura, os Ingleses tinham três divisões. Na Birmânia existia uma divisão de tropas recrutadas localmente, apoiadas por algumas unidades indianas. Em Hong-Kong existia uma força de combate de 12 000 homens, aproximadamente. Nos outros locais havia pequenas guarnições como, por exemplo, o batalhão indiano na colónia inglesa do Bornéu. A RAF tinha 246 aviões na Malásia, a maioria antiquados.

Os Japoneses tinham a intenção de conquistar uma área grande, economicamente auto-suficiente, e estabelecer um perímetro defensivo à sua volta. Os ataques a esta área protegida, pensavam os Japoneses, seriam tão difíceis que a vontade do inimigo de combater diminuiria até que os Americanos e os Ingleses acabariam por aceitar a Nova Ordem Japonesa no Leste da Ásia. Hong-Kong, a Malásia, Singapura, as Filipinas, as Índias Orientais holandesas, o Sião, a Birmânia, as ilhas Nicobar e Andamão, a Nova Guiné australiana, as ilhas Bismarck (incluindo Rabaul), as ilhas Gilbert, Guam e as ilhas Wake deveriam ser todas conquistadas nos primeiros meses de guerra. Estas conquistas exigiam o controlo marítimo do Japão, para que as invasões fossem possíveis. Os Ingleses e os Holandeses eram fracos do ponto de vista marítimo e a ameaça mais formidável para estas ambições japonesas vinha da frota americana no Pacífico, com base em Pearl Harbor, no Havai. Esta frota tinha oito couraçados, três porta-aviões, 12 cruzadores pesados, nove cruzadores ligeiros e 67 *destroyers*. Originalmente, os Japoneses tinham a intenção, em caso de guerra, de esperar que a frota do Pacífico fosse para águas territoriais japoneses, desgastando-a, entretanto, por meio de ataques com *destroyers* e submarinos, e depois efectuariam uma acção decisiva num momento e num local escolhidos pelo almirantado japonês. O único inconveniente era que estas conquistas japonesas tinham de ser feitas rapidamente, para evitar que fossem enviados reforços americanos e ingleses para os pontos ameaçados, mas as frotas invasoras só podiam ser enviadas para o mar depois de a frota americana no Pacífico estar fora de combate. O almirante Yamamoto propôs um método mais rápido: um ataque surpresa, lançado dos porta-aviões contra a frota de combate americana ancorada em Pearl Harbor. Esta estratégia era extraordinariamente arriscada, pois a surpresa era essencial para se obter a vitória. Escrupulosamente, as autoridades japonesas tentaram enviar a sua declaração de guerra para Washington 25 minutos antes do início do ataque, mas os atrasos na descodificação fizeram com que ela só fosse entregue após o ataque. No entanto, se os comandantes em Pearl Harbor tivessem constituído patrulhas de rotina de reconhecimento aéreo de longo alcance, os Japoneses talvez pudessem ter sido detectados com bastante antecedência. De facto, um submarino de bolso não identificado foi detectado quatro horas antes do ataque aéreo, e os radares militares eficazmente utilizados proporcionaram um aviso prévio de 50 minutos da aproximação dos aviões. O submarino de bolso foi afundado, e o comandante-em-chefe da Marinha foi informado deste acontecimento pelo menos 30 minutos antes do ataque aéreo; a informação do radar não chegou às suas mãos. A extraordinária ousadia do ataque dos Japoneses compensou. Este ataque era tão completamente inesperado que as provas da sua iminência foram completamente ignoradas. Ao fim de meia hora, a frota americana foi posta fora de combate e os Japoneses tornavam-se donos do Pacífico Ocidental. Era uma vitória total mas o seu impacto foi temporário. Três navios de guerra danificados foram reparados rapidamente (e, mais tarde, foram acrescentados mais três navios à frota), os três porta-aviões não estavam em Pearl Harbor, assim como um couraçado, nove cruzadores pesados, três cruzadores ligeiros e 18 *destroyers*, enquanto dois cruzadores pesados, quatro cruzadores ligeiros e 37 *destroyers* escaparam sem danos ou pouco danificados.

O início da guerra no Extremo Oriente encontrou a Marinha inglesa com apenas seis dos seus 15 navios principais imediatamente disponíveis para o combate. A ameaça do novo couraçado alemão *Tirpitz* e da força naval de combate dos Italianos significava que a constituição de uma frota substancial para o Extremo Oriente só poderia ser considerada quando as reparações e as modificações nos outros navios estivessem terminadas. Entretanto, dois navios principais, o *Prince of Wales* e o *Repulse*, haviam sido enviados para Singapura. O novo porta-aviões, o *Indomitable*, iria juntar-se-lhes, mas ficou acidentalmente danificado antes da partida. O almirantado inglês tinha consciência dos perigos de um ataque aéreo japonês, mas deu ordem de partida para o mar para interceptar os barcos japoneses que iam invadir a Malásia. Tendo sido descobertos pela força aérea japonesa, navegavam em direcção a sul quando estacionaram para tentar descobrir uma força invasora não existente, sobre a qual receberam uma falsa informação. O silêncio da rádio, habitual entre barcos que estavam próximos do inimigo, significava que a ligação com a RAF em terra era inadequada e quando os caças chegaram, para ajudar os navios ingleses contra os ataques aéreos dos aviões torpedeiros e bombardeiros japoneses, tudo terminara e tanto o *Prince of Wales* como o *Repulse* haviam sido afundados.

No mar já não havia hipótese de desafiar a supremacia dos Japoneses; em terra, parecia mais provável que a resistência mais eficaz viesse do lado das forças do Império Britânico, que defendiam a Malásia e Singapura. Havia três divisões (uma australiana e duas indianas), duas brigadas indianas e mais duas brigadas em Singapura, além das forças de voluntários locais. Durante a campanha chegaram outra divisão e duas brigadas inglesas, além de 9000 homens de reforço. Os Japoneses empregaram três divisões e um grupo de tanques, com mais de 150 tanques. Os Ingleses não dispunham de tanques. As divisões de infantaria inglesas eram compostas por 13 700 oficiais e soldados. As divisões japonesas na Malásia tinham, respectivamente, 15 342 homens (a 5.ª Divisão, mecanizada), 12 649 (a Divisão Imperial de Guardas, mecanizada) e 22 206 (18.ª Divisão, com transporte a cavalo).

Apesar da inferioridade numérica, os Japoneses conquistaram a Malásia e Singapura mais rapidamente do que se pensava: em 10 semanas em vez de 15. Esta desgraça para o Império Britânico está envolta em mitos. Diz-se que Singapura era uma «fortaleza» que poderia ser defendida tão facilmente como Sebastopol. Com efeito, a sua única qualidade enquanto fortaleza consistia no facto de a ilha possuir baterias de artilharia fixas muito potentes para combater um ataque vindo do mar. Uma outra lenda é que as autoridades militares inglesas nunca haviam considerado a hipótese de um ataque inimigo à ilha de Singapura vindo do Norte — da Malásia — mas foi sempre evidente que a base naval, que estava situada no Norte da ilha, nos estreitos de Johore, já estaria inutilizada em razão da conquista da Malásia continental pelos Japoneses, e os Ingleses, consequentemente, partiam do princípio de que tinham de deter as forças terrestres japonesas muito mais a Norte dos estreitos. Uma crença mais imprecisa e tenaz era que a Malásia e Singapura eram uma região mágica, que afectava as qualidades militares dos seus defensores. O general Wavell, que, durante algum tempo, desempenhou funções de primeiro chefe dos Aliados no teatro das operações, e que tinha alguma sensibilidade literária, foi o primeiro a afirmar: «Os problemas vêm de há muito: o clima, a atmosfera do país — toda a Malásia tem estado adormecida pelo menos há 200 anos».

As razões da derrota eram menos misteriosas. A supremacia japonesa no ar e no mar tornava impossível a interferência dos Ingleses contra a invasão do Sião e do Norte da Malásia e dava também a possibilidade aos Japoneses de efectuarem ataques por mar aos flancos dos Ingleses. A estratégia britânica para a defesa da Malásia assentava cada vez mais no ar, mas entre as outras preocupações dos Ingleses, em 1941, Singapura e a Malásia nunca estiveram no topo da lista das prioridades. Apesar de a guerra contra o Japão ser uma possibilidade, os Ingleses ainda pensavam, mesmo no fim de Novembro, que um ataque contra a Malásia era pouco provável antes da Primavera de 1942. Os recursos dos Ingleses eram ainda fracos em relação aos seus compromissos, especialmente enquanto parecesse possível que a Alemanha derrotasse a União Soviética. A estratégia dos Ingleses era difícil de aplicar. A segurança da base na ilha de Singapura contra um ataque aéreo necessitava que os Japoneses fossem detidos o mais a norte possível e, no entanto, as forças terrestres tinham de ser mantidas em e perto de Singapura, em caso de desembarques japoneses. O factor principal na derrota dos Ingleses residiu, porém, na disparidade entre a eficácia militar dos Japoneses e a das tropas defensivas. Não foi uma questão de inovações tácticas ou de uma capacidade especial dos Japoneses para lutar na selva: de uma maneira geral, os Japoneses avançavam por estradas e caminhos e nenhum dos lados ousava avançar através da selva, à excepção de movimentos curtos para atacar os flancos. Os tanques ajudavam muito os invasores, mas movimentavam-se pelas estradas sem qualquer tipo de avanços continuados numa frente alargada, que eram possíveis na Europa. A superioridade específica dos Japoneses residia no facto de utilizarem forças de infantaria endurecidas em combate, bem treinadas e experimentadas contra tropas que, na sua maioria, não possuíam estas vantagens. Os Japoneses davam bons soldados: o seu nível cultural era elevado e tinham um forte sentido de grupo, para além de acreditarem, de uma forma estranhamente convicta, que combater era uma honra. As unidades japonesas na Malásia eram das melhores.

Do lado oposto, as forças da Comunidade Britânica perderam aproximadamente 140 000 homens, incluindo homens que não estavam em combate, tendo a sua maioria sido capturada. Destes, 67 000 eram Indianos, 38 500 Ingleses, 18 500 Australianos e 14 000 voluntários locais. A maioria dos soldados combatentes era indiana. O Exército indiano, organizado e controlado pelos Ingleses, era, em tempo de paz, completamente composto por voluntários — palavra sempre utilizada pelos Ingleses para descrever aquilo a que os cépticos poderiam ter chamado mercenários. Os oficiais subalternos eram ingleses ou indianos, mas a maioria era inglesa, enquanto os oficiais superiores eram invariavelmente ingleses: em 1939, havia 396 oficiais indianos e 4028 oficiais ingleses nas armas em combate do Exército indiano. As brigadas indianas possuíam um batalhão completamente composto por ingleses do Exército britânico, dois batalhões do Exército indiano (apesar de as brigadas consistirem sobretudo de batalhões de Gurcas com oficiais ingleses). O Exército indiano era recrutado numa sociedade altamente complexa: nos mesmos regimentos havia homens com religiões, costumes e línguas diferentes, e que pertenciam aos diversos sectores de uma população pouco homogénea. O Exército tinha de criar a lealdade a uma comunidade artificial e não podia apoiar-se nos sentimentos nacionais que ajudavam a cimentar os exércitos europeus.

A guerra trouxe novas complicações: uma modernização acelerada e uma expansão rápida. O Exército indiano, no tempo de paz, assentava na artilharia e nos serviços técnicos ingleses, e a maioria da sua cavalaria era composta por cavalos. Era necessário encontrar novos oficiais e sargentos indianos e ingleses, que pudessem aprender novos métodos e ensinar e controlar outros oficiais. Em consequência, as velhas unidades do tempo de paz estavam muitas vezes privadas dos seus melhores homens, enquanto as unidades novas tinham de depender de chefes treinados à pressa, muitas vezes de oficiais que vinham de Inglaterra e que desconheciam por completo a Índia e que nem sequer falavam a língua. Os recrutas, muitas vezes analfabetos, só podiam ser totalmente treinados e integrados no exército por processos lentos, que foram abandonados devido às pressões exercidas pela expansão da guerra. Em Janeiro de 1940, o Exército indiano tinha 220 000 homens, em Janeiro de 1941, 430 000, em Janeiro de 1942, 856 000 homens. (Um ano depois tinha novamente o dobro dos homens, 1 565 000 e, apesar do ritmo abrandar em 1943, havia 2 024 000 homens no final desse ano e 2 210 000 homens no início de 1945). As novas armas tornavam a tarefa ainda mais árdua. No início da guerra, o Exército indiano tinha poucas baterias de artilharia; no final da guerra, tinha 217. As deficiências dos treinos foram evidentes durante os combates na Malásia. Duas das brigadas indianas enviadas para reforço do exército na Malásia tinham uma grande percentagem de homens que fazia parte dos seus batalhões há menos de três meses e a maioria dos oficiais e sargentos experientes havia sido retirada para treinar novos contingentes. A 11 de Dezembro de 1941, os tanques médios dos Japoneses lançaram-se contra o 1/14.º Batalhão do Punjabe, disparando sem parar. Os soldados ficaram naturalmente espantados, já que, para a maioria dos homens, era a primeira vez que viam um tanque.

As unidades inglesas enfrentavam menos problemas. No entanto, o seu treino era por vezes descurado: a 13 de Janeiro de 1942, a 53.ª Brigada chegou a Singapura depois de 11 semanas de apertos em barcos de transporte de tropas cheios de homens e, no dia 17 de Janeiro, encontrava-se em acção, em Johore. Os melhores soldados das tropas de defesa eram os da 8.ª Divisão australiana. As suas unidades haviam treinado em conjunto na Malásia ou na Austrália durante pelo menos um ano antes de começar a invasão japonesa. Mostraram ser capazes de aguentar os Japoneses e, mesmo no último momento, dois dias antes da rendição, os Japoneses desviaram a frente do ataque para os evitar. Contrastando com isto, 1900 reforços australianos chegaram em meados de Janeiro. Alguns não tinham qualquer espécie de treino, tendo entrado para o Exército há menos de um mês. A sua qualidade do ponto de vista militar era até inferior à dos 7000 jovens indianos parcialmente treinados que chegaram ao mesmo tempo. As deficiências dos soldados regulares eram agravadas pela habitual, ou pior do que habitual, incapacidade de os Ingleses desenvolverem cadeias de comando claras e ordenadas e de estabelecerem ligações rápidas e eficazes entre as unidades vizinhas. As relações dos Ingleses com o comandante australiano, Gordon Bennett, não eram boas; este último não gostava da afectação dos oficiais superiores ingleses, que vinham de colégios particulares. As outras patentes inglesas agradavam muito mais facilmente aos Australianos, cujo país, com efeito, os funcionários militares que tiveram a sorte de lá ir durante a guerra consideraram um paraíso terrestre. Apesar destas fraquezas graves, as tropas da frente nunca sucumbiram ao pânico e foi sempre mantida uma linha consistente. Na fase final, quando os Japoneses, que eram notoriamente ferozes, entraram na cidade superlotada de Singapura, de onde só conseguiram escapar alguns, houve cenas de desordem e de confronto por parte de desertores, que estavam muitas vezes armados, na maioria soldados que nunca tinham estado em combate. A 15 de Janeiro de 1942, com os Japoneses a cinco quilómetros do centro da cidade e com o abastecimento de água cortado, o comandante inglês, general Percival, rendeu-se. Do ponto de vista numérico, era a maior capitulação da história da Inglaterra.

Uma vez que os Japoneses tinham derrotado as marinhas americana e inglesa e dominado as forças terrestres e aéreas inglesas na Malásia, já não havia forças adequadas para impedi-los de se apoderarem do ponto mais importante do seu programa de obtenção de uma auto-suficiência económica por meio da conquista: as Índias Orientais holandesas.

A conquista da Malásia e das Índias Orientais holandesas deu ao Japão três quartos da borracha natural do mundo inteiro, dois terços do estanho e, sobretudo, o petróleo suficiente para todas as necessidades japonesas — se fosse possível transportá-lo. O objectivo final dos Japoneses era obterem território suficiente e bases exteriores para proteger a esfera económica do Japão contra todos os ataques, excepto os mais determinados, contínuos e graves. Nas Filipinas, a superioridade das tropas japonesas isolou rapidamente os Americanos na península de Bataan, que se defendeu até ao dia 9 de Abril, e em Corregedor, uma ilha que era uma verdadeira fortaleza, até ao dia 6 de Maio. Duas divisões japonesas, reforçadas com mais duas depois da conquista de Rangum, expulsaram os Ingleses da Birmânia. Em Maio de 1942, os Ingleses conquistaram Madagáscar ao governo francês de Vichy de forma a impedir que os Japoneses estabelecessem uma base desse lado do oceano Índico. No Pacífico, os Japoneses tentaram criar um perímetro de bases em ilhas defendidas, acrescentando Guam, que foi conquistada no início da guerra, a Iwo Jima e às outras ilhas Marianas, e juntando também a Ilha de Wake, capturada no dia 22 de Dezembro, depois de uma resistência feroz dos Americanos, às ilhas Carolinas e Marshall, que haviam estado sob administração japonesa antes da guerra. As ilhas Gilbert, Makin e Tarawa foram ocupadas. Em Janeiro e Fevereiro, foram ocupadas a Nova Irlanda e a Nova Inglaterra, incluindo a importante base de Rabaul.

Tudo isto correu tão bem que o alto-comando japonês se tornou mais ambicioso: decidiu expandir o perímetro japonês e cortar as comunicações entre os Estados Unidos e a Austrália capturando bases na Papuásia e nas Ilhas Salomão e, mais tarde, capturando as Novas Hébridas, as Ilhas Fiji e Samoa. No início de 1942, as bases no Norte da Papuásia foram capturadas e, no final de Março, Bougainville e outras ilhas do arquipélago Salomão. Os Japoneses planeavam então outras expedições a Tugali, mais a sul das Ilhas Salomão, e um ataque por mar a Port Moresby, no Sul da Papuásia, perto da Austrália. Tugali não foi problema, mas o ataque a Port Moresby trouxe a primeira derrota aos Japoneses.

A resistência dos Aliados começava a renascer: a frota japonesa, a mesma que atacara Pearl Harbor, apareceu no Oceano Índico e infligiu graves danos aos barcos ingleses, mas os seus porta-aviões sofreram sérias perdas às mãos da RAF, em Ceilão. A marinha americana e a força aérea do Exército haviam combinado bombardear Tóquio, e o general MacArthur partira para a Austrália para assumir o comando e encorajar a autodefesa australiana através de uma promessa de reforços americanos nos quais, depois da derrota dos Ingleses em Singapura, a Austrália e a Nova Zelândia tinham agora de se apoiar.

Antes do dia 17 de Abril de 1942, os serviços secretos americanos, utilizando transmissões de rádio japonesas descodificadas, souberam que estava planeado um desembarque para o início de Maio no Mar de Coral, e logo a seguir descobriram que Port Moresby ia ser atacado. Uma força especial dos Aliados, que incluía dois porta-aviões, foi organizada nos dias 6 e 7 de Maio de 1942. A Batalha do Mar de Coral inaugurou um novo tipo de batalha naval, na qual os navios nunca viam as embarcações inimigas e em que nunca havia troca de fogo. A batalha foi inteiramente travada por aviões. Um porta-aviões da frota americana foi destruído, mas os Japoneses perderam um porta-aviões de escolta. Acima de tudo, foram obrigados a adiar o ataque por mar a Port Moresby até que a frota americana no Pacífico estivesse mais enfraquecida, coisa que nunca aconteceu.

A seguir, veio uma vitória decisiva dos Americanos, a Batalha de Midway. No início de Maio, os serviços secretos americanos interceptaram e descodificaram transmissões de rádio japonesas que davam notícias de uma ofensiva naval para breve no Pacífico central e, em meados desse mês, tornou-se claro que tinham a intenção de enviar uma força expedicionária para conquistar a Ilha de Midway. Uma poderosa frota de cobertura tinha esperança de travar uma batalha naval em condições favoráveis aos Japoneses. Um ataque de diversão deveria capturar pontos estratégicos nas Ilhas Aleútes. Tudo isto se soube antes de os Japoneses modificarem os códigos navais, no dia 1 de Junho, e interromperem o fluxo de informações. A frota japonesa levantou ferro sob a chefia do almirante Yamomoto, com o comando no poderoso navio de guerra *Yamato*. A totalidade da frota de guerra japonesa, composta por 11 couraçados ligeiros, 10 cruzadores, 44 *destroyers* e quatro porta--aviões, com mais um porta-aviões de escolta, apoiava as forças de ataque. A frota americana no Pacífico era composta por três porta--aviões, oito cruzadores e 15 *destroyers*. Os seis couraçados ligeiros americanos no Pacífico tinham ficado em São Francisco, já que nenhum deles podia manter a velocidade dos porta-aviões, de forma que ou os últimos teriam de avançar mais devagar ou os couraçados não teriam cobertura aérea. No dia 19 de Maio, o almirante King, o comandante americano das Operações Navais pediu um porta-aviões aos Ingleses mas não havia nenhum nas proximidades. Com uma forte inferioridade numérica, os barcos americanos estavam em posição no dia 2 de Junho de 1942. A 4 de Junho, de manhã cedo, os aviões da marinha japonesa atacaram Midway. O comandante americano planeou a hora do contra-ataque aereo-naval de forma a coincidir com o momento do abastecimento de combustível e o rearmamento dos Japoneses. A meio da manhã, três dos quatro porta-aviões japoneses estavam fora de combate e todos eles se afundaram nesse mesmo dia; o quarto foi destruído nessa tarde e afundou-se na manhã seguinte. O porta-aviões americano *Yorktown* foi destruído, mas o sector da frota japonesa em Midway foi deixado sem cobertura aérea contra os dois porta-aviões americanos sobreviventes, e isto obrigou Yamamoto a retirar os seus barcos apesar da poderosa supremacia em artilharia: Midway estava salva, a guerra naval modificara-se e o limite do poder dos Japoneses fora atingido.

Os Japoneses, não obstante as vitórias tácticas posteriores, foram obrigados a passar à defensiva. Provaram ser mais formidáveis do ponto de vista defensivo do que os outros participantes na guerra e muitas batalhas sinistras ainda estavam por vir, mas a maré mudara. A 11 de Julho de 1942, cancelaram o envio de aviões para efectuar ataques à Nova Caledónia, a Fiji e a Samoa. Na Papuásia, os Japoneses desistiram do plano de conquista de Port Moresby por mar, e uma tentativa por terra foi detida por tropas australianas. A 7 de Agosto, as forças americanas desembarcaram em Tuladi e em Guadalcanal, nas Ilhas Salomão — a reconquista começara e prosseguiu, com combates ferozes em zonas onde o clima proporcionava dificuldades constantes, que eram o pano de fundo dos horrores de uma campanha feroz.

VII

O FIM DA EXPANSÃO ALEMÃ: O ATLÂNTICO, O NORTE DE ÁFRICA E A RÚSSIA, DE 1942 A 1943

Os adversários principais na guerra submarina contra a marinha mercante em 1942 e 1943, o almirantado inglês e o comando alemão de submarinos, pensavam ambos que ela decidiria quem ganharia a guerra ou, pelo menos, se a Inglaterra seria ou não derrotada. O grande almirante Dönitz, comandante-em-chefe da força de submarinos alemã e, depois de Janeiro de 1943, chefe da Marinha de Guerra alemã, acreditava que o afundamento de 700 000 toneladas por mês de cargueiros derrotaria os Ingleses. Quando o almirantado inglês pediu, em 1942, que se fizesse um esforço maior para descodificar os códigos dos submarinos alemães, afirmou que esta era a única campanha «na qual se podia perder a guerra». Nesse mês — o pior de toda a guerra no que diz respeito a afundamentos de navios da marinha mercante dos Aliados por submarinos inimigos — perderam-se mais de 725 000 toneladas brutas. Além disso, o número de submarinos em acção estava a aumentar: novos barcos superavam os barcos destruídos, numa proporção de cinco a dez todos os meses.

As perspectivas eram sombrias para o ano de 1943 mas, num certo sentido, a batalha desse ano contra os submarinos alemães estava já decidida antes de ter começado. A construção naval nos Estados Unidos crescia tão rapidamente que a construção de cargueiros por parte dos Aliados começou a exceder as perdas, em Agosto de 1942, e continuou a fazê-lo nos meses que se seguiram, exceptuando o mês de Novembro de 1942. (Os navios-tanques eram outra questão, mas as novas unidades começaram a exceder as perdas a partir do mês de Fevereiro de 1943.) Em 1941, a construção naval americana produzira 1 160 000 toneladas brutas e, em 1943, ultrapassou as 13 500 000 toneladas. Dönitz não tinha possibilidade de aumentar os afundamentos ao mesmo ritmo, embora o exagero não intencional, mas persistente, das vitórias por parte dos comandantes de submarinos o possa ter induzido em erro. Por outro lado, a Inglaterra estava a enfraquecer porque as perdas de barcos sob controlo inglês excediam em muito os barcos que estavam a ser construídos. Em 1942, os Ingleses construíram 1 300 000 toneladas enquanto as perdas de barcos sob controlo inglês foram de aproximadamente 4 000 000 de toneladas. Além disso, a produção inglesa não aumentou. Em 1943, era de 1 200 000 toneladas e, em 1944, mal passava de 1 000 000 de toneladas. A sobrevivência, por conseguinte, dependia cada vez mais dos barcos construídos nos Estados Unidos. Enquanto um número suficiente destes barcos fosse destinado às importações inglesas e enquanto o Exército Vermelho lutasse contra o grosso do Exército alemão, impedindo, assim, uma invasão alemã, a Inglaterra estava segura e as linhas gerais da estratégia dos Aliados, baseada num eventual desembarque em França ou nos Países Baixos, podiam manter-se. O que Dönitz podia fazer, porém, para além de aumentar a dependência dos Ingleses em relação aos Estados Unidos, era atrasar a vitória dos Aliados. Em 1942, com uma média de 140 submarinos disponíveis para efectuarem patrulhas, tornou muito difícil uma invasão de França pelos Aliados em 1943, e com mais de 200 submarinos à sua disposição no início de 1943 podia ter uma esperança razoável de impedir uma invasão em 1944.

    Depois de os Ingleses terem descoberto o código adequado, a segunda metade de 1941 foi, em comparação, um período de insucessos para os submarinos. No final de 1941, porém, vários factores ajudaram os Alemães: começaram a descodificar a cifra naval 3, utilizada pelas marinhas americana, inglesa e canadiana para a organização dos comboios de navios de carga, no Norte do Atlântico; complicaram as suas referências cartográficas e, em Fevereiro de 1942 acrescentaram uma quarta roda às máquinas *Enigma* utilizadas para enviar mensagens para os submarinos. Os seus próprios códigos tornaram-se indecifráveis enquanto, durante esse mês, os seus serviços de informação navais conseguiram finalmente descodificar por completo a cifra naval 3. O início da guerra com os Estados Unidos proporcionou novas oportunidades aos submarinos: os barcos que navegavam junto à costa ocidental americana, que se recortavam no horizonte contra as cidades iluminadas na costa, com as luzes de navegação acesas e, por vezes, completamente iluminados. A administração naval americana demorou a introduzir os comboios de barcos, acreditando, contrariamente à experiência dos Ingleses, que a ausência de comboios era melhor do que um comboio fraco. Cada vez mais submarinos atacavam as embarcações ao largo da costa americana durante os primeiros seis meses de 1942, até que a introdução dos comboios, atrasada, fez que eles voltassem a dar a sua atenção aos comboios transatlânticos. Os Alemães conseguiam decifrar as mensagens de rádio dos Aliados; até ao final de 1942, os Aliados não conseguiram descodificar as deles. Os Alemães podiam dirigir os seus submarinos para os comboios de barcos; os Aliados não podiam dirigir os seus comboios para longe dos submarinos a não ser pelo método comparativamente mais incerto que consistia em descobrir a direcção (das transmissões de rádio dos submarinos) através de estações em terra.

Olhando retrospectivamente para o ano de 1942, e com duas vezes mais submarinos à sua disposição, Dönitz podia esperar resultados impressionantes. Em Março de 1943, 40 submarinos atacaram dois comboios que navegavam juntos, de Nova Iorque para Inglaterra. O comboio SC 122 era composto por 52 barcos escoltados por dois *destroyers*, cinco corvetas e uma fragata: foram destruídos 10 barcos. O comboio HX 229 era composto por 40 barcos escoltados por quatro *destroyers* e uma corveta: foram destruídos 13 barcos. Apenas um submarino foi afundado. Mas isto seria o ponto mais alto da vitória dos submarinos. No início de Maio, o comandante da frota de submarinos tinha aproximadamente 60 submarinos em vários grupos prontos para atacarem comboios no Norte do Atlântico. Nas duas semanas seguintes, havia 525 barcos de mercadorias em comboio na zona de perigo. Vinte foram afundados mas perderam-se mais de 22 submarinos alemães. Dönitz ficou estarrecido. A 17 de Maio de 1943, disse aos comandantes, derrotados: «Não conseguimos encontrar uma explicação para este malogro». A 22 de Maio, enviou a dura mensagem, «Quem pensar que já não é possível combater os comboios... é um fraco. A Batalha do Atlântico está a tornar-se mais dura, mas é o elemento determinante desta guerra», um aviso seguido no dia seguinte por outra mensagem que ordenava a retirada do Norte do Atlântico: esta retirada seria «temporária», mas os submarinos nunca mais controlaram essa zona tão importante do oceano.

Em comparação com as vitórias anteriores dos Ingleses sobre os submarinos, esta foi ganha mais por superioridade táctica do que em razão de melhores serviços de descodificação de mensagens de rádio navais. A partir de 13 de Dezembro de 1942, os cripto-analistas ingleses começaram a decifrar o código alemão utilizado nos submarinos, embora, muitas vezes, tal não fosse efectuado com a rapidez necessária para se obter alguma utilidade. Depois de um insucesso temporário em Janeiro e Fevereiro de 1943, que se seguiu a uma modificação de rotina dos Aliados, os Alemães conseguiram quebrar novamente a cifra naval 3 e continuaram a fazê-lo até ela ser alterada, em Junho de 1943. No momento crítico, em Maio de 1943, os Ingleses descodificavam quase imediatamente as ordens alemãs para os submarinos mas os serviços secretos da marinha alemã também decifravam as instruções dos Aliados aos comboios de barcos e suas escoltas. Assim, os Aliados mudaram as rotas para evitar as concentrações de submarinos, mas estes modificavam a sua posição para interceptar os comboios ao longo das novas rotas.

Em qualquer dos casos, na Primavera de 1943, o Atlântico, tal como o disse o primeiro lorde do almirantado, estava «tão cheio de submarinos que a prática da fuga se está a tornar, rapidamente, numa coisa impossível». Os Ingleses tinham que abrir caminho combatendo, contando com a sua tenacidade e inovações técnicas. Os «aviões de muito longo raio de acção», que podiam fazer patrulhas durante quatro horas a uma distância de 1600 quilómetros da base, eram ajudados de noite por holofotes colocados na fuselagem, por baixo. O desenvolvimento do radar de ondas curtas (com comprimento de onda da ordem dos centímetros) permitia-lhes localizar submarinos tanto de noite como de dia. A partir de Outubro de 1942, o radar de ondas curtas começou a ser instalado nos barcos de escolta de forma a poderem localizar os submarinos tanto à superfície como debaixo de água, através do equipamento existente Asdic (sonar) (os submarinos, quando submersos, tinham um alcance curto e velocidades muito lentas e, consequentemente, operavam o mais possível à superfície). Uma outra inovação foi um método de determinação de direcções de altas frequências (HF/DF, em termos coloquiais «*Huff-Duff*»), que começou a ser instalado nos barcos de escolta em Julho de 1942, e que era equipamento habitual em 1943. Permitia aos navios de guerra localizarem submarinos quando estes enviavam transmissões via rádio para os seus quartéis-generais em terra ou entre si e, quando estavam próximos, avançar rapidamente em direcção a eles. Além disso, as armas dos barcos de escolta passaram a ser mais eficazes (as cargas de profundidade lançadas pela borda dos barcos aumentaram de peso e a sua colocação passou a ser mais correcta,

O Fim da Expansão Alemã

enquanto o novo «ouriço-cacheiro» permitia acelerar o uso de cargas de profundidade que eram lançadas para a frente dos barcos atacantes. Uma outra arma nova era o porta-aviões de escolta, um pequeno porta-aviões que trabalhava com grupos de apoio a escoltas, que reforçava os comboios ameaçados e que efectuava operações de curto alcance de reconhecimento e ataque contra os submarinos.

A derrota dos submarinos nas rotas de comboios no Atlântico Norte foi levada a cabo pela marinha inglesa, a RAF e a marinha canadiana, com alguma ajuda da força aérea australiana. Em Maio de 1943, seis submarinos alemães, entre os quais um no Norte do Atlântico, foram afundados pelas forças americanas, enquanto 33 submarinos foram afundados pelas forças da Comunidade Britânica. Quando os submarinos se deslocaram mais para Sul, no Atlântico, para zonas da responsabilidade dos Americanos (o almirante King insistira, com bom senso, que as forças agrupadas por nacionalidades eram mais eficazes do que as forças misturadas), a marinha americana demonstrou a sua eficácia. Em particular, mostrou a sua habilidade tradicional no que respeitava à cooperação entre a força aérea e os navios de guerra: em Julho de 1943, 22 submarinos foram afundados pelos Americanos, metade deles pela força aérea. Mais quatro foram destruídos por ataques mistos dos Ingleses e dos Americanos. No mesmo mês, a tonelagem dos barcos de mercadorias dos Aliados, construídos desde Setembro de 1939, passou a exceder a tonelagem total de barcos afundados a partir de então. A produção acelerada superava cada vez mais as perdas, que estavam a baixar. Os progressos técnicos alemães chegaram tarde de mais para obstar à vitória dos Aliados. Depois de Julho de 1943, os submarinos que estavam em operação no Atlântico afundavam muito menos de 100 000 toneladas por mês — o número mais alto foi de 73 000 em Abril de 1945, quando a Alemanha estava à beira da derrota.

Foram também as forças inglesas que obrigaram pela primeira vez a uma retirada decisiva dos Alemães numa campanha terrestre. No Egipto, no início de Julho de 1942, o 8.º Exército, sob a chefia do general Auchinleck, conseguiu deter os Alemães e os Italianos em El Alamein, 90 quilómetros a oeste de Alexandria, e estes nunca foram mais além. Era a penúltima fase de uma luta que começara quando o Exército italiano fez uma penetração de 100 quilómetros no Egipto, em Setembro de 1940. No fim de 1940 e no início de 1941, os Ingleses empurraram os Italianos mais de 500 quilómetros para oeste, e depois, de Março a Abril, os Italianos, com o apoio decisivo de tropas alemãs comandadas por Rommel, empurraram os Ingleses quase 600 quilómetros para leste. No final de 1941, uma ofensiva dos Ingleses obrigou as forças do Eixo a recuarem, de novo, 500 quilómetros, mas em duas fases, de Janeiro a Fevereiro de 1942, e em Junho Rommel atingiu Alamein depois de ter efectuado um avanço de mais de 900 quilómetros. Em Outubro de 1942, o general Montgomery iniciou uma ofensiva dos Ingleses que se estendeu por 2500 quilómetros e expulsou completamente os Alemães e os Italianos do Egipto e da Líbia.

Houve factores constantes nestas campanhas. O general von Ravenstein descreveu o deserto como sendo «um paraíso para o estratego e um inferno para o quartel-mestre». Os avanços vitoriosos tornavam as linhas de comunicação mais longas enquanto as retiradas se aproximavam mais das fontes de abastecimento: desta forma, as contra-ofensivas eram facilitadas. Os Alemães utilizaram no deserto, como noutros sítios, tácticas melhores do que os seus adversários. Sobretudo a sua artilharia, os seus tanques e a sua infantaria trabalharam juntos de uma forma que os Ingleses dificilmente conseguiam; com efeito, o ressentimento mútuo surgia por vezes entre a infantaria e os blindados ingleses. O estado-maior alemão em África comentava, sobre a batalhas do Inverno de 1941 a 1942, o seguinte: «nunca em parte alguma e em qualquer momento, durante o combate na Líbia, o alto-comando inglês concentrou todas as suas forças disponíveis no ponto decisivo».

O próprio Rommel era uma vantagem constante para as forças do Eixo, não apenas em razão da sua liderança enérgica e reacções rápidas mas também devido às qualidades quase mágicas que lhe eram atribuídas, sobretudo pelos Ingleses. Churchill fez-lhe uma referência elogiosa na Câmara dos Comuns: «Temos um adversário muito ousado e muito capaz e, se me permitem nestes tempos de devastação da guerra, um grande general», enquanto Auchinleck achou necessário escrever aos seus comandantes que falar de Rommel como se fosse um super-homem era mau para o moral e devia ser proibido.

Uma outra disparidade dizia respeito à qualidade do equipamento. Os tanques alemães eram superiores, até à chegada dos tanques *Sherman*, construídos pelos Americanos, em Setembro de 1942. (Em Junho os Ingleses interceptaram uma mensagem na qual se dizia que Hitler descrevera os tanques ingleses como «sucata».) As armas dos tanques ingleses eram inadequadas e o principal tanque pesado, o *Crusader*, tinha pouco armamento, uma blindagem insuficiente e era pouco fiável. No início de 1942, os tanques *Grant*, construídos pelos Americanos, constituíram uma melhoria mas os seus canhões eficazes, em comparação com os dos outros tanques, tinham um raio de alcance limitado. Em

1942, Auchlinleck insistiu que necessitaria de uma superioridade de três para dois no que dizia respeito ao número de tanques para equilibrar a superioridade técnica e táctica dos Alemães, apesar de considerar que a igualdade de número em relação aos tanques italianos seria suficiente. Só em 1942 é que o 8.º Exército começou a receber o canhão antitanque de 6 libras em substituição do de 2 libras, que era ineficaz, e nada daquilo que os Aliados produziram conseguiu desafiar a supremacia do canhão antiaéreo alemão de 88 mm, utilizado como arma antitanque devastadora. No ar, o avião alemão *Me-109F* suplantava facilmente todos os caças ingleses até ao aparecimento do *Spitfire* V, na Primavera e no Verão de 1942.

Havia, porém, um factor variável que foi decisivo: o abastecimento. Os Ingleses tinham uma linha de abastecimento relativamente segura de Inglaterra, dos Estados Unidos e da Índia. Na medida em que fossem atribuídas embarcações suficientes para os carregamentos em direcção ao Médio Oriente, os atrasos da rota do Cabo para o Egipto eram toleráveis. A necessidade de defender o Médio Oriente de forma a proteger a rota de abastecimento para a Rússia através do Irão, e a necessidade de defender os campos de petróleo para ajudar a manter a Índia como base para a defesa contra o Japão e para dar apoio à China, constituíam novos motivos que encorajavam o apoio dos Americanos à defesa inglesa. Em 1942, parecia possível que as forças alemãs da África e da Rússia pudessem juntar-se no Iraque ou no Irão e que pudessem até colaborar na invasão da Índia pelos Japoneses. Estes receios atribuíam um prioridade ainda maior ao envio de embarcações e de mantimentos dos Aliados para o Exército inglês no Médio Oriente.

Do lado dos Italianos e dos Alemães, os fornecimentos só podiam chegar através do Mediterrâneo, e podiam ser interceptados por submarinos, navios de superfície e aviões. Para que tal fosse feito com eficácia, eram necessários bons serviços secretos e, a partir de Julho de 1941, as mensagens de rádio italianas interceptadas davam aos Ingleses conhecimento antecipado de quase todos os barcos que transportavam tropas ou fornecimentos através do Mediterrâneo para as forças do Eixo estacionadas no Norte de África, mas os horários e rotas dos comboios de navios ou embarcações individuais eram por vezes modificados depois da primeira informação ter sido enviada pela rádio, muitas vezes em resposta às operações inglesas. Os Ingleses, por seu lado, tinham de arranjar maneira de fazer o reconhecimento aéreo dos barcos que tinham intenção de atacar, de forma a esconderem o facto de conseguirem interceptar e descodificar as mensagens do inimigo. Apesar de tudo, efectuaram operações aéreas, submarinas e de superfície eficazes (a «Força K»), a partir de Malta e de outras bases no Norte de África. A deslocação da maior parte da *Luftwaffe* para a Rússia, no Verão de 1941, tornou as coisas mais fáceis. Em Julho e Outubro de 1941, os Alemães e os Italianos perderam um quinto dos carregamentos destinados ao Norte de África; cerca de 72 000 toneladas conseguiam passar todos os meses. Em Novembro de 1941, mais de 62 por cento dos carregamentos foram destruídos; apenas 30 000 toneladas chegaram ao seu destino. As unidades do Eixo na frente precisavam de 30 000 toneladas por mês para o consumo normal de combustível, de munições, rações e tudo o mais, para além dos fornecimentos para a linha de comunicações e as tropas de base e para as forças aéreas italiana e alemã em África. Em Dezembro, as quantidades enviadas eram menores, iam fortemente escoltadas, e apesar de as perdas terem baixado para 18 por cento, apenas 39 000 toneladas conseguiram chegar ao seu destino.

Este foi o período da elaboração da ofensiva inglesa CRUSADER, de Novembro de 1941, lançada vitoriosamente com uma superioridade numérica substancial, no que diz respeito aos tanques ingleses, contra um Rommel em apuros. Os Alemães responderam reforçando as suas linhas de abastecimento. Em Novembro de 1941, o *Fliegerkorps II* [pára-quedistas] da *Luftwaffe* começou a chegar à Sicília, vindo da Europa de Leste, e os submarinos alemães foram mandados seguir para o Mediterrâneo. Na Sicília, a força aérea alemã aumentou para 425 aviões, apesar de os Alemães não terem atingido o total previsto de 650, em razão da ofensiva de Inverno, na Rússia. A importância fundamental da frente russa foi demonstrada quando estes aviões se retiraram de novo, em Junho de 1942, para os Balcãs para substituir efectivos aéreos transferidos para a Rússia para apoiarem a ofensiva do Verão de 1942. Antes disso tinham, juntamente com os submarinos — havia 21 submarinos alemães no Mediterrâneo no final de Dezembro de 1941 — e a marinha e força aérea italianas, invertido a vitória dos Ingleses e devolvido a supremacia no Norte de África a Rommel.

Em Novembro e Dezembro de 1941 o porta-aviões *Ark Royal*, o couraçado *Barham* e três cruzadores foram afundados, enquanto dois couraçados, o *Valiant* e o *Queen Elisabeth* foram postos fora de combate pelos submarinos de bolso italianos, no porto de Alexandria. Em consequência, os navios ingleses pouco podiam fazer contra os comboios fortemente escoltados dos Italianos, enquanto as operações aéreas e submarinas a partir de Malta, contra os fornecimentos de Rommel, passaram a ser cada vez mais reduzidas em razão do aumento dos bombardeamentos a essa ilha e dos ataques vitoriosos aos comboios ingleses que abasteciam Malta. No final de 1941, um único navio petroleiro conseguiu passar para Malta, e um outro no início de Janeiro de 1942. Mais tarde nesse mesmo mês, chegaram três barcos, de um comboio de quatro, e mais um outro navio petroleiro. Em Fevereiro, porém, nenhum barco conseguiu chegar a Malta, em Março chegou um comboio com apenas aproximadamente um quinto dos seus fornecimentos intactos e, em Abril e Maio, nenhum comboio conseguiu passar. Em Fevereiro, os bombardeiros alemães e italianos largaram 750 toneladas de bombas na ilha, em Março, 2000, em Abril, 5500 toneladas (como termo de comparação, os Alemães largaram 520 toneladas de bombas durante o ataque aéreo a Coventry, em Novembro de 1940). Em alvos concentrados e facilmente identificáveis, tais como as docas e aldeias à volta de Grand Harbour, estes bombardeamentos eram eficazes. Malta continuava a ser um ponto de escala para os aviões que voavam para o Médio Oriente, mas deixou de ser uma base de ataque aos navios do Eixo. Até a esquadrilha de submarinos foi retirada em Abril de 1942. Em Fevereiro e Março de 1942, os Alemães e os Italianos perderam apenas 9 por cento dos seus carregamentos para o Norte de África, e 107 000 toneladas chegaram ao seu destino. Em Abril, perderam menos de 1 por cento e chegaram 150 000 toneladas e em Maio perderam-se menos de 7 por cento e chegaram 86 000 toneladas aos portos do Eixo.

No dia 20 de Dezembro de 1941, as duas divisões *panzer* de Rommel tinham, no conjunto, menos de 23 tanques em bom estado, enquanto que os Italianos tinham 15. Mas, no dia anterior, tinha chegado um comboio de navios a Bengazi e a Trípoli e os seus 44 tanques novos tornaram possível o contra-ataque de Rommel no final de Dezembro. No dia 5 de Janeiro, 54 tanques foram desembarcados em Trípoli e 71 no dia 24 de Janeiro. Os serviços secretos ingleses tinham conhecimento da existência destes comboios mas não haviam ainda tido a possibilidade de identificar os seus carregamentos. Em consequência, o 8.º Exército foi surpreendido pela força de Rommel, que foi capaz de lançar uma ofensiva que obrigou os Ingleses a recuarem para a linha de Gazala. Os reforços alemães continuavam à medida que mais barcos do Eixo navegavam em segurança através do Mediterrâneo. No dia 1 de Maio, Hitler e Mussolini acordaram que o ataque no deserto devia continuar no fim de Maio, mas que a invasão de Malta devia preceder a eventual ocupação do Egipto. Rommel iniciou o ataque com 510 tanques, dos quais 282 eram italianos. Os tanques alemães incluíam 19 tanques especiais

Panzer III com canhões na torre. Os Ingleses tinham 499 carros de combate dos quais 242 eram *Grant* e 257 eram *Crusaders* pouco fiáveis, além de 287 tanques de infantaria, estes últimos nada adequados para o combate entre tanques e na sua maioria obsoletos. Por volta de 15 de Junho, os Ingleses já tinham sido derrotados numa série de batalhas e estavam reduzidos a 50 tanques pesados e 20 tanques de infantaria, e no dia 20 de Junho Tobruque rendeu-se aos Alemães, que capturaram 30 000 prisioneiros ingleses e sul-africanos.

Nesta fase, foram tomadas duas decisões importantes. Hitler, que promovera Rommel a marechal de campo, aceitou a sua proposta de conquistar o Egipto imediatamente antes de os Ingleses se conseguirem recompor, e conseguiu que Mussolini concordasse em adiar a tomada da ilha de Malta. Em Washington, o presidente Roosevelt ordenava o envio imediato de 300 tanques *Sherman*, 100 canhões autopropulsionados e um grande número de aviões para o Médio Oriente. Assim, o equilíbrio das forças começou a mudar de novo em favor dos Ingleses. Em Fevereiro de 1942, os couraçados pesados alemães *Scharnhost* e *Gneisenau*, que haviam sobrevivido a repetidos bombardeamentos em Brest, rumaram a casa pelo canal da Mancha. Esta vitória dos Alemães afectou a opinião pública, mas deu a possibilidade ao comando naval inglês de dispensar barcos de guerra do Atlântico para fazerem a escolta aos porta-aviões a partir dos quais eram lançados os aviões em direcção a Malta. Em Março, 31 *Spitfires* voaram para Malta dos porta-aviões. Em Abril chegaram mais 46, mas a maioria foi rapidamente posta fora de combate no solo. Em Maio, tomaram-se maiores precauções e 77 *Spitfires* chegaram ao seu destino. A supremacia aérea sobre Malta pertencia de novo à RAF. Em Junho, porém, um comboio teve de dar meia volta e outro perdeu quatro dos seus seis barcos, mas em Julho mais 59 *Spitfires* conseguiram chegar, ao mesmo tempo que a gasolina e as munições vinham de submarino. Nesse mês, uma esquadrilha de submarinos ingleses regressou a Malta e, em Agosto de 1942, um grande comboio chegou à ilha. Era composto por 14 barcos de carga, dos quais nove foram afundados juntamente com o porta-aviões *Eagle*, mas trouxe o maior carregamento desde Setembro de 1941. Este foi o último comboio de barcos de carga para Malta que os Alemães e os Italianos conseguiram danificar seriamente. Simultaneamente, chegaram mais 56 *Spitfires*. No Outono de 1942, por conseguinte, Malta era de novo uma ameaça para os comboios de cargueiros das forças do Eixo para o Norte de África.

O MEDITERRÂNEO OCIDENTAL

O objectivo de Rommel, a investida contra o Egipto, deslocou as suas unidades avançadas até à posição defensiva dos Ingleses em El Alamein, a cerca de 70 quilómetros de Alexandria, no dia 29 de Junho de 1942. O ataque realizou-se no dia 1 de Julho. Nesta fase da campanha, os serviços secretos forneciam aos comandantes ingleses, como reza a história oficial, «mais informações sobre o maior número de aspectos das operações do inimigo do que as recebidas por qualquer outra força durante qualquer campanha importante da Segunda Guerra Mundial». Todas as mensagens codificadas da *Enigma* utilizadas pelos Alemães durante os combates no Norte de África eram decifradas, normalmente poucas horas depois de terem sido enviadas, os códigos da marinha italiana continuavam a ser descodificados e, no terreno, as mensagens tácticas eram interceptadas com eficácia. O valor dos serviços secretos neste aspecto era enorme, mas pode ser exagerado: as intenções dos comandantes inimigos raramente eram confiadas às mensagens de rádio e as situações tácticas no terreno desenvolviam-se muitas vezes demasiado depressa para que os serviços secretos pudessem manter-se a par de tudo o que estava a acontecer. Nem os Ingleses possuíam o monopólio destas vitórias. Os Alemães decifraram o código principal do 8.º Exército até Janeiro de 1942 e, depois, compensaram esta perda descobrindo o código utilizado nos extensos relatórios que eram enviados para Washington pelo adido militar americano no Cairo. Os Alemães exploraram totalmente o descuido característico quanto à segurança das mensagens das formações inglesas no terreno. Mas os Ingleses, feito o balanço, tiveram mais êxito do que os Alemães. O facto de terem conseguido decifrar os códigos inimigos proporcionou-lhes informações sobre os movimentos navais do inimigo, sobre a força em homens e armas e a disposição no campo das forças de Rommel. A finalidade das operações era, por vezes, descoberta. Uma dessas ocasiões foi antes do ataque de Rommel, no dia 1 de Julho: uma mensagem da *Enigma* decifrada a 30 de Junho, muito cedo, mostrou que ele tinha intenção de atacar nessa tarde às 3 horas e faria uma manobra de diversão, a norte, antes de lançar o verdadeiro ataque. Nessa tarde, soube-se que o ataque fora adiado para 1 de Julho e que a 15.ª Divisão *Panzer* atacaria no centro da linha. Esta informação, apesar de ser incompleta, ajudou Auchinleck a conter Rommel. Dois dias mais tarde, Rommel desistia da sua tentativa de fazer recuar os Ingleses.

No final de Agosto de 1942, quando Rommel voltou a tentar, a posição dos Ingleses melhorara ainda mais. A substituição de novos comandantes ingleses, Alexander como comandante-em-chefe no Médio Oriente e Montgomery no comando do 8.º Exército, foi boa para o moral, especialmente em razão da habilidade com que Montgomery fazia propaganda da sua pessoa. Os serviços secretos ingleses conseguiram juntar ainda mais dados. Desde o início de Agosto de 1942, os relatórios sobre os efectivos do Eixo em África eram emitidos regularmente pela rádio e regularmente decifrados. Além do mais, a 17 de Agosto, os decifradores ingleses, em Bletchey, em Inglaterra, enviaram um comentário feito pelo comando de Rommel no dia 15 de Agosto. Os reforços haviam dado às suas forças uma superioridade temporária, excepto no ar. Se os fornecimentos chegassem a tempo, ele atacaria no dia 26 de Agosto, depois de reagrupar as suas forças durante as noites de lua cheia precedentes. Rommel tinha esperança de conseguir derrotar os Ingleses na parte sul da linha da frente. Foi nesta altura que os serviços secretos e a reconstituição das forças de combate em Malta deram a possibilidade decisiva aos Ingleses de cortarem os abastecimentos de Rommel. Nos dias 15 e 17 de Agosto, os Ingleses afundaram dois cargueiros que iam para o Norte de África e, a 21 de Agosto, um petroleiro. A 24 de Agosto e, de novo, no dia 27 de Agosto, Rommel adiou o ataque. A 29 de Agosto, depois de mais dois navios tanques terem sido afundados,

Rommel concluiu que só poderia tentar efectuar uma operação local para derrotar o 8.º Exército em El Alamein. Às 4 horas da tarde do dia 30 de Agosto, Rommel decidiu atacar nessa noite, com combustível para apenas quatro dias e meio de combates e munições para um máximo de seis dias. Nesse dia, outro petroleiro foi afundado e os Alemães foram obrigados a transportar o combustível por avião de Itália para a frente. Nenhum combustível chegou por mar ao exército até ao dia 4 de Setembro. A 1 de Setembro, Rommel desistia da batalha de Alam Halfa e, no dia 2 de Setembro, ordenava uma retirada para as suas posições iniciais.

Rommel fora detido pelas disposições das tropas efectuadas pelo general Montgomery, que estava bem informado, e devido à interferência no seu abastecimento que era consequência das informações que as forças navais e aéreas inglesas possuíam, utilizando a base de Malta reabastecida. Em Agosto, Setembro e Outubro de 1942, as forças do Eixo perderam aproximadamente um terço dos seus fornecimentos e, como os Ingleses conseguiam identificar os barcos mais importantes, o impacto foi ainda maior do que esse número sugere.

Apesar de terem sido enviados reforços por avião, a força relativa dos Alemães e dos Italianos em África, comparada com a dos Ingleses, continuava a baixar. Montgomery comandava um número espantoso de homens quando o 8.º Exército atacou em El Alamein na tarde de 23 de Outubro de 1942. A 1 de Agosto, havia 34 000 homens nas tropas de combate alemãs na parte ocidental do deserto. A 20 de Outubro, havia 49 000 Alemães e 54 000 Italianos. O 8.º Exército possuía, nessa altura, uma força de combate de 195 000 homens: mais de metade vinha de Inglaterra, o resto da Índia, da Austrália, da Nova Zelândia e da África do Sul, juntamente com contingentes mais pequenos de Franceses Livres (cujos soldados se haviam distinguido durante um momento de crise na anterior campanha no deserto) e de Gregos exilados. Os fornecimentos dos Estados Unidos equipavam muitas destas tropas: nos primeiros nove meses de 1942, chegaram ao Médio Oriente 1235 tanques, vindos de Inglaterra, 1218 tanques da América, incluindo 300 *Sherman* e aproximadamente 24 000 veículos motorizados ingleses e cerca de 44 000 provenientes da América. Para a Batalha de El Alamein, os Ingleses tinham a postos 1029 tanques, dos quais 252 *Sherman*. Apenas 211 tanques alemães estavam disponíveis de imediato, dos quais 88 eram tanques *PZ III* especiais e 30 eram tanques *PZ IV* especiais, além de 278 tanques italianos. Os Ingleses eram superiores em matéria de artilharia: mais de 900 peças médias e de campanha contra aproximadamente 500;

1451 canhões antitanque, dos quais 849 eram os novos canhões de 6 libras contra aproximadamente 800, dos quais apenas 86 eram os formidáveis canhões automáticos de 88 mm. Entre Junho e Setembro, chegaram 2141 aviões ao Médio Oriente: 1381 de Inglaterra e 760 dos Estados Unidos. No momento da batalha de El Alamein, os Aliados tinham mais de 900 aviões operacionais no Médio Oriente, dos quais 200 eram sul-africanos e 130 pertenciam à força aérea dos Estados Unidos. Os Alemães e os Italianos, para quem combustível e manutenção eram escassos, tinham provavelmente apenas cerca de 300 aviões prontos para o combate.

Em consequência da superioridade dos Ingleses no ar e da falta de combustível dos Alemães, Rommel tomou medidas muito diferentes das que teria adoptado em condições normais. Antes de deixar o teatro de operações por motivo de doença, dividiu as suas divisões blindadas de forma a poderem contra-atacar imediatamente qualquer penetração das posições defensivas do Eixo, em vez de as manter juntas para efectuarem uma manobra de batalha. As movimentações de tropas provocariam um ataque aéreo e, de qualquer forma, estavam prejudicadas em virtude da falta de combustível. Rommel, que regressou ao deserto depois do ataque de Montgomery ter começado no dia 23 de Outubro de 1942, foi, por conseguinte, obrigado a aguentar uma batalha defensiva estática na qual o inimigo podia explorar ao máximo a sua força superior numa luta de desgaste e na qual a tenacidade de Montgomery constituía uma grande vantagem. Depois de onze dias de intensos combates, Rommel, que sofrera um atraso de algumas horas devido a uma ordem de Hitler para «aguentar», ordenou uma retirada que se estendeu por mais de 2400 quilómetros. Quatro dias mais tarde, a 7 de Novembro de 1942, as tropas inglesas e americanas desembarcaram na outra ponta do Norte de África, em Marrocos e na Argélia. E a 20 de Novembro, começou a ofensiva russa no sector de Estalinegrado.

A grandiosa batalha russo-alemã determinou todo o curso da guerra. Sem o longo envolvimento do grosso do Exército alemão na Rússia, os Aliados ocidentais não poderiam ter voltado para a Europa continental mesmo que, o que não é certo, a Inglaterra pudesse ainda ser defendida. A derrota da Rússia teria implicado uma guerra que duraria várias décadas ou uma paz frágil baseada numa divisão provisória do mundo. Em 1940, com a ajuda do mar, os Ingleses tornaram possível uma posterior reactivação do lado ocidental de uma guerra de duas frentes. Em 1941, 1942 e 1943, a União Soviética aguentara o lado oriental contra o grosso do poder e perícia alemãs, que o canal da Mancha impossibilitara de pôr em acção contra os Ingleses. Nesses anos, a frente Leste assistiu às batalhas decisivas da guerra, que determinaram o seu carácter e as linhas gerais das suas consequências finais. Não é de surpreender que as políticas e a estratégia anglo-americanas estivessem dominadas pela necessidade de manter a Rússia no combate: só assim poderiam ganhar a guerra num futuro não muito distante.

Em 1941, o Ocidente pouco pôde fazer para afastar o Exército alemão da frente russa. Em Junho de 1941, todas as divisões blindadas, divisões de infantaria motorizada, as *Waffen SS*, e todas as melhores divisões de infantaria estavam na frente russa, exceptuando as duas divisões *panzer* estacionadas em África. As outras 54 divisões que se encontravam fora da Rússia não eram unidades móveis ou de alta qualidade, e para além das duas divisões de Rommel em África, as 150 divisões no Leste incluíam todas as formações mais eficazes. No Verão de 1942, os Ingleses mantiveram nove unidades alemãs longe da frente Leste: a 90.ª Divisão Motorizada ligeira fora para África e três divisões *panzer* (e cinco divisões de infantaria regular) haviam sido enviadas, para o Ocidente, da frente Leste entre o mês de Abril e o mês de Junho de 1942, seguindo-se-lhe duas divisões SS de infantaria motorizada, no mês de Julho. No entanto, apenas uma dessas unidades móveis permaneceu no ocidente depois da crise provocada pelo cerco dos Russos em Estalinegrado: a 10.ª Divisão *Panzer*, que foi enviada para o Norte de África depois dos desembarques anglo-americanos, em Novembro de 1942. A divisão móvel Hermann Goering também foi enviada para a Tunísia (esta era, tecnicamente, uma unidade de força aérea, daí o seu nome). Por conseguinte, na altura da crise no Sul da Rússia, no Inverno de 1942-43, apesar de Hitler ter podido enviar alguns reforços para Leste, os Ingleses e os Americanos defrontavam cinco divisões móveis alemãs de grande categoria — a 10.ª, 15.ª e 21.ª divisões *Panzer*, juntamente com as divisões motorizadas Hermann Goering e a 90.ª Divisão ligeira para além de outras formações móveis mais pequenas. Isto formava um exército *panzer* poderoso. Os aliados ocidentais defrontavam, comparativamente, um número menor de tropas alemãs, mas o seu poder de combate transformou a sua retirada da frente Leste numa importante ajuda para o Exército Vermelho. O Norte de África era, portanto, uma verdadeira «segunda frente».

Um outro contributo para as dificuldades dos Alemães na Rússia eram as transferências de aviões de transporte para o envio de homens e abastecimentos para o Norte de África, em razão dos afundamentos de barcos efectuados pelos Ingleses no Mediterrâneo. Nessa altura, os fornecimentos dos Aliados à Rússia, muitas vezes enviados de barco contra uma oposição tenaz, em condições atmosféricas árcticas, tinham um valor significativo em 1942. Antes de Julho de 1942, mais de 2500 aviões e 3500 tanques, e outras mercadorias como, por exemplo, mais de 600 000 quilómetros de fio telefónico foram enviados pelos Ingleses e Americanos.

Apesar de tudo, o grosso do Exército alemão estava na frente russa e foi detido pelo Exército Vermelho. Em Dezembro de 1941, muitas divisões soviéticas, a sua maioria abaixo da sua capacidade, mal equipadas, com falta de transporte, muitas delas deficientemente treinadas, e muitas vezes tacticamente mal conduzidas por oficiais incapazes de uma qualquer manobra mais complicada do que um ataque frontal maciço da infantaria, foram lançadas contra o Grupo Central de Exércitos alemão que, nessa altura, por não ter conseguido conquistar Moscovo, se encontrava na extremidade das linhas de comunicação drasticamente alargadas, com falta de mantimentos, muitas vezes mal equipado e com falta de abrigos adequados. O «génio» militar de Estaline e de Hitler conduzia a batalha. Estaline, exagerando muito as fraquezas dos Alemães, insistia numa grande ofensiva numa frente larga; Hitler rejeitava sugestões sensatas de retirada para posições adequadas para enfrentar o Inverno.

Apesar das perdas de 1941, o Exército Vermelho era numericamente superior, com aproximadamente quatro milhões de homens nos exércitos de campanha contra aproximadamente três milhões do lado dos Alemães mas, em armas e tanques, estes eram numérica e qualitativamente superiores. O contra-ataque soviético foi feito no momento exacto e obteve uma vitória imediata. Jukov, que comandava a «frente ocidental» — o grupo de exércitos soviético que estava em frente de Moscovo — queria utilizar todos os recursos disponíveis, especialmente em matéria de transporte, para efectuar uma concentração contra a saliente constituída pelo avanço alemão em direcção a Moscovo. Brauchitsch, o comandante-em-chefe do Exército alemão, queria retirar o Grupo Central de Exércitos alemão e, encurtando a linha, permitir o descanso das tropas extenuadas. Hitler, talvez receando que uma retirada se transformasse em derrota e porque nunca gostara dos danos que uma retirada causava no moral dos civis, proibiu que se recuasse. Depois de lutas encarniçadas e de problemas logísticos, os Alemães foram obrigados a recuar aproximadamente até à linha que Brauchitsch sugerira. Durante o mês de Janeiro de 1942, as forças soviéticas que avançavam ameaçavam cercar dois exércitos alemães. Jukov afirma que Estaline impôs o seu plano para uma ofensiva generalizada, apesar dos seus protestos, a 5 de Janeiro de 1942; duas semanas depois, Estaline retirou dois exércitos do comando de Jukov para a Reserva do Comando Supremo, de forma a reforçar outras ofensivas.

A ofensiva russa, no Inverno de 1942, obrigou à retirada dos Alemães, mas não proporcionou uma vitória decisiva — essa teria de esperar mais um ano. As forças russas ainda não eram suficientemente fortes em matéria de tanques e de transporte para poder travar batalhas móveis em grande escala. As perdas alemãs durante a ofensiva desse Inverno foram inferiores às perdas russas, e os soldados alemães sofreram mais de doenças, incluindo a gangrena causada pelo frio intenso (as perdas alemãs em combate foram de aproximadamente 100 000 mortos e 265 000 feridos, além de 500 000 mortos em virtude de várias doenças).

Na Primavera, a lama impedia os movimentos de ambos os lados: o Verão era a melhor altura para os Alemães, porque as comunicações funcionavam melhor e as suas capacidades superiores tinham maior impacto. Hitler tencionava lançar uma campanha decisiva em 1942. O Grupo de Exércitos do Sul, totalmente recomposto, cercaria e destruiria as forças russas a oeste do rio Don e, ao mesmo tempo, conquistaria a principal área industrial da União Soviética antes da guerra. Depois, viria a conquista de Estalinegrado para cortar a rota de abastecimentos do Volga e proteger o flanco de um avanço alemão para conquistar o Cáucaso e a principal região produtora de petróleo da Rússia. Os 4.º e 1.º Exércitos *Panzer* forneciam as pontas-de-lança móveis. Antes de começar a ofensiva principal, a Crimeia seria libertada e far-se-ia um movimento em tenaz contra uma posição saliente deixada pela ofensiva russa do Inverno, em Iyum, no rio Donetz.

Manstein, que comandava o 11.º Exército alemão, lançou operações duras e bem sucedidas na Crimeia e infligiu cerca de 250 000 baixas, enquanto a saliente de Izyum era cortada e mais 250 000 Russos eram mortos, feridos ou capturados. A vitória alemã foi facilitada pela recusa constante de Estaline em autorizar retiradas nos momentos certos. No entanto, a sua formação militar parece ter progredido com estes acontecimentos e as ordens de aguentar o terreno sem olhar a consequências deixaram de ser enviadas pelo Supremo Quartel-General. Por fim, o Exército Vermelho foi autorizado a trocar espaço por tempo. Os cercos deveriam ser evitados por meio de retiradas. A ofensiva alemã de Verão conquistou, por conseguinte, enormes pedaços de território mas destruiu, em contrapartida, poucas unidades soviéticas.

Lentamente, os Russos reagrupavam as suas tropas e reforçavam sectores ameaçados até que os exércitos alemães se estenderam de tal maneira que foi possível fazer um contra-ataque.

A principal ofensiva alemã começou no dia 28 de Junho na ponta norte do Grupo de Exércitos do Sul, com um duplo envolvimento e a conquista de Voronezh, no dia 6 de Julho. Houve apenas 30 000 prisioneiros, já que a maioria das forças russas tinha recuado a tempo, atravessando o rio Don. Nas semanas seguintes, a maior parte da área a oeste do Don foi conquistada, por meio de uma série de envolvimentos rápidos. Uma vez mais, apenas foram capturados 50 000 prisioneiros, em virtude de os principais exércitos russos terem recuado. Apesar de Estaline ter ordenado que fosse lida uma ordem de «não recuar» às tropas russas no fim de Julho, a retirada já não era completamente proibida como em 1941. Hitler reduziu a eficácia da ofensiva iniciando um movimento para o sul, em direcção ao Cáucaso, antes de os objectivos na zona do Don terem sido atingidos. O Grupo de Exércitos do Sul foi dividido em dois grupos, o grupo «A» que conquistaria o Cáucaso, e o grupo «B» que tomaria a curva do Don e avançaria para Estalinegrado. No fim de Julho, havia, portanto, duas linhas distintas de ataque, cada uma delas com dois exércitos alemães. Em Agosto, o grupo A avançou aproximadamente cerca de 500 quilómetros em direcção ao Cáucaso e o Grupo B, que tinha uma oposição mais forte, avançou para o rio Volga e em direcção a Estalinegrado, que se estendia ao longo da margem ocidental do rio. Nesta altura, as forças alemãs pareciam triunfantes. Muitos observadores ingleses e americanos pensaram que a União Soviética talvez fosse obrigada a negociar ou até a render-se.

Em Setembro, porém, o avanço dos Alemães atingiu o seu limite. Dos três objectivos da ofensiva alemã, apenas um fora atingido e, mesmo assim, temporariamente: Estalinegrado estava fora do combate como centro industrial e de comunicação e o tráfego no rio Volga fora interrompido. Mas os campos de petróleo do Cáucaso não haviam sido tomados, e os territórios conquistados recentemente ainda não estavam seguros. E estes avanços espectaculares escondiam fraquezas crescentes. As linhas de comunicação que se estendiam para trás até a uma ponte de caminho-de-ferro sobre o Dniepre eram incapazes de aguentar o ímpeto do avanço sem interrupções e de manter a força das linhas avançadas. O Grupo A (que durante algum tempo foi comandado pelo próprio Hitler, do seu quartel-general à distância) e o Grupo B já não se apoiavam mutuamente. Por seu lado, o comando supremo soviético concentrava cada vez mais forças contra o 6.º e 4.º Exércitos *Panzer* em

Estalinegrado. Aí se travou, contínua e ferozmente, uma batalha durante quase três meses. Na guerra urbana, os Alemães perdiam a vantagem da sua superioridade táctica e organizacional. Numa agonia lenta, o 6.º Exército alemão avançou por dentro da cidade, rua a rua e casa a casa. Para oeste de Estalinegrado, estendia-se um longo flanco, protegido por tropas italianas e romenas.

Desde o início que Hitler tivera consciência da necessidade de proteger este flanco. A sua ordem inicial, em Abril de 1942, fazia notar que a frente no Don se tornaria cada vez mais extensa. Deviam ser preparadas posições defensivas e as tropas aliadas que as defendessem deveriam ser apoiadas por divisões alemãs de reserva. No entanto, estas divisões alemãs estavam a combater em Estalinegrado. À medida que os riscos decorrentes da saliente fracamente defendida na curva do Don se tornaram mais evidentes, Hitler continuava a rejeitar uma retirada estratégica, insistindo que o terreno conquistado em 1942, juntamente com Estalinegrado, devia ser mantido como linha de partida para a campanha de 1943. Em meados de Novembro, um dos flancos desse ângulo saliente, cujo vértice estava em Estalinegrado, estava protegido por um

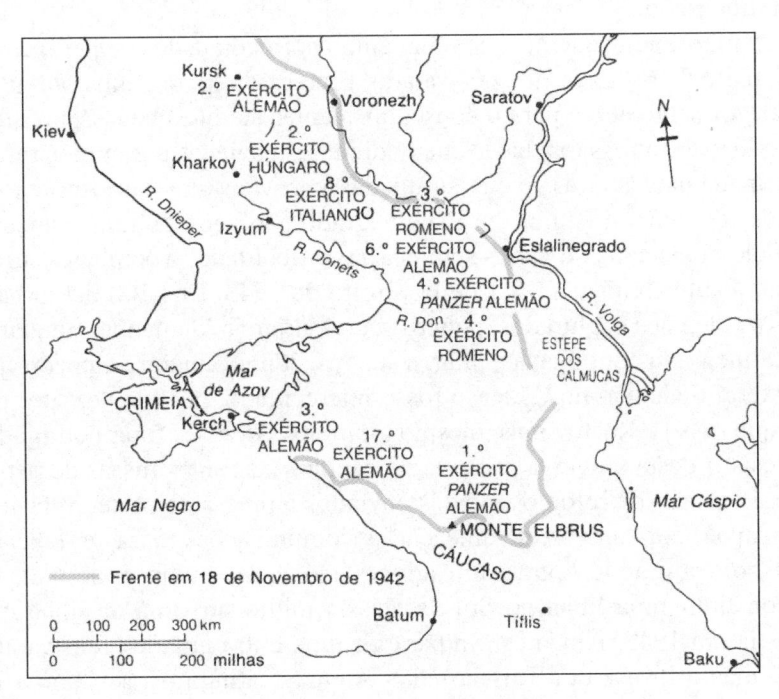

ESTALINEGRADO E O CÁUCASO

exército romeno tendo apenas como reserva o 48.º Corpo *Panzer* que, apesar do título imponente, era formado por uma divisão blindada romena (com tanques checos obsoletos) e pela 22.ª Divisão *Panzer* alemã, que estava enfraquecida e em processo de reequipamento. No total, tinham 85 tanques, na sua maioria ligeiros. No dia 19 de Novembro, depois de uma prolongada barragem de artilharia, os Russos atacaram — com o 5.º Exército de Tanques, com pelo menos 300 tanques, a sua maioria *T-34*, contra os quais os Romenos nada podiam fazer, e o 1.º Exército de Guardas. O outro flanco estava protegido pelo 4.º Exército romeno e o 4.º Exército *Panzer* alemão. Este último perdera os seus elementos móveis, que haviam sido enviados para o flanco do Don ou para os combates à volta de Estalinegrado. Sob o comando do general Hoth ficavam apenas duas divisões de infantaria romenas e duas divisões de infantaria alemãs. Contra estas forças foram lançados, no dia 20 de Novembro, os 51.º e 57.º Exércitos soviéticos, o primeiro incluindo o Corpo Motorizado poderosamente equipado, com 20 000 homens, 2000 camiões e 220 tanques. No dia 23 de Novembro, algumas das suas unidades juntaram-se a unidades avançadas do 5.º Exército de Tanques e, assim, isolavam mais de 200 000 homens do Exército alemão em Estalinegrado.

    Hitler rejeitava a ideia de uma tentativa imediata de romper o cerco por parte do 6.º Exército encurralado. Em vez disso, decidiu confiar no abastecimento aéreo para o conseguir manter até que chegassem reforços do exterior. As toneladas que podiam ser enviadas por ar mostraram ser inadequadas, e as forças agrupadas por Manstein para reforçar as forças do general Paulus em Estalinegrado não conseguiram avançar o suficiente. Depois de várias semanas de dificuldades e combates selvagens, Paulus rendeu-se, a 1 de Fevereiro de 1943. Dos 100 000 prisioneiros alemães capturados, poucos regressaram à Alemanha. Enquanto Estalinegrado continuava a lutar, a sua resistência ajudou a impedir que o exército alemão no Cáucaso fosse interceptado, por sua vez, por um ataque russo a Rostov mas, mesmo assim, os Alemães foram obrigados a desistir desta tentativa decisiva de capturar as fontes russas de petróleo. Por meio de reforços móveis enviados à pressa de oeste, Manstein foi capaz, por sua vez, de ameaçar as comunicações russas e, fazendo um contra-ataque contra um adversário muito mais poderoso, de reconstituir uma linha no Sul da Rússia muito próxima da linha que existia em 1942. Ainda estava para vir uma outra grande ofensiva alemã, mas a invasão da Rússia pelos Alemães atingira o seu limite no Outono de 1942: Estaline e a União Soviética sobreviveriam. Durante esse ano, o próprio Hitler disse que a Alemanha só conseguiria ganhar a guerra se o Exército alemão conquistasse o Cáucaso e a bacia do rio Donetz; e tal não acontecera.

Como foram detidos os Alemães? Não foi devido a uma superioridade numérica esmagadora do Exército Vermelho. O importante foi a capacidade e o bom equipamento das tropas. No Verão de 1942, as forças terrestres alemãs no Leste tinham 2 600 000 homens. O Exército Vermelho tinha, provavelmente, em campo 3 000 000 ou 3 500 000 homens. Mais importantes eram a melhor qualidade e equipamento dos soldados russos. A partir do final de 1941, unidades de «Guardas» haviam sido escolhidas para ter prioridade em matéria de equipamento e efectivos. Além disso, e talvez tenha sido o que mais desiludiu os Alemães, a perda de uma grande parte da zona industrial da Rússia europeia apenas deteve temporariamente o crescimento da produção militar russa. Na segunda metade de 1942, quase o dobro de tanques *T-34* foram construídos em comparação com a primeira metade do mesmo ano: 8100 contra 4400. As deficientes linhas de comunicação alemãs eram um factor primordial. Do lado dos Russos, melhores comunicações laterais deram a possibilidade ao Exército russo de reforçar rapidamente sectores críticos, transferindo para lá tropas de outros sectores. Uma organização melhor, também, fazia aumentar a mobilidade russa, apesar de haver exemplos de retiradas que se transformaram em fugas desordenadas no Verão de 1942. Começaram a chegar os fornecimentos de camiões dos aliados ocidentais: em Julho de 1942, os Estados Unidos tinham enviado para a Rússia mais de 35 000 camiões e 6000 jipes. De Julho a Outubro de 1942, as forças alemãs na frente sul perderam, pelo menos, 150 000 homens, mais do que aqueles que podiam ser substituídos, enquanto as forças dos Russos aumentavam. No sector de Estalinegrado, as forças alemãs e soviéticas eram mais ou menos equivalentes em soldados, em Julho de 1942, enquanto em Novembro os Russos tinham uma superioridade numérica de pelo menos três para um, e os Romenos, os Húngaros e os Italianos constituíam reforços inadequados. A disparidade que se deparava ao Grupo de Exércitos de Manstein, depois da rendição em Estalinegrado, era ainda maior.

Depois de Estalinegrado, o equilíbrio de forças na frente Leste pôs de parte uma terceira tentativa de grande ofensiva alemã para ganhar a guerra de um só golpe. A Alemanha estava estrategicamente na defensiva e, a partir de agora, a esperança de Hitler residia na separação dos Aliados. Para o conseguir, tentou demonstrar que a destruição dos invasores alemães necessitaria de esforços inaceitáveis e que Estaline deveria procurar um compromisso. Então, Hitler poderia, mais uma vez, jogar o Leste contra o Oeste. Em Fevereiro de 1943, Manstein sugeriu a Hitler que os Alemães deveriam deixar ao Exército Vermelho a iniciativa de atacar uma defesa alemã flexível, para que os comandantes alemães pudessem explorar o que restava da sua superioridade no aspecto de mobilidade, organização e táctica em batalhas de grande mobilidade. Hitler preferiu lançar outra ofensiva: mais uma vez, escolheu um grande envolvimento, desta vez das poderosas forças soviéticas estacionadas em Kursk. O alto-comando alemão fixou a data para o início de Maio. No entanto, Hitler adiou o ataque durante dois meses para juntar mais tanques novos, o modelo V, ou *Panther*, e o modelo VI, ou *Tiger* e o carro blindado autopropulsionado *Ferdinand*, automático. Os tanques *Panther* tinham um canhão de 75 mm e uma blindagem frontal eficaz, mas eram vulneráveis dos lados; o *Tiger* era invulnerável de frente, excepto a curta distância, e possuía o formidável canhão automático de 88 mm. O canhão *Ferdinand* (de Ferdinand Porsche) era um canhão longo de 88 mm montado no chassi de um tanque *Tiger*. A sua total falta de armamento de apoio tornava-o vulnerável à infantaria. Até Julho, estas armas ainda não tinham sido testadas totalmente. Através dos seus excelentes serviços secretos, os Russos conseguiam algumas informações dos Ingleses e algumas dos serviços soviéticos de descodificação de mensagens de rádio e, consequentemente, conheciam a força e as intenções dos Alemães. Estes, por seu lado, observavam a concentração crescente de Russos no sector ameaçado. Os conselheiros de Estaline persuadiram-no a esperar pelo ataque dos Alemães. Os Russos construíram uma defesa cuidadosamente planeada em grande profundidade. Ambos os lados recompuseram as forças das suas unidades, deram-lhes novos equipamentos e armazenaram abastecimentos.

A 4 de Julho de 1943, o ataque alemão começou no sul e, no dia seguinte, seguiu-se-lhe o ataque a norte. Os comandantes alemães tinham intenção de juntar os seus dois ataques perto de Kursk, um nó ferroviário e rodoviário, e interceptar assim pelo menos cinco exércitos russos. O grande atraso, porém, permitira enormes concentrações de tropas. O Exército Vermelho tinha, no total, pouco mais de 6 000 000 oficiais e soldados, com 4 500 000, aproximadamente, nos exércitos em campanha; os Alemães tinham cerca de 3 000 000 na frente Leste. Na saliente em Kursk, e na reserva constituída pelo alto-comando soviético, havia 1 300 000 homens, incluindo quase todas as unidades blindadas russas. Nos ataques concentrados a sectores limitados, os Alemães utilizaram aproximadamente 600 000 homens, com 18 divisões *panzer* ou divisões *panzer grenadier* (nome novo para as divisões de infantaria motorizadas) e 15 divisões de infantaria, todas elas reconstituídas e com plenas capacidades para efectuarem os ataques em tenaz a norte e a sul. Os Alemães utilizaram mais de 2500 tanques e carros de assalto, os Russos 3000 ou mais, incluindo alguns dos novos *KV-85*. No ar, os Russos tinham mais do que os 1800 aviões que os Alemães tinham disponíveis, e a sua qualidade melhorara. Os camiões enviados pelos aliados ocidentais contribuíram, talvez de forma decisiva, para a mobilidade dos Russos: bastante mais de 200 000 camiões chegaram à Rússia antes de Kursk. Os camiões seguros e resistentes dos Americanos eram adequados às condições russas e, com eles, o Exército Vermelho podia movimentar um número maior de forças terrestres e funcionar com maior flexibilidade. O facto de a produção total alemã de camiões, em 1943, ser de apenas 82 000 unidades mostra bem a importância da ajuda dos Aliados.

O envolvimento alemão falhou: as tenazes não se fecharam. Os ataques do norte e do sul foram atrasados, e a aniquilação desejada transformou-se numa guerra de desgaste mútuo em grande escala. A 12 de Julho, quatro exércitos russos iniciaram uma falsa ofensiva em direcção a Briansk e Orel, a norte da saliente de Kursk. No dia 13 de Julho, Hitler chamou os dois comandantes alemães dos dois Grupos de Exércitos ao seu quartel-general e ordenou-lhes que desistissem da ofensiva e que fizessem recuar as suas divisões para oeste, incluindo algumas das divisões SS móveis de alta qualidade. No dia 10 de Julho, os Ingleses e os Americanos tinham desembarcado na Sicília e Hitler receava que os Italianos abandonassem rapidamente a guerra expondo a Itália e, pior ainda, os Balcãs, a uma invasão dos Aliados. Nessa altura, a batalha em Kursk já estava decidida. No momento da batalha, havia duas vezes e meia mais tropas alemãs na frente russa do que as que combatiam contra os aliados ocidentais. Tropas de baixa operacionalidade ou unidades que descansavam do combate contra os Russos predominavam no Ocidente. Mas os aliados ocidentais tinham conseguido que duas divisões *panzer grenadier* permanecessem em Itália, uma outra em França e uma divisão *Panzer* nos Balcãs. No entanto, os aliados ocidentais não combatiam quaisquer tropas alemãs quando começaram os acontecimentos em Kursk, e não se defendiam de um maior número de forças alemãs do que na época de Estalinegrado. Foi uma vitória russa sobre a última grande ofensiva alemã no Leste.

VIII

AS ESTRATÉGIAS ANGLO-AMERICANAS PARA A VITÓRIA

A estratégia da União Soviética era simples: expulsar as tropas alemãs do seu território. Até isso acontecer, Estaline não se juntou à Inglaterra e à América na guerra contra o Japão. Os aliados ocidentais tinham, diante de si, escolhas mais complicadas. Três das suas decisões moldaram a feição da Segunda Guerra Mundial: decidiram derrotar primeiro a Alemanha; expulsar os Alemães e os seus aliados do Norte de África e do Mediterrâneo; bombardear as fábricas e cidades alemãs e japonesas a partir do ar.

Naturalmente, os Ingleses davam prioridade à guerra contra a Alemanha porque a Inglaterra só estaria livre de uma invasão depois de a Alemanha ter sido derrotada. Os militares e políticos americanos poderiam ter ideias diferentes. Já em Junho de 1939, a Comissão de Planeamento Conjunto do Exército e da Marinha americanos apresentara cinco planos preliminares para uma guerra contra o Japão e a Alemanha. Os seus autores davam prioridade ao plano RAINBOW 2, no qual os Estados Unidos «não asseguram uma participação em pleno na Europa continental» mas colocam os seus principais esforços contra o Japão. Em Maio de 1940, quando os exércitos alemães conseguiram obter a vitória na frente ocidental, os chefes do Exército e da Marinha americanos, o general Marshall e o almirante Stark, preocupados com esta sensacional demonstração da força e perícia dos Alemães, apresentaram o plano RAINBOW 4 que previa que todos os recursos fossem utilizados para defender o hemisfério ocidental. Nesse momento, tanto Marshall como Stark partiam do princípio de que os Ingleses estavam derrotados, e afirmavam que a própria defesa dos Estados Unidos necessitava de todas as forças dos Americanos.

No dia 13 de Junho, este plano chegou ao presidente Roosevelt. Em França, os Alemães acabavam de ultrapassar a última linha de defesa dos Franceses. Apoiaria Roosevelt o desafio de Churchill e ordenaria uma ajuda aos Ingleses, ou seguiria os avisos sinistros dos seus conselheiros profissionais? O presidente pediu, de imediato, à Comissão de Planeamento Conjunto para fazer um estudo partindo do princípio de que a Inglaterra e o Império Britânico continuariam a combater apesar da derrota dos Franceses. Até à sua morte, Roosevelt decidiu qual deveria ser a estratégia anglo-americana, pondo em prática as suas capacidades teóricas enquanto comandante-em-chefe. Nunca se vangloriou disso (na verdade, preferiu aparentemente escondê-lo), sem dúvida para evitar a hostilidade política que uma interferência civil com os militares podia provocar. Agora, agia reunindo provas quanto às perspectivas de uma sobrevivência da Inglaterra; nomeadamente, enviou o coronel Donovan (o homem que, mais tarde, fundou o OSS-CIA) a Inglaterra como seu investigador pessoal. Donovan informou Roosevelt, em Agosto, de que os Ingleses tinham boas hipóteses de impedir uma invasão vitoriosa. Depois do seu regresso, dois generais americanos e um almirante foram a Inglaterra e concluíram que os Ingleses deviam ser ajudados de forma a poderem «manter intactas as suas posições geográficas, a partir das quais poderá ser lançada mais tarde uma acção vitoriosa em terra». Em consequência, Stark e Marshall mudaram os seus pontos de vista anteriores e concordaram que, em caso de guerra, os Estados Unidos se deviam preparar para grandes operações terrestres do outro lado do Atlântico e permanecer numa «estrita defensiva» no Pacífico. Stark fez a proposta, e Marshall concordou, de que deviam ser empreendidas conversações com os Ingleses para encontrar uma estratégia conjunta no caso de os Estados Unidos entrarem na guerra.

Realizaram-se conversações secretas entre Americanos e Ingleses, em Washington, nos primeiros três meses de 1941. Um documento intitulado ABC-1 expunha o acordo daí resultante. Em caso de guerra com o Japão e com a Alemanha, a estratégia, no Extremo Oriente, seria defensiva e «a área do Atlântico e da Europa seria considerada o teatro decisivo das operações». O bloqueio económico, os ataques aéreos, os ataques costeiros, os movimentos de resistência europeus e a eliminação rápida da Itália, juntamente com a constituição de uma força para uma eventual ofensiva contra a Alemanha, ganhariam a guerra. Os Ingleses eram os inspiradores desta estratégia, mas os especialistas militares americanos aceitaram-na porque a sua principal preocupação, nessa altura, era fazer com que os Ingleses continuassem a combater.

Os soldados americanos desenvolveram uma abordagem mais independente à medida que o perigo para a Inglaterra se tornava menos urgente. Depois do ataque alemão à Rússia, os chefes de estado-maior ingleses e americanos encontraram-se no porto de Argentia no momento da Conferência Atlântica entre Churchill e Roosevelt. Agora, os generais e almirantes americanos mostravam a sua perplexidade em relação à estratégia inglesa: estavam especialmente preocupados com a tendência dos Ingleses para esperar alcançar a vitória através da propaganda, subversão, bloqueio e bombardeamentos. «Damos prioridade absoluta à produção de aviões bombardeiros pesados», disseram os Ingleses aos Americanos e «pode ser que os métodos acima descritos sejam só por si suficientes para fazer com que a Alemanha peça tréguas». Os chefes militares americanos, no entanto, insistiam na «regra quase imutável que afirma que as guerras não podem ser ganhas, em última análise, sem forças terrestres». Em Novembro de 1941, os chefes de estado--maior ingleses acharam prudente garantir a Washington a sua «intenção de enviarem forças terrestres para o continente». Já aqui se antevê o desacordo fundamental entre as estratégias inglesa e americana. Os chefes do Exército americano queriam concentrar as suas forças o mais depressa possível para um recontro decisivo com o Exército alemão; os Ingleses queriam adiar esta grande batalha terrestre, ou mesmo evitá-la por completo.

As autoridades militares dos Estados Unidos não podiam tentar impor as suas ideias estratégicas porque nem sequer haviam entrado na guerra. Pearl Harbor e a guerra com a Alemanha, a Itália e o Japão mudaram a situação. A ofensiva japonesa mostrou ser muito mais difícil de conter do que todos pensavam. Muitos Americanos exigiam uma acção rápida para castigar a desonestidade agressiva do Japão, de forma que a prioridade americana de uma guerra na Europa foi questionada. Churchill fez-se convidado para ir, com os seus conselheiros, a Washington depois de os Estados Unidos terem sido obrigados a entrar na guerra. Com uma certa relutância, Roosevelt concordou, apesar da intenção óbvia dos Ingleses de quererem ensinar aos Americanos como se devia fazer a guerra. Os Ingleses rejeitaram um pedido para evitar as discussões pormenorizadas sobre a estratégia, para as quais os Americanos se sentiam consequentemente pouco preparados. As propostas inglesas dominaram esta conferência, denominada ARCADIA. Os estrategos americanos nem sequer sabiam ainda o que seria necessário para uma estratégia puramente defensiva no Pacífico. Com uma facilidade enganadora, Ingleses e Americanos aprovaram uma estratégia, inspirada pelos Ingleses, de libertação do Norte de África e de abertura do Mediterrâneo em 1942 e, para 1943, tentaram delinear desembarques na Europa continental, «através do Mediterrâneo, a partir da Turquia em direcção aos Balcãs, ou por meio de desembarques na Europa Ocidental». Deveria haver «bombardeamentos aéreos cada vez mais frequentes pelas forças inglesas e americanas».

Os estadistas e militares ingleses e americanos concordaram em três pontos importantes. Continuavam a dar prioridade à guerra na Europa, porque, desde que a Alemanha fosse derrotada, a derrota dos Japoneses seguir-se-ia inevitavelmente, e a guerra na Europa poderia ser ganha se a União Soviética se mantivesse na luta. Em segundo lugar, a ênfase dos Ingleses nos ataques aéreos estratégicos contra a Alemanha encontrava agora uma resposta favorável por parte da Força Aérea do Exército dos Estados Unidos. A existência da RAF enquanto força militarizada separada fez aumentar o estatuto da USAAF (Força Aérea dos Estados Unidos): a Junta de Chefes de Estado-Maior americanos, um organismo recentemente criado que correspondia aos Chefes de Estado-Maior ingleses, incluía o general Arnold como representante da Força Aérea, quase em pé de igualdade, apesar de esta força militar ser, de um ponto de vista técnico, apenas um ramo do Exército e Arnold ser, nominalmente, um subalterno de Marshall. Assim, na Junta de Chefes de Estado--Maior, composta pelos dois grupos de chefes ou seus representantes, o organismo que dirigia a guerra anglo-americana, o conceito de uma força aérea estrategicamente independente estava muito bem representado, e os aviadores ingleses e americanos apoiavam o desejo mútuo de empreender uma campanha de bombardeamentos que fizesse ganhar a guerra. O general Eaker, comandante da força de bombardeiros americanos em Inglaterra, escreveu, em Abril de 1942, o credo dos «barões bombardeiros», que «a destruição do esforço de guerra dos Alemães exclusivamente por meio de acções aéreas era possível e sensata, e mais económica do que qualquer outra». Roosevelt e Churchill concordaram num terceiro ponto fundamental: as forças terrestres anglo-americanas deviam começar uma nova campanha contra a Alemanha antes do final de 1942. Pensavam que era necessário dar a impressão de estarem a ajudar a União Soviética e que era necessária uma intervenção precoce dos Americanos na guerra na Europa para impedir que a sua atenção se concentrasse exclusivamente na luta no Pacífico. Em consequência, os

Ingleses conseguiram um veto temporário aos planos estratégicos anglo-americanos, uma vez que qualquer operação que implicasse um risco de conflito com forças alemãs importantes em 1942 devia ser feita em conjunto com os Ingleses que, na altura, tinham tropas mais experimentadas.

Seguiu-se então o primeiro conflito entre Sir Alan Brooke e Marshall, os chefes de estado-maior dos Exércitos inglês e americano, sobre onde se devia combater. Sem dificuldade, Churchill persuadiu Roosevelt de que os Aliados deviam «conquistar o Norte de África francês contra possíveis ataques dos Alemães efectuados através da Espanha e da Itália e abrir a rota do Mediterrâneo»; este último objectivo implicaria um avanço vitorioso dos Ingleses do Egipto para a Tripolitânia. Consequentemente, em Fevereiro de 1942, o Quartel-General do Exército Americano, em Washington, apresentou relutantemente um plano para esta operação GYMNAST, mais tarde denominada TORCH, e não gostou de o fazer. O general McNair, o chefe do estado-maior, considerava que o plano GYMNAST representava «uma ineficaz sangria do esforço militar tendo em vista projectos patrocinados pelos Ingleses». Os militares americanos acreditavam entusiasticamente que se deviam concentrar, de imediato, forças em Inglaterra para lançar o mais rapidamente possível um ataque ao Exército alemão no Norte da França e na Bélgica. Mas os acontecimentos posteriores, as crises na guerra contra o Japão, a falta de navios e a derrota dos Ingleses na Líbia, fizeram com que o projecto GYMNAST fosse posto na prateleira.

Então, os estrategos americanos, chefiados pelo general Eisenhower, chefe do departamento de projectos e operações, estudaram a sua própria solução. No dia 28 de Fevereiro de 1942, Eisenhower apresentou um estudo formal a Marshall. Começava com um axioma militar: o comandante devia, em primeiro lugar, atacar e derrotar a força mais fraca de um inimigo dividido. Apesar de tal parecer não estar de acordo com a afirmação de que a Alemanha deveria ser derrotada primeiro, Eisenhower fazia notar que a Alemanha tinha um poder combativo maior do que o do Japão mas, no entanto, era «relativamente» mais fraca porque estava em guerra com a União Soviética, era possível atacá-la a partir da Inglaterra e eram necessários três a quatro vezes mais barcos para transportar e manter uma força americana no Pacífico do que no teatro de guerra do Atlântico. Além disso, as bases inglesas tinham um padrão de qualidade sem equivalente em lugar algum. Daí que, afirmava o relatório, as tarefas essenciais da estratégia americana fossem apoiar a Inglaterra e, por conseguinte, proteger as rotas do Atlântico, manter a

Rússia na guerra, e impedir a junção da Alemanha com o Japão. Os submarinos deviam ser derrotados e os Aliados deviam procurar «um rápido início de operações que obrigasse a Alemanha a retirar uma parte considerável dos seus exércitos da frente russa, tanto no ar como em terra». A conclusão de Eisenhower era que:

> Deveríamos estudar de imediato, em conjunto com os Ingleses, um plano definitivo para as operações contra o Noroeste da Europa... que deveriam ser numa escala suficientemente grande para exigirem, de meados de Maio em diante, uma participação cada vez maior da Força Aérea alemã e, no final do Verão, um participação cada vez maior das suas forças terrestres.

Os estrategos militares americanos chegaram à conclusão de que eram necessários 600 000 homens de uma força terrestre para uma invasão em 1942. As primeiras estimativas do espaço necessário para o transporte naval de tropas sugeriam que apenas 190 000 homens poderiam ser enviados para a Inglaterra até ao final de Setembro, e estimativas posteriores fizeram baixar o número para 105 000 homens da infantaria, ou 60 000 de unidades blindadas. Para uma invasão em 1943, os estrategos pensavam que eram necessários cerca de um milhão de homens para uma invasão em Abril e que, provavelmente, apenas 400 000 poderiam ser transportados em barcos americanos. Os Ingleses forneceriam, consequentemente, a maioria esmagadora das forças necessárias a uma invasão de emergência em 1942 para obrigar os Alemães a retirarem as suas unidades da frente russa e, mesmo na Primavera de 1943, uma invasão seria efectuada sobretudo com forças inglesas. Marshall e os seus conselheiros concluíam que devia ser dada prioridade absoluta a um ataque através do canal da Mancha: os Ingleses e Americanos deviam dirigir toda a «produção, construção especial, treino, movimentações de tropas e verbas» para um «ataque, efectuado pelas forças dos dois países, com cerca de 5700 aviões de combate e 48 divisões, contra a Europa Ocidental, logo que os recursos necessários estejam disponíveis em Inglaterra — previsto para o dia 1 de Abril de 1943». os Aliados deviam invadir a França em 1942 se a União Soviética estivesse perto da derrota ou se, alternativamente, os Alemães estivessem suficientemente enfraquecidos e desmoralizados. Roosevelt deu ordem a uma delegação ao mais alto nível para levar estes planos para Inglaterra: a 8 de Abril de 1942, o próprio Marshall e Harry Hopkins, o colaborador mais próximo de Roosevelt, chegaram a Inglaterra. Em menos de uma semana, tanto os chefes dos estados-maiores como o primeiro-

-ministro aceitaram o plano e Churchill anunciava que «as duas nações marchariam juntas numa nobre irmandade de armas».

Os acontecimentos posteriores fizeram com que esta rápida aceitação dos Ingleses não parecesse mais do que um logro. Na altura, Marshall pensava, com razão, que muitas das pessoas implicadas no assunto tinham «reservas». Com efeito, apenas dois dias após a proclamação de aceitação de Churchill, Brooke notava que «os planos estavam repletos dos mais graves perigos». Brooke reconhecia o que estava por trás das propostas de Marshall:

> Ele descobriu que King, o chefe do estado-maior da Marinha americana, suga uma cada vez maior quantidade dos seus recursos militares, pedindo continuamente forças terrestres para conquistarem e defenderem as bases no Pacífico... MacArthur, na Austrália, constitui outra ameaça ao pedir forças para o lançamento de uma ofensiva a partir da Austrália. Para contrariar estes movimentos, Marshall iniciou um plano para uma ofensiva europeia e está cem por cento a seu favor. É uma manobra inteligente que se enquadra bem com a opinião dos políticos e com o desejo de ajudar a Rússia.

Desde o fim de 1941, quando Churchill e Roosevelt se encontraram em Washington, que as coisas tinham corrido muito mal na guerra do Pacífico. O Japão parecia irresistível. As forças japonesas conquistaram a Malásia e, depois, Singapura. Capturaram Rangum, cortando o abastecimento por terra à China, e ameaçavam invadir a Índia a partir da Birmânia. O Ceilão era vulnerável. O Bornéu fora conquistado, e os Japoneses haviam ocupado as Índias Orientais holandesas. Agora, talvez conseguissem impedir que a Austrália recebesse ajuda do exterior e, assim, teriam a possibilidade de lançar uma invasão. A sua principal força de ataque de porta-aviões atacou Darwin, no Norte da Austrália, a 19 de Fevereiro. Algumas bombas japonesas chegaram a atingir solo californiano. O almirante King e o general MacArthur queriam fazer recuar os Japoneses antes de estes conseguirem consolidar as suas enormes conquistas. Entretanto, para que tal fosse possível, eram necessários reforços urgentes. No final de Março de 1942, havia no Pacífico o dobro dos barcos controlados pelo Exército americano que se encontravam no Atlântico. Nos primeiros quatro meses que se seguiram a Pearl Harbor, foram enviados 150 000 homens para combaterem contra o Japão, em comparação com menos de 25 000 enviados contra a Alemanha. Não admira que os Ingleses acolhessem bem o compromisso crescente de Marshall na Europa e sentissem que era sensato dar-lhe apoio, e esconder, de momento, o seu cepticismo em relação aos pormenores.

Os militares ingleses consideravam demasiado arriscada qualquer invasão pelo canal da Mancha em 1942 ou 1943, a não ser que, inesperadamente, o Exército Vermelho destruísse a maior parte do Exército alemão. Os Ingleses temiam que os defensores alemães, utilizando as redes de comunicação, excelentes na Europa, conseguissem fazer avançar as suas forças contra uma invasão mais rapidamente e em maior número, por terra, do que o invasor poderia fazê-lo por mar. Uma invasão, pensavam, estava votada ao insucesso excepto se as linhas de abastecimento alemãs pudessem ser destruídas ou, então, caso o Exército alemão tivesse de manter as suas forças ocupadas noutro lado. Brooke descobriu a seguinte fórmula: não poderia haver mais de 12 divisões móveis alemãs em França no momento da invasão.

Levantou-se, então, o seguinte problema: que deveria fazer-se se a invasão da França fosse impossível em 1942? Por volta do final de Maio de 1942, Molotov — segunda figura, a seguir a Estaline, na hierarquia de Moscovo — visitou Londres e Washington e fez pressão para que se abrisse uma segunda frente em 1942. Os Alemães estavam a reunir as suas forças para uma grande ofensiva no Verão e Molotov pediu aos aliados ocidentais que conseguissem fazer retirar da frente russa pelo menos 40 divisões alemãs. Churchill respondeu, explicando as dificuldades que existiam e, depois, ao contar esta conversa a Roosevelt, acrescentou o seguinte comentário: «Não podemos esquecer-nos nunca da operação GYMNAST». Ele ainda ambicionava uma invasão ao Norte de África francês em 1942. No entanto, Roosevelt autorizou uma declaração pública, depois das suas conversações com Molotov, que dava a entender que estava planeada uma segunda frente para 1942. Quando Molotov regressou a Londres, Churchill avisou-o, por escrito, de que os Ingleses não podiam prometer que houvesse um desembarque em França em 1942. O conselho de ministros inglês concordou, a 11 de Junho, que a operação SLEDGEHAMMER, o desembarque em 1942, devia ser posta em prática «apenas sob condições que tivessem boas perspectivas de sucesso», e os chefes de estado-maior ingleses afirmaram que o temido esmagamento da resistência russa não traria condições para essa vitória. Entretanto, o almirante Mountbatten foi a Washington explicar as dificuldades ao presidente dos Estados Unidos. O seu relato de que Roosevelt continuava interessado na invasão do Norte de África deliciou Churchill, que se apressou a ir a Washington para que ficasse tudo decidido, levando consigo os chefes de estado-maior ingleses. O que não agradava a Marshall era que os Ingleses, depois de terem concordado em dar prioridade absoluta a uma invasão da França o mais rapidamente possível, explorassem agora o desejo de Roosevelt de agir no teatro de operações da Europa, em 1942, de forma a conseguirem o seu consentimento para uma operação que atrasaria necessariamente essa invasão.

A 20 de Junho de 1942, Marshall, Brooke e a Junta de Chefes de Estado-Maior concordaram, em Washington, que a invasão da França «dentro do menor espaço de tempo possível, deveria constituir o principal esforço ofensivo». No mesmo dia, na residência do presidente em Hyde Park, Churchill insistia numa coisa totalmente diferente: a operação GYMNAST. No dia seguinte, chegou-se a um compromisso: os Aliados deviam continuar a apressar os planos e preparativos para ambas as operações, GYMNAST e SLEDGEHAMMER. Decidiriam mais tarde qual das operações seria levada a cabo. Esta indecisão não durou muito tempo: os Ingleses tornaram-se cada vez mais abertamente hostis à operação SLEDGEHAMMER e mais favoráveis à operação GYMNAST, enquanto Marshall demonstrava firmemente a sua reprovação em relação a tudo o que distraísse as atenções da operação BOLERO, nome de código para os preparativos de uma invasão pelo canal da Mancha, e estava até pronto para exigir que se desse prioridade ao Pacífico caso os Ingleses insistissem na invasão do Noroeste da África. A 8 de Julho de 1942, o governo britânico fez saber a Washington que rejeitava definitivamente a operação SLEDGEHAMMER e que esperava que os Estados Unidos concordassem com a operação GYMNAST. Para rebater a afirmação dos Americanos de que a invasão do Norte de África atrasaria os preparativos para uma invasão de França, Churchill respondia pela negativa enquanto Brooke afirmava que valia a pena o atraso se pusesse definitivamente de parte a operação SLEDGEHAMMER. A 10 de Julho, a Junta de Chefes de Estado-Maior americanos obrigou o presidente a fazer uma escolha, opondo-se a qualquer desvio em relação à operação BOLERO. Marshall informou o presidente de que desejava «forçar os Ingleses a aceitarem um esforço concentrado contra a Alemanha e, se tal não fosse possível, voltar-se imediatamente para o Pacífico com forças de peso e tentar obter uma decisão contra o Japão». Só com o apoio de Roosevelt conseguiria «obrigar» os Ingleses.

Marshall não conseguiu. O presidente exerceu os seus poderes de Comandante Supremo e, deste modo, ditou o subsequente curso da guerra contra a Alemanha. A 14 de Julho, rejeitou o plano do Pacífico. Ordenou que Marshall, King e Harry Hopkins fossem a Londres. Por meio de instruções formais, Roosevelt apresentou o seu ponto de vista segundo o qual «a derrota do Japão não constitui a derrota da Alemanha e uma concentração de forças americanas contra o Japão, este ano, tal como em 1943, faz aumentar a possibilidade de um completo domínio da Alemanha na Europa e na África... A derrota da Alemanha significa, provavelmente, a derrota do Japão» e, acrescentava esperançosamente, «sem tiros e sem perda de vidas». Roosevelt ordenou aos seus emissários que chegassem a um acordo com os Ingleses, «no prazo de uma semana após terem chegado», em relação a uma acção ofensiva contra a Alemanha que envolvesse tropas americanas.

Quando os Ingleses rejeitaram, finalmente, a operação SLEDGEHAMMER, Roosevelt ordenou a Hopkins, Marshall e King que se decidissem por uma de quatro soluções, entre as quais ele dava preferência a uma operação anglo-americana contra o Norte de África francês. Os chefes do Estado-Maior Conjunto ingleses e americanos, (CCS) obedeceram a estas ordens e esboçaram um acordo minucioso. Uma invasão do Noroeste da Europa em 1943 (ROUNDUP) deveria ser decidida até 15 de Setembro de 1942. Se, nessa data, o Exército Vermelho estivesse tão enfraquecido que possibilitasse a transferência de forças militares alemãs para a frente ocidental, e deste modo tornasse a operação ROUNDUP difícil em 1943, então, a invasão do Norte de África (GYMNAST) deveria realizar-se antes do final de 1942. O CCS concordou que a operação ROUNDUP poderia, então, ser seguramente posta de parte em 1943 e, nesse caso, os aliados ocidentais assumiriam uma posição defensiva na Europa. Churchill e Roosevelt, no entanto, puseram de lado este compromisso militar cauteloso. Informado por um telegrama de Churchill, o presidente, como comandante-em-chefe americano, informou os chefes dos estados-maiores militares de que a operação TORCH (o novo nome de código para a invasão do Noroeste de África) devia ser executada o mais depressa possível e ter prioridade sobre todas as outras operações.

De um ponto de vista militar, Marshall tinha razão em querer dar prioridade absoluta a uma invasão pelo Canal da Mancha mas, de um ponto de vista político, teria sido impossível constituir forças suficientes em Inglaterra e continuar em inactividade até que estivessem reunidas, em Inglaterra, as condições para uma invasão — ou seja, até que os bombardeamentos dos Aliados e o Exército Vermelho tivessem enfraquecido suficientemente os Alemães. A opinião pública inglesa e americana não o teriam tolerado em razão da sua simpatia pelos Russos e do desejo dos Americanos de contra-atacarem os Japoneses. Tanto Churchill como Roosevelt receavam também que Estaline achasse vantajoso fazer a paz com a Alemanha e deixasse aos «imperialistas» a missão de lutar. Insistiram numa acção imediata, em vez de uma completa inacção, enquanto faziam preparativos cuidadosos para um encontro decisivo mais tarde. Além do mais, em 1942, Roosevelt queria chamar a atenção dos Americanos para a guerra na Europa; Churchill, depois de uma longa série de malogros ingleses, necessitava de acções vitoriosas para levantar o moral do seu povo e melhorar a sua própria posição política. A sua decisão acabou por trazer também uma vantagem do ponto de vista militar: a presença de tropas inglesas e americanas no Mediterrâneo reduzia a capacidade da Alemanha para concentrar as suas forças contra uma invasão do Norte de França. Isto era um ponto de vista que agradava mais a Brooke do que a Marshall, já que também poderia significar um atraso da invasão principal. Apesar de tudo, Brooke tinha razão em insistir que a invasão só deveria realizar-se se não houvesse mais de 12 divisões motorizadas alemãs no Norte de França quando começasse a ofensiva.

Durante o resto do ano de 1942, o teatro de operações no Pacífico atraiu as forças terrestres americanas já que a Junta de Chefes de Estado-Maior adoptou uma política de ofensivas limitadas para impedir que os Japoneses se instalassem no seu perímetro defensivo. Entretanto, puseram em prática a estratégia Roosevelt-Churchill, enquanto Marshall e os seus subordinados protestavam e murmuravam imprecações contra as manobras de diversão e a dispersão. Tal como Marshall previra, as operações «secundárias» no Norte de África e no Mediterrâneo desenvolveram-se naturalmente, alimentadas pela estratégia dos chefes de estado-maior ingleses, «que não prevê operações terrestres em grande escala contra as forças do Eixo até que o moral e poder de resistência dos Alemães estejam desfeitos». Os Ingleses pensavam em mais manobras de diversão que se seguiriam ou seriam concomitantes com a vitória prevista na Tunísia, e começaram a pensar em operações contra a Sardenha, a Sicília ou Creta, várias semanas antes da invasão de Marrocos e da Argélia. Foi Roosevelt, porém, quem tomou a iniciativa, no dia 11 de Novembro de 1942, quando a invasão mal começara, e sugeriu que os estados-maiores inglês e americano deviam estudar «as possibilidades, incluindo movimentos ofensivos, contra a Sardenha, a Sicília, a Itália, a Grécia e outras áreas dos Balcãs, e incluindo também a possibilidade de se obter apoio da Turquia para um ataque através do Mar Negro contra o flanco dos Alemães». Churchill respondeu rapidamente: «tudo o que diz... está em completa harmonia com os nossos pontos de vista». Por estranho que pareça, Churchill parece não ter percebido que estes movimentos atrasariam uma invasão do Norte de França, provavelmente até 1944, e, portanto, desagradariam a Estaline. Havia aqui matéria para uma nova conferência. Roosevelt também queria falar com Estaline, mas este afirmava que estava demasiado ocupado com a guerra. Talvez suspeitasse de que os anglo-americanos fugiriam às suas exigências e tenha preferido não ouvir as suas desculpas.

O resultado foi mais um colóquio anglo-americano, em Janeiro de 1943, perto de Casablanca, próximo de Eisenhower, que estava agora no comando das forças dos Aliados no Noroeste de África, e dos combatentes ingleses e americanos, caso os estadistas desejassem visitá-los. Só Roosevelt encarava a conferência com sinais evidentes de confiança e agrado. Os Ingleses receavam que os Americanos exigissem mais recursos para a guerra do Pacífico, enquanto Marshall e os seus estrategos do Ministério da Guerra americano receavam que os Ingleses arrastassem de alguma maneira o Exército dos Estados Unidos para o Mediterrâneo. E foi isto que aconteceu, porque Roosevelt assim o queria e, mais uma vez, foi a estratégia de Roosevelt que prevaleceu. Para que tal fosse possível bastava não fazer nada para impor a unanimidade na delegação americana, que estava dividida, e deixá-la diante da bem preparada unanimidade dos ingleses. A grande vantagem de Roosevelt proveio do facto de os militares americanos terem culpado os Ingleses pela derrota dos seus pontos de vista. Na conferência de Casablanca, o general Wedemeyer, o principal conselheiro de Marshall, considerou os Ingleses «negociadores fantásticos... Estávamos perante várias gerações de experiência em trabalho de comissão e de argumentação de pontos de vista. Obrigaram-nos a estar na defensiva durante praticamente o tempo todo». Marshall lutou, mais uma vez, para conseguir o acordo para uma invasão em grande escala de França através do Canal da Mancha em 1943. Os Ingleses responderam que, no Outono de 1943 apenas estariam prontas 23 divisões, o que não seria suficiente se a Alemanha não estivesse já enfraquecida. Além disso, as operações dos Ingleses e dos Americanos não poderiam, então, dar qualquer apoio à União Soviética durante o Verão de 1943. Churchill e Brooke queriam ameaçar a Alemanha no Mediterrâneo, sobretudo através da derrota da Itália e com a ajuda da Turquia. Os Turcos resolveram uma destas questões, pedindo ajuda numa escala impossível. Quanto à Itália, os outros chefes de estado-maior americanos, o almirante King e o general Arnold, não apoiaram totalmente Marshall. King pensava que o tráfego marítimo estaria seguro se o Mediterrâneo estivesse controlado, enquanto Arnold cobiçava as bases aéreas em Itália. Mais importante era que Roosevelt ainda queria manter os Americanos em acção contra os Alemães, de forma a ajudar, e a mostrar que estava a ajudar, o Exército

Vermelho. Ele concordava com a opinião dos Ingleses segundo a qual só podia ser empreendida pelo Canal da Mancha, em 1943, uma operação do tipo SLEDGEHAMMER, uma invasão destinada apenas a salvar os Russos ou acabar com os Alemães, se algum deles estivesse próximo do fim. Os governantes ingleses e americanos concordaram, por isso, em atacar a Sicília. Em Casablanca, porém, não decidiram o que aconteceria depois de a ilha ter sido conquistada. Não parecia urgente tomar uma decisão porque, quando os Aliados decidiram invadir a Sicilia, o 8º Exército inglês ainda não chegara a Trípoli, enquanto os Alemães haviam decidido defender a Tunísia e estavam a começar a lançar contra--ataques locais.

Em qualquer caso, a existência dos submarinos alemães punha de parte uma invasão de França, em 1943, composta por forças suficientes para garantir uma testa-de-ponte numa praia. No final de Junho de 1943, só tinham partido para todos os teatros de operações do outro lado do Atlântico 1 600 000 soldados americanos. No primeiro trimeste de 1943, o número de soldados enviados fora bastante inferior ao previsto. Além disso, nesse momento veio ao de cima um espantoso mal-entendido anglo-americano. No final de Novembro de 1942, Roosevelt garantiu a Churchill que poderia contar com os barcos americanos para permitir que as importações inglesas fossem de, pelo menos, 27 000 000 toneladas, em 1943. O presidente não informou o Exército, nem tornou claro o que queria dizer o seu comentário de que «cerca de 300 000 toneladas mensais de capacidade de carga» teriam de ser adicionadas pelos Americanos aos barcos já utilizados para as importações inglesas. Quando o general Somerville, dos Serviços de Abastecimento do Exército Americano, declarou em Casablanca que mais de um milhão de soldados americanos podiam ser agrupados e mantidos em Inglaterra no final de 1943, esse número não justificava uma invasão em grande escala de França nesse ano. Mas até esse número se baseava numa série de falsas suposições: primeiro, que os Estados Unidos não cederiam aos Ingleses a utilização de mais do que as 300 000 toneladas extras de capacidade de carga em qualquer mês, enquanto as importações da Inglaterra necessitavam de um aumento cumulativo desse número todos os meses; em segundo lugar, que os Ingleses poderiam ajudar no transporte das tropas com os seus próprios barcos; em terceiro lugar, que os afundamentos pelos submarinos diminuiriam a partir do início de 1943. Em conjunto, estas falsas suposições significaram que a capacidade de carga disponível em 1943 fora sobrestimada em cerca de seis milhões de toneladas.

O mal-entendido de Casablanca surgiu em Março de 1943, quando os Ingleses expuseram as suas necessidades em matéria de embarcações. Para sua grande ira e espanto, os Americanos viram-se confrontados com a inutilidade de todos os seus planos de acção do outro lado do Atlântico. Apesar das queixas dos militares americanos, Roosevelt insistiu em manter o esforço de guerra dos Ingleses como primeira prioridade dos recursos americanos. Consequentemente, a invasão de França em 1943 tornou-se ainda mais difícil. Enquanto isto, chegavam boas notícias do Norte de África. No fim de Março, o 8.º Exército inglês chegou à Tunísia e começou a cooperar com as forças inglesas, francesas e americanas no Norte de África francês para derrotar os exércitos alemão e italiano na Tunísia e, assim, libertar o Sul do Mediterrâneo. Para tomarem uma decisão sobre o que se devia fazer depois da invasão da Sicília, Churchill e Roosevelt, com os seus conselheiros militares, encontraram-se em Washington, na conferência TRIDENT, durante a segunda metade do mês de Maio de 1943.

Desta vez, os Americanos conseguiram estabelecer um plano previamente, porque Roosevelt estava de acordo com os seus conselheiros militares. Queriam que a invasão pelo canal da Mancha fosse marcada para a Primavera de 1944 e, entretanto, aceitariam as operações no Mediterrâneo destinadas a pôr a Itália fora da guerra. A forma como isto se iria fazer não ficou especificada mas, em qualquer dos casos, insistiram os Americanos, não iriam mais forças para o Mediterrâneo. O facto de Eisenhower, mesmo assim, poder utilizar 27 divisões para os seus planos de operações no Mediterrâneo mostrava que os Ingleses, por causa do apoio de Roosevelt, tinham conseguido transformar o Mediterrâneo num teatro de operações fundamental para a estratégia anglo-americana. Apenas 29 divisões estariam em Inglaterra para a invasão pelo Canal da Mancha, em Maio de 1944. E até isto exigia uma concessão dos Ingleses. Eles concordaram que os Aliados transferissem sete divisões do Mediterrâneo para a Inglaterra depois de Novembro de 1943.

Na conferência TRIDENT, os militares ingleses e americanos resolveram, aparentemente, as suas divergências. Os novos acordos não fizeram desaparecer, porém, as diferenças fundamentais de pontos de vista. Marshall e os estrategos militares americanos queriam subordinar tudo aos preparativos para a invasão pelo canal da Mancha; os Ingleses queriam as tropas aliadas a combater, entretanto, os Alemães em algum lado. Apenas assim, afirmavam os Ingleses, se podia ajudar a União Soviética antes da operação principal ser lançada, enquanto, por outro lado, os Americanos consideravam que essas manobras de diversão poderiam atrasar as principais operações e, assim, atrasar uma ajuda à Rússia, porque sabiam que a derrota de Hitler seria quase impossível sem o Exército Vermelho. Ambos acreditavam que os desembarques através do canal da Mancha teriam de ser feitos. Mas punham ênfases diferentes nos diferentes aspectos dos objectivos comuns e, em consequência, alguns americanos suspeitavam por vezes, sem razão, que os Ingleses não eram sinceros no seu apoio à invasão de França. Alguns militares americanos achavam que os Ingleses estavam prontos, irresponsavelmente, a sacrificar planos a longo prazo a oportunidades presentes, enquanto alguns militares ingleses consideravam os Americanos ingenuamente rígidos no seu apego aos planos.

Na altura em que a conferência seguinte, a QUADRANT, se reuniu no Quebeque, em meados de Agosto de 1943, Eisenhower e os comandantes aliados no Mediterrâneo haviam recomendado, com êxito, que à conquista da Sicília deveria seguir-se a invasão de Itália. As primeiras fases da invasão mostraram quão baixo estava o moral dos Italianos e quão fácil seria separar a Itália da sua aliança com as forças do Eixo, especialmente quando, a 25 de Julho, Mussolini foi derrubado por um golpe de Estado pelo marechal Badoglio e outros oficiais superiores e pelos anteriores apoiantes de Mussolini no Grande Conselho Fascista. A decisão de invadir a Itália confirmava o ponto de vista de Marshall segundo o qual uma operação no Mediterrâneo levava sempre a outra, mas confirmava também o ponto de vista dos Ingleses segundo o qual a Itália era um alvo comparativamente fácil. A tentação da Itália parecia, a Marshall, perigosamente sedutora. A 1 de Julho, os Estados Unidos tinham 520 000 homens no Mediterrâneo em comparação com apenas 109 000 da Inglaterra. As tropas inglesas invadiram a Itália continental no dia 3 de Setembro, seguidas por desembarques maiores dos Ingleses e dos Americanos no dia 9 de Setembro. A 8 de Setembro, foi anunciada a rendição da Itália.

No Quebeque, como sempre, Brooke realçou a necessidade de uma força poderosa no Mediterrâneo para enfraquecer a oposição alemã a uma invasão de França, enquanto Marshall realçou a necessidade de concentrar todos os recursos na invasão. Churchill, Roosevelt e os seus chefes de estado-maior acordaram finalmente numa estratégia anglo--americana para derrotar a Alemanha, que assentava na suposição de que a União Soviética permaneceria na guerra e continuaria a ocupar a maior parte do Exército alemão, apesar de as intenções dos governantes da União Soviética continuarem a ser enigmáticas. Roosevelt tinha esperança de ter uma conversa privada com Estaline, mas não conseguiu, mais uma vez, convencê-lo a deixar a Rússia. Os Ingleses e os Americanos trabalharam em conjunto, desenvolvendo uma crescente confiança, uma cordialidade e uma franqueza mútuas, apesar de Marshall e Stimson, o Secretário de Guerra americano, suspeitarem de que Churchill e Brooke estavam perigosamente entusiasmados com a queda de Itália. No entanto, os Ingleses vieram para o Quebeque com um plano definido para a invasão de França e aceitaram, pelo menos por então, que não era possível enviar para o Mediterrâneo mais forças aliadas e que as unidades americanas não participariam nas operações a Leste de Itália. Os Ingleses haviam obtido a sua manobra de diversão; os Americanos haviam fixado os limites das suas proporções. A invasão da França foi marcada para a Primavera de 1944.

Marshall afirmava que a estratégia dos Aliados no Extremo Oriente estava ligada aos planos para uma vitória na Europa. A princípio, Marshall e Roosevelt acreditavam que Chiang-Kai-Chek, o «generalíssimo» chinês, e as forças chinesas que presumiam que ele comandava, poderiam ter um papel na guerra contra o Japão equivalente ao da Rússia contra a Alemanha. Os Americanos deveriam ajudar a treinar e a equipar os Chineses, encorajá-los a defrontar o grosso das forças terrestres japonesas e, mais tarde, fornecer e defender bases aéreas para os bombardeiros de longo alcance americanos atacarem o Japão. Esta estratégia coadunava-se com a ideia que Roosevelt fazia de Chiang-Kai-Chek e com a sua convicção de que a China do *Kuomintang* era uma grande potência, uma das «Quatro Grandes». Churchill não concordava, via pouco mérito no regime de Chiang-Kai-Chek, e não apreciava, de modo algum, os pontos de vista que Chiang-Kai-Chek exprimia sobre, por exemplo, o nacionalismo indiano. Este desacordo estendia-se à estratégia. O papel de Chiang na guerra dependia dos fornecimentos que lhe chegassem por via aérea de Assam, através dos Himalaias, ou da construção de uma nova «Estrada de Ledo» para juntar a Índia à velha «Estrada da Birmânia», no Norte da Birmânia, ou então da reconquista de Rangum e da reabertura da toda a estrada da Birmânia, daí até à China. Para construir a nova estrada de Ledo, os Aliados precisavam de conquistar a parte norte da Birmânia, enquanto que voltar a utilizar a velha estrada da Birmânia exigia a reconquista da totalidade do território. Até 1944, Marshall e Roosevelt pressionaram os Ingleses para que eles se juntassem a Chiang para libertar o Norte da Birmânia e levassem a cabo um ataque anfíbio para isolar Rangum. Os Americanos argumentavam que, se os Ingleses recusassem, uma quantidade maior de recursos americanos teria de ir para o Pacífico para compensar a perda do apoio dos Chineses, que seria uma consequência do insucesso dos Ingleses em abrir linhas de abastecimento para Chiang. Os Ingleses, cépticos quanto ao valor do apoio de Chiang, consideravam que as lanchas de desembarque para operações anfíbias eram mais úteis no Mediterrâneo e eram a favor dos fornecimentos aéreos americanos à China.

Mais tarde, o entusiasmo dos Americanos em relação a Chiang diminuiu. Como aliado, Chiang foi uma desilusão, e os métodos para derrotar o Japão sem a sua ajuda começaram a parecer mais prometedores. A desilusão entre os estrategos americanos surgiu em 1943. Em Maio, os estrategos da Junta de Estados-Maiores dos Estados Unidos sugeriram a reconquista da Birmânia para abastecer a China. Então, Hong-Kong seria tomada, possivelmente por tropas chinesas. Com esta nova rota de abastecimento, os Chineses, com a ajuda dos Ingleses e dos Americanos, libertariam territórios ocupados pelos Japoneses para as bases aéreas dos Aliados. Viria, então, uma «ofensiva aérea esmagadora contra o Japão» na qual os Chineses tomariam parte, tal com tomariam parte na invasão decisiva do Japão, caso ainda fosse necessária. No Quebeque, porém, os estrategos americanos tinham concordado que os planos dos Aliados deveriam ser flexíveis tendo em vista o caso de a «China sair da guerra ou demonstrar ser menos eficaz do que esperamos agora». Em Novembro de 1943, Churchill persuadiu os Americanos a concordarem com o abandono da ideia de uma operação anfíbia inglesa contra as Ilhas Andamão, que tinha como objectivo cortar a comunicação por via marítima dos Japoneses com Rangum. Chiang insistira neste ataque como condição para a sua cooperação no Norte da Birmânia. Chiang foi ignorado e as lanchas de desembarque transferidas para operações no Mediterrâneo, mas não para o Leste do Mediterrâneo, como Churchill desejara. As tropas de Chiang, como veio a constatar-se, além de não reconquistarem os territórios ocupados pelos Japoneses para a instalação de bases aéreas dos aliados, foram incapazes de defender os campos de aviação existentes. Em Abril de 1944, os Japoneses iniciaram uma série de avanços na China, conquistando imensos novos territórios, impondo o seu controlo às linhas de comunicação eficazes entre o Norte e o Sul e capturando a maior parte das bases aéreas americanas nessa zona. Os Japoneses não só tornaram pouco segura a criação de bases aéreas na China, como a sua conquista de portos chineses pôs definitivamente de parte a ideia de invadir o Japão a partir da China.

O clima tornava as Ilhas Aleútes, no Norte do Pacífico, pouco prometedoras como linha de aproximação em relação ao Japão. Isto deixava apenas duas estratégias possíveis. O militar americano mais melodramaticamente fascinante, o general Douglas MacArthur, que misturava uma verdadeira perícia militar com capacidade histriónica, era veementemente a favor de se conquistar ou ignorar as Ilhas Salomão, avançando de base em base ao longo da costa norte da Nova Guiné, efectuando ataques marítimos apoiados por aviões com bases em terra e, assim, reconquistar as Filipinas e acabar com o Japão a partir de Luzon, a ilha mais a norte das Filipinas. Para conseguir isto, pensava que devia ser concentrado o máximo de recursos no Sudoeste do Pacífico, e sob o seu comando. A Marinha americana, por outro lado, representada na Junta de Chefes de Estado-Maior por um homem com uma personalidade formidável, o almirante Ernest J. King, defendia operações anfíbias, apoiadas por artilharia naval e força aérea de porta-aviões, contra as ilhas do Pacífico central. Propôs que se avançasse em direcção ao Japão através das ilhas Marshall, Carolinas e Marianas. Marshall, como chefe do Estado-Maior do Exército americano, tentou impedir que os dois homens transferissem a maior parte dos recursos dos Americanos para fora da Europa, embora tenha ameaçado os Ingleses de que daria o seu acordo. Todos cederam. Teoricamente, a guerra contra o Japão devia ter sido adiada até à derrota da Alemanha mas, na prática, os Estados Unidos combatiam nas duas guerras ao mesmo tempo. Para a estratégia da guerra no Pacífico, foram postas em acção tanto a sugestão de MacArthur como a dos almirantes americanos, até se juntarem para o ataque a Leyte, nas Filipinas, em Outubro de 1944, antes de se separarem novamente para a captura de bases para a invasão prevista do Japão: MacArthur em Luzon, o almirante Nimitz e a frota do Pacífico em Iwo Jima e Okinawa.

No início de 1944, o número de Americanos que combatiam no Pacífico era mais ou menos equivalente aos que combatiam na guerra contra a Alemanha, aproximadamente 1 800 000 homens em cada teatro de operações, apesar de haver mais marinheiros e fuzileiros no Pacífico e mais forças do exército e da força aérea em Inglaterra e no Mediterrâneo. As lanchas de desembarque dominavam a estratégia anglo--americana. Constituíam o meio fundamental de desembarque de forças terrestres nas costas controladas pelo inimigo. Em Junho de 1944, o momento mais importante da concentração estratégica na Europa, os Aliados juntaram em Inglaterra e no Mediterrâneo, prontas para uma ofensiva contra a Alemanha, 1609 lanchas de desembarque das de maior porte, que transportavam tropas, tanques ou camiões das bases em terra para a costa inimiga, em comparação com 376 que estavam no Pacífico. Dos principais tipos de lanchas de desembarque mais pequenas, as que eram lançadas ao mar de navios grandes perto do objectivo, havia 3029 prontas a serem utilizadas na Europa em comparação com as 3609 que estavam disponíveis no Pacífico. Pouco tempo depois do primeiro dia da invasão da Normandia, quando 150 000 soldados aliados foram desembarcados em França, um movimento de tropas quase tão impressionante como esse foi levado a cabo no Pacífico. Cerca de 125 000 soldados foram transportados ao longo de mais de 1600 quilómetros, das Ilhas Marshall para a invasão das Ilhas Marianas. Seguiram-se batalhas decisivas em ambos os teatros de operações. A igualdade aproximada dos recursos americanos resultava, em parte, do insucesso de Marshall em persuadir Roosevelt e Churchill a aceitarem uma estratégia que ele pudesse defender e justificar com êxito perante os que advogavam a prioridade no Pacífico, e talvez ainda mais daquilo a que os Americanos chamavam «oportunismo», quando discordavam, e «flexibilidade» quando estavam de acordo. A princípio, o reforço no Pacífico foi o resultado de emergências locais e, mais tarde, o êxito encorajou a exploração. A estratégia americana no Pacífico era flexível num outro sentido: a Junta de Chefes de Estado-Maior nunca decidiu se deveria ser o general MacArthur ou o almirante Nimitz a ter prioridade. O Exército e a Marinha competiam, de uma forma mais ou menos amigável, em termos de rapidez do avanço em direcção às bases a partir das quais deveria ser efectuado o ataque final ao Japão.

A estratégia anglo-americana, criada em parte por antevisão e em parte devido aos perigos ou às oportunidades do momento, saiu vitoriosa. É difícil afirmar com convicção que os Aliados poderiam ter obtido com mais rapidez a derrota da Alemanha e do Japão.

Verão de 1941: Hitler estuda o progresso da invasão da URSS.
À sua direita, Brauchitsch, comandante-em-chefe do Exército alemão;
à sua esquerda, Halder, chefe do Estado-Maior
(© *Sport & General Press Agency, Londres. Foto: Wiener Library*)

Franklin D. Roosevelt
(*Imperial War Museum*)

Tóquio: o general Tojo e o seu conselho de ministros
(*Imperial War Museum*)

O marechal de campo Rommel e um oficial do seu estado-maior, o major G. Behr, na Normandia, Abril de 1944 (*Colecção do autor*)

Montgomery com os seus cachorros, *Hitler* e *Rommel* (*Imperial War Museum*)

O general de Gaulle, de regresso a França, a 14 de Junho de 1944, após quatro anos
(*Imperial War Museum*)

Estaline, Truman e Churchill, em Potsdam, 17 de Julho de 1945
(*Imperial War Museum*)

Recrutas do Novo Exército indiano, no Norte da Índia, embarcando para o seu primeiro acampamento
(*Imperial War Museum*)

Mulheres durante a guerra nos EUA: soldadoras num estaleiro naval da Bethlem Steel
(*The Bettmann Archive. Foto: Hulton Picture Library*)

O patriotismo como forma de baixar a inflação: um cartaz inglês
(*Imperial War Museum*)

«Vitória a qualquer preço»: um cartaz de propaganda alemão
(*Arquivos do Movimento de Resistência Polaco*)

Agosto de 1940: um piloto alemão, abatido no Sueste de Inglaterra,
é preso por um polícia, ajudado por um membro da Guarda Nacional,
um encarregado da defesa contra ataques aéreos e um notável da região
(*Imperial War Museum*)

Setembro de 1940: estragos resultantes do ataque aéreo ocorrido
perto de Mornington Crescent
(*Hulton Picture Company*)

Novembro de 1940: pessoas refugiadas numa das plataformas da estação de metropolitano «Elephant and Castle». Apesar de serem inicialmente contra estes abrigos improvisados, as autoridades acabaram por fornecer colchões e saneamento (*Imperial War Museum*)

Julho de 1944: centro de Londres. Um polícia, um encarregado da defesa contra ataques aéreos (com um capacete de aço) e um polícia militar americano (à direita), de polainas brancas, falam sobre os destroços de uma bomba voadora *V-1* acabada de cair
(*Hulton Picture Company*)

Agosto de 1945: mulher escavando entre as ruínas de Hiroxima, depois da bomba atómica (*The Bettmann Archive. Foto: Hulton Picture Library*)

Judeu com a estrela amarela durante a ocupação de Paris pelos Alemães.
Em toda a Europa controlada pelos Alemães, os judeus eram obrigados a utilizar uma estrela amarela de seis pontas, para facilitar a perseguição
(© *Centre de Documentation Juive Contemporaine, Paris. Foto: Wiener Library*)

A Letónia durante a ocupação alemã: vítimas à espera de serem executadas pelos esquadrões da morte
(© *URSS. Foto: Wiener Library*)

No campo Vapnyarka, em Trasnitria, no Sul da antiga URSS, oficiais SS
alemães e romenos cortam o cabelo a Moische Weintraub, de Focsani,
na Roménia. Pouco tempo depois de esta foto ter sido tirada, Weintraub
seria espancado até à morte

(© *Wiener Library*)

Infantaria alemã em Estalinegrado. Ao fundo o *Panzer* modelo IV com um canhão de 75 mm
Imperial War Museum

Soldados e mulheres-correio do 77.º Regimento de Infantaria do Exército Nacional Polaco. Ao correio ao centro foi atribuída a medalha *Virturi Militari* por excepcionais feitos de bravura. A fotografia foi tirada no Nordeste da Polónia, perto de Vilno, uma área integrada na URSS após a guerra
(*Arquivos do Movimento de Resistência Polaco*)

A guerra no Pacífico: as tropas americanas em Bougainville, nas Ilhas Salomão.
(*The Bettmann Archive. Foto: Hulton Photo Library*)

Junho de 1944: prisioneiros alemães capturados pelo 1.º Batalhão de um regimento canadiano, perto da praia onde teve lugar a invasão do Dia D
(*Imperial War Museum*)

Fuzileiros americanos descarregam abastecimentos das lanchas de desembarque, em Iwo Jima, Fevereiro de 1945 (*Imperial War Museum*)

IX

ECONOMIAS EM GUERRA

Foi a maior quantidade de recursos que ganhou a guerra: os vencedores tinham maior número de homens e de mulheres e produziram mais armamentos. Em matéria de população e de capacidade industrial, os Aliados, mesmo depois de perderem a França, eram mais fortes do que as potências do Eixo:

	População em 1939	Produção de aço em toneladas (valor máximo nos anos 30)
Reino Unido	47 961 000	13 192 000
França	41 600 000	6 221 000
URSS	190 000 000	18 800 000
Estados Unidos	132 122 000	51 380 000
Alemanha		
(incluindo a Áustria)	76 008 000	23 329 000
Itália	44 223 000	2 323 000
Japão	71 400 000	5 811 000

As populações dos impérios britânico e francês faziam aumentar os números totais dos Aliados: mais de 500 milhões no Império Britânico, mais de 100 milhões no Império Francês. A maior parte eram mal alimentados, analfabetos, doentes, mas entre eles podia encontrar-se soldados, especialmente no Norte de África francês e na Índia. A Comunidade e Império britânicos possuíam ainda mais recursos para uma guerra.

O Canadá e a Austrália tinham indústrias importantes, e as suas populações, como a da Nova Zelândia e a da África do Sul, eram instruídas e física e intelectualmente capazes de fornecer recrutas de alta qualidade. Todos estes quatro «domínios» independentes seguiram os Ingleses e declararam guerra em 1939. Na Índia, os Ingleses encontraram tropas para constituir um grande exército, com homens de uma inteligência básica e com uma constituição física suficientes para poderem ser utilizados na infantaria, mas com menos propensão para armas técnicas ou especializadas ou como sargentos ou oficiais eficazes, porque muitos Indianos instruídos de classe média estavam relutantes em combater do lado de um regime imperial discriminatório, mesmo contra inimigos que desagradavam bastante à sua maioria. O Canadá era um país industrialmente avançado, com fábricas capazes de produção em massa. Os Canadianos fabricaram 4 por cento dos aviões de combate, 7 por cento dos tanques e 32 por cento dos veículos motorizados utilizados pelas forças do Império Britânico, e constituíram um corpo de exército para a invasão da Normandia em 1944.

	População	Produção de aço (1939) em toneladas
Canadá	11 682 000	1 407 000
África do Sul (população branca)	2 161 000	250 000
Austrália	6 807 000	1 189 000
Nova Zelândia	1 585 000	—
Índia	374 200 000	1 035 000

A Segunda Guerra Mundial foi uma guerra de exércitos numerosos. Os governos equilibravam a procura de homens para as forças armadas com a necessidade de força de trabalho na agricultura e na indústria em expansão. O número máximo de forças mobilizadas é apresentado na tabela seguinte:

Reino Unido 5 000 000	E. Unidos 11 700 000	Alemanha 9 500 000
Índia 2 150 000	URSS 11 500 000 (pelo menos mais 6 milhões estiveram ao serviço antes de serem abatidos) França 5 000 000	(pelo menos mais 4 milhões estiveram ao serviço antes de serem abatidos) Itália 4 000 000 Japão 4 000 000

A instrução facilita tanto a produção industrial como o uso eficaz das armas modernas. Os Americanos fizeram mais: aproximadamente 15 por cento dos homens que tinham entre 25 e 44 anos em 1940 haviam tido algum tipo de instrução superior, enquanto dos que, então, tinham entre 14 e 16 anos aproximadamente 70 por cento ainda estavam na escola. A Inglaterra vinha atrás, à distância. Antes de 1939, apenas aproximadamente 15 por cento continuavam na escola depois dos 14 anos e 10 vezes menos haviam tido qualquer tipo de instrução depois dos 18 anos, em comparação com os Estados Unidos. O Japão tinha um nível alto: quase oito por cento dos homens japoneses entre os 25 e os 44 anos, em 1940, haviam tido formação superior, um pouco mais do que no Canadá. Na União Soviética, os altos níveis de instrução no seio de uma minoria ainda contrastavam vivamente com um atraso dominante mas que estava a diminuir; em 1926, mais de metade da população era analfabeta (em 1959, o número oficial era 1,6 por cento). A Alemanha, no final dos anos 30, decaiu do ponto de vista educacional, mas o regime nazi herdou uma longa tradição de níveis educacionais elevados. Em 1930, uma percentagem consideravelmente mais alta de rapazes alemães frequentava a escola secundária em comparação com a Inglaterra e a França, apesar de, em 1940, isto já não ser verdadeiro.

Uma medida clara de comparação dos níveis de saúde, de instrução, de eficácia administrativa e de competência técnica é a taxa de mortalidade infantil no primeiro ano de vida para mil nados-vivos. Para os cinco anos anteriores à guerra, os seguintes números mostram as taxas médias de mortalidade infantil:

Estados Unidos	53,2	Itália	102,7
Reino Unido	58,2	Japão	110,4
Alemanha	66,3	Índia britânica	155,6
França	71,1		

Nos Estados Unidos, os bebés nãobrancos tinham uma taxa de mortalidade infantil de 83, enquanto na Itália havia dois tipos de sociedade — no Sul, as cidades tinham quase o dobro da mortalidade infantil que existia no centro de Itália.

A produção de aviões dá-nos a melhor medida individual de desempenho da indústria durante a guerra.

Número de aviões

	1939	1940	1941	1942	1943	1944
Estados Unidos	5 856	12 804	26 277	47 836	85 898	96 318
URSS	10 382	10 565	15 735	25 436	34 845	40 246
Reino Unido	7 940	15 049	20 094	23 672	26 263	26 461
Alemanha	8 295	10 826	11 424	15 288	25 094	39 275
Japão	4 467	4 768	5 088	8 861	16 393	28 180
Itália	não disponíveis	3 257	3 503	2 818	967 (8 meses)	—

As fábricas inglesas e americanas de aviões produziam ainda mais do que os números sugerem. Uma grande percentagem de aviões bombardeiros pesados significava que os Ingleses produziam mais aviões de estrutura mais pesada do que os Alemães, mesmo em 1944, enquanto os Estados Unidos produziam três vezes mais tonelagem do que a produção conjunta da Alemanha e do Japão.

As operações terrestres modernas em larga escala necessitavam de tanques ou do seu derivado especializado, o canhão autopropulsionado, e de artilharia e camiões. O esforço de guerra ultramarino necessitava de cargueiros e de navios de guerra para os protegerem ou para afundarem os cargueiros inimigos.

Os Italianos e os Japoneses construíram poucos tanques, apenas cerca de 3 500 cada um durante a guerra, e nenhum deles construiu sequer tanques equivalente aos tanques médios dos outros exércitos.

Produção de tanques e canhões autopropulsionados
(incluindo carros de assalto alemães)

	1940	1941	1942	1943	1944
Reino Unido	1 399	4 841	8 611	7 476	4 600
URSS	2 794	6 590	24 446	24 089	28 963
Estados Unidos	331	4 052	34 000	42 497	20 565
Alemanha	2 200	5 200	9 300	19 800	27 300

Os projectistas americanos e russos produziram tanques médios eficazes, o tanque *Sherman* e o *T-34*, mas só os Russos produziram tanques pesados que podiam combater com sucesso os tanques modelo V alemães (os *Panther* e modelo VI, os *Tiger*). (Os Ingleses também construíram um grande número de transportes blindados de tropas). O Exército Vermelho deu prioridade à artilharia: as tabelas seguintes mostram a produção de canhões de calibre 75 mm e calibres superiores nos anos de 1940-1944:

Produção de canhões

Reino Unido	41 000	Alemanha	128 000
Estados Unidos	145 000	Japão	10 500
URSS	211 000	Itália	3 400

A força da indústria automobilística americana garantia uma mobilidade superior a todos os exércitos aliados.

Produção de camiões pesados e médios

	1941	1942	1943	1944
Estados Unidos	145 689	443 713	628 574	465 821
URSS	não disponível	30 900	45 500	52 600
Reino Unido	88 022	87 939	88 356	61 917
Alemanha	62 400	78 200	81 900	89 069
Japão	16 000	12 500	11 500	7 600

Os camiões americanos eram inigualáveis quanto a resistência e fiabilidade. Além do mais, os Estados Unidos também produziram quase um milhão de camiões ligeiros, a maioria jipes. Outra indústria americana expandiu-se até atingir uma dimensão que permitiu a vitória na guerra: a construção naval.

Tonelagem bruta de navios mercantes construídos

	1940	1941	1942	1943	1944	1945
R. Unido	810 000	1 156 000	1 310 000	1 204 000	1 014 000	683 00
EUA	não disponíveis	1 427 000	6 228 000	12 920 000	12 383 000	6 396 000
Japão	280 000	225 000	260 000	769 000	1 699 000	523 000

Após 1941, os estaleiros canadianos produziram mais 2 250 000 toneladas de navios mercantes. A construção de barcos de guerra apresentava a mesma desproporção entre os Aliados e as forças do Eixo, com uma excepção: os submarinos.

Número de navios de guerra de superfície construídos

		Cruzadores ligeiros e pesados	Porta-aviões pesados	Porta-aviões de escolta	Cruzadores	Destroyers
R. Unido	(1939-45)	5	6	6	31	233
EUA	(1941-45)	10	18	116	46	288
Japão	(1941-45)	2	6	14	6	70
Alemanha	(1939-45)	2	—	—	3	18
Itália	(1940-43)	3	—	—	3	5

*Número de submarinos quando deflagrou a guerra
e construídos durante a guerra*

		No início	Construídos durante a guerra
Alemanha	(01/09/39)	57	1 111
Itália	(01/06/40)	115	4
Japão	(01/12/41)	63	125
Reino Unido	(01/09/39)	57	178
Estados Unidos	(01/12/41)	111	177

A análise das economias individuais deve começar pela Alemanha, a potência da guerra agressiva. Havia poucos Alemães desempregados quando a guerra começou e, consequentemente, a *Wehrmacht* só de quatro maneiras diferentes conseguiria arranjar mais armas do que aquelas que estavam a ser produzidas. A produtividade teria de aumentar: os trabalhadores deveriam trabalhar mais e os empresários gerir melhor. Os homens e as mulheres dos sectores da sociedade que ainda não tinham procurado trabalho podiam ser persuadidos ou obrigados a aceitar emprego na indústria. As autoridades poderiam transferir os recursos dos produtos civis para os militares. Havia ainda a quarta opção que residia na conquista pelas armas de força de trabalho e matérias-primas. O recrutamento de homens para as forças armadas tornava a produção industrial mais difícil: em Maio de 1940, quatro milhões de Alemães foram retirados à força de trabalho e, em Setembro de 1944, 11 milhões tinham abandonado a produção industrial. A produção de munições alemã aumentou efectivamente: 75 por cento mais do que em

1939, em cada um dos dois anos de 1940 e 1941, duas vezes e meia mais em 1942, quatro vezes o nível de 1939 em 1943, e cinco vezes em 1944. De que maneira se conseguiram estes aumentos e por que razão apenas se atingiu o máximo da produção no final da guerra?

Muitos autores pensam que Hitler e os seus conselheiros não tentaram, antes de 1942, fazer com que a produção de guerra alemã atingisse o máximo; antes disso, dizem eles, Hitler preferia manter o nível de vida dos civis. Atribuem a Hitler a teoria da *Blitzkrieg*, a guerra-relâmpago, e negam que desejasse preparar-se para uma guerra longa ou que alguma vez tivesse previsto uma grande guerra A tentativa de Hitler para ser auto-suficiente e as suas repetidas exigências em matéria de aumento da produção de armamento tornam difícil acreditar que aceitasse uma tal «teoria». É mais provável que os acontecimentos tenham determinado a cronologia e a escala da produção de armamentos na Alemanha. Os armamentos disponíveis em 1939, 1940 e 1941 eram adequados para a conquista da Polónia, da Dinamarca, da Noruega, dos Países Baixos, da Bélgica, do Luxemburgo, da França, da Jugoslávia, da Grécia e da maior parte da Rússia europeia. Quando foram necessárias mais armas, elas foram exigidas com mais urgência do que durante aqueles anos iniciais em que Hitler tolerava as restrições que, mais tarde, tentou superar ou contornar. A mais grave de todas era a posição de Goering, que não tinha poder suficiente para insistir nas suas próprias prioridades mas que, no entanto, podia bloquear as tentativas de outros para imporem as suas. Só depois de Hitler ter transferido a maior parte das funções de Goering para Todt e, depois, para o seu arquitecto e confessor, Speer, e de lhes ter dado poderes de comando, foi possível impor a coordenação. Quando se tornou ministro da Produção de Armamentos, em Fevereiro de 1942, Speer seguiu a inovação de Todt que consistia em juntar os fabricantes para discussões sobre as prioridades e atribuição de recursos, reduziu o poder dos clientes militares, e neutralizou a intervenção ignorante destes nos processos de produção.

Até 1942, o Exército, a Força Aérea, a Marinha e o sector civil competiam no que respeitava a fundos. As ordens cruzavam-se, a ênfase mudava de um artigo para outro, a pouca quantidade de materiais era utilizada para artigos não essenciais, as diferentes forças não concordavam quanto aos componentes permutáveis; depois de 1942, em comparação, as encomendas concorrentes, cada uma delas para mais do que era possível produzir em muitos anos, diminuíram e passaram a ser estudadas de acordo com a mão-de-obra e os materiais disponíveis. Em consequência, encomendava-se menos e obtinha-se muito mais.

Pelo menos até ao final de 1941, a Alemanha parecera ter a certeza de ganhar a guerra; daí em diante, precisava de fazer novos esforços para impedir uma derrota. Para acelerar a produção, o governo tentou pôr mais Alemães a trabalhar. Em Janeiro de 1943, todos os homens entre os 60 e os 65 anos e todas as mulheres entre os 17 e os 45 anos foram informados de que deviam inscrever-se. 3,5 milhões obedeceram mas só um quinto foi posto a trabalhar. Os nazis acreditavam que o descontentamento nacional fora a causa de derrota da Alemanha na Primeira Guerra Mundial; desta vez, fariam com que a guerra fosse mais confortável para a população civil. É verdade que, apesar de os nazis se oporem teoricamente ao trabalho das mulheres, uma percentagem de mulheres tão elevada como a de mulheres inglesas trabalhava na Alemanha. No entanto, os nazis não conseguiram obrigar as mulheres a mudar de emprego e não forçaram uma grande percentagem de mulheres desempregadas a arranjar emprego. Isto acontecia em parte porque muitas mulheres eram necessárias em pequenas quintas ou tinham crianças pequenas, e porque as mulheres cujos maridos estavam nas forças armadas recebiam pensões tão elevadas que o incentivo para o trabalho era pequeno, mas também porque se pretendia evitar a impopularidade. Assim, em comparação com a Inglaterra, onde quase todas as mulheres que eram domésticas passaram a trabalhar no esforço de guerra, o número de alemãs domésticas era tão alto no final como no início da guerra.

O regime aumentou a produção de guerra suplementar transferindo a produção do sector civil para o sector militar: em 1939, 58 por cento da mão-de-obra não agrícola trabalhava para o mercado interno; em 1941 o número era de 51 por cento e, em 1944, baixara para 41 por cento. As horas de trabalho aumentaram e a produtividade cresceu. O poder dos Alemães em matéria de máquinas-ferramentas ajudava: na Alemanha, em 1943, havia uma máquina-ferramenta para 2,35 trabalhadores nas indústrias importantes, em comparação com a Inglaterra onde a percentagem era de uma máquina para 5,7 trabalhadores. Para mão-de-obra extra na indústria de guerra a Alemanha contava cada vez mais com os estrangeiros. Em Dezembro de 1944, nada menos do que 38 por cento da mão-de-obra era estrangeira, em parte formada por voluntários e, na sua maior parte, constituída por prisioneiros de guerra, deportados ou escravos, alguns muito bem tratados e outros doentes ou moribundos em razão do excesso de trabalho ou de malnutrição. Esta era, afinal, a razão de ser do III *Reich* — explorar ou assassinar os não Alemães. No final de 1944, 1 600 000 prisioneiros de guerra trabalhavam na Alemanha juntamente com mais 6 000 000 de estrangeiros, entre os quais aproximadamente 2 000 000 eram mulheres. Em 1943, mais de 750 000 trabalhadores vieram de França, da Bélgica e da Holanda, muitos deles recrutados à força. Estes países constituíam as novas fontes mais importantes de mão-de-obra especializada ou semiespecializada para a indústria alemã, enquanto da Polónia, da Rússia e dos outros países de Leste vinham sobretudo trabalhadores não especializados, incluindo mulheres. Mais de 2 750 000 homens e mulheres foram trazidos da Rússia. As populações dos países ocupados ajudavam também a alimentar a Alemanha. Forneciam, aproximadamente, um terço do pão, da carne e da gordura. O seu próprio consumo fora reduzido — as rações normais nas zonas ocupadas, em 1943, forneciam cerca de 1500 calorias por dia, em comparação com as 2000 calorias na Alemanha, enquanto na Polónia e na Rússia ocupada pelos Alemães as rações normais forneciam entre 800 e 850 calorias por dia. Em 1943, os Alemães apoderam-se de cerca de 40 por cento da produção industrial francesa. De 1942 a 1943, as fábricas francesas produziram mais de 50 000 camiões para os Alemães, que também compraram 15 000 camiões usados. As autoridades alemãs prefeririam manter dentro do próprio *Reich* a produção industrial mais avançada, como a de aviões, e a indústria francesa entregou sobretudo fornecimentos não militares à *Wehrmacht* ou artigos para a população civil alemã. Consequentemente, em França, a força aérea alemã obteve apenas 2500 aviões, na sua maioria aviões de transporte ou de treino, enquanto engenheiros franceses produziam aviões de combate alemães nas fábricas alemãs.

A Alemanha tinha falta de recursos naturais, sobretudo de metais e minerais. O armazenamento, as importações dos países vizinhos, as capturas em zonas ocupadas e as vezes que se furou o bloqueio impediram que houvesse carências excessivas. Além disso, o plano quadrienal de Goering apoiou indústrias completamente novas para resolver três problemas: siderurgias que podiam utilizar minério de ferro nacional de fraca qualidade e, o que era ainda mais ousado, com a ajuda do grupo I.G. Farben, de produtos químicos, fábricas de petróleo e borracha sintéticos. Em 1938, cinco por cento da borracha utilizada na Alemanha era de origem sintética e, em 1943, 94 por cento. 16 por cento do consumo de petróleo na Alemanha era de origem sintética em 1938; no início de 1944, a percentagem era de 56 por cento. A produção de petróleo sintético quadruplicou entre 1938 e 1944. Mesmo assim, não era suficiente. Excepto as divisões blindadas e motorizadas, o Exército alemão antes da guerra contava, para além do seu caminho-de-ferro, com o transporte por cavalos. Isto continuou a verificar-se durante toda a guerra, de modo que o Exército Vermelho, com os seus camiões americanos e grandes fornecimentos de combustível, tornou-se mais móvel do que o alemão e reduziu a superioridade inicial dos Alemães, mesmo nas campanhas de Verão. Já no início de 1942, a *Luftwaffe* reduziu os treinos dos seus pilotos em razão da escassez de combustível para aviões; esta fraqueza deu aos Aliados a possibilidade de reduzirem a mobilidade dos Alemães a ocidente, em 1944. Para combater uma guerra em duas frentes, Hitler necessitava de maiores *stocks* e de uma preparação muito melhor. No entanto, não podia adiar a luta porque, a partir de 1938, a França, a Inglaterra e a Rússia estavam rapidamente a ganhar forças. Em consequência, lançou um desafio às grandes potências mundiais, que a falta de recursos económicos da Alemanha votaria ao insucesso se não houvesse conquistas que provocassem uma rápida melhoria da situação. A resistência russa expôs a fraqueza essencial dos Alemães: a falta de recursos naturais e, no final, de pessoas, que fez com que as forças armadas alemãs sofressem de uma falta de homens capazes, inteligentes e aptos para lutarem numa guerra contra as superpotências. Em 1944, a idade média em todo o Exército alemão era de 31 anos e meio, o que representava mais seis anos do que no Exército americano.

O poder combativo dos Russos assentava numa economia mais forte do que os Alemães, ou quem quer que fosse, poderiam ter imaginado. Em 1941, a União Soviética atravessava uma grande crise. Estaline rejeitava aquela que era, do ponto de vista militar, a estratégia mais eficaz de defesa: deixar que uma grande parte da Rússia europeia fosse ocupada pelos Alemães e manter as forças militares soviéticas intactas para eventuais contra-ataques quando as linhas de abastecimento dos Alemães fossem demasiado longas. Esta estratégia, porém, teria permitido um acesso alemão, tentadoramente fácil, às riquezas económicas da Rússia Ocidental, e a sua aparente aceitação da derrota poderia ter destruído a confiança no regime. A estratégia que Estaline adoptou, de defesa avançada, levou a desastres ainda maiores: em Novembro de 1941, os Alemães haviam conquistado mais de metade do total da capacidade produtiva da União Soviética em matéria de carvão e aço e mais de um terço dos terrenos de cultivo de cereais.

Durante o mesmo período, as forças soviéticas perderam três vezes mais aviões do que a indústria soviética podia produzir e mais do dobro dos tanques. No entanto, as fábricas russas construíram mais armas e munições em 1942 do que antes da invasão começar e a União Soviética conseguiu deter a conquista da Europa pelos Alemães. À medida que estes avançavam, em 1941 e 1942, as máquinas e os trabalhadores russos iam cada vez mais para Leste, para além do rio Volga e dos montes Urais. O governo não planeara com antecedência a evacuação da indústria; fazê-lo não estaria de acordo com uma estratégia de defesa avançada. Os administradores das fábricas faziam, por vezes, os seus planos sem grande alvoroço, mas a maioria improvisava, tal como o fizeram as autoridades centrais depois da invasão. Antes da guerra, os que planificavam a economia soviética expandiram as indústrias de base para Leste e, em 1940, aproximadamente um terço do carvão e do aço soviéticos provinha de lá, mas foi só depois da invasão que o grosso da produção de armamentos foi transferido para o Leste da União Soviética. Na altura do ataque dos Alemães, as forças armadas obtinham menos de um quinto das suas armas do Leste; em 1942, recebiam aproximadamente três quartos. Um milhão e meio de camiões carregados de equipamento industrial foram para Leste, no meio de uma grande confusão, os trabalhadores perdiam muitas vezes as suas máquinas e não conseguiam recuperá-las: mas houve também casos de sucesso como, por exemplo, a transferência de uma fábrica de tanques de Carcóvia, que partiu no último momento, em Outubro de 1941, e que começou, a 8 de Dezembro, a produzir tanques *T-34* para lá dos montes Urais. Durante esta evacuação, 1523 fábricas foram para Leste, com aproximadamente um terço dos seus trabalhadores iniciais.

Em 1942, a produção de armamento aumentou; a produção total da indústria baixou. Em consequência, o consumo civil baixou repentinamente. Em 1942, os civis obtinham 40 por cento menos do que em 1940. Como os Russos consumiam muito menos do que os europeus do ocidente antes da guerra, este corte era muito severo. A produção alimentar caiu. O consumo de carne e de gordura *per capita* da população que vivia fora dos territórios ocupados pelos Alemães baixou para aproximadamente metade e a produção de cereais para cerca de um terço do valor de 1940. E, em 1942, esta situação implicava a fome e a morte para aqueles que não tinham prioridade. Para conseguir mais alimentos, o governo aumentou o número de dias de trabalho nas explorações agrícolas colectivizadas, de 254 para 352 por ano, enquanto a «reeducação» punia o absentismo. As mulheres é que sofriam mais: em 1943, mais de três quartos da população activa das explorações colectivas era composta por mulheres. Nos centros de tractores e máquinas agrícolas, o coração do sistema de exploração agrícola colectivizada, as mulheres substituíam os trabalhadores especializados absorvidos pelas forças armadas. Em 1940, apenas um de cada 25 condutores de tractores era do sexo feminino mas, em 1942, quase metade eram mulheres.

A ausência de homens em idade militar trouxe uma inversão parcial da política agrária do regime dos anos 30, quando Estaline e os seus homens de confiança se apoiavam na coerção e no controlo estrito para obrigar o campesinato colectivizado a produzir alimentos a preços fixados pelo Estado, de forma a poderem alimentar um número crescente de trabalhadores da indústria. Durante a guerra, os esforços para extrair ainda mais do campesinato eram acompanhados de novos incentivos: o Estado aumentou as suas exigências mas consentia que os camponeses vendessem aquilo que conseguissem produzir por sua conta, nas suas pequenas parcelas, aos preços que conseguissem obter, por vezes 30 vezes mais altos do que aqueles pagos pelo Estado. Entretanto, os habitantes das cidades cultivavam ansiosamente parcelas urbanas de terra e triplicavam a produção de vegetais em hortas caseiras. A indústria, tal como a agricultura, absorvia mais mulheres. A União Soviética tinha uma proporção relativamente grande de mulheres na indústria antes da guerra, 41 por cento em 1941, mas este número subiu para 52 por cento, e as mulheres muitas vezes preenchiam os lugares de trabalhadores especializados nas cada vez mais numerosas indústrias de guerra. Os cursos de formação, segundo as estatísticas russas, formaram aproximadamente 13 000 000 de trabalhadores especializados entre 1941 e 1943. As autoridades tinham o direito de mandar os trabalhadores para onde quisessem em todo o território. Os incentivos estimulavam os esforços da mão-de-obra industrial, tanto através dos salários por peça como através dos bónus com rações alimentares suplementares para aqueles que preenchiam e até ultrapassavam as taxas de produção.

Os membros do Partido Comunista forneciam uma elite dirigente que comandava a população da União Soviética. Os membros do Partido eram homens activos e ambiciosos, cujos interesses estavam ligados aos do regime, e que estavam acostumados a uma chefia arrogante, apoiada em sanções poderosas. A vitória decisiva alcançada pela economia soviética, que conseguiu deter a conquista alemã, resultava de uma liderança activa da população, que era em grande parte não especializada, sem educação e ignorante, por uma minoria instruída promovida pela modernização frenética dos anos 30. Simultaneamente, o regime desenvolveu a capacidade da indústria de base a Leste dos Urais. Em consequência, a União Soviética susteve o ataque alemão, em 1941, graças aos seus próprios esforços; daí em diante, a ajuda dos Aliados, sobretudo dos Estados Unidos, forneceu mantimentos equivalentes a aproximadamente um décimo da totalidade da produção soviética. Quase três milhões de toneladas de aço de alta qualidade, mais de meio milhão de toneladas de metais não ferrosos, quatro milhões de toneladas de alimentos e cerca de 385 000 camiões e 51 000 jipes foram enviados dos Estados Unidos. A partir de 1942, o Exército Vermelho deveu a maior parte dos seus mantimentos e a maior parte da sua mobilidade aos fornecimentos americanos.

No Ocidente, a segunda frente dependia da sobrevivência da Inglaterra e, a partir de 1940, a economia inglesa assentava no apoio americano. Em 1943 e 1944, os Estados Unidos forneceram mais de um quarto das munições necessárias ao Império Britânico: utilizando o regime de *lend-lease*, forneceram a maior parte sem pagamento. Além disso, este sistema proporcionava matérias-primas e ferramentas para as indústrias inglesas e alimentos para a população. Assim, a Inglaterra reduziu as exportações para um nível aproximadamente um terço do volume da época antes da guerra, muito mais baixo do que teria sido possível se as importações tivessem sido pagas. Assim, em 1944, 55 por cento da mão-de-obra inglesa estava nas forças armadas ou trabalhava para o esforço de guerra. Sem empréstimos ou ofertas vindas do outro lado do Atlântico, as importações inglesas de alimentos, de equipamentos e de materiais para a construção de material de guerra só podiam ser financiadas pelas exportações ou pelas reservas em ouro ou moeda estrangeira, reservas essas que estavam esgotadas no final de 1940.

A dimensão da população limitava a amplitude do esforço de guerra da Inglaterra: a ajuda ultramarina, do Canadá e dos Estados Unidos, em ofertas e empréstimos, e do seu Império, através da acumulação de reservas de libras esterlinas, fez aumentar a proporção da população inglesa que participava na guerra. Quando a guerra rebentou, a indústria de maquinaria empregava todos os trabalhadores especializados disponíveis; durante a guerra, esta indústria aumentou a sua produção, reformulando os processos de modo a tornar desnecessários os trabalhadores especializados, ou formando rapidamente homens e mulheres não especializados. A guerra fez diminuir as reivindicações dos sindicatos. Havia 1 270 000 desempregados em Junho de 1939; em 1944, o número baixou para 54 000. Além disso, o aumento da força de trabalho provinha das mulheres: dois milhões de mulheres começaram a trabalhar ou deixaram o trabalho doméstico entre 1939 e 1943. Sob um aspecto, estes acréscimos não compensavam a falta de trabalhadores que iam para as forças armadas. Surgiu uma falta de homens saudáveis para os trabalhos muito pesados e árduos. Mais tarde, o Ministério do Trabalho obrigou os jovens, escolhidos ao acaso entre os que deviam ir para as forças armadas, a irem trabalhar para as minas de carvão.

(É significativo no que diz respeito às origens do moral, o facto de esta medida ter sido muito mais impopular do que o serviço militar obrigatório. Os mineiros não tinham o prestígio dos homens fardados, e entre os 22 000 homens escolhidos desta forma, mais de quarenta por cento destes «rapazes de Bevin» puseram em questão esta lei e 143 recalcitrantes foram presos.) No final de 1943, a economia inglesa atingiu o seu limite. A partir daí a mobilização de mais marinheiros, soldados e homens para a força aérea implicava o decréscimo da produção de guerra, e o aumento dessa produção implicava um menor número de homens para as forças armadas. Uma maior descida do nível de vida da população parecia ser impossível. Os Ingleses não podiam utilizar a solução dos Alemães, que consistia no uso do trabalho forçado dos estrangeiros — empregavam apenas um quarto de milhão de prisioneiros de guerra, na sua maioria italianos. No final de 1944, o Exército teve de desmantelar algumas das suas unidades em França para reforçar outras unidades noutros lugares.

A guerra económica da Inglaterra implicava a distribuição da mão-de-obra pelas diversas utilizações: as forças armadas, a construção de armamentos e a produção de bens e serviços para a população civil. A 22 de Maio de 1940, uma lei do Parlamento deu ao ministro do Trabalho, Ernest Bevin, autoridade para requerer que todos os homens com mais de 16 anos se registassem, e para os pôr a trabalhar sob as condições estabelecidas pelo ministro. O governo também podia dar instruções às administrações. Apesar da relutância de Bevin em utilizar meios compulsivos, o Ministério emitiu mais de um milhão de ordens, mas a maioria dos trabalhadores mudou para o trabalho de guerra sem ser formalmente obrigada. A construção recebeu a maioria destes trabalhadores: os quartéis e campos de aviação, sobretudo, necessitavam urgentemente de trabalhadores em áreas isoladas. Os trabalhadores das indústrias de guerra essenciais não podiam abandonar os seus postos, nem os administradores podiam autorizá-los a fazê-lo, sem uma autorização oficial.

O governo britânico mobilizou a população para o esforço de guerra mais eficazmente do que todos os outros. As autoridades alemãs atribuíram às forças armadas e ao esforço de guerra mais ou menos a mesma percentagem da sua população — aproximadamente mais de metade — mas facilitaram esta tarefa utilizando estrangeiros para a produção civil, fazendo aumentar deste modo o número de alemães disponíveis. Em comparação com a Alemanha, porém, a produtividade dos Ingleses, a produção por trabalhador, era mais baixa. Em 1944, com a produtividade americana em 100, são estes os números que obtemos para os principais países industriais (em R. W. Goldsmith, *Military Affairs*, 1946).

Estados Unidos	100	Reino Unido	41
Canadá	57	URSS	39
Alemanha	48	Japão	17

É claro que uma produtividade alta tinha pouco a ver com o «trabalho duro», e mais com uma gestão eficiente mas, acima de tudo, era o resultado da utilização de equipamento fundamental. As horas de trabalho eram tendencialmente mais longas em Inglaterra, onde esses horários compridos levavam muitas vezes ao absentismo, do que na Alemanha, e nos Estados Unidos, onde o horário de trabalho era ainda mais curto. Não existem provas de que a baixa produtividade dos Japoneses resultasse de uma preguiça excepcional. Os historiadores em voga, que sugerem que existe uma tendência especial para a preguiça entre os trabalhadores ingleses, leram mal ou ignoraram as provas.

A alta produtividade ajuda a explicar a vitória triunfante da economia de guerra americana. A produção em massa, baseada em capacidades de concepção e de engenharia, construía tantas armas quantas eram necessárias aos Aliados. Dois exemplos sobressaem entre todos: em Willow Run, perto de Detroit, a Ford Motors abriu uma fábrica completamente nova. O seu edifício principal cobria 27 hectares, empregava 42 000 trabalhadores e produzia 8685 aviões bombardeiros *B-24*, os *Liberator*, atingindo o ritmo de um avião por hora. Henry Kaiser criou estaleiros que construíram os barcos *Liberty*, onde eram montados os componentes pré-fabricados. No final de 1942, eram precisos apenas 56 dias, em média, para entregar um barco novo e um estaleiro construía um barco em 14 dias. Enquanto as armas saíam dessas fábricas, o nível de vida médio dos Americanos subia. Em 1944, os Estados Unidos produziram, aproximadamente, 40 por cento de todo o armamento feito em todo o mundo, amigo e inimigo.

No entanto, o consumo total da população civil durante os anos de guerra aumentou cerca de 12 por cento. As necessidades do governo, financiadas por meio de um enorme défice, de 57 mil milhões de dólares em 1943, dos quais aproximadamente metade vinham do sistema bancário, em comparação com os 22 mil milhões de dólares arrecadados por meio de impostos no mesmo ano, levou à utilização de recursos até então não explorados e estimulou o crescimento da produtividade.

Os anos de guerra assistiram, finalmente, à resolução da crise dos anos 30. O desemprego desapareceu quase por completo. Os nove milhões de desempregados, em Julho de 1940, baixaram para 780 000, em 1943. Durante o mesmo período, o número de mulheres empregadas passou de 13,8 milhões para 18,7 milhões e a média de horas de trabalho por semana na indústria passou de 37,3 para 45,3. A produção industrial de bens para os civis baixou aproximadamente um terço em comparação com 1940, e os civis não encontravam artigos, como, por exemplo, rádios, carros e máquinas de lavar. Após 1941, a conquista da Malásia pelos Japoneses acabou com a maior parte dos fornecimentos mundiais de borracha natural. Tal como na Alemanha, uma nova indústria de borracha sintética preencheu esta lacuna e, em 1944, ela produzia 800 000 toneladas, 50 por cento mais do que o consumo total de borracha dos Estados Unidos em 1939. De forma a poupar borracha, o governo restringiu a circulação para fins recreativos de veículos motorizados e racionou a gasolina: em 1943, cada carro andava, em média, menos um terço da quilometragem do que em 1941. Apesar das restrições e da escassez, os clientes das lojas de retalho gastavam mais um terço em 1944 do que entre 1935 e 1939. Os ricos gastavam menos, os pobres gastavam mais.

Após Pearl Harbor, as forças armadas fizeram requisições excessivas de armas. Durante a primeira metade de 1942, adjudicaram contratos de cem mil milhões de dólares para armamentos, mais do que o valor total atingido até à data pela produção americana, mesmo durante os anos mais prósperos. Esta preparação desorganizada causou paragens em fábricas devido à falta de matérias-primas necessárias à execução de certos contratos de produção. A partir do final de 1942, o Conselho para a Produção de Guerra, que já proibira o uso desnecessário de matérias-primas escassas, organizou as prioridades, concedendo aos diversos agentes (o Exército, a Marinha etc.) percentagens para as matérias escassas, tais como o aço, o alumínio e o cobre, que deviam ser atribuídas aos produtores, de forma a que estes pudessem, assim, planear a sua produção em conformidade com estas percentagens. Nos Estados Unidos, em geral, a falta de mão-de-obra nunca atingiu um ponto crítico. Para lidar com a escassez de mão-de-obra especializada, os empresários reduziam e simplificavam o trabalho especializado, formavam trabalhadores, promoviam trabalhadores parcialmente formados. Em certas zonas, sobretudo na costa Oeste, a mão-de-obra começou a escassear em 1942 e 1943. A gestão de mão-de-obra, segundo o modelo inglês, não obstante ter sido sugerida no Congresso, não foi adoptada. Na costa Oeste, comissões de produção regional estabeleciam as prioridades do recrutamento de pessoal para as firmas que executavam trabalhos essenciais, através dos serviços de emprego. O Centro de Mobilização de Guerra, constituído sob a direcção de James F. Byrnes, em Maio de 1943, determinava as prioridades gerais da produção.

Os Estados Unidos satisfizeram facilmente as necessidades da guerra porque o Exército Vermelho mantinha ocupada a maior parte do Exército alemão. No Outono de 1941, partindo do princípio de que os Alemães derrotariam a União Soviética, o Departamento de Guerra planeou a criação de um Exército americano com 213 divisões. Em Setembro de 1942, quando a ofensiva de verão alemã parecia invencível, o Estado-Maior americano considerava que eram necessárias 350 divisões americanas para ganhar a guerra. Mais tarde, este número diminuiu. Em Junho de 1943, as autoridades militares sugeriram que o Exército americano devia aumentar apenas para 100 divisões. No início de 1944, foi fixado o número definitivo: 90 divisões comporiam o Exército americano. Em Maio, o general Marshall explicou que os militares americanos «apostavam a nossa vitória na nossa superioridade aérea, na superioridade numérica dos Soviéticos e na alta qualidade das nossas unidades de combate no terreno», frescas e bem equipadas como estavam; acreditava agora que os Russos continuariam a combater até conseguir derrotar os Alemães.

Comissões conjuntas garantiam a cooperação anglo-americana, tal como a Junta de Chefes de Estado-Maior garantia a integração militar. Aconselhavam quanto à atribuição dos recursos conjuntos de munições, barcos, matérias-primas e alimentos entre os Aliados, enquanto a Comissão Conjunta da Produção e Recursos racionalizava a produção. O Canadá juntou-se às comissões de alimentos e matérias-primas: apenas os Ingleses e os Americanos faziam parte dos restantes. A União Soviética apresentou listas das suas necessidades sem as discutir, tal como o seu comando militar não discutia estratégia e operações. A reconhecida capacidade e conhecimentos dos membros ingleses destes conselhos mantinham a igualdade de influências, mesmo quando as capacidades dos Estados Unidos ultrapassavam cada vez mais as dos Ingleses. Pondo em acção o seu poder político e económico, especialmente o seu monopólio quase total em matéria de navegação, Ingleses e Americanos em conjunto controlavam o mundo que não pertencia ao Eixo, conduzindo e dirigindo as «Nações Unidas».

Os governos pagavam as armas aos homens de negócios ou administradores de empresas e estes últimos pagavam aos trabalhadores. A produção aumentou para responder à procura. O desemprego desapareceu nas economias de guerra e os incentivos faziam aumentar os ordenados. Os trabalhadores tinham mais dinheiro mas havia menos bens de consumo. A subida dos preços implicava a exigência de salários mais altos, que, por sua vez, faziam subir novamente os preços. A aceleração deste ciclo de inflação destrói a confiança na moeda, provoca conflitos sociais e, mais tarde, limita ou faz parar a produção. A solução óbvia — aumentar os impostos para cobrir as despesas militares — pode conduzir apenas a reivindicações incontroláveis de aumento de salários para pagar esses impostos. Os governos em guerra aumentaram os impostos tanto quanto lhes foi possível. Encorajavam os relativamente pobres que, como um todo, detinham a maior parte do poder de compra, a aceitar impostos altos, fazendo apelos à honestidade baseada na «igualdade de sacrifícios». Em Inglaterra, a Secretaria de Estado do Tesouro criou um imposto de 50 por cento sobre os rendimentos para pessoas individuais com um rendimento superior a 400 libras, retirando 97,5 por cento dos rendimentos acima de 20 000 libras. Da mesma maneira, os impostos indirectos de 16 por cento sobre muitos bens de consumo eram justificados em razão dos impostos de 100 por cento sobre os bens «de luxo». No entanto, os impostos apenas financiavam metade das despesas do governo inglês em 1943. A poupança ou a criação do crédito inflacionário financiavam o resto. Poupar tornou-se um «dever» dos cidadãos, dever esse que lhes era repetida e eloquentemente lembrado. Para muitos civis abastados, as exortações à poupança dominavam o impacto cultural e artístico da guerra davam-lhes oportunidades para manifestações «patrióticas» de solidariedade pública para com os seus vizinhos, através de «semanas de poupança» e coisas semelhantes. Os governos agiam directamente para impedir o aumento dos preços, fixando preços máximos e, por vezes, dando subsídios para tornar esses preços rentáveis para os produtores. Os preços artificialmente baixos trouxeram a escassez e, por conseguinte, os racionamentos que foram outra conhecida componente da vivência dos civis durante a guerra.

As medidas dos Alemães contra a inflação mostraram ser as mais eficazes. Entre 1939 e 1943, o custo de vida da classe operária inglesa aumentou 25 por cento e o da classe operária alemã apenas 10 por cento. No entanto, os impostos directos, durante a guerra, levavam uma percentagem menor dos rendimentos individuais na Alemanha, em comparação com a Inglaterra, e esses impostos cobriam apenas cerca de um terço das despesas do governo alemão. As conquistas ajudavam, porque os Alemães podiam impor condições para as compras nos países ocupados e, assim, manter baixos os preços das importações desses países. Além disso, na Alemanha, uma administração eficaz, constituída por um impressionante aparelho repressivo, controlava os preços, impunha os racionamentos e mantinha os ordenados baixos. As autoridades alemãs depauperavam o poder de compra através de empréstimos compulsivos ao Estado, que nem procuravam camuflar. Colocavam os fundos dos bancos, das caixas de crédito e das companhias de seguros à disposição do governo e obrigavam os indivíduos e as firmas a manterem lá as suas contas. Em Inglaterra, Keynes defendia o mesmo sistema de poupança obrigatória, mas a Secretaria de Estado do Tesouro aplicou-o de forma mais tímida: na Alemanha, a poupança obrigatória aumentou tanto como os impostos, enquanto em Inglaterra correspondia apenas a três e meio por cento dos impostos totais. O ministro da Economia da Alemanha, Funk, afirmava que o saque dos territórios conquistados tornaria fácil o pagamento posterior das poupanças obrigatórias, de forma que o governo obrigou, efectivamente, os Alemães a apostarem na vitória.

Na União Soviética, apesar de, em teoria, o governo controlar a economia, a inflação era alta. As autoridades davam prioridade aos incentivos à produção do que era economicamente útil e, entre as carências catastróficas que existiam, o Estado não podia proteger o que era economicamente secundário obrigando a uma igualdade de sacrifícios. A guerra acentuava a tendência da União Soviética para se afastar do igualitarismo dos primeiros tempos da revolução. O regime preocupava-se mais em ganhar o apoio dos sectores da população que podiam dar um maior contributo para o esforço de guerra do que com a pureza ideológica. Os números oficiais referem um aumento dos preços de retalho, durante a guerra, de 325 por cento.

Em Itália, o governo adoptou uma atitude descontraída em relação às finanças durante a guerra. Presumiu, erradamente, que um aumento de disponibilidades financeiras geraria um aumento correspondente da poupança, desde que o Estado controlasse os salários, os preços e o investimento privado, e limitasse a construção civil. A produção de armamento necessitava de mais importações, porque a Itália precisava de matérias-primas importadas e combustível e as exportações baixaram devido à concentração da produção no material de guerra, e em consequência do bloqueio económico da Inglaterra. No mercado livre de Genebra, a moeda italiana vendia-se, em Junho de 1943, a menos de um sétimo do seu valor de 1938 e os preços das importações subiram em flecha. A inflação veio de seguida. O índice oficial do custo de vida aumentou três vezes e meia entre 1938 e 1943, enquanto os preços no mercado negro aumentavam ainda mais. Entretanto, a produção de armamento, afectada pela escassez de materiais importados, não aumentou ou, na realidade, até baixou. Em relação ao carvão, durante a guerra, entraram menos dois milhões e meio de toneladas do que as que eram necessárias por ano, e apenas um terço das matérias-primas necessárias para a produção de aço e menos de um sétimo do petróleo que era preciso. Os Alemães preferiram levar o excedente de mão-de-obra italiana para a Alemanha, em vez de atribuírem matérias-primas à indústria de guerra italiana. Os exércitos italianos, mal equipados, foram derrotados em África, na Rússia e no Sueste da Europa. Em Itália, as cidades industriais sofriam com a inflação, a falta de alimentos e, mais tarde, os bombardeamentos dos Aliados.

Em Março de 1943, apareceram as greves ilegais: protestos contra a baixa do nível de vida que se transformaram rapidamente em reivindicações para que a guerra acabasse e para que houvesse liberdade política no país. Mussolini e os fascistas tinham chegado ao poder para estabelecer a ordem no país e engrandecê-lo no exterior. Agora, a única possibilidade de sobrevivência que Mussolini tinha era conseguir convencer Hitler a pedir a paz ou retirar a Itália da aliança do Eixo. Ele nem se atrevia a tal, e uma série de reuniões angustiantes com Hitler levou apenas ao agravamento dos espasmos estomacais do *Duce*. Em consequência, logo que os desembarques das forças aliadas na Sicília demonstraram a incapacidade ou falta de vontade de Hitler de defender o território italiano, os antigos colaboradores de Mussolini, o Exército, a Igreja, as classes empresariais e a família real expulsaram-no, agindo pela voz hesitante do rei. Mussolini partiu sem alarido, até com alívio, para ser «salvo» posteriormente pelo seu «amigo» tenaz, Hitler, e devolvido ao poder, de forma limitada, na República Social Italiana, em Salo, apoiada pela Alemanha. Os malogros económicos, bem como a inutilidade da guerra tornaram activos os inimigos do Estado fascista e destruíram a sua vontade de lutar.

A produção de guerra do Japão estava também dependente das importações. A produção de aço, no Japão, dependia da importação de minério de ferro e de coque, e a sua produção de aviões da importação de bauxite. As importações preenchiam nove décimos dos seus fornecimentos de petróleo e uma percentagem elevada, cerca de um quinto, dos seus produtos alimentares. Para travar uma guerra, por isso, o Japão precisava de barcos. No início da guerra os navios mercantes totalizavam aproximadamente seis milhões de toneladas; no final da guerra, este número diminuíra para menos de dois milhões.

Navios mercantes japoneses, tonelagem bruta

	Construídos	Afundados
1942	260 059	971 855
1943	769 085	1 661 791
1944	1699 203	5 557 976
1945 (até Agosto)	559 563	1 537 484

A escassez de barcos implicava a escassez dos materiais necessários à produção de aço. Por isso, as fábricas de aço do Japão produziam muito menos do que aquilo que poderiam ter produzido se os fornecimentos de minério de ferro e de carvão tivessem sido garantidos. A capacidade produtiva subiu entre 1941 e 1944 de 11 milhões e meio de toneladas para 15 milhões de toneladas, mas a produção real de lingotes de aço começou a baixar no final de 1943 e os fornecimentos começaram a escassear. Em 1943, foram produzidas cerca de nove milhões de toneladas; em 1944, apenas seis milhões e meio. Em consequência, a construção naval foi limitada, tanto em relação a navios mercantes como aos navios de guerra de escolta para os protegerem dos submarinos americanos. A escassez de barcos implicava escassez de petróleo. Em 1940, o Japão importou 37 milhões de barris; em 1944, sete milhões. Em Abril de 1941, o crude armazenado atingia os 20 milhões de barris; em Abril de 1945, apenas os 195 000 barris. A escassez de aço e de petróleo arruinou o poder da força aérea japonesa. A produção de motores de avião baixou todos os meses a partir de Agosto de 1944, porque a falta de ligas importadas tornava impossível uma produção suficiente de aço de alta qualidade. Entretanto, os pilotos não eram treinados por causa da escassez de combustível. Em 1944, os alunos recebiam apenas 70 horas de treinos e, em 1945, 50 horas. Pilotos mal treinados, com gasolina apenas para uma viagem de ida, efectuavam os ataques *Kamikaze,* ou ataques suicidas aos barcos dos aliados, em 1945. Durante o ataque americano a Okinawa, em 1945, apenas 20 por cento dos voos enviados conseguiram atingir os seus alvos. A quantidade de aviões de combate de primeira linha na guerra do Pacífico resume as consequências, do ponto de vista operacional, da fraqueza da economia japonesa.

Os militares japoneses nunca esperaram que a guerra durasse tanto tempo, porque partiram de dois pressupostos quando a declararam. Um deles era que a Alemanha ganharia a guerra na Europa; o outro era que

	Aviões americanos	Aviões japoneses
Jan. 1943	3 537	3 200
Jan. 1944	11 442	4 050
Jan. 1945	17 976	4 600
Julho 1945	21 908	4 100

os Estados Unidos não continuariam a desafiar o reordenamento do mundo resultante da vitória das forças do Eixo. A sua autoconfiança, intensificada por grandes vitórias, sobreviveu intacta até que a campanha de Guadalcanal demonstrou a tenacidade dos Estados Unidos. A partir do final de 1942 tentaram aumentar a produção de guerra para um nível que haviam considerado desnecessário no início da guerra, um ano antes, e instalaram-se numa posição de defesa das suas conquistas durante o tempo que fosse necessário para minar a determinação dos Americanos. Teriam obtido melhores resultados e sido capazes de fazer durar a guerra ainda mais tempo se houvessem iniciado este aumento da produção de guerra mais cedo e se tivessem mostrado uma melhor competência na administração da sua economia. O Exército, sobretudo, nunca desistiu da sua insistência em recrutar homens em idade militar, não obstante as suas qualificações como trabalhadores industriais. Tanto o Exército como a Marinha utilizaram os seus contactos de longa data com a indústria para garantirem as suas prioridades e para exigirem uma atenção cuidada de todas as alterações na concepção, exigidas pelos que utilizavam as armas, independentemente das consequências que isso teria na produção. O governo tentou impor prioridades em relação à utilização de mão-de-obra e à atribuição de materiais, constituindo o Ministério do Armamento, em Novembro de 1943. As forças armadas, porém, tinham demasiado poder para aceitarem esta ingerência e o ministro do Armamento via-se reduzido ao papel de intermediário entre o Exército e a Marinha. O problema do Japão, no entanto, era menos o da sua incompetência administrativa do que a sua vulnerabilidade, do ponto de vista militar.

Os ataques americanos aos barcos japoneses arruinaram a economia do Japão e as actividades industriais estavam em vias de parar quando a guerra acabou, em Agosto de 1945. A arma que ganhou a guerra (a que, primeiro, deteve e, depois, inverteu os esforços dos Japoneses para a produção de mais armas) foi o submarino americano. Isto foi uma surpresa. Antes da guerra, os submarinos da marinha americana eram concebidos apenas para atacar navios de guerra inimigos, sobretudo couraçados e porta-aviões. Com efeito, os Estados Unidos esperavam respeitar a cláusula do tratado que proibia o ataque a navios mercantes excepto nos casos em que a segurança das tripulações fosse garantida primeiro — cláusula essa que tornava impossível a guerra contra os cargueiros. O presidente demonstrou, uma vez mais, a fragilidade de tais restrições, autorizando a Marinha a responder ao ataque de surpresa a Pearl Harbor por meio do recurso imediato à «guerra submarina e aérea, sem restrições». Os submarinos americanos começaram mal, com torpedos que erravam o alvo e com tripulações treinadas para combater contra frotas de guerra e que mostravam uma cautela excessiva contra navios desarmados. As coisas melhoraram, no entanto, a tempo de se tirar proveito de duas vantagens decisivas, que surgiram no início de 1943. Os serviços de informação americanos descobriram o código utilizado para a navegação dos cargueiros japoneses e as autoridades navais japonesas introduziram os comboios de navios, cuja coordenação implicava muitas mensagens de rádio. Em consequência, os Americanos, que nunca tiveram mais de 50 submarinos em acção, contribuíram para mais de 70 por cento dos afundamentos de cargueiros japoneses até Agosto de 1944 e, nesse momento, já a economia japonesa estava em fase irreversível de declínio. Só no último ano da guerra é que os ataques aéreos e as minas colocadas por aviões ultrapassaram a percentagem de vitórias dos ataques submarinos, sobretudo porque, nesse momento, quase todos os barcos japoneses que sobravam permaneciam em águas territoriais, perto da costa, procurando os portos de noite. Aqueles que se aventuravam no mar largo raramente conseguiam escapar aos submarinos. Os navios de escolta japoneses, em pequeno número, com radares e serviços de descodificação de mensagens de rádio fracos, constrastavam com os navios de escolta dos Aliados: afundaram apenas pouco mais de 40 submarinos, 18 por cento dos submarinos em acção no Pacífico. Na guerra menos desigual em matéria de submarinos, a Alemanha perdeu 781 unidades, aproximadamente 71 por cento das que estavam em acção e as suas baixas atingiram os 80 por cento. A derrota económica do Japão expunha o povo japonês ao terrível extremo dos bombardeamentos estratégicos, descritos no próximo capítulo.

X

OS BOMBARDEAMENTOS ESTRATÉGICOS

Durante a Segunda Guerra Mundial, os governantes ingleses e americanos dedicaram muito material e muito das suas capacidades aos «bombardeamentos estratégicos» para destruir a economia e a vontade de combater do inimigo. No Verão de 1941, na Conferência Atlântica, os estados-maiores ingleses informaram os Americanos de que esperavam derrotar a Alemanha apenas por meio de bombardeamentos. No entanto, um dos três grandes ataques aéreos estratégicos da guerra já falhara: o *blitz* alemão contra a Inglaterra. Os estrategos ingleses esperavam 600 000 mortos e 1 200 000 feridos graves durante os dois meses de ataques dos Alemães. Psiquiatras de renome sugeriam que poderia haver entre três a quatro milhões de casos de perturbações neuróticas e de pânico histérico. Compreensivelmente, as autoridades receavam o completo colapso social seguido de um pedido irresistível de paz. Nada disto aconteceu. Além disso, o contra-ataque dos Ingleses contra os alvos alemães também falhara. Um inquérito dos Ingleses concluiu que, nos ataques aéreos nocturnos, no Ruhr, em Junho e Julho de 1941, apenas cerca de seis aviões em cada 100 chegaram a um raio de 10 quilómetros dos alvos. As perdas em tripulações de bombardeiros excediam muitas vezes o número de Alemães mortos como, por exemplo, no caso de 10 bombardeamentos a Berlim entre Junho e Novembro de 1941, durante os quais morreram 133 Alemães, em comparação com as perdas aproximadamente três vezes superiores de tripulações inglesas. À primeira vista, é surpreendente que as campanhas de bombardeamentos seguintes, americanas e inglesas, contra a Alemanha, se tenham realizado. Por outro lado, a força aérea inglesa foi constituída originalmente como entidade independente com a exclusiva função de efectuar bombardeamentos.

Bastante tempo antes de começar a guerra, a RAF conseguira que fosse aprovada a criação de uma força para bombardeamentos, que deveria estar a postos em 1942. Em 1941, além disso, acabar com os bombardeamentos estratégicos implicaria um desperdício dos recursos existentes, numa altura em que a Inglaterra necessitava de uma arma para atacar a Alemanha: para proporcionar uma perspectiva de uma eventual vitória, numa altura em que a Inglaterra combatia sozinha e, posteriormente, para dar um apoio activo à União Soviética. A Marinha só poderia ganhar a guerra através do bloqueio — uma esperança que, primeiro, foi enfraquecida pela ajuda soviética à Alemanha e, depois, pela conquista dos recursos russos pela Alemanha; o Exército nunca conseguiria derrotar o Exército alemão; restava apenas a RAF. Esta tinha um amigo na corte de Churchill — o «Prof.» Lindemann, mais tarde lorde Cherwell, que instaurou, por exemplo, o inquérito que demonstrou a incapacidade do Comando de Bombardeiros para atingir os alvos, mas concluiu que era apenas necessário melhorar os sistemas de navegação.

Uma outra vantagem residia na autoconfiança dos seus governantes. Eles afirmavam que os bombardeamentos alemães contra a Inglaterra mostravam aquilo que era possível fazer com uma força muito maior. Apesar de a *Luftwaffe* não ter conseguido levar a população inglesa ao pânico histérico, tinha destruído muitos prédios; as pessoas eram menos vulneráveis do que se esperava, e as casas eram-no muito mais. Calculou-se que, no bombardeamento alemão a Coventry, foi lançada uma tonelada de bombas por cada 800 habitantes da cidade. Na manhã seguinte, o «índice de actividade», segundo a força aérea, baixara para 37 por cento da actividade normal e a situação demorou um mês a normalizar. Se houvesse suficientes bombardeiros disponíveis para largar essa quantidade de bombas cinco ou seis vezes num período de seis meses, as cidades ficariam efectivamente destruídas. Se o Comando de Bombardeiros da RAF possuísse uma força de primeira linha de 4000 bombardeiros pesados, ou seja, 4000 aviões com tripulações completamente treinadas e reserva de homens e máquinas para se poder efectuar as substituições necessárias, para o descanso das tripulações cansadas e para reparações, essa força poderia destruir totalmente 43 cidades alemãs escolhidas e esmagar a Alemanha em seis meses.

Em Outubro de 1941, porém, Churchill recusou-se a depositar uma «confiança ilimitada» neste «método de ataque... é pouco assisado o homem que pensa que existe um determinado método para ganhar a guerra». A RAF queria ter 22 000 bombardeiros prontos em Julho de 1943 mas, até esse momento, as fábricas inglesas só produziram11 500, dos quais menos de metade eram bombardeiros pesados, de que a RAF dependia para fazer ataques concentrados. Outros sectores da RAF competiam com o Comando de Bombardeiros para conseguir alguns destes aviões. As autoridades dos Estados Unidos não estavam dispostas, uma vez que tinham entrado na guerra, a simplesmente colocar os seus aviões de combate à disposição da RAF. Em Fevereiro de 1943, a força de primeira linha do Comando de Bombardeiros era composta apenas por pouco mais de 1000 aparelhos e, mesmo em Março de 1945, não chegava a 2000, apesar de, nessa altura, mais de 1000 aviões já serem os bombardeiros *Lancaster* altamente eficazes.

O Comando Aéreo de Bombardeiros da RAF, só por si, nunca largou a tonelagem em bombas que fora exigida pelo estado-maior da Força Aérea, em 1941, apesar de em conjunto com a 8.ª Esquadrilha da Força Aérea dos Estados Unidos, uma quantidade superior a essa ter sido regularmente lançada a partir de Junho de 1944. Em Março de 1942, lorde Cherwell apresentou uma previsão dos efeitos dos bombardeamentos à Alemanha, com o número de aviões que esperava ter à disposição, que era diferente do número que o Comando Aéreo dos Bombardeiros desejava. Partindo do princípio de que seria possível uma melhor precisão do que a obtida pela Força Aérea, ele afirmava que, em cerca de 15 meses, a grande maioria dos habitantes de 58 cidades alemãs ficaria:

sem casa e sem lar. Os estudos parecem mostrar que quando a nossa casa é destruída, o moral desce muito. As pessoas parecem ficar mais afectadas do que quando os seus amigos ou até familiares morrem. Em Hull, os sinais de desespero eram evidentes, apesar de só um décimo das casas ter sido destruído... deveríamos ser capazes de fazer 10 vezes mais prejuízos em cada uma das 58 principais cidades alemãs. Parece não restarem dúvidas de que isto destruiria o moral das populações.

Uma directiva do Ministério do Ar do dia 14 de Fevereiro de 1942 informou o comandante-em-chefe do Comando de Bombardeiros de que «o objectivo principal das vossas operações deverá ser agora concentrado no moral da população civil do inimigo e, em particular, o dos trabalhadores da indústria». As cidades seleccionadas para os ataques tinham uma importância especial do ponto de vista industrial, mas «os alvos deveriam ser áreas de habitação e não, por exemplo, as docas ou as fábricas de aviões». Antes da guerra, a RAF esperava fazer ataques diurnos a objectivos militares definidos. A experiência depressa mostrou tanto aos Ingleses como à *Luftwaffe*, que os bombardeiros, voando sem escolta em pleno dia, sofriam perdas excessivas. Ambas as forças áreas descobriram também que, de noite, alvos mais pequenos do que grandes cidades eram difíceis de encontrar, e mais ainda de atingir. A utilização, pelos Alemães, de bombas incendiárias impressionou os Ingleses, que concluíram que o fogo fazia mais danos do que os explosivos. A táctica dos Ingleses, por conseguinte, baseou-se em ataques nocturnos, que começavam com lançamentos de bombas incendiárias que iluminavam os alvos e permitiam um ataque concentrado com explosivos de alta potência destinados a evitar as tentativas das vítimas para apagar os fogos. O objectivo não era fazer parar directamente a indústria, já que ficara demonstrado que a maquinaria era mais difícil de destruir do que os prédios, mas desorganizar as cidades e tornar os seus habitantes incapazes, ou sem vontade, de executar um trabalho produtivo. A propaganda alemã chamou a isto, com razão, os «bombardeamentos de terror». Em Outubro de 1942, o Ministério do Ar fez circular um código de conduta para os bombardeiros que voassem em territórios ocupados pelos Alemães. Os ataques deviam limitar-se a objectivos militares. As tripulações deveriam ter o cuidado de evitar a perda de vidas de civis perto dos alvos e, em caso de dúvida, o ataque não deveria ser executado. Estas regras, realçava esse código, *não* se aplicavam aos territórios alemão, italiano ou japonês. Na Alemanha, os «bombardeamentos por zonas» tornaram-se numa táctica normal dos Ingleses. As tentativas para atingir alvos precisos não foram rejeitadas, tal como não foram postos de parte os bombardeamentos diurnos mas, até Junho de 1944, a proporção de ataques diurnos da RAF foi muito pequena. De 1942 a 1945, o Comando de Bombardeiros da RAF destruiu uma média de cerca de metade das zonas urbanas de 70 cidades alemãs.

Em 1942, Harris, o novo comandante-em-chefe do Comando de Bombardeiros, procurou obter vitórias espectaculares que justificassem as suas afirmações. Em Março e Abril, os bombardeiros ingleses fizeram ataques incendiários concentrados a Lübeck e Rostock. Os centros destas duas cidades eram medievais, com uma grande densidade populacional, inflamáveis, «pareciam mais acendalhas do que habitações humanas», como escreveu Harris a propósito de Lübeck. Em Maio, Harris reuniu 1046 aviões para atacar Colónia. Este bombardeamento e os dois seguintes de «1000 bombardeiros» a Essen e a Bremen obtiveram uma enorme publicidade. Em 1942, a RAF lançou sobre a Alemanha uma quantidade de bombas ligeiramente inferior à que a *Luftwaffe* descarregou sobre a Inglaterra em 1940 e 1941. Em Novembro de 1942, Portal, o chefe do estado-maior da RAF propôs um grande acréscimo de ataques para 1943 e 1944. Pediu, então, uma força que atingisse os 6000 bombardeiros de primeira linha, e salientou o ataque a Colónia com 1000 bombardeiros como exemplo do que era possível fazer. Em noventa minutos, afirmou, 20 000 casas foram destruídas e muitas outras danificadas, enquanto 200 000 pessoas tiveram de ser evacuadas. (Na realidade, só 3000 casas foram destruídas e 45 000 pessoas desalojadas, e muitas delas apenas durante um curto período). Portal prometia efectuar 10 ataques com a mesma intensidade que o de Colónia a todas as cidades industriais da Alemanha com uma população superior a 50 000 habitantes: previa que seriam destruídas seis milhões de casas, 25 milhões de Alemães ficariam desalojados e aproximadamente 900 000 seriam mortos. O plano de Portal apresentava uma dificuldade que residia no facto de serem necessários aviões e tripulações americanos. A Força Aérea dos Estados Unidos [USAAF], no entanto, não aprovava a táctica dos Ingleses: era a favor dos bombardeamentos de precisão, ataques lançados contra alvos cuidadosamente seleccionados em razão da sua importância militar, efectuados em pleno dia. A experiência ensinara à RAF que os ataques diurnos a alvos defendidos causavam perdas proibitivas e que os ataques nocturnos em grande escala só podiam ser lançados contra grandes cidades. Os Americanos acreditavam que era melhor causar um alto grau de destruição num punhado de indústrias fundamentais do que causar um pequeno grau de destruição em muitas indústrias. Os Ingleses consideravam que não existia escolha possível, e que os alvos deviam ser a totalidade da economia e do moral dos Alemães. Os Americanos consideravam esta política um desperdício e pensavam que os Ingleses facilmente admitiam que os aviões de combate do inimigo derrotariam sempre os bombardeiros pesados. Afirmavam que formações disciplinadas de aviões bombardeiros fortemente armados e blindados poderiam defender-se de aviões de combate do inimigo, mesmo durante o dia. Portal afirmava que os bombardeiros necessitavam de escoltas de aviões de combate para poderem fazer incursões diurnas na Alemanha e afirmava também que um avião de combate eficaz, com um alcance suficiente, era impossível de construir.

Churchill continuava a duvidar do êxito dos planos para derrotar a Alemanha apenas por meio de bombardeamentos aéreos e, por conseguinte, considerava uma imprudência encorajar os Americanos a concentrarem-se nos bombardeamentos, sobretudo porque duvidava também da capacidade destes últimos para bombardearem território alemão. Por outro lado, podia confiar-se que os chefes da USAAF colocariam a guerra na Europa em primeiro lugar na estratégia dos Aliados, desde que fossem aceites os seus planos para uma campanha de bombardeamentos americanos. Tais planos ajudariam a compensar a perigosa tendência da Marinha americana para concentrar grande parte dos esforços de guerra no Pacífico. Além disso, uma campanha diurna de bombardeamentos americanos, que implicava a conquista da supremacia aérea diurna, faria que Marshall, o chefe do Exército americano, considerasse desejável, ou até mesmo fundamental, uma campanha de grandes bombardeamentos antes de se efectuar uma invasão no Noroeste da Europa. Desta forma, talvez acabasse por concordar com Brooke e com o Estado-Maior General dos Ingleses quanto à necessidade de reduzir a força dos Alemães antes de se efectuar a grande invasão da Europa. Deste modo, os criadores da estratégia anglo-americana concordaram com a «Ofensiva Conjunta de Bombardeamentos Aéreos».

A 21 de Janeiro de 1943, na Conferência de Casablanca, a Junta de Chefes de Estado-Maior emitiu uma directiva para controlar as operações dos comandos de bombardeiros ingleses e americanos, em Inglaterra, que continha as doutrinas de ambas as nações. Na linguagem da Força Aérea inglesa, afirmava a necessidade da «destruição progressiva e da ruptura do sistema militar, industrial e económico da Alemanha e a destruição do moral do povo alemão até ao ponto em que a sua capacidade de resistência armada fique fatalmente enfraquecida» e, depois, voltava à linguagem dos Americanos e determinava conjuntos definidos de alvos. Mas os ataques contra estes alvos «estavam sujeitos às exigências climatéricas e à viabilidade táctica». O caminho continuava livre para os Ingleses persuadirem os Americanos do valor dos bombardeamentos nocturnos em relação aos bombardeamentos diurnos e para os Americanos persuadirem os Ingleses do contrário. Em breve, o general Eaker, o comandante da 8.ª Esquadrilha da Força Aérea Americana, estabelecia o seu plano para ganhar a guerra destruindo seis alvos seleccionados. O seu optimismo, como aconteceu muitas vezes durante a Segunda Guerra Mundial, era fortalecido pelas afirmações largamente exageradas em relação ao número de aviões alemães destruídos, que as suas tripulações de bombardeiros apresentavam depois dos ataques iniciais à França e aos Países Baixos. Nos últimos seis meses de 1942, eles afirmaram ter abatido 223 aviões alemães, apesar de o número verdadeiro ser inferior a oito.

A 27 de Janeiro de 1943, os bombardeiros americanos atacaram a Alemanha propriamente dita pela primeira vez, no momento em que 91 aviões *B-17, Fortalezas Voadoras,* e *B-24 Liberators* partiram para Wilhelmshaven. Começava, então, a competição anglo-americana de bombardeamentos de 1943. Os Ingleses ganharam: em quantidade de bombas largadas, em duração dos ataques efectuados e por terem efectuado um dos ataques aéreos mais horríveis e bem sucedidos de todos. Na noite de 24 de Julho, 791 bombardeiros ingleses partiram para Hamburgo. No dia seguinte, 181 aviões americanos levantaram voo para destruir os estaleiros dos submarinos, e mais 54 aviões partiram no dia 26 de Julho. A 27 de Julho, o Comando de Bombardeiros enviou 787 bombardeiros pesados para Hamburgo. Duas noites mais tarde, o Comando de Bombardeiros enviou mais 777 aviões para lá, e realizou-se mais um ataque no dia 2 de Agosto quando foram enviados 740 bombardeiros. O WINDOW, um conjunto de fitas reflectoras destinadas a confundir os radares do inimigo, iludiu as defesas alemãs e os Ingleses conseguiram fazer ataques concentrados e repetidos a intervalos curtos. Mais de um terço dos bombardeiros ingleses largou as suas bombas dentro de um raio de cinco quilómetros do alvo, no centro da cidade. A 27 de Julho, de manhã cedo, uma chuva de bombas incendiárias ateou fogos no centro da cidade de Hamburgo, que se transformou numa impressionante fornalha de destruição. As temperaturas atingiram os 1000 graus centígrados. Este inferno causado pelo homem aspirou ventos com uma força ciclónica que juntaram os diversos fogos e os transformaram numa tempestade de fogo que cobriu mais de quinze quilómetros quadrados. A falta de oxigénio sufocou os ocupantes dos abrigos, antes de o fogo os cremar. Entre 40 000 a 50 000 pessoas morreram em Hamburgo durante esses dias. Tal como descreveu o chefe da polícia de Hamburgo,

entre o ruído da tempestade de fogo, os gritos e gemidos dos moribundos e a queda constante de bombas... as crianças foram arrancadas das mãos de seus pais pela força do vento ciclónico e atiradas para o fogo. As pessoas que pensavam ter conseguido fugir caíam, aniquiladas pela força devoradora do calor e morriam num instante. Os refugiados tinham de caminhar por cima dos mortos e dos moribundos. Os doentes e os enfermos tiveram de ser deixados para trás, já que os próprios salvadores corriam perigo de morrer queimados... Nenhum delírio da imaginação conseguirá jamais medir e descrever as cenas sinistras de horror que tiveram lugar nos muitos abrigos subterrâneos contra os ataques aéreos. A posteridade só poderá inclinar-se e prestar homenagem perante o destino destas pessoas inocentes, sacrificadas pela lascívia assassina de um inimigo sádico.

O chefe do Comando Aéreo de Bombardeiros da RAF, Harris, brindava ao ano de 1943 com profecias de vitória. A 15 de Maio, afirmava: a campanha de bombardeamentos «será infalivelmente mortífera dentro de um período que, em minha opinião, será surpreendentemente curto»; a 3 de Novembro, «podemos dar cabo de Berlim de uma ponta a outra se USAAF se juntar a nós. Custará entre 400 a 500 aviões. Mas, à Alemanha, custará a derrota»; no dia 7 de Dezembro, «a força de aviões *Lancaster* por si só deverá ser suficiente, mas só suficiente, para causar na Alemanha, por volta do dia 1 de Abril de 1944, um estado de devastação perante o qual a rendição será inevitável». O general Bottomley, vice-chefe do Estado-Maior da Força Aérea, mostrava-se céptico. Ele citava o próprio Hitler, ao falar com Harris: «Enquanto o povo alemão receava os ataques nocturnos, Hitler e os altos-comandos alemães receavam os ataques de precisão diurnos a fábricas. Hitler gabava-se abertamente de que conseguiria controlar o moral da população durante um espaço de tempo considerável». O chefe de Harris, Portal, ainda tinha esperança. Informou a Junta de Chefes de Estado-Maior, em Dezembro de 1943, de que a RAF devastara um quarto das zonas urbanas de 38 cidades alemãs, e que talvez seis milhões de pessoas ou mais tinham ficado desalojadas e espalhado o pânico e o desânimo nas áreas para onde se haviam refugiado». O moral da Alemanha estava «extremamente baixo» e a devastação industrial talvez estivesse, «pelo menos a meio caminho... do ponto em que a Alemanha estaria incapaz de continuar a guerra». Evidentemente, Portal supunha que os bombardeamentos a zonas urbanas estavam a ter um impacto grave não só na produção mas também no estado de espírito dos Alemães, e o seu comentário ajuda a explicar a fraqueza das suas tentativas para conseguir que Harris aceitasse o acordo anglo-americano segundo o qual a ofensiva por meio de bombardeamentos deveria ter por alvo, como primeira prioridade, enfraquecer directamente a *Luftwaffe* e não atacar as populações urbanas de um modo geral.

Enquanto as noites foram longas, Harris teve a sua oportunidade. Entre 18 de Novembro de 1943 e 24 de Março de 1944, os bombardeiros da RAF atacaram Berlim 16 vezes, fazendo mais de 9000 voos operacionais. Entretanto, o Comando de Bombardeiros atingia outros alvos com mais de 11 000 voos operacionais em 19 ataques a zonas urbanas. Berlim sofreu grandes danos mas os bombardeamentos ingleses não «destruíram Berlim de uma ponta a outra». O Comando de Bombardeiros não tinha razão quanto à sua afirmação, feita em Fevereiro de 1944, segundo a qual «a máquina administrativa dos nazis, a sua organização militar e industrial e, sobretudo, o seu moral sofrerão, em virtude destes ataques, uma ferida mortal da qual não poderão recuperar». As explosões ou os fogos destruíram pelo menos um quinto das habitações em Berlim e mataram mais de 5000 civis; no entanto, a vitória pertencia aos defensores alemães. Os ataques feitos ao interior da Alemanha deram-lhes a sua oportunidade: durante os 35 grandes ataques aéreos da «Batalha de Berlim», as perdas dos Ingleses foram, em média, de 5,2 por cento. A este ritmo, as tripulações dos bombardeiros tinham menos de 50 por cento de possibilidades de sobreviver ao seu primeiro turno de 30 voos obrigatórios, e as possibilidades de sobreviverem a uma carreira completa, que implicava um segundo turno normal de mais 20 voos operacionais, eram ainda mais pequenas. Pior ainda, a percentagem de perdas aumentou no início de 1944. Durante os quatro ataques a Berlim, em Dezembro de 1943, as perdas foram em média de 4,8 por cento para cada operação mas, em Janeiro em 1944, os seis ataques a Berlim tiveram perdas médias de 6,1 por cento, enquanto três ataques a outros alvos tiveram perdas de 7,2 por cento. Em Fevereiro, um ataque a Berlim sofreu 4,8 por cento de perdas; quanto a um ataque a Leipzig, sofreu 9,2 por cento de perdas. A partir daí, o Comando de Bombardeiros transferiu os ataques para outros alvos e dividiu as suas forças para evitar as concentrações de caças nocturnos do inimigo. Um regresso em força aos ataques a Berlim, no dia 24 de Março de 1944, resultou em 9,1 por cento de perdas. A 30 de Março, uma tentativa de bombardeamento intensivo a Nuremberga resultou num desastre quando 11,8 por cento dos atacantes não regressaram.

Morreram 545 tripulantes ingleses e 129 alemães, na sua maioria civis. Harris não podia continuar a efectuar ataques intensivos e repetidos deste tipo, que tinham resultado no desastre de Hamburgo. No início de Abril, escreveu que «a força das defesas alemãs chegaria a seu tempo a um ponto no qual os bombardeamentos nocturnos efectuados com os métodos e tipos de bombardeiros existentes implicariam perdas que não poderiam, a longo prazo, ser suportadas». Os Ingleses haviam decidido efectuar bombardeamentos nocturnos para evitar os caças alemães e, agora, um número cada vez maior de aviões de combate alemães voava à noite. A *Luftwaffe* estava a ganhar.

Entretanto, também derrotara a 9.ª Esquadrilha da Força Aérea Americana, mas os Americanos contra-atacaram. Tal como ocorreu muitas vezes durante a Segunda Guerra Mundial, os Ingleses não conseguiram persuadir os comandantes americanos de que a experiência lhes dera uma maior prudência. A força aérea americana insistia nos bombardeamentos de precisão efectuados de dia. Em 1943, a campanha do Norte de África e as manobras de diversão americanas no Extremo Oriente haviam enfraquecido a 8.ª Esquadrilha da USAAF, em Inglaterra. No entanto, as suas forças de ataque aumentaram de cerca de 60 bombardeiros pesados para cerca de 250, no fim de Maio. Durante esse tempo, os bombardeiros americanos concentraram-se nos países ocupados pelos Alemães e efectuaram poucos ataques aos alvos mais bem defendidos no interior da Alemanha propriamente dita, especialmente porque a Junta de Chefes de Estado-Maior dava prioridade aos ataques às bases de submarinos e estaleiros navais. Mesmo assim, sofreram perdas de cerca de 5,6 por cento. A força de caças alemã era a que causava mais danos.

Na segunda metade de 1943, a 8.ª Esquadrilha da Força Aérea Americana entrou na batalha. Começou a atacar fábricas e instalações de apoio à *Luftwaffe* na Alemanha muito para além do alcance das escoltas de caças. A nova fase começou, em Julho, com ataques a Kassel e Oschersleben nos quais nove por cento dos aviões enviados se perderam, um número equivalente a nada menos que 19 por cento dos bombardeiros que efectivamente atingiram os alvos. Em Agosto, 12 por cento dos bombardeiros enviados para o Ruhr, Schweinfurt e Regensburg não voltaram. O general Eaker mandou de novo os seus bombardeiros para o interior da Alemanha em Outubro. Ataques a Francoforte, Wiesbaden e Saar sofreram apenas 4,5 por cento de perdas. A 10 de Outubro, no entanto, os defensores alemães abateram aproximadamente 10 por cento dos bombardeiros enviados para Munster e, a 14 de Outubro, a 8.ª Esquadrilha da Força Aérea Americana sofreu um duro golpe em Schweinfurt, que era o centro da produção alemã de rolamentos. 291 bombardeiros, todos eles *Fortalezas Voadoras,* assim chamados devido à sua suposta capacidade de autodefesa, tentaram atingir Schweinfurt. 229 foram bem sucedidos. Entre estes, 60 foram destruídos. No entanto, no próprio dia do desastre de Schweinfurt, o general Arnold, o chefe de Estado-Maior de USAAF, declarava que a *Luftwaffe* estava à beira da ruína. Os comandantes americanos haviam sido induzidos em erro, mais uma vez, pelas afirmações amplamente exageradas, se bem que sinceras, das suas tripulacões. A pouco e pouco compreendiam que, na realidade, a força de caças dos Alemães aumentava, e que a tentativa dos Americanos para obter superioridade aérea falhara. Portal confirmava a sua opinião segundo a qual os bombardeamentos diurnos de longo alcance à Alemanha eram impossíveis «para além do alcance da escolta de caças». Mas, contra isto, o general Spaatz, recém-nomeado comandante de todos os bombardeamentos estratégicos americanos na Europa, fazia notar, em Janeiro, que os raios de acção dos caças seriam aumentados dentro em breve, à «medida que mais aviões *P-51* entrarem no teatro de operações».

O *P-51* ou *Mustang* fora inicialmente produzido nos Estados Unidos por encomenda dos Ingleses. A RAF ficou desiludida quando os primeiros *Mustang* foram entregues, no final de 1941, e não os utilizou como caças. E a USAAF também não se interessou muito por eles, nessa altura. Felizmente, a companhia *Rolls-Royce* achou que valia a pena substituir o motor original americano por uma versão do seu motor *Merlin*, que era o motor do *Spitfire* e do *Lancaster*. Com o motor *Packard-Merlin*, construído nos Estados Unidos sob licença da *Rolls- -Royce*, apareceu o *P-51 B Mustang*, que combinava a acção de longo alcance com um desempenho que ultrapassava o de qualquer caça do mundo. A produção começou em Junho de 1943 mas foi só depois do desastre de Schweinfurt que o general Arnold ordenou que fosse produzido em grande quantidade e utilizado como caça. Em Maio de 1945, tinham sido produzidos 14 000 *Mustangs*. Em Fevereiro de 1944, o general Spaatz recomeçava a batalha contra a *Luftwaffe*. A 20 de Fevereiro, o céu ficou limpo na Europa e a Força Aérea Americana iniciou a sua «Grande Semana» de bombardeamentos diurnos. A 8.ª Esquadrilha da Força Aérea Americana, de Inglaterra, e a 15.ª Esquadrilha da Força Aérea Americana, do Sul de Itália, atacaram as fábricas de aviões na Alemanha nos dias 20, 21, 22, 24 e 25 de Fevereiro. Os bombardeiros americanos fizeram, aproximadamente, 4000 voos operacionais, na sua maioria de Inglaterra e cerca de 3500 voos operacionais foram efectuados por escoltas de caças americanos, ajudados por *Spitfires* da RAF. Em simultâneo com a «Grande Semana», o Comando de Bombardeiros da RAF efectuou cerca de 2000 voos operacionais nocturnos. A novidade era que os bombardeiros americanos que voavam através da Alemanha eram sempre escoltados, excepto quando falhava o encontro entre os caças e os bombardeiros. Houve combates ferozes contra os caças alemães. Estes abateram cerca de seis por cento dos bombardeiros americanos mas perderam aproximadamente 450 caças monolugares. Em Março de 1944, a 8.ª Esquadrilha da USAAF desafiava novamente os aviões de combate alemães efectuando quatro duros ataques a Berlim, além de outros ataques a outras seis cidades. (Só em dois destes ataques é que os atacantes puderam ver os seus alvos e, nos outros, efectuaram os bombardeamentos por observação através de radar, tão indiscriminados como os bombardeamentos nocturnos de zona dos ingleses.) Nesse mês, os Alemães perderam mais 450 caças de combate diurno. A força de caças alemã nunca se recompôs das perdas sofridas em Fevereiro e Março de 1944. Em Abril, tal como havia decidido a Junta de Chefes de Estado-Maior, os preparativos imediatos para a invasão do Noroeste da Europa tornaram-se na tarefa mais importante tanto do Comando de Bombardeiros da RAF como da Força Aérea Americana.

Esta ordem surgiu depois de uma grande controvérsia entre os dirigentes dos países aliados. Os grandes «barões bombardeiros», Spaatz e Harris, acreditavam que as suas forças, por si só, poderiam ganhar a guerra, apesar de não concordarem quanto à maneira como tal deveria ser feito. Spaatz queria atacar a produção alemã de petróleo sintético. Então, os aviões americanos efectuariam mais combates contra os caças de combate diurno alemães, que seriam obrigados a defender a sua própria fonte de combustível e, num espaço de três meses, a falta de combustível faria parar a totalidade da máquina de guerra alemã. Harris insistia no contínuo aniquilamento das cidades alemãs. O general inglês Tedder, apoiado pelo general Eisenhower, comandante da futura grande invasão, exigia a destruição do sistema de transportes alemão com ataques efectuados contra os seus pontos fulcrais, especialmente contra os estaleiros de reparação. O comandante das forças aéreas tácticas aliadas, apoiado pelos exércitos, insistia na necessidade de cortar as linhas férreas e estradas alemãs que ligassem as áreas próximas da invasão. Em resposta, Harris realçava e exagerava a falta de pontaria dos seus bombardeiros, previa a morte de dezenas de milhares de civis franceses e conseguiu que Churchill se opusesse a ataques contra estradas e linhas férreas francesas e belgas. No final, todos conseguiram uma parte do que queriam, e até Harris e Spaatz reconheceram que tinham de contribuir com uma ajuda directa à invasão que se avizinhava. Os preparativos alemães para o lançamento dos seus novos mísseis forçaram os bombardeiros pesados dos Aliados a atacar ainda um maior número de alvos. Continuaram com os bombardeamentos estratégicos, e a 18.ª Esquadrilha aproveitava os dias mais longos para atacar as fábricas de petróleo; a 15.ª Esquadrilha começou a 5 de Maio a efectuar uma série de ataques aéreos aos poços de petróleo em Ploesti, na Roménia, e nos dias 12, 28 e 29 de Maio a 8.ª Esquadrilha atacou as refinarias de petróleo e as fábricas de petróleo sintético na Alemanha. Os Alemães abateram quase sete por cento dos bombardeiros atacantes mas perderam mais caças e respectivos pilotos e, além disso, foram obrigados a manter na Alemanha parte da sua já reduzida força de caças.

Em consequência das batalhas aéreas sobre a Alemanha, os Alemães só tinham disponíveis, no Norte de França, 170 caças monolugares contra os 10 000 caças dos Aliados utilizados para apoiarem a invasão da Normandia. Dentro de poucos dias chegaram mais 300 da Alemanha, mas esta deslocação causou perdas, já que os pilotos tinham de entrar em acção a partir de bases que desconheciam. Isto realçava a fraqueza fundamental da *Luftwaffe*: a sua falta de pilotos e de tripulações bem treinados. Goering e o seu estado-maior negligenciaram os treinos até ser demasiado tarde e, a partir dos meados de 1944, a indústria alemã construiu muito mais aviões do que a *Luftwaffe* podia utilizar. A falta de combustível, sobretudo de combustível de avião, afligia cronicamente os estrategos alemães desde a invasão da Rússia, e o alto-comando da Força Aérea não fornecia combustível suficiente para os treinos dos pilotos alemães. Além disso, durante a maior parte da guerra, os comandantes de esquadrilha no activo controlavam os treinos e, durante os momentos de crise operacional, faziam incursões às escolas de formação de pilotos para arranjar aviões e tripulações experientes. A necessidade desesperada de pilotos, em 1944, teve como consequência treinos acelerados. Um bom piloto de caças necessitava de um ano de treinos com pelo menos 300 horas de voo. Os pilotos ingleses e americanos tinham até 400 horas de voo ou mais; a partir de Julho de 1944, os Alemães tiveram de funcionar com uma média de 115 horas de voo, cumpridas muitas vezes sem oportunidade para manobrar aviões de combate modernos. A falta de treinos causava uma alta percentagem de perdas por acidente, e a falta de experiência era patente durante os combates. Além disso, esses treinos inadequados formavam pilotos incapazes de voar por radar, em más condições atmosféricas. A partir do momento em que os ataques dos aliados tornaram mais agudo o problema de falta de combustível, a qualidade dos pilotos baixou e, consequentemente, a defesa da produção de petróleo enfraqueceu mais ainda. No final da guerra, alguns dos primeiros aviões a jacto do mundo — que superavam do ponto de vista de desempenho todos os aviões dos Aliados — eram entregues a homens que não sabiam utilizá-los.

A partir de Junho de 1944 — o mês da invasão — a 8.ª Esquadrilha da USAAF transferiu de novo os seus esforços principais para os alvos na Alemanha, concentrando-se especialmente no petróleo; o Comando de Bombardeiros da RAF, por outro lado, dedicou a sua principal atenção ao apoio dos exércitos em França até ao mês de Setembro. Daí em diante, os bombardeiros ingleses descobriram que os ataques aos alvos alemães eram operações muito menos perigosas do que durante a Primavera, porque a *Luftwaffe* tinha falta de combustível. Além disso, era agora muito mais difícil para os aviões de combate alemães interceptarem o inimigo de noite. As vitórias e os malogros dos bombardeamentos nocturnos dependiam cada vez mais da electrónica. Quando os Ingleses pilotavam os seus aviões e largavam as suas bombas por meio de controlo electrónico, acertavam em cheio, mesmo com mau tempo e com pouca visibilidade; quando a *Luftwaffe* detectava os sinais de radar dos Ingleses e utilizava os seus próprios radares para interceptar os bombardeiros, conseguia infligir grandes perdas ao inimigo. Na Primavera de 1944, os aviões de combate nocturnos interceptavam os bombardeiros ingleses de três maneiras: através do NAXOS para interceptar sinais do H2S, o serviço de apoio à navegação aérea dos Ingleses; através do FLENSBURG para detectar o MONICA, que os bombardeiros ingleses utilizavam para ser avisados da presença de um caça alemão na sua retaguarda; e por meio dos sinais do IFF, o sistema que fazia a distinção entre os aviões ingleses e os aviões inimigos, que as tripulações inglesas supersticiosamente e sem razão acreditavam afectar a pontaria dos holofotes e artilharia antiaérea alemães. Para finalizar, os engenheiros electrónicos alemães produziram um radar de ondas curtas, imune à interferência do WINDOW inglês, que podia detectar os bombardeiros ingleses a seis quilómetros de distância: o LICHTENSTEIN SN2. A 13 de Julho de 1944, os Alemães perderam a sua vantagem quando um piloto de uma das versões mais modernas do *Junker 88*, com o mais recente equipamento, descobriu, para seu enorme espanto, que aterrara acidentalmente num aeroporto inglês. Dentro em breve, as tripulações do Comando de Bombardeiros começaram a utilizar apenas o H2S. O MONICA foi posto de parte, e o IFF fechou. A partir de Setembro, os Ingleses foram capazes de interferir com o LICHTENSTEIN SN2. Além disso, em consequência dos avanços das forças aliadas em França e na Bélgica, as estações no solo para o sistema G-H de navegação aérea e detecção de alvos aproximou-se mais da Alemanha, enquanto o radar de detecção antecipada dos Alemães recuou.

O Comando de Bombardeiros e a Força Aérea Estratégica americana estavam prontos para lançar a morte e a destruição. Alguns pilotos de caças nocturnos alemães, quando tinham gasolina, e detectavam um alvo, ainda infligiam perdas, mas apesar de continuar forte, do ponto de vista numérico, a força aérea alemã de combate nocturno não conseguiu obter mais vitórias em grande escala. Na Primavera de 1945, o Comando de Bombardeiros inglês atingiu uma força de combate de cerca de 1600 aviões, enquanto a 8.ª Esquadrilha da Força Aérea Americana podia pôr no ar mais de 2000 bombardeiros, embora com carregamentos de bombas inferiores aos dos Ingleses. Entre o dia 1 de Setembro de 1944 e o fim da guerra, a RAF largou quase 400 000 toneladas de bombas na Alemanha, a USAAF cerca de 350 000 toneladas, 10 vezes mais do que os Alemães haviam largado em Inglaterra por meio de bombardeiros, bombas voadoras e foguetões, durante toda a guerra. Os bombardeiros americanos concentravam-se, de dia, nos alvos petrolíferos e meios de transporte alemães. Os Ingleses, por fim, voltaram aos bombardeamentos diurnos, mas o seu principal esforço continuava a ser de noite: contra alvos petrolíferos e meios de comunicação, especialmente na região da Ruhr; e ainda efectuavam, com rigor, bombardeamentos de zona contra as cidades. Isto culminou com a quarta grande tempestade de fogo. Depois de Hamburgo, Kassel e Darmstaadt, foi a vez de Dresda sucumbir.

Em Janeiro de 1945, o Exército Vermelho lançou a sua ofensiva contra o Leste da Alemanha e os aliados ocidentais consideraram de que forma o poderiam ajudar, de preferência de uma maneira visível e politicamente útil, que demonstrasse o poder dos Aliados e a sua lealdade para com a aliança. Spaatz concordou com o estado-maior da Força Aérea inglesa, com a aprovação de Churchill, que como segunda prioridade depois das fábricas de petróleo, os alvos dos bombardeamentos deveriam ser Berlim, Dresda, Leipzig, Chemnitz e outras cidades «onde os ataques de grandes dimensões causassem uma grande confusão na evacuação das populações civis do Leste e dificultassem os movimentos dos reforços vindos de outras frentes». Em Ialta, no dia 4 de Fevereiro, o vice-chefe do Estado-Maior russo encorajou estes ataques pedindo que os Alemães fossem impedidos de movimentar as suas tropas para a frente Leste «por meio de ataques aéreos aos meios de comunicação». Na noite do dia 13 de Fevereiro de 1945, mais de 800 bombardeiros ingleses voaram para Dresda e efectuaram um dos ataques mais devastadores de toda a guerra; no dia seguinte, seguiram-se mais de 400 bombardeiros americanos, e mais 200 no dia 15 de Fevereiro. Apesar de ninguém saber ao certo quantas pessoas morreram, o ataque dos Ingleses causou, por certo, mais mortes do que qualquer outro bombardeamento na Europa; na verdade, talvez mais do que qualquer outro ataque aéreo da história, incluindo a destruição atómica de Hiroxima.

Como as populações civis da Inglaterra e da América se apercebiam mais claramente do que os soldados combatentes de que o fim da guerra se aproximava, e porque o nome Dresda estava mais ligado à arte do que à guerra, a perplexidade mal escondida que surgiu, devido aos bombardeamentos, encontrou nova expressão. As mortes de civis causavam inquietação. As sociedades em guerra treinavam e equipavam homens para combaterem contra outros homens, treinados e equipados de maneira semelhante por sociedades inimigas. Atacar civis «indefesos», «inocentes», estendia o impacto da guerra a outras pessoas, algumas da quais não podiam trabalhar, quanto mais combater. Alguns críticos também achavam que era de mau gosto destruírem-se desnecessariamente monumentos de rara beleza. Aqueles que estavam directamente implicados nestas campanhas de bombardeamentos, bem como aqueles em cujo nome elas eram efectuadas, precisavam de justificações que não eram necessárias para as lutas armadas convencionais. As autoridades tinham três linhas de argumentação. Churchill utilizou duas delas num discurso pronunciado a 30 de Junho de 1943, quando falou dos bombardeiros anglo-americanos como sendo os anjos vingadores de Jeová. (Cf. Josué VIII:7)

> Aqueles que semearam ventos colhem, agora, tempestades... Isto é uma perspectiva sinistra para o povo alemão... mas quando nos lembramos das horríveis crueldades e tiranias com que os exércitos alemães, os seus *gauleiters* e os seus subordinados torcionários afligem agora quase toda a Europa... podemos estar certos de que empunhamos a espada da justiça e estamos decididos a usá-la com a maior severidade durante o tempo que for necessário e até ao fim.

Assim, Churchill afirmava, em primeiro lugar, que os Alemães haviam começado com os bombardeamentos de civis, de forma que o facto de os Aliados efectuarem bombardeamentos era uma coisa legítima e, em segundo lugar, que os Alemães mereciam ser castigados.

Estas afirmações seduzem menos agora do que seduziam na altura: a guerra é feita contra nações e, em tempo de guerra, os homens consideram ser particularmente fácil acreditar que uma nação cujas políticas são imorais é composta por indivíduos imorais. Os alemães eram «Hunos»: o único alemão bom era um alemão morto. Mesmo para aqueles intelectualmente inebriados com a guerra, no entanto, a terceira justificação era a mais forte: que o bombardeamento de cidades ajudava a ganhar a guerra mais depressa. Isto invocava o único princípio moral que estabelece limites para os horrores da guerra: que os sofrimentos impostos deveriam ser apenas os suficientes para se alcançar o objectivo. Era fácil, em comparação, defender as tentativas de «bombardear objectivos militares», tais como as fábricas que produziam material de guerra, e as vias de comunicação, como, por exemplo, canais, linhas férreas, pontes e túneis, durante os quais as mortes acidentais de civis eram uma consequência infeliz mas inevitável. As forças aéreas americanas na Europa, por conseguinte, levantaram menos controvérsia do que o Comando de Bombardeiros inglês. Os Americanos faziam bombardeamentos de precisão a alvos individualmente seleccionados em razão do seu valor militar; os Ingleses atacavam áreas residenciais para matar ou aterrorizar os trabalhadores civis. O resultado era, de um modo geral, mais ou menos o mesmo: pelo menos metade das bombas americanas eram largadas ao acaso através de nuvens ou fumo e, em 1944, a pontaria dos Americanos a estes alvos invisíveis era menos certa do que a dos Ingleses: quando estes faziam bombardeamentos de precisão, os seus melhores resultados (efectuados por esquadrões especiais) eram superiores a tudo o que as formações americanas conseguiam atingir.

A maioria das pessoas resignava-se com os bombardeamentos às fábricas, refinarias de petróleo e centros de comunicação, mesmo que muitos civis fossem mortos acidentalmente, ou ficassem estropiados, desalojados e sem lar. Muitas delas, no entanto, achavam errado atacar deliberadamente os civis e as suas casas mesmo com o objectivo de enfraquecer o esforço de guerra do inimigo. As críticas aos bombardeamentos de áreas residenciais foram exprimidas nas duas Câmaras do Parlamento, especialmente pelo bispo de Chichester na Câmara dos Lordes e, na Câmara do Comuns, por membros como Hopkinson, um liberal, que perguntou, de forma retórica, o seguinte: «Pelo facto de o nosso inimigo ser brutal, será lógico que sejamos ainda mais brutais?» e continuou: «que esta seja uma guerra para a qual nós todos, do fundo dos nossos corações, possamos lutar com entusiasmo, de uma maneira que não considero ser possível através de bombardeamentos de cidades indefesas». O governo, astuciosamente, ignorou. A 31 de Março de 1943, Stokes, um deputado trabalhista, perguntou na Câmara dos Comuns se «tinham sido dadas instruções aos pilotos ingleses para efectuarem bombardeamentos a áreas residenciais em vez de concentrarem a sua atenção em alvos estritamente militares». Sinclair, secretário de Estado do Ar, respondeu o seguinte: «Os alvos do Comando de Bombardeiros são sempre alvos militares, mas o bombardeamento nocturno de objectivos militares implica, necessariamente, o bombardeamento das áreas em que estão situados». Harris preocupava-se com o facto de as tripulações dos bombardeiros poderem ficar ofendidas com as ordens que o governo tentava, deste modo, esconder. Preferia sem dúvida a resposta de Churchill aos protestos do bispo de Chichester e de lorde Salisbury, quando, na Câmara dos Comuns, defendeu os bombardeamentos da RAF, no dia 22 de Fevereiro de 1944:

A ideia segundo a qual devemos proibir ou limitar o uso deste instrumento fundamental para encurtar a guerra não será aceite pelos governos dos Aliados. O procedimento normal para as populações civis e não combatentes é abandonarem os centros de produção de munições e procurarem refúgio nos campos. Tencionamos tornar a produção de guerra, no seu sentido mais lato, uma coisa impossível em todas as cidades, aldeias e centros industriais alemães.

Depois de Dresda, ou melhor, depois da reacção a Dresda (a destruição de Würzburg, no dia 16 de Março de 1945, teve menos publicidade), Churchill mudou de opinião. A 28 de Março, escreveu o seguinte: «A destruição de Dresda continua a ser uma mancha grave na conduta dos bombardeamentos dos Aliados... Sinto que é necessário uma maior concentração na precisão em relação aos alvos militares, tais como fábricas de petróleo e vias de comunicação que ficam na retaguarda das zonas de combate, em vez de meras acções de terror e destruição sem sentido, por mais grandiosas que possam parecer». Harris respondeu, vigorosamente:

Sempre pensei e continuo a pensar que... a destruição progressiva e a ruptura dos sistemas militares, industriais e económicos alemães só podia ser efectuada por meio da eliminação das cidades industriais alemãs, e não apenas por meio de ataques individuais a fábricas... os ataques às cidades, como qualquer outro acto de guerra, são intoleráveis, a não ser que se justifiquem de um ponto de vista estratégico.

Com a última frase Harris queria dizer «salvando as vidas dos soldados aliados... Eu, pessoalmente, não considero que o que sobra de cidades alemãs valha a pele de um granadeiro inglês». Harris justificava os actos de guerra através dos seus resultados.

Posteriormente, os historiadores não justificaram as suas afirmações. Eles sugeriram que os bombardeamentos de precisão de fábricas de petróleo e de meios de comunicação enfraqueceram a Alemanha mais eficazmente do que os bombardeamentos de áreas urbanas defendidos por Harris. O inquérito sobre os bombardeamentos estratégicos elaborado pelos Americanos, um estudo exaustivo desta questão, concluiu que o bombardeamento de áreas urbanas reduziu a capacidade produtiva da Alemanha em aproximadamente nove por cento em 1943 e em cerca de 17 por cento em 1944, mas que a diminuição da produção de guerra foi compensada pelo facto de a Alemanha se ter concentrado na manutenção da sua produção militar, permitindo que as baixas de produção atingissem sectores não essenciais. Os ataques aéreos concentrados e vitoriosos a cidades faziam baixar a produção em 55 por cento durante o mês seguinte, mas a maioria das cidades recuperava para os 80 por cento do normal dentro de três meses — o que podia significar o restabelecimento total da produção de guerra. A concentração dos recursos, a cuidadosa distribuição de prioridades e a dispersão das fábricas fizeram aumentar, na realidade, a produção de guerra em 1943 e 1944, apesar dos bombardeamentos. O Comando de Bombardeiros da RAF obteve uma vitória decisiva, no Ruhr: na segunda metade de 1944, a produção de aço baixou 80 por cento. Uma parte desta vitória, que reduzia a metade a produção total da Alemanha, era a consequência dos bombardeamentos de áreas urbanas, a outra parte era a consequência dos bombardeamentos de precisão aos meios de comunicação por linha férrea e fluvial. Visto que a queda da produção de aço de alta qualidade era ainda maior, a produção de guerra na Alemanha prosseguia apenas através do recurso aos amplos *stocks* existentes.

A Força Aérea americana tomou a dianteira no que diz respeito aos ataques à produção de petróleo sintético, que baixou de 316 000 toneladas por mês, no início de 1944, para 107 000 em Junho, e para apenas 17 000 em Setembro. O combustível para a aviação provinha da produção de petróleo sintético, e os fornecimentos baixaram de 175 000 toneladas em Abril para 30 000 toneladas em Julho e apenas para 5000 toneladas em Setembro. Os ataques sucessivos a fábricas fortemente defendidas foram a razão desta vitória — a maior fábrica de todas, Leuna, foi bombardeada 22 vezes. No final de 1944, mesmo fazendo economias mais drásticas, os *stocks* estavam praticamente esgotados e, no Inverno, as noites mais longas e o mau tempo permitiam apenas uma pequena recuperação da produção. Além disso, o ataque às fábricas de petróleo sintético ameaçava também a produção dos seus derivados, os nitratos e, por conseguinte, a produção de fertilizantes, explosivos e borracha sintética. O bombardeamento de um outro alvo — o sistema de caminho-de-ferro alemão — teve consequências substanciais:

Número de carregamentos

Semana que terminou em		
19 Agosto	1944	900 000
31 Outubro	1944	700 000
23 Dezembro	1944	550 000
3 Março	1945	214 000

Entretanto, o tráfego fluvial estava bloqueado. Os cortes no transporte civil atrasaram o impacto na produção militar mas, a partir de Dezembro de 1944, a produção de todas as indústrias começou a baixar progressivamente.

Além disso, os bombardeamentos dos Aliados obrigavam os Alemães a concentrar os seus recursos na defesa. Na Primavera de 1944, tal como vimos, a força aérea americana combateu a força de caças alemã e tornou impossível o desafio alemão à supremacia aérea dos Aliados, no momento da invasão da Normandia. As unidades de artilharia antiaérea alemãs também iam buscar muitos homens às frentes de batalha, apesar de poucos homens serem de alta qualidade, e absorviam também uma parte substancial da produção de canhões de 88 mm retirando-os das unidades de artilharia de campanha e, pior ainda, evitando que fossem utilizados como as armas antitanque mais eficazes da guerra. Obviamente, os bombardeamentos estratégicos enfraqueciam a economia de guerra da Alemanha. No entanto, Harris exagerava muito quando afirmava, em Março de 1945, que os bombardeamentos das cidades alemãs tinham dado aos «exércitos uma vitória fácil... em França e na Alemanha». Com efeito, talvez tenha sido o contrário que aconteceu: a invasão vitoriosa de França foi talvez uma pré-condição necessária do êxito dos bombardeamentos estratégicos no final de 1944. As provas sugerem que a sua preferência pelos bombardeamentos de cidades em vez de ataques a alvos específicos, alvos «panaceia», como lhes chamava, era incorrecta. Um ataque estratégico decisivo necessitava de bombardeiros capazes de efectuarem ataques de precisão em condições adversas. Um número menor de tripulações mais bem treinadas, que tivessem alvos específicos, teria tido um impacto maior na economia de guerra da Alemanha, com menos custos do ponto de vista de vidas humanas para os Ingleses, Americanos e Alemães, que os provocados pela campanha da 8.ª Esquadrilha da Força Aérea Americana e do Comando de Bombardeiros da Inglaterra.

Os bombardeamentos afectavam menos o moral dos povos do que os estrategos antes da guerra haviam previsto. Eles partiam do princípio de que reduziriam ou destruiriam o apoio dos civis à guerra e, assim, levariam a uma pressão irresistível sobre os governos para que fizessem a paz a qualquer preço ou, pelo menos, tornassem os civis menos dispostos ou com uma menor capacidade para trabalhar produtivamente para a vitória. A perda do moral dos civis, pensavam, levaria a uma erosão de vontade de combater das forças inimigas, que deixariam de ter vontade de se arriscar a perder a vida ou a ficar estropiadas. Na prática, os bombardeamentos, por vezes, faziam levantar o moral. É evidente que a morte e o sofrimento causavam inevitavelmente desgosto às pessoas que estavam ligadas emocionalmente às vítimas, e o medo e a tristeza naquelas que assistiam a esse desgosto. Os bombardeamentos, porém, acabaram por matar e ferir muito menos pessoas do que se esperava. Os prédios, sobretudo os mais frágeis, sofriam mais, mas a maquinaria ficava muitas vezes em bom estado de funcionamento depois da destruição ou dos incêndios das fábricas. Os bombardeamentos implicavam, sobretudo, pessoas temporária ou permanentemente desalojadas. Durante a guerra, o número de pessoas desalojadas dos ataques aéreos foi sempre mais elevado que o número de mortes, até que as bombas atómicas fizeram aumentar drasticamente a percentagem de mortes em relação às destruições. Nos ataques que custaram a Hamburgo 3,3 por cento da sua população, 48 por cento das casas ficaram inabitáveis; em Kobe a destruição de mais de metade das casas foi acompanhada da morte de apenas um por cento da sua população.

Os bombardeamentos eficazes, por conseguinte, deixavam muitos sobreviventes desalojados. Mas o colapso psíquico total raras vezes ocorreu: os ataques aéreos produziam mais sintomas passageiros e convulsivos de medo e de angústia do que anomalias mentais. As reacções comuns de depressão, de apatia, letargia, melancolia, docilidade excessiva, não impediam necessariamente que as pessoas continuassem a executar as suas tarefas diárias. Muitas pequenas afecções cardíacas e gástricas e o aumento de, por exemplo, úlceras pépticas, que surgiam normalmente depois dos ataques aéreos, só afectavam as pessoas de forma intermitente. As estatísticas inglesas mostraram que os «desalojados pelas bombas» voltavam ao trabalho seis dias, em média, depois de terem ficado sem as suas casas. A destruição das casas levou a níveis de ocupação maiores — mais pessoas por casa — apesar de a evacuação de mães, crianças e pessoas idosas, que partiam mais facilmente depois dos ataques do que as pessoas que trabalhavam, ter reduzido a pressão nas cidades bombardeadas. Mesmo quando os habitantes eram impelidos pelo medo para fora das cidades, para procurar refúgio nos campos circundantes, no dia seguinte estavam de volta ao trabalho. Afinal, os trabalhadores precisavam dos salários para sobreviver: as dificuldades e a angústia não faziam desaparecer a necessidade de um salário regular. A apatia em relação à guerra e aos assuntos públicos, a convicção de uma eventual derrota e até o desespero profundo não diminuíam necessariamente a contribuição dos indivíduos para o esforço de guerra. Uma jovem mãe que trabalhou na cozinha da fábrica Thyssen, em Duisberg, até ao nascimento do seu bebé, em Maio de 1944, e que ficou na cidade até Outubro de 1944, informou os investigadores do Departamento de Bombardeamentos Estratégicos Americanos, depois da guerra, que não estava «acostumada a ficar sem trabalhar... o nosso dever é trabalhar. Além do mais, isso era proibido e eu precisava do dinheiro... tínhamos de continuar, quer quiséssemos quer não. Não podíamos simplesmente dizer que já não aguentávamos mais... Na maior parte das vezes, estava exausta pela guerra».

Mesmo que os civis se fartassem da guerra nada podiam fazer quanto a isso. Uma vez que os governos tinham obtido o apoio suficiente para decidir entrar na guerra, desencorajavam as manifestações de dissidência por meio da censura e da repressão, e encorajavam a noção de que o apoio à guerra era normal e correcto. Além disso, os bombardeamentos podiam melhorar o moral daqueles que sobreviviam aos ataques aéreos sem ser feridos ou sem que os seus familiares sofressem com isso e sem danos relativamente às suas posses. Muitas vezes, tinham um orgulho pessoal nestas experiências e identificavam-se mais fortemente com a nação em guerra. A forma como os bombardeamentos afectavam o moral era influenciada pela energia e competência da administração local. A resposta rápida dos serviços de emergência: bombeiros, serviços de salvamento, pessoal de ambulâncias e hospitalar, uma distribuição eficaz de alimentos, a remoção rápida dos mortos, o realojamento, o fornecimento de roupas e de camas ajudavam a impedir que houvesse ressentimentos contra as autoridades, enquanto a sua falta ou interrupção transferia a ira dirigida contra o inimigo para o governo. Em Inglaterra, as autarquias locais ineficazes (em Coventry, por exemplo), por vezes «desmoralizavam» as vítimas dos ataques, no sentido em que geravam atitudes de não cooperação em relação às autoridades de uma forma que nunca existiu em Londres ou nas cidades temporária ou permanentemente administradas eficazmente na Alemanha.

Para a maioria dos sobreviventes — sobretudo para a grande maioria que não ficava ferida nem desalojada mas que sofria, no pior dos casos, de medo, desconforto e dificuldades agudas — os ataques aéreos tinham como consequência uma segurança psicológica. Os perigos partilhados aproximavam as pessoas. As aglomerações urbanas transformaram-se em comunidades. Os tímidos e os solitários descobriam que era possível comunicar com os vizinhos e que estes acolhiam calorosamente todas as ajudas. Os suicídios diminuíram à medida que os homens e mulheres sós passaram a ser úteis e a ter valor. As bombas derrubavam as barreiras sociais, e os ataques aéreos indiscriminados faziam diminuir os ressentimentos contra os privilégios dos tempos de guerra dos relativamente abastados que faziam baixar o moral dos menos abastados — apesar de, em Londres, onde os bairros mais pobres eram mais acessíveis à *Luftwaffe*, os sinais deste ressentimento apareceram ocasionalmente, e de o governo tentar neutralizá-lo através de visitas reais, de digressões ministeriais e realçando as provas de perigos compartilhados (por exemplo, fazendo publicidade das bombas largadas em Whitehall ou perto de Buckingham Palace). Quando o espírito comunitário aumentava e quando as suas emoções podiam ser encaminhadas, como foi o caso em Inglaterra e na Alemanha, contra um inimigo obviamente feroz, os bombardeamentos, de uma maneira geral, fortaleciam o moral das populações. O caso era diferente no Japão.

Na Segunda Guerra Mundial, os bombardeamentos estratégicos atingiram o auge com os bombardeamentos do Japão, em 1945. Esta campanha foi possível através das vitórias dos ataques anfíbios às bases das ilhas do Pacífico pela marinha e pelos fuzileiros navais americanos, explorando e exacerbando as fraquezas que resultavam do bloqueio submarino e destruindo o moral dos civis no Japão. Em consequência, os civis influentes, chefiados pelo imperador Hirohito, impuseram a paz àqueles militares que pensavam que o dever os obrigava a preferir a morte (juntamente com a morte de milhões de pessoas) à rendição. A princípio, os estrategos americanos esperavam bombardear o Japão a partir de bases na China. O plano teve como resultado o novo avião *B-29*, de «grande alcance», a *Superfortaleza,* que entrou ao serviço em Junho de 1944. Com quatro toneladas de bombas, tinha um raio de acção de mais de 5500 quilómetros. No entanto, as bases chinesas que a força aérea americana esperava poder utilizar estavam ameaçadas pelos avanços terrestres das forças japonesas e, a partir da base remota de Chengtu, que era obrigada a utilizar, até o *B-29* só conseguia alcançar Kyushiu, a ilha mais a sul do Japão. Além disso, os fornecimentos chegavam a Chengtu com dificuldade e em quantidades limitadas. Em 1944, os pedidos da força aérea americana para a obtenção de bases melhores deram a possibilidade à marinha de conseguir que o almirante Nimitz voltasse para noroeste, em direcção às Ilhas Marianas, onde Saipan, Tinian e Guam proporcionavam boas bases para os *B-29*, assim como para os submarinos, em vez de ir juntar-se directamente a MacArthur para reconquistar as Filipinas. A 24 de Novembro de 1944, os *B-29* de Saipan partiram para Tóquio, para efectuar o primeiro ataque desde o raide a partir dos porta-aviões em Abril de 1942.

A força aérea repetiu, durante um período muito mais curto, as experiências originais do Comando de Bombardeiros da RAF sobre a Alemanha. Até ao dia 9 de Março de 1945, a sua força de ataque de bombardeiros concentrou as suas operações de dia, a alta altitude, em ataques de precisão, sobretudo contra as fábricas de aviões japonesas. As tripulações deparavam com mau tempo e ventos fortes a altitudes adequadas ao lançamento das bombas, e só viam os alvos menos de metade das vezes em que efectuaram ataques, em Dezembro de 1944, e durante menos de um quinto nos ataques de Fevereiro de 1945. A maior parte dos bombardeamentos era controlada por radar e pouco certeira. Na melhor das hipóteses, 17 por cento das bombas caíam a menos de um quilómetro do alvo. Além disso, os caças japoneses, pilotados pelo que restava dos seus pilotos experimentados, infligiam fortes perdas, que atingiram, em Janeiro de 1945, os 5,7 por cento. Para obterem campos de aviação a partir dos quais os *Mustangs* pudessem escoltar as *Superfortalezas*, impedir os ataques aéreos dos Japoneses aos aeródromos das Ilhas Marianas e para conseguirem campos de aterragem de emergência para bombardeiros atingidos, os chefes dos estados-maiores americanos ordenaram a tomada de Iwo Jima, que distava apenas 1000 quilómetros do Japão. Até ao fim da guerra, cerca de 2400 *B-29* fizeram lá aterragens de emergência. Na altura em que os esquadrões de caças *Mustang* estavam prontos para a acção, os *B-29* tinham começado a utilizar novas tácticas de ataque a baixa altitude, de noite, com uma grande percentagem de bombas incendiárias. Tal como os ataques da RAF na Alemanha, estes ataques aéreos incendeavam casas, em parte para reduzir a produtividade dos trabalhadores industriais e, em parte, para destruir o moral através do terror. A 9 de Março de 1945, 334 *B-29* partiram para Tóquio e largaram bombas incendiárias numa área urbana de grande densidade populacional, composta na maioria por casas de bambu e madeira. Ventos fortes desencadearam uma tempestade de fogo que se via a mais de 200 quilómetros de distância. 41 quilómetros quadrados ficaram carbonizados. Um quarto dos prédios de Tóquio — 267 000 fogos — foram destruídos, um milhão de pessoas ficaram sem casa e cerca de 80 000 morreram. Como mecanismo de destruição, a força aérea americana atingira o nível da RAF alguns meses antes de a bomba atómica cair sobre Hiroxima.

Até esse momento, os Americanos tinham mostrado o seu desagrado em relação aos bombardeamentos de áreas urbanas, e consideravam-nos uma prática desagradável dos Ingleses. O general Kuter, chefe-adjunto do Estado-Maior da Força Aérea, considerava uma contradição com «os nossos ideais nacionais fazer guerra contra a população civil». Um entusiasmo considerável acolheu uma afirmação de um oficial da RAF no quartel-general de Eisenhower, depois dos bombardeamentos de Dresda, que deu origem a uma notícia segundo a qual os Aliados tinham adoptado uma campanha «premeditada de bombardeamentos de terror contra os grandes centros populacionais da Alemanha». Stimson, o secretário de Guerra americano, reafirmou publicamente que a «nossa política nunca foi infligir o terror através de bombardeamentos de populações civis... os nossos esforços continuam a estar concentrados nos ataques a objectivos militares do inimigo». Embaraçado, porém, pediu um inquérito para averiguar os «factos». O director dos serviços secretos da força aérea americana, general MacDonald, averiguou os factos e protestou, afirmando que os Americanos haviam sido arrastados para uma política de «homicídio e destruição», e sugeriu que era a mesma coisa do que ordenar às forças terrestres que «matassem todos os civis e demolissem todos os prédios na Alemanha». Em relação à opinião pública americana, as inibições morais relativas aos bombardeamentos de civis no Japão eram mais fracas do que no caso dos Alemães, em razão da hostilidade inspirada pelo ataque de surpresa a Pearl Harbor, seguido dos infames maus tratos, por parte dos Japoneses, dos prisioneiros americanos, e reforçadas pela aceitação geral dos estereótipos racistas. Mesmo assim, as autoridades afirmavam que estavam a atacar «objectivos militares». O general Arnold, chefe da Força Aérea americana, informou Stimson de que, apesar de a produção de guerra japonesa em pequena escala estar dispersa entre casas particulares nas áreas residenciais, a USAAF tentava minimizar as mortes entre a população civil. A ignorância e o auto-ilusão combinaram-se em diferentes proporções para acalmar a má consciência.

Durante quatro semanas após o ataque aéreo de Tóquio, mais cinco cidades perderam perto de 100 quilómetros quadrados de prédios. Posteriormente, este tipo de ataques cessou até ao final de Junho, em parte porque as reservas de bombas incendiárias estavam em baixo, e em parte porque a atenção fora transferida para o apoio à invasão de Okinawa. Entre o final de Junho e o fim da guerra, no dia 14 de Agosto, foram atacadas 55 cidades, com populações que variavam entre 30 000 e 325 000 habitantes. Em média, aproximadamente metade das áreas urbanas foram destruídas em cada uma delas. No dia 27 de Julho, surgiu uma inovação: Le May, o comandante da ofensiva dos *B-29*, organizou um lançamento de panfletos sobre 11 cidades, que avisavam as populações de que iam ser atacadas e, na noite seguinte, seis dessas cidades foram atacadas. Ele adoptou o mesmo processo mais duas vezes. Nessa altura, os aviões americanos já voavam em segurança sobre o Japão, devido ao número de pilotos japoneses eficazmente treinados ter baixado muito durante a campanha de Okinawa. Quando o estado do tempo permitia a observação de alvos específicos, os bombardeamentos de precisão continuavam a ser efectuados de dia, contra objectivos económicos, enquanto prosseguiam os bombardeamentos a áreas urbanas. Nos ataques a grandes cidades entre 14 de Maio e 15 de Junho, a percentagem de perdas foi apenas de 1,4 por cento; nos ataques posteriores contra cidades mais pequenas, os Japoneses abateram apenas um avião dos 8000 voos operacionais americanos. Os ataques aéreos afectaram de forma eficaz o moral das populações civis, desalojando cerca de 22 milhões de pessoas, um terço da população urbana do Japão.

Entretanto, o 509.º Grupo de Bombardeamento, composto por *B-29*, fazia treinos de bombardeamentos de precisão visual, em aviões que fugiam imediatamente logo após largarem as suas bombas. Algumas cidades, pouco ou nada atingidas, ficavam reservadas para o Grupo 509.º. Dois dos seus aviões, cada um deles largando uma única bomba, fizeram com que os bombardeamentos estratégicos atingissem o seu auge. No dia 6 de Agosto, às 8 horas e 15 minutos da manhã, uma bomba atómica explodiu sobre o centro de Hiroxima e, às 11 horas e 30 minutos do dia 9 de Agosto, uma segunda bomba atómica explodiu não exactamente sobre o centro de Nagasáqui. As estimativas das mortes variam: entre 80 000 e 155 000 pessoas morreram em Hiroxima e entre 20 000 e 80 000 em Nagasáqui, bem como cerca de 30 000 que ficaram gravemente feridas em cada uma delas, sobretudo em consequência de queimaduras terríveis.

Os aviões *B-29* enfraqueceram o moral das populações civis do Japão. A campanha de bombardeamentos dos Americanos destruiu a confiança dos Japoneses no Exército, que era considerado responsável por não ser capaz de defender o povo do Japão.

O comando militar sofria, em 1945, as consequências da sua relutância em, no passado, contar a verdade, sobre a forma como corria a guerra: uma população subitamente desiludida perdeu a confiança no Exército. Além disso, o governo não fizera preparativos suficientes para aliviar os efeitos dos bombardeamentos: as precauções contra ataques aéreos não haviam sido consideradas necessárias num país que esperava sobreviver à guerra bem fora do alcance das forças inimigas. A rápido prestação de cuidados aos feridos e o fornecimento de alimentos e abrigos aos desalojados constitui o apoio mais eficaz ao moral das populações nas cidades bombardeadas, e todos estes meios eram deficientes. Nestas circunstâncias, a ira das vítimas vira-se contra as autoridades e não contra o inimigo. A população não desejava, na realidade, a vitória dos Americanos — segundo investigadores americanos, a maioria dos Japoneses considerava que a derrota seria seguida de acontecimentos tais como «brutalidades, fome, escravatura ou aniquilação» — mas esperavam-na. Nem sequer o japonês médio implorava que fosse posto um fim à guerra. Não só não existia uma saída ou organização que desse a possibilidade às pessoas de fazerem esse pedido mas, em qualquer dos casos, um moral baixo, em tempo de guerra, manifestava-se numa preocupação exclusiva com a sobrevivência individual, mais do que com assuntos de ordem pública. O que tornava o baixo moral no Japão numa questão significativa era que certos membros do governo compartilhavam desse baixo moral e temiam-no e começaram a tentar conter o heroísmo desastroso dos chefes do Exército.

XI

O MORAL

O «Moral», a vontade de trabalhar mais, de aceitar os sacrifícios ou de prontamente se disponibilizar para ajudar a ganhar a guerra, vinha principalmente de duas fontes: de uma sensação de que valia a pena ganhar a guerra e de um sentimento de pertença a uma comunidade, juntamente com o desejo de ter o respeito dos outros nessa comunidade. Um perigo urgente e reconhecível por toda uma sociedade fortalecia o moral da população, tal como aconteceu em Inglaterra em 1940 ou na Alemanha em 1944 e 1945, na medida em que subsistia ainda alguma esperança de o evitar. O moral dos civis e o moral dos combatentes influenciavam-se mutuamente, mas os seus componentes diferiam, apesar de os bombardeamentos aéreos em grande escala os tornarem mais parecidos entre si. Para os civis e para os militares inactivos, a sensação de existir um objectivo a longo prazo era mais importante do que para os homens em combate activo, para quem a sobrevivência a curto prazo vinha em primeiro lugar.

Os civis esperavam que a guerra trouxesse um mundo melhor. Conscientes de que os sectores mais pobres das suas sociedades eram os mais vulneráveis às faltas e limitações impostas pela guerra, os governos reagiam com pedidos de sacrifícios idênticos para todos durante a guerra e, muitas vezes com relutância, pregavam um nivelamento social para o pós-guerra. Em Inglaterra, sobretudo, a economia de guerra trouxe o pleno emprego e apesar de existirem racionamentos e os seus concomitantes preços regulamentados e subsidiados, parecia preferível a muita gente à economia «liberal», supostamente associada à depressão dos anos 30. A guerra, por conseguinte, encorajava a aceitação dos ideais colectivistas e fazia aumentar o apoio ao Partido Trabalhista, cujos ministros, especialmente Bevin e Morrison, pareciam ser pessoas extraordinárias na forma como contribuíram para a direcção do esforço de guerra dos civis. Uma das publicações inglesas mais famosas durante os anos da guerra parece ter sido uma publicação austera do governo, intitulada «Segurança Social e Serviços Aliados — Relatório por Sir William Beveridge», que vendeu mais de 100 000 exemplares quando surgiu, em Dezembro de 1942. «Agora que a guerra estava a derrubar as barreiras de todos os tipos», o relatório de Beveridge apelava a uma ofensiva contra os «cinco gigantes»: a Pobreza, a Doença, a Ignorância, a Miséria e a Ociosidade. O sistema de segurança social de Beveridge implicava a existência de um Serviço Nacional de Saúde gratuito, de uma reforma do ensino e de pleno emprego impulsionados pelo Estado depois da guerra acabar. O Ministério da Informação, responsável por manter o moral dos civis, reconhecia a importância de Beveridge e sentia-se pouco à vontade em relação às reticências de Churchill e de alguns dos seus colegas conservadores quanto a apoiarem uma reforma deste tipo para o pós-guerra — reticências estas que ajudam a explicar a derrota de Churchill nas eleições de 1945.

Durante a Segunda Guerra Mundial, o cinema floresceu como meio de entreter milhões de pessoas com um mínimo de custo de mão-de--obra. Todas as nações beligerantes importantes produziram filmes que inspiravam as pessoas — documentários disciplinados ou analogias históricas — e toleraram o «escapismo». As economias rigidamente controladas davam margem à existência de outras formas de prazer. O número de fumadores ingleses e americanos atingiu novos níveis, e até o general Montgomery, que não fumava, levava cigarros nos seus veículos para dar às tropas. A produção de cerveja manteve-se em Inglaterra, com uma graduação alcoólica inferior, apesar de o vinho importado e de as aguardentes caseiras serem escassos. Os governos europeus, através do controlo dos recursos escassos, podiam decidir que tipo de pintura, literatura e música deviam encorajar ou reprimir. Em Inglaterra, desenvolveu-se uma outra fase, a dos subsídios governamentais: estes foram um meio de manter o moral encorajando os trabalhos ousados e não comerciais. Além disso, a guerra tinha tendência para limitar o mercado das artes e, porque fazia diminuir os contactos internacionais, atrasava o desenvolvimento artístico. Que outro tipo de consequências teve nas artes depende do tipo de impacto individual e pessoal sobre aqueles que dirigiam as tendências artísticas — tentar fazer generalizações é fútil e pretensioso.

Para ganhar batalhas, os combatentes têm de arriscar-se voluntariamente a ser feridos ou mortos. A coerção do Estado pode pô-los nos campos de batalha, mas a vitória necessita de uma coragem disciplinada que não pode ser forçada. Todos os exércitos utilizaram o recrutamento militar e combateram a deserção, procurando e castigando os ofensores. Qualquer soldado russo apanhado nas áreas da retaguarda pela polícia política estava sujeito a ser fuzilado. Nos últimos dias da guerra, as unidades SS agiram da mesma forma dentro da Alemanha, reforçando o recurso crescente à pena capital pelas autoridades militares regulares, que executaram talvez 20 000 homens pertencentes às forças armadas. De tempos a tempos, os comandantes ingleses pediam que a pena de morte fosse reinstaurada para casos de deserção. Estas medidas serviam principalmente para garantir à maioria que a resistência era aquilo que a sociedade esperava das pessoas; a preocupação pela boa opinião dos outros constituía o motivo fundamental do heroísmo e da resistência. As comunidades admiravam e mimavam os seus soldados, marinheiros e aviadores na proporção dos perigos que se julgava que enfrentavam: as tripulações dos aviões, dos submarinos e as tropas pára-quedistas, por exemplo, podiam esperar uma adulação pública desde que a sua sociedade estivesse de acordo com a guerra — neste caso, o moral dos civis influenciava fortemente o moral dos militares. Uma publicidade bem controlada das operações militares ajudava a manter o bom moral daqueles que participavam nelas, tal como o faziam as insígnias das diversas unidades e ramos das forças armadas, as medalhas e tudo o mais.

No entanto, o mais importante elemento para o bom moral em combate era o indivíduo sentir-se um membro válido de um grupo. Ele tinha de sentir que o grupo gostava dele, de forma a sacrificar-se por ele e a não desiludir os seus camaradas. Se um tal grupo — uma esquadrilha, um pelotão, uma tripulação de bombardeiro, uma companhia, por exemplo — inspirasse estas emoções profundamente compensadoras de camaradagem, transformava-se numa arma formidável. Na medida em que os seus membros, colectiva e individualmente, considerassem que os seus chefes eram competentes e desde que se considerasse que uma autoridade mais remota estava por detrás da organização do abastecimento eficaz e da preparação dos soldados para os perigos da guerra, o seu moral seria indestrutível exceptuando em casos de esforço prolongado e exaustivo. A Segunda Guerra Mundial, no entanto, confirmava a lição da Primeira: que todas as pessoas têm um ponto limite de resistência. O momento em que este é atingido depende, em parte, do moral dos indivíduos mas, sobretudo, da natureza e da intensidade do esforço de combate. No Normandia, de Julho a Setembro de 1944, por exemplo, um quinto da totalidade das baixas em batalha no 2.º Exército inglês foram de origem psiquiátrica. Dois psiquiatras do Exército americano concluíram que entre os soldados americanos que integraram o teatro de operações no Mediterrâneo «praticamente todos os homens dos batalhões de artilharia ligeira que não sofreram outros danos, transformavam-se, em última instância, em casos psiquiátricos», e afirmavam que um soldado médio atingiria o ponto de exaustão após um ano de combates e que a sua eficácia diminuiria muito antes deste ponto. Estes observadores americanos consideraram que os Ingleses, em Itália, aguentaram mais tempo em razão da sua política de retirar os soldados de infantaria da linha de combate para mais importante pequenos períodos de descanso frequentes, a cada quinze dias ou mais, em comparação com o hábito de os Americanos manterem as suas tropas na linha de combate durante um período de dois meses ou mais. Muitos autores partem do princípio de que os combates terrestres na Segunda Guerra Mundial foram, de alguma maneira, menos árduos do que na Primeira Guerra. Esta ilusão é uma consequência da menor percentagem de tropas na Segunda Guerra que defrontavam activamente o inimigo e do grande número de tropas especiais e de escalões de retaguarda. Uma divisão normal de infantaria inglesa continha aproximadamente 17 000 homens mas apenas 4000 de espingarda e baioneta, e, no Pacífico, um soldado de infantaria dos Estados Unidos necessitava em média de 18 homens nos serviços de abastecimento para se manter em combate. Na Europa, os exércitos inglês e americano sofreram uma maior percentagem de perdas nas tropas de combate de primeira linha durante períodos de tempo equivalentes, do que durante a Primeira Guerra Mundial, e as perdas foram ainda maiores para os Alemães e para os Russos.

Assim, o moral era um assunto de ordem vital. Os Japoneses e os Alemães conseguiram melhores resultados do que os seus adversários. Ambos tinham sociedades coesas cujos membros facilmente sentiam um sentimento de solidariedade e obrigação mútuas, e possuíam comparativamente um número muito maior de oficiais experimentados e inteligentes e sargentos com vasta experiência do que os Ingleses e os Americanos. O Exército alemão, em particular, tinha muitos chefes experientes e capazes, tanto oficiais como sargentos, que vinham de uma sociedade em que o serviço militar tinha, de uma maneira geral, um grande prestígio, mesmo em tempos de paz, e que possuíam um sentido muito forte de identidade nacional. Os soldados ingleses e americanos vinham de uma sociedade que, em tempos de paz, tinha tendência para desprezar a carreira militar e na qual os factores sociais ou étnicos faziam diminuir a confiança mútua. Os Americanos enfraqueceram ainda mais o moral dos seus soldados de infantaria cuidadosamente retirando das suas fileiras todos os especialistas e homens com capacidades intelectuais e colocando-os em ramos das forças armadas que exigiam, geralmente, conhecimentos técnicos ou inteligência acima da média. Na União Soviética, a incompatibilidade entre as várias origens nacionais e uma grande diversidade de níveis de educação limitavam a manutenção eficaz do moral a unidades de elite cuidadosamente escolhidas. Não obstante quão superior fosse a sua causa, os Aliados ganharam a guerra mais em razão da sua superioridade numérica e em material de guerra, do que devido a um moral mais elevado.

XII

OBRIGANDO OS ALEMÃES A RECUAR: O NORTE DE ÁFRICA, A ITÁLIA E A RÚSSIA

Foram necessários mais de dois anos de lutas ferozes, depois de os Alemães terem sido detidos, para os obrigar a regressar à Alemanha. Até ao Verão de 1943, Hitler ainda podia ter uma esperança razoável de ganhar a guerra: uma vitória em Kursk obrigaria os dirigentes soviéticos a fazerem um compromisso, e uma vitória no Atlântico obrigaria os Ingleses a render-se e os Estados Unidos a manter-se do outro lado do Atlântico. A seguir ao Verão de 1943, apenas podia ter uma esperança de adiar a derrota até os Aliados se separarem.

As campanhas terrestres na Europa, entre 1943 e 1945, seguiram um padrão regular. Hitler insistia numa defesa tenaz dos territórios conquistados, mesmo correndo o risco de ser cercado. Os seus generais eram a favor da flexibilidade, incluindo a retirada voluntária, para preservar as suas forças e travar batalhas móveis nas quais as superiores capacidades militares dos Alemães obtinham os melhores resultados. Do lado dos Aliados, os comandantes soviéticos tentavam utilizar a mobilidade crescente das suas melhores unidades para explorar a rigidez imposta aos seus inimigos e para concentrar o esmagador número de forças locais necessárias para conseguir superar a perícia táctica dos Alemães. Os comandantes ingleses, depois de uma série de derrotas de 1940 a 1942, estavam preocupados com a agilidade dos Alemães em matéria de contra-ataques e procuravam manter o «equilíbrio», ou seja, evitar manobras arriscadas. Os comandantes americanos preocupavam-se com a falta de experiência dos seus oficiais, sargentos e praças, e contavam com o equipamento para compensar essa falta de experiência até ela ser adquirida, de forma que as forças americanas necessitavam de uma quantidade impressionante de material de guerra. Com algumas excepções, tais como a campanha de Manstein na Ucrânia em 1943, os ataques dos Alemães em Avranches, nas Ardenas, e o ataque de Montgomery em Arnheim, batalhas de atrito, sem imaginação, marcaram os últimos anos da guerra.

A primeira vez que os Alemães e os seus aliados italianos foram obrigados a recuar em grande escala foi depois da vitória de Montgomery em El Alamein e dos desembarques de Einsenhower no Noroeste de África. A superioridade do equipamento dos Aliados compensava a sua cautela táctica, que era uma consequência da perícia militar dos Alemães. Antes da batalha de El Alamein, Montgomery revelava, em privado, a sua preocupação em relação à capacidade das «suas tropas que não estavam bem treinadas». Posteriormente, perseguindo os Alemães em direcção a Trípoli e à Tunísia, evitou riscos, na intenção de impedir mais um golpe ao moral dos Ingleses que um ataque vitorioso de Rommel contra destacamentos avançados ou isolados poderia causar. Rommel comentava: «o comando inglês mantém a sua cautela habitual e mostrou pouca habilidade para tomar decisões firmes». Havia mais um motivo para os atrasos dos Ingleses: como a artilharia era a parte mais eficaz do exército inglês, as pausas para transportar os canhões faziam sentido no caso de o inimigo dar meia volta e recomeçar a combater. A retirada de Rommel no Egipto começou no dia 4 de Novembro de 1942. No início de Fevereiro de 1943, as suas forças recuaram até à Tunísia. No dia 9 de Novembro de 1942, de tarde, as tropas americanas e inglesas desembarcaram no Noroeste da África francesa ([1]).

Os comandantes ingleses e americanos preferiam tácticas prudentes mas, apoiando-se nas suas marinhas e forças aéreas superiores, puseram em prática estratégias ousadas. A operação TORCH, ou seja, o desembarque no Norte de África, incluiu três desembarques em costas potencialmente inimigas — os barcos das primeiras vagas iam carregados de homens prontos a combaterem imediatamente — depois de ter navegado durante milhas e milhas em águas infestadas de submarinos, durante a maior parte do tempo ao alcance do reconhecimento aéreo alemão. As forças americanas desembarcaram na costa atlântica de Marrocos, tendo vindo directamente dos Estados Unidos, enquanto as forças destinadas a Orão e Argel haviam partido da Inglaterra. As desavenças entre Ingleses e Americanos marcaram a fase do planeamento.

([1]) Ver os mapas nas pp. 71 e 127.

Os Ingleses queriam desembarcar o mais a Leste possível de forma a chegar a Túnis e Bizerta antes de os Alemães capturarem esses portos. Se falhassem, Rommel teria uma nova linha de abastecimento, menos vulnerável do que a que passava por Trípoli. Consequentemente, insistiam num desembarque em Bone, a cerca de 230 quilómetros de Túnis. Os estrategos dos Estados Unidos insistiam num desembarque na costa atlântica de Marrocos e opunham-se a desembarques mais para o interior do Mediterrâneo: receavam a cooperação dos Espanhóis numa manobra alemã para fechar o Estreito de Gibraltar e para ocupar a parte espanhola de Marrocos, cortando assim a passagem às tropas estacionadas no Mediterrâneo. Uma força dos Aliados estacionada na costa Atlântica de Marrocos poderia defendê-lo contra ataques dos Alemães ou dos Espanhóis às linhas de comunicação dos Aliados, enquanto poderia ser abastecida através de Casablanca. Os Americanos sugeriam Casablanca e Orão; os Ingleses Argel e Bone. Por fim, juntou-se material suficiente para o desembarque em três pontos: o mais a leste, em Argel, muito mais para o interior do Mediterrâneo do que os Americanos queriam, mas não tão perto de Túnis como os Ingleses desejavam, o segundo, em Orão e o terceiro na zona de Casablanca.

A atitude dos Franceses preocupava os Aliados. Através de um acordo anglo-americano, os Ingleses tinham a iniciativa na diplomacia com a Espanha e os Americanos com a França de Vichy. As autoridades francesas em Marrocos, na Argélia e na Tunísia obedeciam ao governo do marechal Pétain em Vichy e aplicavam o armistício franco-alemão. Os Americanos achavam que era possível convencer os Franceses a não resistirem a uma invasão dos Aliados, especialmente se o chefe dissidente da França Livre, o general De Gaulle, e os seus seguidores fossem mantidos à parte e os supostamente provocadores Ingleses ficassem à margem. Um industrial francês inteligente com enormes interesses no Norte de África, Jacques Lemaigre-Dubreuil, suficientemente esperto para perceber de que lado estava a vitória, ajudou os emissários americanos a contactarem as autoridades francesas. Os Americanos concluíram que a resistência francesa seria apenas nominal e acabaria rapidamente. Pensavam ter encontrado uma pessoa capaz de obter a cooperação dos oficiais superiores franceses num valente general francês de extrema-direita, que se evadira recentemente de um campo de prisioneiros alemão — tratava-se do general Giraud. Além disso, o general Mast, chefe do estado-maior do 19.º Corpo de Exército e o general Béthouart, que comandava Casablanca, tinham concordado assumir o comando nas suas zonas e não se oporem aos desembarques. Assim, as forças americanas e inglesas desembarcaram em Argel sem praticamente encontrar resistência. Os Americanos, porém, tiveram de combater contra uma forte resistência das guarnições e baterias navais de Orão, enquanto em Casablanca o manhoso governador-geral de Marrocos, Nogués, mandou prender Béthouart por traição. Ninguém ligou importância a Giraud. Por acaso ou não, uma personagem muito mais importante estava em Argel, o almirante Darlan, o representante do marechal Pétain. A sua primeira reacção foi ordenar a resistência contra os Aliados em todo o lado. Só quando tomou consciência do poder da invasão é que ordenou o cessar-fogo no dia 10 de Novembro, quando os Aliados tinham conquistado Orão e estavam colocados para atacar os Franceses em Casablanca.

A resposta dos Alemães foi facilitada pelo governador-geral francês em Túnis, o almirante Esteva, e pelo comandante naval de Bizerta, o almirante Derrien, que não fizeram qualquer tentativa para resistir aos Alemães. As tropas alemãs começaram a desembarcar por avião no dia 9 de Novembro e os barcos carregados com fornecimentos começaram a chegar no dia 12 de Novembro, o que constituía uma rápida resposta que deu a possibilidade aos Alemães e Italianos, sem interferência dos Franceses locais, de se juntarem e deterem o avanço dos Ingleses e dos Americanos a aproximadamente 70 quilómetros a oeste de Túnis e de Bizerta, mais ou menos 10 dias depois da invasão. Os receios dos Ingleses demonstraram estar correctos: começara efectivamente uma batalha pela Tunísia.

As forças do Eixo apoiavam-se em curtas rotas navais e aéreas para a Sicília e para a metrópole italiana. As linhas de abastecimento dos Aliados eram muito mais demoradas e complicadas. Os reforços alemães e italianos para a Tunísia foram enviados com suficiente rapidez para manter a resistência durante seis meses. Com o que sobrava dos seus exércitos do deserto depois da derrota em El Alamein, juntaram aproximadamente 250 000 soldados, três quintos de nacionalidade alemã. Do lado dos Aliados, depois da chegada do 8.º Exército, havia aproximadamente 650 000 homens no Noroeste de África, dos quais mais de metade eram de nacionalidade inglesa. Em razão dos seus problemas de ordem logística e administrativa, o total de tropas aliadas incluía um número muito mais elevado, quase dois terços, de soldados não combatentes que pertenciam às linhas de comunicação e às zonas da retaguarda. Na Tunísia, os Alemães mostraram a sua habitual perícia táctica, enquanto as unidades italianas combatiam melhor em zonas montanhosas, onde a sua falta de mobilidade era uma desvantagem menor do que no deserto. As forças de Rommel, que haviam recuado para a Tunísia para trás da linha de Mareth e forçado Montgomery a parar para efectuar um ataque organizado, tiveram tempo para avançar para Norte e lançar um ataque rápido contra o 2.º Corpo de Exército americano, no centro da Tunísia. No desfiladeiro de Kasserine, o exército dos Estados Unidos juntava-se agora à longa lista de exércitos que haviam sido derrotados quando atacados pelas forças alemãs, mas os comandantes militares do Eixo não tinham forças suficientes para poder explorar a sua vitória. O alto-comando germano-italiano, com efeito, previra vitórias maiores, devido ao que chamavam «baixo valor combativo» das tropas dos Aliados. O general Montgomery conseguiu finalmente fazer recuar os Alemães e os Italianos de novo para a Tunísia, graças a duas batalhas vitoriosas, em Mareth e Wadi Akarit. Em ambas as batalhas, as forças do Eixo conseguiram escapar, muito enfraquecidas, mas com força para continuar a defender-se tenazmente.

Por fim, os Aliados derrotaram os Alemães e os Italianos na Tunísia por meio de ataques aos seus fornecimentos por mar, utilizando submarinos, navios de superfície e aviões. A princípio, a utilização de uma rota curta da Itália para a Tunísia ajudou as forças do Eixo e, em Novembro de 1942, ajudados pelos reforços da força aérea alemã na Sicília enviados por Hitler, conseguiram salvar todos os fornecimentos destinados à Tunísia. Nesse mesmo mês, chegaram a África 95 000 toneladas de fornecimentos e de combustível.

Em Dezembro, 65 000 toneladas, em Janeiro de 1943, 70 000 toneladas e em Fevereiro, 60 000 toneladas. Os ataques dos Ingleses e dos Americanos impediram que quase um quarto destes carregamentos chegassem ao seu destino. Estes totais estavam muito abaixo daquilo que von Arnim e Rommel, os comandantes alemães na Tunísia, consideravam necessário (150 000 toneladas), e a sua posição tornou-se impossível quando em Março e Abril os Aliados impediram que quase metade dos fornecimentos do Eixo chegassem ao seu destino. Em Março, as forças alemãs e italianas receberam 43 000 toneladas, em Abril apenas 30 000 toneladas. No início de Maio, os Aliados impediram que mais de três quartos dos carregamentos com destino à Tunísia chegassem ao seu destino. Os serviços de informação contribuíram para isto: a descodificação das mensagens rádio das marinhas alemã e italiana prosseguia, mas o que era ainda mais importante era a intercepção das transmissões de rádio que controlavam os transportes aéreos das forças do Eixo. Juntamente com a criação de campos de aviação dos Aliados a leste de Argel e na Tripolitânia, isto levou à destruição, no mês de Abril, de quase dois terços dos aviões de carga alemães no Mediterrâneo. Além disso, tornou possíveis os ataques aos caças de escolta e, assim, facilitou os ataques aos meios de transporte por via marítima. Mesmo assim, os Alemães detiveram, a princípio, os avanços dos Aliados na Tunísia e em Bizerta, mas a situação não podia manter-se. A 4 de Maio, o comando das forças do Eixo já não tinha combustível suficiente para assegurar o abastecimento de água, alimentos e munições às suas tropas. Hitler emitiu as suas ordens habituais para que combatessem até ao último homem: as unidades das forças do Eixo, sensatamente, queimaram as suas munições, inutilizaram o material e renderam-se; foram capturados cerca de 150 000 Alemães e 90 000 Italianos. As perdas do lado dos Aliados no Noroeste de África, incluindo no 8.º Exército inglês depois de este ter chegado à Tunísia, foram 11 000 mortos e 40 000 feridos: um pouco mais de metade destes homens eram de nacionalidade inglesa, um quarto de nacionalidade americana e um quarto de nacionalidade francesa.

Os altos-comandos militares dos Americanos, dos Ingleses e dos Alemães estavam todos eles satisfeitos: os Aliados tinham ganho, libertado a parte sul do teatro de operações no Mediterrâneo e obrigado à deslocação de tropas alemãs de alta qualidade e uma força aérea considerável da frente russa para o Mediterrâneo. A cooperação anglo-americana, graças principalmente ao general Eisenhower, funcionara surpreendentemente bem. Especialmente aos níveis mais altos, as rivalidades e os ressentimentos apareciam agora tão frequentemente entre as forças armadas dos Aliados, o Exército, a Força Aérea e a Marinha, como entre as duas nacionalidades. Do seu lado, Hitler conseguira adiar o resultado final durante seis meses e, desta forma, tornara ainda mais improvável um ataque dos Aliados a França em 1943, fizera aumentar as probabilidades de uma vitória dos submarinos no Atlântico, e mostrara, para quem ainda tivesse dúvidas, que o moral e a capacidade combativa dos Alemães continuavam formidavelmente altos. Até as tropas sobreviventes haviam sido recompensadas: os Alemães estavam em melhor situação enquanto prisioneiros dos Ingleses e dos Americanos do que dos Russos, e os Aliados, em Túnis, pelo menos da parte dos habitantes de nacionalidade francesa, tiveram o primeiro exemplo de boas-vindas que as populações amigas costumam dar aos seus libertadores.

Na Conferência de Casablanca, os dirigentes políticos e militares ingleses e americanos haviam acordado que as suas forças deviam invadir a Sicília depois de terem conquistado a Tunísia. A invasão, a operação HUSKY, começou no dia 10 de Julho de 1943, com o maior ataque por mar de toda a guerra. Um total de 2590 navios desembarcou 180 000 homens na primeira vaga. As tropas chegaram à Sicília vindas de bases muito mais distantes do que no caso dos desembarques na Normandia em 1944, de forma que os barcos e os aviões demoravam mais a regressar às suas bases. A maioria das tropas inglesas vinha do Suez e de Inglaterra, assim como da Tunísia e de Malta. As divisões americanas vinham de Bizerta e Argel, e uma divisão veio directamente dos Estados Unidos, com apenas uma breve paragem em Orão. Os reforços às primeiras tropas desembarcadas demoraram mais a chegar, e os estrategos tiveram de certificar-se de que o primeiro ataque seria reforçado para poder sobreviver à oposição poderosa e continuada que era esperada das forças alemãs na Sicília e, talvez, das forças italianas que, do seu lado, podiam ser rapidamente reforçadas através do Estreito de Messina. Várias coisas correram mal.

A estrutura de comando fez aumentar a influência dos Ingleses nas operações anglo-americanas. O 8.º Exército britânico derrotara e expulsara os Alemães do Egipto e da Tripolitânia, e a sua intervenção pesara, aparentemente, na balança dos acontecimentos na Tunísia. A lista de vitórias de Montgomery quase parecia justificar a sua extrema autoconfiança. Ele pensava que deveria ser o comandante dos exércitos na Sicília, com um corpo de forças americanas sob as suas ordens. Do ponto de vista militar, era uma coisa sensata mas, do ponto de vista político, o estatuto de Americanos e de Ingleses devia ser igual. Além disso, elevar Montgomery à posição de controlo dos exércitos faria com que se perdesse a sua inegável habilidade em travar batalhas. Felizmente, ao que parecia, o expediente de Eisenhower de colocar o general Alexander no comando, sob a sua suprema autoridade, de ambos os exércitos, americano e britânico, na Tunísia podia repetir-se com segurança: Alexander, um oficial elegante e de boas maneiras, mostrara-se um modelo de diplomacia. Alexander continuava a ter êxito como chefe de uma equipa que derrotara Rommel, aliviando Eisenhower da sua função de comandante do Grupo de Exércitos, libertando-o para resolver problemas administrativos e políticos do Noroeste de África. Infelizmente, Montgomery, que era um homem com uma personalidade mais forte e decidida, dava ordens a Alexander e não o contrário, de forma que Alexander transmitia os desejos de Montgomery às outras partes do seu comando — o 7.º Exército americano sob o comando do general Patton — em vez de tomar em consideração a batalha no seu todo e fazer a ajudicação das forças entre as várias necessidades e exigências em conflito. Alexander cedia ainda com mais facilidade a Montgomery porque ambos partilhavam do preconceito inglês segundo o qual os soldados americanos eram de qualidade inferior, tanto por falta de experiência como por serem «moles»: consequentemente, ambos pensavam que o 8.º Exército de Montgomery era a arma decisiva. Os Ingleses também forneciam os comandantes aéreos e navais, mas estes dois homens trabalhavam mais facilmente em conjunto com os seus colegas americanos do que com Montgomery, que, de facto, se queixava de que Alexander não mantinha um contacto suficientemente próximo com a direcção das operações.

Os primeiros ataques, concentrados, tal como Montgomery desejara, numa única zona do Sueste da Sicília, correram bem, com uma única grande excepção. Os aviões que transportavam as unidades aerotransportadas dos Ingleses e dos Americanos em planadores e de pára-quedas espalharam as tropas por grandes áreas da Sicília ou largaram-nas no mar. Muitos dos aviões e dos seus passageiros combatiam contra o fogo antiaéreo de quatro exércitos — o inglês, o americano, o alemão e o italiano — e tanto os navios de guerra ingleses como americanos disparavam contra qualquer avião que se aproximasse. No solo, alguns deles foram atacados pelas forças americanas e inglesas. O comando das forças do Eixo reagiu à invasão dos Aliados bloqueando o avanço dos ingleses em direcção a Catânia e efectuando ataques poderosos contra os desembarques americanos à volta de Gela. Aí, duas divisões, a *Livorno*, a melhor unidade italiana, e a divisão *panzer Hermann Goering*, atacaram no primeiro e segundo dias após o desembarque, utilizando os Alemães os seus novos tanques *Tiger*, fortemente blindados e com o potente canhão de 88 mm. A 1.ª Divisão americana defendeu-se, ajudada decisivamente pelo fogo dos navios de guerra estacionados ao largo, e até conseguiu lançar o pânico e a desordem num batalhão alemão da Divisão *Hermann Goering*.

No terceiro dia após o desembarque, a 46.ª Divisão americana, sob o comando de Omar Bradley, avançara para o interior e atingira a estrada principal leste-oeste pelo interior em direcção à qual a 1.ª Divisão estava também a avançar. Nesta fase, Montgomery insistia que esta estrada devia ser retirada aos Americanos e atribuída ao 8.º Exército britânico. O seu plano inicial fora derrotado pela resistência dos Alemães em frente a Catânia, o que impedira o avanço dos Ingleses para leste do monte Etna em direcção a Messina e a intercepção da retirada das forças do inimigo. Agora, por conseguinte, propunha avançar para oeste do monte Etna. Apesar de as tropas americanas estarem mais bem colocadas para executar este novo plano, Alexander obedeceu aos desejos de Montgomery e retirou-lhes a estrada leste-oeste, dando mais tempo aos Alemães para estabelecerem a sua defesa e ajudando a adiar a conquista da Sicília até meados de Agosto, quando os Alemães, recuando ordenadamente, conseguiram atravessar novamente o Estreito de Messina.

Bradley e Patton nunca esqueceram esta manifestação do preconceito egocêntrico de Montgomery e ficaram ressentidos e desconfiados. Felizmente para a aliança, o tacto de Eisenhower e o encanto de Alexander faziam com que estes ressentimentos fossem mais de ordem pessoal do que nacional. Embora muitos Americanos desconfiassem dos Ingleses (os *Limeys*) e muitos Ingleses fossem condescendentes com os Americanos (ou *Yanks*), a maioria tinha companheiros ou mesmo amigos simpáticos da outra nacionalidade. Entre subordinados dos dois estados-maiores essa amizade vinha muitas vezes do desagrado compartilhado em relação a uma autoridade superior. Assim, mesmo as actividades de pessoas maçadoras e arrogantes como Montgomery e a postura de muitos comandantes como Patton, encorajadas pela imprensa popular com o seu agrado pela competição entre os Aliados, não conseguiram impedir o desenvolvimento, entre Ingleses e Americanos, da mais estreita aliança jamais conhecida.

Em Maio de 1943, a Conferência Tridente concordara em prosseguir depois da conquista da Sicília com operações para obrigar a Itália a sair da guerra. A 25 de Julho, Mussolini foi deposto; no dia seguinte, a Junta de Chefes do Estado-Maior autorizou Eisenhower a invadir a Itália. A Conferência do Quebeque recebeu as suas propostas no dia 24 de Agosto. No dia 3 de Setembro, Montgomery enviou o 8.º Exército através do Estreito de Messina (Operação BAYTOWN) para distrair as forças alemãs do principal ataque (AVALANCHE), que teve lugar uma semana depois na baía de Salerno perto de Nápoles, mais ou menos onde os Alemães esperavam o ataque, já que este local estava no limite de cobertura dos caças monolugares a partir dos aéródromos recentemente ocupados na Sicília. A 8 de Setembro, o novo governo italiano anunciou o armistício. No dia seguinte, de manhã cedo, o 5.º Exército anglo-americano, sob o comando do general Mark Clark, iniciou os desembarques perto de Salerno. As suas tropas esperavam encontrar uma rendição amigável e incondicional por parte dos Italianos; encontraram contra-ataques ferozes dos Alemães. Os desembarques do 8.º Exército, mais a sul, não ajudavam muito, apesar de Montgomery ter o reforço da 1.ª Divisão Aerotransportada, enviada por mar para Taranto: o terreno era perfeito para a defesa e quase impossível de abastecer. Os defensores alemães bloquearam o avanço de Montgomery fazendo demolições, colocando minas e granadas armadilhadas, e concentraram todos os seus esforços nos desembarques de Salerno. Aí, duas divisões americanas e duas divisões inglesas desembarcaram durante as primeiras vinte e quatro horas. Ao fim de três dias, os Alemães tinham concentrado cinco divisões, todas elas *panzer* ou *panzer grenadier*, se bem que muito enfraquecidas. Nos dias 13 e 14 de Setembro, as forças alemãs quase conseguiram romper em direcção à costa pelo centro da testa-de-ponte dos Aliados, na praia. No dia 13, Clark ordenou que fossem feitos planos para a evacuação separada dos corpos de exército ingleses e americanos — talvez para uns reforçarem os outros ou para ambos serem evacuados. Como reforço urgente, dois regimentos de pára-quedistas americanos fizeram uma largada nocturna na testa-de-ponte na praia (desta vez, sem o descalabro que acontecera na Sicília) e 1500 homens foram embarcados em cruzadores em Trípoli e rapidamente enviados para as divisões inglesas. (Uma parte destas tropas inglesas chegou quase amotinada, felizmente depois do auge da crise). A 16 de Setembro, o comandante alemão informava que não conseguira derrotar a testa-de-ponte na praia, atribuindo o seu insucesso aos bombardeamentos navais e aos ataques aéreos dos Aliados. Os canhões dos barcos acertavam nos alvos em terra mais eficazmente do que se pensava, e as técnicas de observação, estudadas na Sicília, demonstraram novamente a sua eficácia. A 14 de Setembro, a força aérea dos Aliados no Mediterrâneo fez mais de 2000 voos operacionais contra objectivos tácticos. Os navios e os aviões pesaram no equilíbrio da balança, juntamente com a eficiente artilharia de campanha dos Ingleses e dos Americanos. Os comandantes alemães evitaram as perdas para manter as suas forças e passaram à defensiva.

A Batalha de Salerno agradou mais aos comandantes alemães do que aos vencedores. Kesselring, que comandava sob a direcção de Hitler as forças armadas alemãs em Itália, concluiu que as tropas inglesas e americanas eram fracas em combate e que era possível defender a Itália a sul de Roma. No final de Setembro, Hitler mudava as suas ordens para uma retirada lenta em direcção ao Norte de Itália, e ordenava que o Sul fosse defendido durante o maior tempo possível, «para cortar a ponte do inimigo para os Balcãs». Os comandantes ingleses e americanos em Salerno olhavam as suas próprias tropas com inquietação e criticavam abertamente os seus aliados. Os generais ingleses receavam um moral fraco entre as suas tropas. Os generais americanos detectavam uma liderança inadequada por parte dos oficiais mais novos. Alguns oficiais ingleses tornaram-se por conseguinte ainda mais cautelosos, enquanto os Americanos tendiam a atribuir tarefas impossíveis às suas tropas. Os Ingleses queixavam-se cada vez mais da imprudência e descuido dos Americanos, e estes da moleza e da indolência dos Ingleses. Ambos, porém, mantinham cuidadosamente atitudes contemporizadoras convencionais de congratulação mútua, encorajados pela reticência diplomática do general Alexander.

Entretanto, Hitler podia congratular-se por ter conseguido deter as forças dos aliados no Sul da Itália. É verdade que Marshall e Eisenhower também se podiam congratular por ter conseguido deter os Alemães em Itália e mantê-los longe de França, mas Churchill, que queria que os Aliados em Itália constituíssem uma ameaça à Europa fascista, ficou zangado com as operações defensivas vitoriosas que Salerno encorajava os Alemães a empreender. Depois de Salerno, os Alemães efectuaram uma retirada por fases, para uma cintura defensiva naturalmente forte, reforçada com fortificações bem concebidas. Chamaram-lhe Linha de Inverno, de que os rios Garigliano, Rapido e Sangro, e o monte Cassino constituíam os pontos principais. A princípio, os Aliados tinham esperança de conquistar Roma em Outubro de 1943; conseguiram-no no dia 5 de Junho de 1944. A 19 de Dezembro de 1943, Churchill, acamado em Cartago, queixava-se de que «a estagnação de toda a campanha na frente italiana se estava a transformar num escândalo». Esta estagnação levanta de novo a questão da organização de uma estratégia em grande escala dos Aliados, e este relato tem de voltar a esse nível.

A Itália e o Mediterrâneo tornavam-se agora o centro do conflito estratégico mais acerbo da guerra entre os chefes supremos militares ingleses e americanos. Em Quebeque, eles tinham acordado a forma de ganhar a guerra; agora, no final de 1943, os Ingleses revelavem novos sintomas de «oportunismo» e de ter perdido a fé na operação OVERLORD, o ataque pelo canal da Mancha. Em 1942 e na primeira metade de 1943, os Ingleses, com a ajuda de Roosevelt, conseguiram levar a sua avante nas discussões estratégicas anglo-americanas. A partir de então, Roosevelt passou a ajudar Marshall e os chefes dos estados-maiores americanos a impor a sua vontade. Não era apenas por os Estados Unidos se terem tornado mais fortes do que o Império Britânico; havia outra razão: a leviandade da inconsequente estratégia dos Ingleses. Churchill agia como porta-voz vociferante e pertinente de pontos de vista que, normalmente, mas nem sempre, partilhava com os chefes dos estados-maiores ingleses, liderados, neste contexto, por Brooke. Entre Outubro de 1943 e Agosto de 1944, bombardeou Roosevelt e os militares americanos, primeiro com apelos à prioridade de diversas operações no Mediterrâneo, incluindo um desembarque no Sul de França, mesmo à custa do adiamento da invasão ao Noroeste da Europa; depois à concentração das forças no Mediterrâneo, para a campanha de Itália, mesmo à custa do desembarque no Sul de França. Os Ingleses descobriam constantemente «factos novos» que alteravam os planos acordados. Aos olhos dos Americanos, os Ingleses pareciam inconstantes e pouco fiáveis. Felizmente que a personalidade e o prestígio de Churchill faziam diminuir o impacto desestabilizador dessas políticas.

Em Outubro de 1943, Churchill pôs em andamento operações pessoais, que não tinham a aprovação de Brooke e dos estrategos ingleses: queria ocupar Rodes e as ilhas do Dodecaneso e deste modo, esperava ele, trazer a Turquia para a guerra para iniciar uma campanha nos Balcãs. Os Ingleses tinham tomado Kos, Leros e algumas ilhas mais pequenas um mês antes, quando os Italianos se haviam rendido. Churchill pediu arrogantemente a Roosevelt que enviasse Marshall, o chefe do Estado-Maior do Exército americano, a África, para conseguir persuadi-lo, assim como aos comandantes das forças aliadas no Mediterrâneo, a confiarem nas operações dos Balcãs. Roosevelt não aceitou e os chefes dos estados-maiores americanos proibiram qualquer transferência de recursos para o Leste do Mediterrâneo. Molotov encorajou Churchill quando apoiou uma sugestão de Eden, o secretário dos Negócios Estrangeiros britânico, segundo a qual a Turquia deveria entrar na guerra, e Churchill ficou ansioso pela cimeira de alto nível planeada entre Estaline e Roosevelt, uma vez que parecia que Estaline poderia ajudar os Ingleses a convencerem os Americanos a explorarem «todas as oportunidades» de ataque «em todas e quaisquer áreas onde fosse possível fazê-lo com superioridade», e a não «atribuírem uma importância vital a uma qualquer data» para a invasão de França. Aquilo que os Ingleses parecem ter tido dificuldades em compreender foi a determinação dos Americanos em concentraram todas as suas forças contra a Alemanha.

No fim de Julho de 1944, haveria entre 30 a 40 divisões dos Estados Unidos prontas para lutar contra o Exército alemão. Elas precisavam de bons portos, de boas bases e linhas de comunicação eficazes, por via férrea e por estrada para pôr em prática estas forças. Os portos de mar, como Antuérpia e Marselha, e os sistemas de transporte da Europa Ocidental proporcionavam a oportunidade de um ataque directo contra a Alemanha, de uma forma que Trieste e a «passagem de Ljubliana» (muito do agrado de Churchill para abrir um caminho para a Áustria, apesar de exíguo), Istambul ou Salonica não o faziam. Talvez os Ingleses não quisessem realmente que os Americanos espalhassem o grosso das suas forças pela Europa. Churchill fazia comparações constantes entre as forças inglesas e americanas nos diversos teatros de operações e afirmava o direito dos Ingleses comandarem sempre que o número das suas forças ultrapassasse o número de forças dos Americanos. A estratégia dos Ingleses só fazia sentido se se partisse do princípio de que o poder dos Aliados desenvolvido até ao final de 1943 chegara ao seu ponto máximo, como era o caso dos Ingleses. Evidentemente, os Ingleses não apresentavam o argumento segundo o qual o número das forças americanas não deveria ser esmagadoramente superior ao das forças inglesas. Afirmavam-se a favor de um adiamento do ataque pelo canal da Mancha, apontando para o perigo que surgiria no caso de os Alemães juntarem mais forças de combate em França, nos dias e nas semanas que se seguissem à invasão, do que aquelas que os Aliados conseguiram juntar, e insistiam que as tropas alemãs deveriam ser mantidas ocupadas noutros lugares, longe do Norte de França. Os Americanos receavam que mais tropas dos Aliados do que tropas alemãs ficassem ocupadas com manobras «secundárias» e que isso implicasse a transferência de aviões de objectivos mais importantes para outros de menor importância.

O material para os desembarques dominava as piores discussões entre Ingleses e Americanos, especialmente a preparação dos aparelhos maiores, as lanchas de desembarque. O insucesso de Marshall, em 1942, em conseguir prioridade para o ataque pelo canal da Mancha deu a possibilidade à marinha americana de atribuir preferência à construção de navios de superfície, em 1943. O resultado foi que existiam poucas lanchas de desembarque em 1944. Eram essenciais não apenas para desembarcar tropas e armas para se efectuar ataques costeiros contra o inimigo, mas também para manter abastecidas as tropas invasoras até estas conquistarem portos de mar e os porem a funcionar. Só as lanchas de desembarque podiam transportar fornecimentos para as praias. Os Americanos pensavam que as operações de diversão defendidas pelos Ingleses exigiriam mais forças aliadas do que inicialmente se pensara, já que acidentes imprevisíveis podiam transformar uma operação de guerra secundária num teatro de operações importante, que necessitaria de tropas e de lanchas de desembarque, e assim impediria ou adiaria as operações principais que, em termos teóricos, deveria ajudar.

Quando os «Três Grandes» se juntaram em Teerão, Estaline desiludiu os Ingleses insistindo que a operação OVERLORD deveria ser executada o mais rapidamente possível, e o seu porta-voz militar, o marechal

Voroshilov, insistiu no ponto de vista segundo o qual «em simultâneo com a operação no Norte de França, deveriam ser efectuadas operações no Sul de França. As operações em Itália e noutros lugares no Mediterrâneo devem ser consideradas de importância secundária». Estaline também trazia boas notícias inesperadas: depois de derrotar a Alemanha, a União Soviética atacaria o Japão.

Esta promessa ajudou Churchill e os chefes dos estados-maiores ingleses a reforçarem o seu teatro de operações favorito: o Mediterrâneo. Eles sugeriram que a perspectiva de uma eventual intervenção russa por terra contra o Japão justificava o abandono da operação BUCCANEER, a operação anfíbia planeada pelo comando de Mountbatten no Sudeste Asiático, que a Junta de Chefes de Estado-Maior anglo--americana esperara que encorajasse Chiang-Kai-Chek a atacar os Japoneses na China e no Norte da Birmânia. Os Ingleses exploraram, também, a perspectiva de um desembarque no Sul de França (ANVIL), que os Americanos preferiam, para justificar o envio para o Mediterrâneo de material para o desembarque que tivesse sido libertado devido ao abandono da operação BUCCANEER. Na conferência anglo-americana do Cairo (SEXTANTE) que se seguiu a Teerão, persuadiram Roosevelt a abandonar a sua promessa feita a Chiang-Kai-Chek e a operação BUCCANEER foi posta de parte.

Os Ingleses arranjaram rapidamente outras utilizações para este material de desembarque uma vez que estavam envolvidos no Mediterrâneo. Em Novembro de 1943, começaram os planos para um desembarque (SHINGLE) na costa ocidental da Itália, em Anzio, cerca de 50 quilómetros a sul de Roma. SHINGLE destinava-se a cortar as linhas de retirada alemãs da Linha de Inverno, a partir da qual a ofensiva dos 8.º e 5.º Exércitos os obrigaria a retirar e desta forma aceleraria a captura de Roma. A primeira data planeada para a operação SHINGLE foi o dia 20 de Dezembro e, para esta operação, o material para o desembarque necessário para a operação OVERLORD permaneceria no Mediterrâneo até depois do dia 5 de Janeiro de 1944, em vez de ser retirado depois do dia 15 de Dezembro. Dentro de pouco tempo, estas datas tornaram-se impraticáveis porque ambas as ofensivas dos 8.º e 5.º Exércitos se desmoronaram depois deterem avançado um punhado de quilómetros, conseguidos por meio de duros combates num terreno excepcionalmente difícil. A 18 de Dezembro, a operação SHINGLE foi cancelada.

Depois da conferência do Cairo, Churchill adoeceu. Estava em repouso perto de Cartago quando foi informado do resultado da operação SHINGLE, e tal como vimos, recuperou suficientemente as forças para protestar com veemência contra a estagnação da campanha italiana. Ele defendia uma operação SHINGLE renovada e com maiores dimensões. A sua ideia era que o desembarque em Anzio ameaçaria as comunicações dos Alemães com a sua Linha de Inverno, de forma que seriam obrigados a retirar-se dessa linha sem a necessidade de novos ataques difíceis dos Aliados contra as suas posições. Apesar de isto implicar mais atrasos na partida das lanchas de desembarque do Mediterrâneo para a Inglaterra e para a operação OVERLORD, as autoridades americanas concordaram. Em troca, aproveitaram esta oportunidade para insistir que as operações no mar Egeu deviam ser consideradas «secundárias».

No dia 22 de Janeiro, duas divisões aliadas, reforçadas por unidades especializadas, desembarcaram em Anzio. Os Alemães agiram com rapidez: o alto-comando enviou reforços da Alemanha e de França, enquanto Kesselring juntava as suas tropas em Itália para combater esta nova invasão. O comandante dos Aliados, o general americano Lucas, comportou-se com prudência e, dois dias depois, em vez de serem os Aliados a ameaçar as comunicações dos Alemães, foram eles que ficaram encurralados na testa-de-ponte na praia. Churchill escreveu o seguinte: «em vez de lançarmos um gato selvagem para terra, tudo o que conseguimos foi ficar com uma baleia encalhada», protestando contra a falta de «combatividade» dos Americanos, e fez sentir a Alexander a necessidade de dar ordens firmes aos seus comandantes subordinados americanos. (Infelizmente, a amabilidade de Alexander levava muitas vezes à falta de firmeza e de clareza.) As tropas aliadas estavam encurraladas em Anzio. Em vez de ajudarem os exércitos principais a atravessarem as linhas dos Alemães, os principais exércitos dos Aliados tiveram de ajudar as forças em Anzio que, no fim de Janeiro de 1944, compreendiam o equivalente a três divisões e meia, frente a cinco divisões alemãs, e que em meados de Fevereiro defrontavam o dobro das suas forças em terra.

Entretanto, as principais forças dos Aliados no Sul de Itália haviam alcançado a mais formidável das posições de inverno dos alemães, a Linha Gustav nos rios Garigliano e Rapido, que incorporava o grandioso maciço de monte Cassino. Um ataque, iniciado no dia 17 de Janeiro, falhou desastrosamente e não conseguiu atravessar o rio Rapido e três ataques a monte Cassino falharam também, dois deles em Fevereiro e um em Março: o primeiro foi efectuado pelos Americanos; o segundo, depois de um bombardeamento prolongado, por ar e por terra, incluiu a destruição da abadia por tropas indianas, neo-zelandesas e americanas; o terceiro, por forças da Nova Zelândia e da Índia, depois de um dia em que mais de 700 aviões e 890 canhões bombardearam e lançaram granadas contra as posições alemãs. O historiador oficial britânco chama a atenção para dois pontos: o primeiro, «a soberba luta das tropas alemãs»; o segundo, «que existem muito poucas provas que sugiram que os comandantes supremos (ingleses e americanos)... estivessem familiarizados com o terreno, excepto pelo estudo de mapas e fotografias aéreas e através da observação por binóculos a partir de pontos distantes... É muito duvidoso que estes comandantes tivessem realmente consciência das terríveis características do terreno ou compreendessem aquilo para que enviavam as suas tropas».

A defesa vitoriosa dos Alemães em Cassino desencadeou mais protestos anglo-americanos. Ela significava que as lanchas de desembarque tinham de ir para a testa-de-ponte em Anzio e, consequentemente, não poderiam estar prontas para os desembarques da operação ANVIL no Sul de França, processo que necessitava de 10 semanas. Os chefes dos estados-maiores ingleses e o comandante-em-chefe inglês no Mediterrâneo, o general Wilson, afirmavam que ANVIL devia ser cancelada completamente e que todos os recursos no Mediterrâneo deviam ser concentrados em Itália para manter as tropas alemãs ocupadas até lá. A Junta de Chefes de Estado-Maior americana insistia na operação ANVIL e até prometeu dar uma ajuda transferindo lanchas de desembarque, do Pacífico para o Mediterrâneo. No fim de Março, os Aliados concordaram em adiar a operação ANVIL quando o general Wilson anunciou que as forças de Anzio não seriam rendidas pelos principais exércitos antes de mcados de Maiu, mas os chefes de estado-maior americanos ficaram então «chocados e ofendidos», com a recusa dos Ingleses em concordar com uma data definida para a operação ANVIL. De forma a meter medo aos Ingleses com o seu velho papão que consistia em dar prioridade à guerra contra o Japão, retiraram a sua oferta de material de desembarque que estava estacionado no Pacífico. No fim de Abril, porém, os chefes dos estados-maiores ingleses informaram os Americanos de que eram a favor de um desembarque no Sul de França depois da operação OVERLORD ter começado, e sugeriram que deviam ser feitos preparativos para tal, no caso de ser preferível desenvolver operações anfíbias na costa italiana. Apaziguados, os Americanos puseram o seu material de desembarque a caminho do Mediterrâneo. Tal como iremos ver, porém, o apoio dos Ingleses à operação ANVIL estava longe de ser garantido.

No dia 11 de Maio de 1944, de tarde, as tropas de combate das forças terrestres dos aliados em Itália, que nessa altura já incluíam

254 000 soldados do Império Britânico (dos quais 45 000 canadianos), 230 000 americanos, 72 000 franceses e 46 000 polacos, lançaram a sua ofensiva da Primavera (DIADEMA). Cinco dias depois, os Alemães retiravam-se de Cassino. As tropas polacas ocuparam as ruínas da abadia mas foi o Corpo Expedicionário francês que se distinguiu do lado dos Aliados, por ter conseguido flanquear o inimigo através das colinas a sul do vale de Liri, ameaçando a retaguarda dos Alemães em Cassino. Juin, que permanecera fiel ao governo de Vichy até Novembro de 1942, comandava este corpo. Os Marroquinos e os Argelinos compunham a maioria das fileiras — soldados regulares do velho exército francês no Norte de África. A sua experiência em guerra de montanha libertava-os das limitações que as unidades inglesas e americanas sofriam por causa da sua dependência dos transportes motorizados. Cada uma das divisões inglesas possuía mais de 3000 veículos e enquanto as divisões de infantaria podiam passar temporariamente sem a maioria dos seus veículos, as divisões blindadas não tinham essa possibilidade. Em colunas, uma divisão blindada inglesa ocupava mais de 220 quilómetros de estrada. Em terreno de montanha, com estradas estreitas e muitos riachos, essas unidades avançavam lentamente e espalhavam-se com dificuldade, enquanto os Franceses, prontos para se movimentarem a pé e transportar abastecimentos por meio de mulas, eram mais rápidos e manobravam com maior liberdade. As forças de Juin tiveram um papel fundamental na intercepção da linha defensiva alemã centrada em Cassino, e na segunda fase da ofensiva, no ataque à Linha de Hitler, que começou no dia 23 de Maio, elas repetiram a sua vitória. Enquanto os Canadianos atacavam pelo vale de Liri acima, a partir da área de Cassino, os Franceses interceptavam o flanco dos defensores alemães fazendo avanços rápidos pelas montanhas Aurunci. Isto obrigou os Alemães a iniciar a sua retirada por fases em direcção à sua última linha a sul de Roma.

 Entretanto, as forças dos Estados Unidos na testa-de-ponte de Anzio atacaram a norte em direcção a Valmontone para cortar a linha de comunicação dos Alemães. Os desembarques de Anzio estavam em vias de realizar o seu objectivo inicial, que consistia em interceptar a retirada dos Alemães. Este objectivo não foi alcançado, porém, e Anzio perdeu o seu sentido quando, no dia 25 de Maio, o general Mark Clark, comandante americano do 5.º Exército anglo-americano, deu uma das ordens mais estúpidas da guerra. Não respeitando os desejos de Alexander, que era o comandante supremo, disse a Truscott, o comandante do Corpo de Exército americano, que esperava atingir Valmontone em vinte e quatro horas, que transferisse o principal esforço das suas tropas para efectuar um avanço directo em direcção a Roma. Clark «queria que o seu exército tivesse a honra de conquistar Roma», mas esse «triunfo» foi rapidamente esquecido e Clark é hoje lembrado como o general que permitiu a fuga do 10.º Exército alemão. As forças alemãs fizeram um retirada ordenada e as tropas de Clark entraram em Roma no dia 4 de Junho. Dois dias depois, os Aliados desembarcavam na Normandia.

A campanha dos Aliados em Itália ajudou a invasão da França, mantendo as forças alemãs longe da Normandia. No Dia D, havia sete divisões móveis em Itália, 11 em França e nos Países Baixos, e 26 na frente Leste. Entre as divisões de combate alemãs (de qualidade diversificada) havia 63 na frente Leste, 27 em Itália e 50 em França. A invasão dos Aliados à Normandia, limitada no seu poderio devido à disponibilidade de material de desembarque, só poderia realizar-se se as forças móveis alemãs em França fossem correspondentemente limitadas durante o período imediatamente após a invasão. A campanha da Itália ajudou também, ameaçando o Sueste da Europa, onde no Dia D estavam cerca de 40 divisões alemãs, ou sob controlo alemão, indiscutivelmente de qualidade inferior. A campanha foi, consequentemente, um sucesso. Porém, a seguir à conquista de Roma, a Itália provocou discussões tão inflamadas entre os Ingleses e os Americanos como as que haviam ocorrido durante os meses de impasse da guerra. Até os Aliados se juntarem na testa-de-ponte em Anzio, Churchill e Brooke tinham afirmado que a necessidade de lanchas de desembarque para abastecer Anzio punha de parte a operação ANVIL — o desembarque no Sul de França. Agora, depois da captura de Roma, insistiam que Alexander devia ser autorizado a colher «todos os frutos da sua vitória», sem restrições, com a transferências de tropas para a operação ANVIL. Alexander propunha-se avançar para o vale do Pó, e daí via Trieste para a «passagem de Ljubliana», que podia tomar no fim de Agosto. Assim a passagem de Ljubliana levaria, através dos Alpes Orientais, a Klagenfurt e à Áustria. Autores recentes transformaram o apoio enfático de Churchill à proposta de Alexander num episódio decisivo da história do século XX. É um exemplo, dizem, da sabedoria profética de Churchill, que teria em mente, segundo afirmam, nada menos do que impedir, ou limitar, a proliferação do poder soviético no Leste da Europa. As tropas de Alexander antecipar-se-iam ao Exército Vermelho e estabeleceriam democracias liberais em países que, de outra forma, cairiam irremediavelmente nas mãos dos comunistas. ANVIL, insistem estes autores, foi um substituto fútil para esta grande manobra. No entanto, nessa época, Churchill insistia na ajuda que a manobra de Alexander ofereceria ao avanço do Exército Vermelho e aos resistentes jugoslavos. Segundo ele, só a captura de Trieste faria com que «Hungria, a Jugoslávia, a Albânia, a Grécia, o mar Egeu, a Turquia, a Bulgária e a Roménia» ficassem num estado de «convulsão».

A Junta de Chefes de Estado-Maior americanos acreditava que os chefes ingleses já tinham concordado, quando da visita de Marshall, King e Arnold a Inglaterra logo após os desembarques na Normandia, que as forças aliadas em Itália avançariam apenas até à linha Pisa-Rimini. Mais uma vez, a fixação dos Ingleses nas manobras de diversão no Mediterrâneo despertava a ira dos Americanos. Marshall e os seus colegas achavam impossível manter os Ingleses mais do que vagamente interessados num único objectivo. Mais uma vez, Churchill, Brooke e Alexander, por seu lado, achavam os Americanos rígidos e pouco imaginativos. Para Churchill, a combinação «Arnold, King, Marshall constituía uma das equipas estratégicas mais estúpidas de todo o sempre». No dia 26 de Junho de 1944, os chefes militares ingleses sugeriram que ANVIL fosse cancelada. A Junta de Chefes de Estado-Maior americanos respondeu de imediato com a sua «total desaprovação... o nosso desejo é colocar o máximo de divisões americanas em França o mais rapidamente possível. Um avanço vitorioso das forças de Alexander em Itália não favorece esta possibilidade». No dia seguinte, Churchill mandou um telegrama a Roosevelt insistindo urgentemente para que «examinasse pormenorizada e pessoalmente este assunto... o tom dos chefes de Estado-Maior dos Estados Unidos é arbitrário e não vejo qualquer perspectiva de um acordo». Em resposta, Roosevelt telegrafou aquilo que eram obviamente os pontos de vista de Marshall, que mostravam a futilidade dos argumentos de Churchill fazendo notar que seria impossível manter mais de seis divisões na passagem de Ljubliana.

Os chefes de estado-maior ingleses persuadiram Churchill a ceder, mas ele informou Roosevelt do seguinte: «estamos profundamente desgostosos... O Governo de Sua Majestade, a conselho dos seus chefes de Estado-Maior protesta solenemente». O esboço da sua primeira resposta a Roosevelt rejeitava a cooperação na operação ANVIL. A sua preocupação com o prestígio destacava-se no texto não enviado:

> Concordámos que vocês teriam o comando da operação OVERLORD... nós temos de ter o comando no Mediterrâneo. Mas nunca ninguém supôs que tudo o que aí tivesse hipótese de vitória fosse posto de lado, como a casca de uma

laranja, de forma a que uns poucos benefícios menores pudessem ajudar o teatro das operações sob o vosso comando.

Os «benefícios menores» de Churchill mostram a sua falta de compreensão da finalidade do desembarque no Sul de França, destinado a transformar Marselha em base dos Aliados. No final de 1944, chegavam mais fornecimentos por Marselha do que por qualquer outro porto (18 000 toneladas por dia, em comparação com as 16 000 toneladas por Antuérpia e as cinco ou seis mil por Cherburgo, pelo Havre e por Rouen). À última hora, Churchill tentou novamente bloquear a operação ANVIL, desta vez sugerindo um outro desembarque na costa noroeste de França. As discussões inflamaram-se de novo e, durante quatro dias, Churchill aborreceu os Americanos e tentou encontrar apoio em Hopkins para ultrapassar Marshall. A 8 de Agosto, cedeu finalmente, apenas uma semana antes de os Americanos e os Ingleses efectuarem a operação ANVIL (agora baptizada DRAGOON). A curto prazo, os Ingleses tinham razão: ataques poderosos dos Aliados em Itália teriam mantido um maior número de Alemães longe das áreas de invasão no Norte da França, mas os Americanos tinham razão quanto ao facto de a captura do porto de Marselha vir a permitir que um número muito maior de divisões americanas atacasse a Alemanha.

A campanha de Itália mostrou que os Aliados podiam ser bem sucedidos na invasão da Europa mas também que os defensores alemães tinham uma oportunidade de derrotar as invasões dos Aliados, sobretudo nos dias imediatamente após o desembarque anfíbio. A perspectiva de uma «Segunda Frente», a invasão dos Ingleses e Americanos no Noroeste da Europa, dominou e controlou a estratégia da guerra durante o ano anterior ao Dia D. A primeira frente, a guerra russo-alemã, tinha a maior concentração de combates, mas os Alemães olhavam cada vez mais para a sua retaguarda, para os Ingleses e Americanos. Para justificar, em certa medida, os pontos de vista dos Ingleses nas discussões estratégicas anglo-americanas, Hitler tinha medo de uma invasão dos Balcãs e da Noruega, assim como de França. No fim de 1943, havia 195 divisões alemãs na Rússia e 84 noutros lugares fora do *Reich*. Na Rússia, porém, as unidades alemãs diminuíam cada vez mais em número de homens e enquanto havia 2 850 000 soldados alemães na Rússia, havia 2 440 000 noutros lados. Além disso, as tropas fora da frente russa já não eram apenas unidades de segunda categoria ou soldados do Leste de licença ou a recompor-se do cansaço.

Após Kursk, o Exército Vermelho conseguiu superar os Alemães na frente Leste. No final de 1943, tinha mais de cinco milhões de soldados em acção contra os Alemães ou de reserva. A Segunda Guerra Mundial, porém, demonstrou que nem só os grandes números traziam a vitória. O Exército alemão permaneceu, até ao fim, superior a todos os outros sob o ponto de vista do trabalho de grupo e da liderança dos seus oficiais. As unidades alemãs ainda continuavam a reagir rapidamente e a pensar com celeridade mas, após 1943, as unidades russas, melhores e com novo equipamento, movimentavam-se mais depressa do que a maioria das divisões alemãs. Os camiões do Exército Vermelho, feitos na América, transformaram a capacidade de manobra dos Russos. Com as suas quatro ou seis rodas, eram operacionais em terreno enlameado, que constituía o principal obstáculo aos movimentos de tropas no Leste. Em 1943, a artilharia russa, uma tropa de elite, tornou-se formidável em ataques individuais organizados, ao ser utilizada em concentrações maciças contra pontos fulcrais.

A partir do Verão de 1943, por conseguinte, o comando alemão perdeu a iniciativa das operações na frente Leste e as ofensivas soviéticas seguiam-se umas às outras, deixando apenas breves períodos de estabilidade em toda a frente Leste. No ano que decorreu entre Kursk e o mês de Junho de 1944, houve muitos contra-ataques locais dos Alemães que obtiveram algumas vitórias substanciais, mas o padrão da campanha era de ofensivas russas, um dia num dado sector da frente, outro dia noutro, o que obrigava as unidades móveis dos alemães a correrem de um lado para o outro. Os comandantes alemães no terreno teriam preferido efectuar retiradas planeadas para ter a possibilidade de juntar as suas tropas de reserva, de forma a restaurar a sua flexibilidade estratégica, mas Hitler estava sempre contra tais propostas, e foi com dificuldade que os Alemães mantiveram uma defesa consistente durante as suas longas e, por vezes, apressadas retiradas não planeadas. Entre 1943 e 1944, o Exército Vermelho avançou em alguns sectores mais de 900 quilómetros, libertando a Ucrânia, entrando na Roménia, atravessando a fronteira polaca anterior à guerra e, finalmente, cortando o longo cerco de Leninegrado. Hitler apresentou uma resposta retórica. Rebaptizou, de forma optimista os Grupos de Exércitos alemães do Sul — o Grupo de Exércitos do Sul e o Grupo A de Exércitos — e passaram a chamar-se Grupo de Exércitos do Norte da Ucrânia e Grupo de Exércitos do Sul da Ucrânia, áreas de onde os Alemães tinham sido expulsos. A única esperança de poderem justificar estes novos nomes viria do facto de os defensores alemães conseguirem derrotar a invasão dos aliados à Normandia libertando reforços que pudessem partir para a frente Leste.

XIII

O DIA D E A VITÓRIA NA EUROPA

Desde os primeiros dias de 1944 que todos sabiam, tanto os Alemães como os seus inimigos, que a invasão anglo-americana do Noroeste da Europa estava para breve e que a sua vitória ou o seu malogro decidiria o desfecho da Segunda Guerra Mundial. O insucesso, seguido de uma transferência das forças alemãs para o Leste, mudaria as perspectivas dos Alemães em ambas as frentes e tornaria o impasse e o compromisso numa eventualidade muito mais provável.

Preparativos complicados e visíveis dos dois lados do canal da Mancha precederam o Dia D, o dia 6 de Junho de 1944. Nas costas de França e da Bélgica, grupos de trabalhadores, pagos ou forçados pela organização de Todt, construíram casamatas de betão para a artilharia e enterraram obstáculos pontiagudos nas praias e em campo aberto, enquanto na Inglaterra grandes grupos de soldados movimentavam-se pelas ruas e o equipamento estava a postos nos campos do Sul da Inglaterra. Jodl, um dos conselheiros militares mais próximos de Hitler, antevia a «luta decisiva que determinará o resultado da guerra e o nosso futuro». Rommel, no comando dos exércitos defensores, esperava «a batalha mais decisiva da guerra que determinaria o destino do povo alemão». Hitler preparou com antecedência uma mensagem, enviada aos «soldados da frente Oeste» no «momento histórico» da invasão, apelando para que defendessem a «segurança nacional, a existência e o futuro do nosso povo». No início de 1944, enviou Rommel para acelerar a construção da «Muralha do Atlântico», constituída por construções em betão armado e aço, onde seriam colocados canhões, e por obstáculos que dificultariam a passagem dos veículos de ataque, dos tanques e os desembarques de forças aerotransportadas. Em cinco meses, o Exército instalou dois milhões e meio de minas. O poder do Exército alemão no Ocidente aumentou de 53 para 58 divisões, e as divisões acrescentadas eram divisões *panzer* que ajudavam à formação de um corpo blindado poderoso.

As divisões móveis alemãs em França tinham a melhor tropa de combate do mundo. Eles sabiam-no porque, depois de vários anos de guerra, era composta por sobreviventes de combates vitoriosos contra os Russos, os Ingleses e os Americanos, e o seu moral era alto. Não tendo conhecimento da dimensão do armamento dos Aliados, tinham confiança na sua supremacia. O marechal de campo von Rundstedt, que estava no comando, na frente ocidental, o general Geyr von Schweppenburg, que comandava o grupo *Panzer* ocidental, e o marechal de campo Rommel não estavam de acordo quanto à forma de utilizar estas forças. Rundstedt e Geyr queriam manter os blindados na retaguarda para um contra-ataque em massa organizado à testa-de-ponte dos Aliados, o qual, baseado numa mobilidade e num trabalho superior do seu estado-maior, implicaria uma maior concentração de forças em pontos decisivos do que aquela que os Ingleses e os Americanos conseguiriam juntar nas suas testas-de--ponte nas praias. Rommel, que tinha experiência dos bombardeamentos tácticos dos Aliados, coisa que Rundstedt não possuía, considerava que os ataques aéreos dos Aliados eliminariam as vantagens dos Aemães das vias de comunicação por estrada e caminho--de-ferro, em comparação com a dependência dos Aliados dos reforços vindos por mar e, por conseguinte, afirmava que a invasão devia ser derrotada na costa nos primeiros dias ou mesmo horas e queria colocar as melhores unidades alemãs perto da costa. Hitler impôs um compromisso: deu três divisões *panzer* a Rommel e manteve o resto na reserva. Como não sabia onde os Aliados iriam desembarcar, porque os serviços secretos alemães não tinham conseguido descobrir nem a data nem o local do ataque, Rommel manteve uma divisão perto das praias da Normandia, perto do provável local da invasão, uma perto de Amiens, próximo da área que supostamente tinha mais possibilidades de ser atacada, e a outra entre essas duas. Para a defesa costeira Rommel tinha de apoiar-se nas divisões de infantaria que, quanto à sua qualidade, iam desde as divisões estáticas de baixa qualidade, que continham uma grande percentagem de *Osttruppen*, voluntários recrutados entre os prisioneiros do Exército Vermelho, misturados com outros soldados alemães mais velhos, até às divisões de primeira categoria de pára-quedistas. 19 das divisões na frente ocidental eram unidades de infantaria de boa qualidade ([2]).

Os Aliados enganaram os Alemães, levando-os a pensar que dispunham aproximadamente de 80 divisões em Inglaterra quando, na realidade, tinham apenas 37 divisões, incluindo quatro divisões aerotransportadas e 10 blindadas. Mais tarde, quando fossem capturados portos adequados, aproximadamente mais 40 divisões chegariam directamente dos Estados Unidos, a um ritmo de quatro ou cinco por mês. As forças terrestres inglesas e americanas, nesse momento, não eram esmagadoramente superiores, mas as forças aéreas e as marinhas dos Aliados alteravam o equilíbrio das forças. No Dia D, os Aliados tinham mais de 10 000 aviões de combate e mais de 2000 aviões de transporte, enquanto os Alemães só podiam pôr em acção 300 aparelhos de todos os tipos. Os reforços da Alemanha duplicaram rapidamente esta força aérea mas, em Agosto, o alto-comando limitou os voos em razão da falta de combustível, e a consequente falta de experiência dos pilotos causou perdas pesadas. As marinhas dos Aliados bombardearam a costa da invasão e o seu interior por meio de sete couraçados, dois monitores (com canhões de 38 cm), 23 cruzadores e 73 *destroyers* enquanto no Mar do Norte a marinha inglesa, com três couraçados, três porta-aviões, sete cruzadores e 10 *destroyers* estava pronta para fazer recuar os poucos navios grandes de superfície alemães que ainda podiam fazer-se ao mar: três cruzadores e alguns poucos *destroyers*.

O Dia D estava nublado e ventoso, mas o tempo estava melhor do que no dia anterior. A previsão fora suficientemente má para persuadir os defensores alemães de que não seriam incomodados no dia 6 de Junho mas a previsão do tempo que fora apresentada a Eisenhower, o comandante supremo dos Aliados, era suficientemente boa para que ele ordenasse o ataque.

Logo após a meia-noite do dia 5-6 de Junho, os soldados saíram de seis planadores ingleses e capturaram duas pontes que atravessavam cursos de água que formavam o flanco leste da praia de invasão dos Ingleses, a Sword. À 1:30 da madrugada, 13 000 pára-quedistas ameri-

---

([2]) Em 1944, uma divisão alemã de infantaria na sua máxima força tinha 12 750 homens, uma divisão *panzer* do exército, 15 000, uma divisão *panzer* SS cerca de 20 000; uma divisão *panzer* tinha 180 tanques sendo quase todos, na frente Ocidental, dos últimos modelos *IV* ou *V*. No conjunto, os exércitos alemães no Ocidente tinham cerca de 1800 tanques, em Junho de 1944.

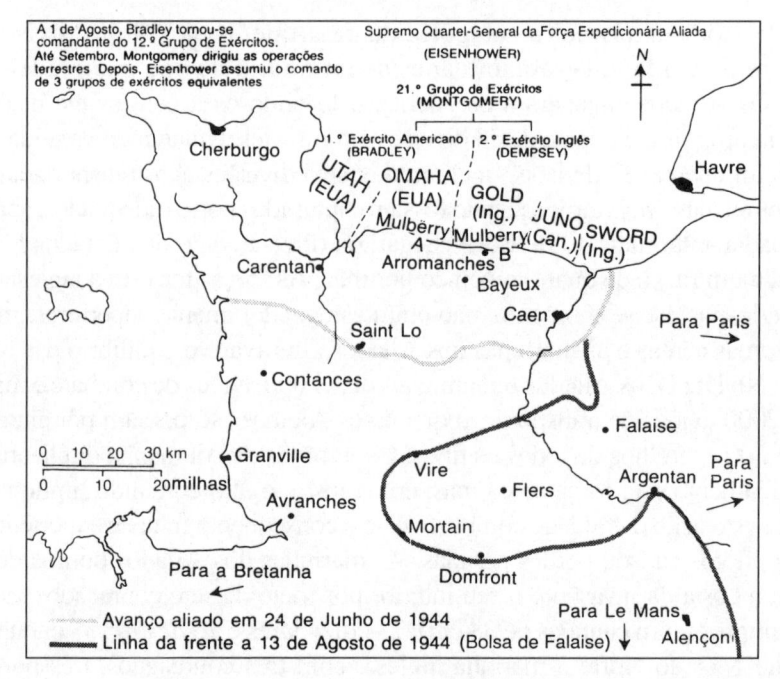

NORMANDIA, 1944

canos começaram a aterrar por detrás da praia UTAH, a oeste. Pouco depois das 3 da madrugada, os radares alemães apanharam os primeiros ecos dos 2727 barcos que se aproximavam da costa da Normandia, que se multiplicaram para 6939, à medida que as lanchas de desembarque deixavam os seus barcos-mãe, mas as baterias alemãs esperaram que o dia nascesse para abrir fogo, cerca das 5 da manhã. Um cruzador inglês respondeu então, às 5:36 da manhã, e começou o bombardeamento naval em grande escala dos Aliados. Às 6:30 da manhã, soldados americanos desembarcaram, com água pela cintura, e uma hora mais tarde os Ingleses atacaram as respectivas praias. Os Aliados desembarcaram cinco divisões de infantaria e três divisões aerotransportadas e, no fim do dia, cerca de 156 000 soldados aliados estavam em terra, sendo 83 000 ingleses e canadianos e 73 000 americanos. Montgomery comandava todas as forças terrestres dos Aliados do quartel-general do seu 21.º Grupo de Exércitos Americano.

Os defensores da «Muralha do Atlântico» estiveram próximos da vitória apenas numa das praias dos Americanos, OMAHA, onde os invasores inesperadamente encontraram uma divisão de infantaria alemã de boa qualidade colocada atrás dos obstáculos na areia, das minas e construções em betão armado na praia, que correspondiam mais exactamente àquilo que Rommel desejava instalar em todos os outros pontos ao longo dos 80 quilómetros de costa atacada. Os soldados desembarcaram e atravessaram 200 ou 300 metros de praia debaixo de fogo antes de alcançarem refúgio na muralha, que tinham de abandonar para alcançar as saídas da praia. Tinham a cobertura de fogo de tanques, que haviam sido desembarcados na praia ou que flutuavam à beira-mar em jangadas de lona, bem como pelos canhões montados nas lanchas de desembarque e nos navios de guerra. Os Americanos tiveram cerca de 2000 baixas entre os 34 000 homens desembarcados em OMAHA nesse dia mas a divisão de infantaria alemã, parte da qual enfrentava desembarques ingleses, sofreu aproximadamente 1200 baixas, uma percentagem comparativamente mais alta do que a dos Americanos. Um número muito maior de Americanos desembarcou nos dias seguintes mas não houve reforços para a 352.ª Divisão de Infantaria alemã.

Uma vez que Ingleses e Americanos se tinham fixado em terra, o resultado da invasão dependia de qual dos dois lados conseguiria enviar reforços mais rapidamente para a zona dos desembarques. Nesta corrida, ambos os lados tinham as suas limitações: os Aliados por causa da falta de portos de mar e por causa do mau tempo, os Alemães devido aos ataques aéreos dos Aliados às suas rotas de abastecimentos, das resistências francesa e belga e das exigências da frente Leste. As tropas americanas capturaram Cherburgo a 29 de Junho, mas só conseguiram pôr o porto a funcionar no final de Julho. Exceptuando dois pequenos portos no sector dos Ingleses, os homens e os fornecimentos vinham pelas praias e os estrategos aliados haviam encontrado métodos elaborados para transformarem as praias abertas em portos improvisados. Um deles tornou-se famoso, os MULBERRIES, que eram portos artificiais cujos componentes principais eram ensecadeiras colossais em betão levadas em jangadas até às praias OMAHA e GOLD, aí enterradas e depois equipadas com molhes de aço para se descarregar o material de guerra. O outro método mais importante, os GOOSEBERRIES, consistia em quebra-mares feitos de forma mais tradicional com blocos afundados. Não é certo que os MULBERRIES tenham valido a pena o esforço. Depois do MULBERRY em OMAHA ter sido destruído durante o grande temporal, entre o dia 19 e o dia 21 de Junho, as toneladas aí descarregadas aumentaram efectivamente de 9000 no último dia antes do temporal para 15 000, a 29 de Junho. Logo após o temporal, porém, a utilização de munições pelas tropas em combate teve de ser limitada e o temporal atrasou um grande ataque dos Ingleses, a oeste de Caen, por três dias. Em comparação, a *Luftwaffe*, que se limitava em grande parte a efectuar bombardeamentos nocturnos restritos às praias, causou poucos atrasos, enquanto que as lanchas rápidas dos Alemães, apesar de serem perigosas e causarem aborrecimentos, não tiveram consequências estratégicas e fizeram menos danos do que os campos de minas.

Antes do Dia D, os bombardeamentos dos Aliados a estaleiros de construção e oficinas de reparação de locomotivas e a pontes de caminho-de-ferro reduziram drasticamente o tráfego por via férrea em França. Tendo dado prioridade ao tráfego militar alemão, o seu volume mantinha-se alto, mas sofria atrasos imprevisíveis que, por vezes, causavam transtornos irremediáveis. Depois do Dia D, os aviões aliados mantiveram e estenderam esta «proibição» dos movimentos em direcção à zona de combate: destruíam, então, as pontes sobre o rio Loire assim como as pontes sobre o rio Sena. Além disso, atacavam os nós ferroviários e os cruzamentos, perseguiam os soldados e os veículos (até faziam perseguições individuais a camiões), e passaram a atacar conjuntos de tropas.

Depois de os Aliados terem desembarcado, o Grupo *Panzer* Oeste ordenou que duas divisões blindadas, a 12.ª SS e a *Panzer Lehr*, se juntassem à 21.ª *Panzer* para efectuarem, em conjunto, um contra-ataque. Ambas seguiram por estrada e sofreram bombardeamentos frequentes dos Aliados. Os atrasos na movimentação destas divisões teve como consequência o facto de terem sido colocadas ao acaso para defenderem a linha em vez de ficar concentradas para efectuarem um contra-ataque em grande escala. A 17.ª Divisão *Panzer Grenadier* SS, que estava junto à margem sul do Loire, demorou uma semana a chegar ao campo de batalha e a lançar um ataque a Carentan e, nessa altura, já os Americanos lá estavam firmemente instalados; Montgomery, no seu *briefing*, esperara que ela estivesse em acção cinco dias antes. As 9.ª e 10.ª Divisões *Panzer* SS, transferidas da frente Leste, demoraram mais entre Paris e a Normandia do que da Rússia até França. A 2.ª Divisão *Panzer* SS do Sudoeste da França sofreu atrasos, primeiro em consequência de unidades da Resistência francesa (o que teve represálias drásticas em Tulle, onde os SS enforcaram cem cidadãos e em Oradour onde uma parte da divisão exterminou quase toda a população, cerca de 600 homens, mulheres e crianças), e depois em razão das interferências no tráfego por via férrea, e, finalmente, devido dos bombardeamentos dos Ingleses às suas reservas de combustível, localizados com a ajuda da Resistência, de forma que os primeiros escalões chegaram apenas no dia 28 de Junho, para ser colocados imediatamente no campo de batalha, e a divisão no seu todo só entrou em acção no início de Julho.

O facto de os Aliados terem enganado os Alemães, que pensavam que existiam outras divisões que poderiam efectuar um segundo desembarque, fez com que estes mantivessem a sua infantaria no Estreito de Calais e na Bélgica. A 7 de Junho, Rundstedt ordenou que duas divisões *Panzer* fossem transferidas para a Normandia, mas os blindados da 2.ª Divisão *Panzer* só entraram em acção a 24 de Junho, enquanto que a 1.ª Divisão *Panzer* SS, da Bélgica, demorou tanto a chegar por causa de um ataque aéreo que a infantaria só se juntou à batalha no dia 28 de Junho e a totalidade da divisão só no dia 9 de Julho. Montgomery receara que *todas* estas oito divisões móveis fossem transferidas e estivessem a postos no Dia D + 8, ou seja, no dia 14 de Junho. A 16 de Junho, os desembarques de tropas aliadas estavam dois dias atrasados em relação às datas planeadas, mas 557 000 homens, metade ingleses e metade americanos, foram desembarcados, formando 20 divisões completas contra 15 alemãs, algumas delas incompletas ou com as suas forças reduzidas.

No entanto, o progresso em terra desiludia o Supremo Quartel-General (SHAEF). Os planos originais esperavam que os Ingleses capturassem Caen no Dia D de forma a proteger o flanco dos Americanos mais a oeste, enquanto estes capturavam Cherburgo e, em segundo lugar, como operação preliminar para um futuro avanço para além de Caen, destinado a ganhar terreno de manobra e aeródromos. Na realidade, os Ingleses e os Canadianos só capturaram Caen a 9 de Julho, mais de um mês depois. No Dia D, a grande congestão nas praias do desembarque e o ataque imediato da 21.ª Divisão *Panzer* salvaram Caen, que continuou na posse dos Alemães e, mais tarde, o temporal fez atrasar os preparativos dos Aliados durante cinco ou seis dias, proporcionando aos Alemães um tempo de pausa sem ataques aéreos, o que lhes deu a possibilidade de trazer reforços.

No dia 22 de Junho, começou a principal ofensiva de Verão do Exército Vermelho na frente Leste, cumprindo a promessa de Estaline feita em Teerão e assegurando que os Alemães não seriam capazes, em última análise, de estar à altura das forças dos Aliados. Entretanto, os Aliados pressionavam de tal forma os Alemães que estes não conseguiam juntar reservas para efectuar uma contra-ofensiva em grande escala apesar de, durante várias semanas, terem frustrado as tentativas dos Aliados para alargar a sua testa-de-ponte como operação preliminar para continuar a avançar. Na parte leste dessa testa-de-ponte, o 2.º Exército inglês e canadiano do general Dempsey efectuou quatro ataques em grande escala em Junho e Julho, dois deles a oeste de Caen, em que conseguiu conquistar pouco terreno, um outro a Caen propriamente dita que, no dia 9 de Julho, «libertou» aquilo que restava da cidade depois de um ataque preliminar efectuado por 470 bombardeiros pesados, e mais um a ambos os flancos de Caen, que durou pouco tempo. Estes ataques conseguiram confirmar a suposição dos Alemães de que a prioridade dos Aliados era capturar Caen e o campo aberto para sul antes de continuarem a avançar para leste para fazer a ligação com a mítica segunda invasão, e impedir que os Alemães dispusessem as suas divisões blindadas de reserva para preparar uma contra-ofensiva.

Entretanto, os Americanos, que tinham capturado Cherburgo, tentaram avançar para além da testa-de-ponte de forma a libertar a Bretanha e a utilizar os seus portos de mar. Os ataques dos Ingleses e dos Canadianos, apesar de falharem os seus objectivos imediatos, contribuíram para a vitória dos Americanos. A 25 de Julho, Ingleses e Canadianos defrontaram cinco divisões blindadas e seis divisões de infantaria, enquanto o 1.º Exército americano, comandado pelo general Bradley, defrontava duas divisões blindadas alemãs, uma divisão *Panzer Grenadier*, duas divisões de pára-quedistas, duas divisões de infantaria e alguns grupos de tropas de combate compostos por restos de divisões. As formações dos Alemães na frente inglesa estavam razoavelmente à altura, com 650 tanques, enquanto contra o 1.º Exército americano havia apenas um equivalente a cinco divisões com cerca de 200 tanques. Durante algumas semanas, os Americanos avançaram lentamente através de um terreno difícil de matas para capturar Saint-Lô no dia 18 de Julho. Uma semana mais tarde, a investida começou. A operação COBRA, o ataque para sul em direcção a Avranches e à Bretanha, começou com um «bombardeamento em tapete» feito por mais de 2000 aviões a uma área de aproximadamente sete quilómetros por dois quilómetros e meio, imediatamente à frente das tropas avançadas. A falta de pontaria matou ou feriu 500 Americanos mas a quantidade de explosivos impressionou a Divisão *Panzer Lehr*, já enfraquecida por várias semanas de combates. Num espaço de dois dias, a infantaria americana abriu caminho para que as suas colunas conjuntas de blindados e de infantaria pudessem avançar. A abundante cobertura aérea, em boas condições atmosféricas, facilitou a investida. Formações de quatro aviões bombardeiros de combate revezavam-se continuamente, fazendo turnos de meia hora sobre cada uma das colunas. As ligações por rádio davam a possibilidade aos pilotos de alertarem para a presença de tanques avançados do inimigo mais adiante e de avisarem os comandantes no solo para que pudessem ordenar, de imediato, ataques com bombas ou foguetões. Foram necessárias oito semanas para os Aliados conseguirem quebrar o círculo dos Alemães; perante a superioridade dos Aliados em matéria de equipamento, a façanha dos Alemães é digna de respeito.

A princípio, os comandantes aliados tinham a intenção de dar prioridade, depois da investida, à captura de portos na Bretanha. Montgomery, verdade seja dita, esperava um avanço simultâneo para leste em direcção a Le Mans e Alençon, mas foi a iniciativa de Bradley que modificou a estratégia inicial. A 1 de Agosto, Bradley tornou-se comandante do 12.º Grupo de Exércitos americano mas, de momento, continuava sob o controlo operacional de Montgomery. No dia 3 de Agosto, tendo conseguido a aprovação de Eisenhower e de Montgomery, ordenou que o recentemente criado 3.º Exército americano do general Patton deveria utilizar apenas uma força mínima na Bretanha e que o seu corpo principal deveria juntar-se ao 1.º Exército americano para avançar para leste em direcção ao flanco aberto dos Alemães. Tendo-se recomposto do atentado de 20 de Julho, Hitler também estava a tomar decisões. Podia escolher entre retirar-se da Normandia e criar uma nova frente muito mais para leste, ou contra-atacar imediatamente e tentar, mais uma vez, deter o desembarque dos Ingleses e dos Americanos que, finalmente, os Alemães reconheciam agora que seria o único no Norte da França. Ele escolheu a opção mais ousada e, no dia 2 de Agosto, ordenou ao marechal de campo von Kluge, que substituíra Rommel e Rundstedt, que juntasse um corpo de blindados para efectuar um ataque de Mortain até ao mar, em Avranches, isolando, assim, as forças americanas que já tinham avançado para sul através dessa passagem. Inicialmente, foi Kluge quem adiantou a ideia como manobra para atrasar o inimigo, mas a desastrosa decisão final foi de Hitler. Em consequência, várias divisões *panzer* avançaram para oeste em direcção a Mortain, na primeira semana de Agosto, enquanto a sul colunas de Americanos avançavam para leste.

O ataque dos Alemães malogrou-se no primeiro dia, a 7 de Agosto. Começou logo após a meia-noite e, de início, correu bem mas quando o dia nasceu, com bom tempo, os Alemães tiveram de cavar trincheiras para se esconder dos aviões dos Aliados, especialmente dos dez esquadrões de *Typhoons* da RAF, para se protegerem da artilharia americana que «funcionava», tal como conta o historiador oficial do Exército americano, «partindo do princípio de que era melhor desperdiçar munições do que não acertar num possível alvo». Hitler, porém, persistiu no seu plano e ordenou a Kluge que preparasse novos ataques. Enquanto os Ingleses e Canadianos atacavam a sul a partir da testa-de-ponte na praia inicial e enquanto os Americanos, avançando para leste, a sul das pontas-de-lança de Kluge, viravam para norte, os exércitos alemães entre eles, incluindo as divisões blindadas concentradas para satisfazerem a esperança de Hitler de libertar a França dos invasores aliados, descobriam que tinham sido encurralados numa armadilha. Só no dia 16 de Agosto é que Hitler autorizou a retirada para oeste e, nessa altura, apenas 24 quilómetros separavam os Canadianos, a norte, em Falaise, dos Americanos, a sul, em Argentan. As tropas polacas, integradas no Exército canadiano, fizeram a ligação com os Americanos no dia 19 de Agosto, formando um fino cordão em volta dos Alemães. Dentro de uma área de aproximadamente dez por nove quilómetros, cerca de 12 divisões alemãs, que tinham sido de alta qualidade militar, sofreram bombardeamentos constantes da artilharia e ataques aéreos dos Aliados. Provavelmente entre 20 000 a 40 000 homens escaparam, sendo a maior parte de companhias de serviços, não operacionais, dado que uma grande percentagem destes contava-se entre os 50 000 prisioneiros capturados e os 10 000 abatidos.

O malogro total desta tentativa de Hitler de restabelecer uma testa-de-ponte rodeada por um cordão de tropas alemãs como primeiro passo para a posterior destruição do inimigo, obrigou as formações debilitadas do Grupo B de Exércitos a fazerem uma retirada rápida para evitar ser cercadas por divisões dos Aliados capazes de movimentos muito mais rápidos, enquanto tivessem combustível, do que a maioria das unidades alemãs. Até onde teriam de recuar os Alemães para poder formar um nova linha defensiva, dependia de dois factores: do ritmo de reequipamento e de reforços das suas forças e das dificuldades de abastecimentos dos Aliados. Estes, inicialmente, planeavam parar no Sena e esperar que as suas linhas de comunicação os alcançassem; a 19 de Agosto, decidiram ir mais além. Os Alemães começavam agora a retirar-se de quase toda a Bélgica e do Luxemburgo, assim como de toda a França, exceptuando a Alsácia, a Lorena e os Vosges. No dia 15 de Agosto, a tão discutida operação ANVIL (agora com o novo nome de DRAGOON) realizou-se no Sul de França e no final do mês os soldados americanos e franceses recentemente desembarcados haviam capturado Marselha e avançado até perto de Lião.

Nos dias 24 e 25 de Agosto, tropas francesas e americanas da Normandia chegavam ao centro de Paris depois de efectuar alguns combates duros nas redondezas. O SHAEF esperava não passar por Paris, para evitar os atrasos e os perigos das lutas de rua e para adiar o esforço de alimentar e abastecer a cidade. De Gaulle e o Exército francês eram contra esta ideia. Receavam que as lutas entre a Resistência e os Alemães, que começaram em meados de Agosto, tivessem como consequência incêndios e massacres e talvez algum tipo de golpe de Estado revolucionário em Paris. O general von Choltitz, o governador alemão da cidade de Paris, achava que o centro de Paris devia permanecer calmo de forma a facilitar o transporte dos militares e, por conseguinte, estabeleceu tréguas com os dirigentes da Resistência, dividindo efectivamente a cidade em duas partes. Simultaneamente, preparava pontos fortes nos subúrbios para deter os avanços dos Aliados e para mostrar que continuava fiel a Hitler durante o maior tempo possível até os Aliados lhe darem a possibilidade de se render a uma esmagadora força militar. A 25 de Agosto, entregou uma Paris quase intacta, que protegera das ordens retóricas de Hitler, segundo as quais a defesa deveria continuar até a cidade ficar reduzida a cinzas. No dia seguinte, De Gaulle entrou na cidade e desfilou em parada com a 2.ª Divisão blindada francesa, que aquartelou em Paris para manter a ordem e apoiar a sua autoridade.

Não eram só os problemas domésticos dos Franceses que preocupavam Eisenhower. Desde o Dia D que as relações anglo-americanas tinham mudado. No final de Agosto de 1944, 830 000 soldados ingleses tinham desembarcado no Noroeste de França, em comparação com 1 220 000 americanos. Mais divisões americanas chegavam ao Sul de França, e estavam mais para chegar ao outro lado do Atlântico, enquanto os Ingleses tinham sido obrigados a desfazer as divisões existentes para arranjar substitutos para as suas perdas. Uma parceria anglo--americana com partes iguais desembarcara na Normandia mas, à medida que se aproximava da Alemanha, a preponderância dos Americanos começava a evidenciar-se. Era um acaso bizarro que o contributo adicional em perícia e em experiência, com o qual os Ingleses tinham esperança de equilibrar esta parceria, estivesse agora personificado na estranha figura do marechal de campo Montgomery, para usar o posto para que fora nomeado no dia 1 de Setembro, ao desistir do comando--geral das forças terrestres dos Aliados a favor de Eisenhower. O contacto entre os oficiais superiores americanos e ingleses causava, por vezes, uma certa desarmonia. No Exército inglês de entre as duas guerras desenvolveram-se atitudes sociais muito estereotipadas, fomentadas por uma educação de classe alta ou média, e que eram simbolizadas pelas rotinas dos colégios ingleses. A presença entre os oficiais superiores ingleses dos nomes «Brookie», «Bimbo», «Jumbo» e «Simbo», por exemplo, sugere um meio cujos princípios as capacidades intelectuais dos oficiais ingleses nem sempre lhes permitiam questionar. O contacto fácil que uma língua comum tornava possível permitia que os Ingleses mostrassem a sua aparente autoconfiança e, desta forma, despertassem o ressentimento e a desconfiança entre muitos Americanos, mas dava muitas vezes a possibilidade a estes, por sua vez, de discriminarem e tratarem os Ingleses como aves raras. O contacto imediato não tornava os Americanos, ao contrário do que pensavam os Ingleses, seguros da superioridade dos oficiais ingleses de alta patente, mas um conhecimento mais profundo por vezes gerava relacionamentos de confiança e respeito mútuos, como o existente, por exemplo, entre Marshall e Dill ou entre Eisenhower e o almirante Cunningham. Nada disto acontecia com «Monty».

Um contacto íntimo com o «Mestre», tal como lhe chamava o seu pessoal, provocava ressentimentos excepto entre os seus cortesãos ingleses e entre alguns oficiais em posições claramente subordinadas. Ele era exímio em preconceitos sociais, em complacência e na arrogância do seu porte. A vitória em Alamein, e os louvores que se seguiram, exacerbaram a sua crença de que tinha sempre razão. Alguns comandantes são admirados pela sua flexibilidade; Montgomery insistia que as «suas» batalhas (ou «festas» como lhes chamava muitas vezes) seguiam os seus prévios planos magistrais. O historiador oficial dos Ingleses e biógrafo pessoal de Montgomery seguiu posteriormente esta ideia (e a do pessoal do seu estado-maior) e reformulou os factos de forma a encaixarem-se no «plano de mestre» de Monty, com resultados confusos. Assim, na Normandia, acontecimentos que haviam sido perigosos para os Aliados tornam-se parte do plano, e todos os outros generais passam a ser executantes subordinados com mais ou menos mérito, ou então exemplos de obstrução por falta de compreensão e de experiência. O resultado disto tudo obscurece o mérito de Montgomery como comandante de grandes batalhas, que parecia nunca sucumbir ao cansaço ou à perplexidade, e cujo poder de decisão nunca fraquejava. A sua insistência no facto de certos contratempos serem, de facto, vitórias, que faziam parte dos seus planos, provocou a consternação quando, durante várias semanas em Junho e Julho de 1944, a testa-de-ponte dos Aliados na Normandia foi cercada por um cordão de Alemães e encurralada dentro de uma área tão pequena e com uma tão grande falta de recursos logísticos, e na qual não podia ser encontrado o espaço necessário para os campos de aterragem, que as forças aliadas seriam eventualmente derrotadas pelas forças alemãs. A ideia de Montgomery de que a vitória final na Normandia era totalmente sua, juntamente com a ênfase compreensível que a rádio inglesa dava aos feitos dos Ingleses, provocou a ira dos Americanos, que estavam em vias de obter a sua maior vitória militar. Um homem mais modesto do que Montgomery teria tido mais louvores pelos seus feitos e não teria provocado a desconfiança de que era a sua vaidade que ditava a estratégia. Além disso, em Julho de 1944, alguns observadores americanos começaram a pensar que ele estava a restringir o número de perdas dos Ingleses e a permitir que os Americanos corressem todos os riscos, de forma a manter as dimensões e a influência do seu Grupo de Exércitos: o que consistia num primeiro passo errado para as repetidas exigências de que os Americanos fossem colocados sob o seu comando.

Nas últimas duas semanas de Agosto de 1944, os comandantes aliados (e alguns alemães) começaram a acreditar que as suas forças poderiam avançar directamente até à Alemanha e cercar a região do Ruhr antes de entrar em Berlim. No dia 18 de Agosto, Montgomery insistia que o 12.º Grupo de Exércitos de Bradley e o seu próprio 21.º Grupo de Exércitos deveriam continuar juntos, ou seja, todas as formações de combate americanas e inglesas em França, exceptuando as que vinham do Sul de França, numa «massa sólida constituída por algo como 40 divisões que seria tão forte que nada temeria», para «avançar para norte, libertar a costa até Antuérpia, estabelecer uma força aérea poderosa na Bélgica e avançar até ao Ruhr». Como pensava que a «ignorância de Eisenhower quanto à forma de conduzir a guerra era total e completa», Montgomery «seria obrigado a dirigir por ele as batalhas terrestres». Apesar de ser verdade que se ofereceu para combater sob o comando de Bradley, Eisenhower nunca levou esta oferta a sério, talvez em razão da pouco plausível subordinação de Montgomery a Bradley, que era muito menos autoritário. Para Montgomery e para o seu biógrafo, o dia 23 de Agosto de 1944, em que rejeitou o seu plano, foi «o dia em que Eisenhower perdeu a oportunidade de acabar com a guerra, em pouco tempo, no Ocidente».

Era evidente que Eisenhower tinha de levar em conta as tensões que existiam na sua equipa, apesar de os escritores e os editores do pós-guerra terem encorajado os escritores de memórias a darem um realce enganador aos seus ataques de ira e de mau feitio, que eram acontecimentos normais entre pessoas que trabalhavam sob uma tensão extrema. No entanto, as reacções de Eisenhower às sugestões de Montgomery (e estas estavam longe de ser rejeições definitivas), eram mais uma consequência das limitações materiais do que do receio de oferecer demasiados louros a Montgomery. O comandante supremo não era apenas diplomático e conciliador, era um soldado inteligente. No final de Agosto de 1944, mais de três quartos dos fornecimentos ingleses e americanos para os 12.º e 21.º Grupos de Exércitos ainda vinham pelas praias do Dia D. Estas praias, até a própria MULBERRY inglesa, iriam ficar cada vez menos operacionais à medida que o Outono findava e que o mau tempo chegava. Quase tudo o resto vinha por Cherburgo. Todos os fornecimentos, por conseguinte, tinham de percorrer grandes distâncias para chegar aos exércitos à medida que estes se aproximavam da Alemanha. Em Agosto, a destruição das linhas férreas francesas implicou a dependência do transporte por estrada e, no fim do mês, os camiões americanos e, ainda com mais frequência, os camiões ingleses começavam a avariar-se por falta de manutenção. Três divisões americanas estavam imobilizadas de forma que os seus camiões podiam ser aproveitados para companhias de transporte. Eisenhower rejeitou o proposto avanço de 40 divisões de Montgomery porque não tinha possibilidades de as abastecer. Ao mesmo tempo, porém, aceitou as suas sugestões segundo as quais o principal esforço dos Aliados deveria ser efectuado a Norte das Ardenas, que este avanço para nordeste deveria ter a prioridade, e que deveria ter poder para efectuar a «coordenação operacional» com o 1.º Exército americano, apesar de este poder permanecer nominalmente com o 12.º Grupo de Exércitos de Bradley. Eisenhower rejeitou a proposta de Patton segundo a qual o seu 3.º Exército deveria ter prioridade nos fornecimentos para efectuar um ataque através do Reno em direcção a Francoforte, e além de Francoforte, porque o Supremo Quartel-General pensava que isso atrasaria os preparativos para tornar os portos de mar operacionais e, por conseguinte, impossibilitaria a manutenção do abastecimento das forças aliadas com o objectivo de executar um qualquer ataque prolongado que defrontasse forte oposição.

No dia 4 de Setembro, dia em que as docas de Antuérpia (mas não os seus acessos ao longo do rio Scheldt) foram capturadas intactas, o 21.º Grupo de Exércitos de Montgomery apresentou uma nova proposta para um avanço unificado até à Alemanha, desta vez com aproximadamente 18 divisões. Este novo projecto dependia de um certo número de condições: os exércitos ingleses e americanos envolvidos na operação deveriam ter chegado ao Reno e tornado operacional o porto de Antuérpia até ao dia 15 de Setembro, e a rede de caminho-de-ferro francesa deveria estar substancialmente reparada. Nenhuma destas condições foi preenchida e, por conseguinte, a proposta de Montgomery implicaria enviar, para dentro da Alemanha, tropas cujo abastecimento poderia ser interrompido devido a problemas na Normandia, especialmente tempestades no canal da Mancha. O risco poderia ter valido a pena, se a futura resistência dos Alemães fosse fraca, e isto era o que se iria descobrir por meio de uma terceira proposta para um ataque unificado em menor escala, comandado por Montgomery. Eisenhower concordou com ela e deu-lhe a prioridade absoluta relativamente ao abastecimento e atribuiu-lhe a força de reserva estratégica dos Aliados: as forças aerotransportadas.

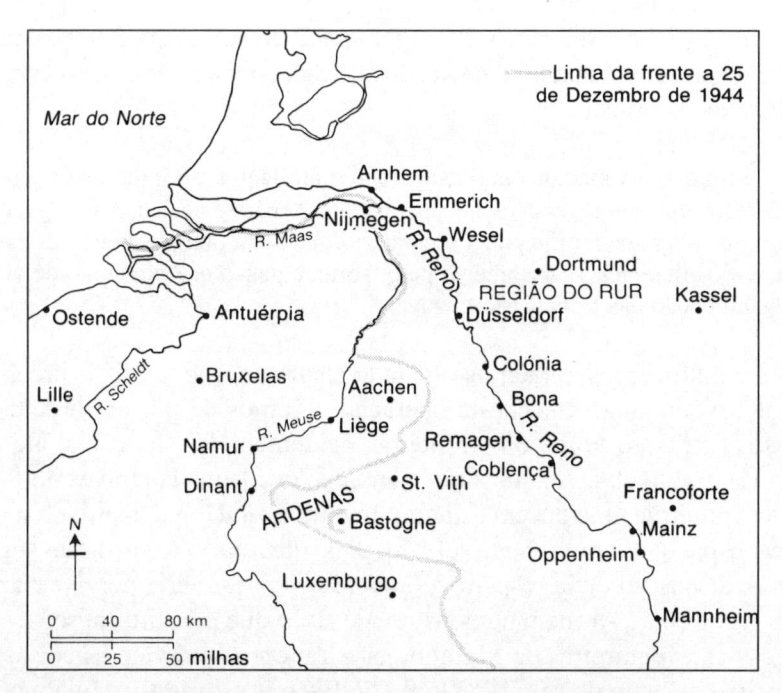

AS CAMPANHAS DAS ARDENAS E DA ZONA DO RENO

No dia 17 de Setembro, as divisões americanas de pára-quedistas foram largadas para capturar pontes sobre rios e canais em e perto de Eindhoven e Nijmegen, incluindo as do Maas e do Waal, o afluente sul do Reno, enquanto as tropas pára-quedistas inglesas e polacas chegavam para capturar pontes no afluente norte do Reno, em Arnhem. O 30.º Corpo dos Ingleses, cuja ponta-de-lança era a Divisão Blindada dos Guardas, devia avançar aproximadamente 90 quilómetros até Arnhem pela estrada principal, desde o canal Meuse-Escaut, e estabelecer uma testa-de-ponte sobre o Reno que ultrapassasse o flanco da Muralha Ocidental, ou «Linha Siegfried» como lhe chamavam os Aliados, que os Alemães tinham construído em 1938 e estavam agora a restaurar energicamente. A confiança de Montgomery parece tê-lo encorajado a ignorar as instruções do ULTRA (serviço de intercepção de transmissões de rádio codificadas pela *Enigma*) segundo o qual as 9.ª e 10.ª Divisões *Panzer* SS se estavam a reequipar perto de Arnhem. Tanto as divisões pára-quedistas como o 30.º Corpo dos Aliados defrontaram uma forte oposição, enquanto as tropas pára-quedistas inglesas, isoladas em Arnhem, sofreram perdas muito elevadas e o que delas restava teve de fugir para Sul.

No dia 18 de Setembro, Montgomery escreveu a Eisenhower, partindo do princípio, aparentemente, de que esta operação MARKET-GARDEN tinha sido vitoriosa:

> Penso que, na medida em que o *tempo* é um factor tão importante, temos de decidir aquilo que é necessário para ir até Berlim e acabar com a guerra; tudo o resto tem de ter um papel secundário. A minha opinião é que três exércitos são suficientes, se escolher ir pelo Norte, e penso que, do ponto de vista da manutenção das tropas, isto é viável.

Eisenhower respondeu justificando a sua rejeição, ou mais precisamente, o seu adiamento desta operação: «Temos de pôr em ordem as nossas forças ao longo das fronteiras ocidentais da Alemanha, até ao Reno se possível, assegurar uma manutenção adequada através do porto de Antuérpia, que deverá estar totalmente operacional dentro do mais breve espaço de tempo possível e, depois, efectuar o avanço que sugere». A discussão dizia respeito à logística — o que seria possível fazer sem Antuérpia? Arnhem demonstrava o risco que constituiria seguir as sugestões aventureiras de Montgomery. Tal como estavam as coisas, a principal atenção do seu 21.º Grupo de Exércitos dirigiu-se finalmente para a tarefa de libertar o estuário do rio Scheldt, tarefa essa que provou ser demorada e árdua. O primeiro comboio de cargueiros só descarregou no dia 28 de Novembro de 1944. Em meados de Setembro, os fornecimentos para os exércitos que defrontavam a Alemanha começaram a chegar por Marselha. Nas últimas semanas de 1944, por conseguinte, à medida que os duros combates aproximavam cada vez mais os Aliados da Alemanha, as limitações logísticas diminuíam. Mesmo assim, a supremacia dos Aliados no Ocidente dependia do Exército Vermelho. Em 1944, Hitler deu prioridade à frente Oeste: só a pressão dos Russos o impediu de transferir mais tropas para lá.

Em Teerão, Estaline prometera uma ofensiva soviética que se efectuaria depois do desembarque na Normandia. Ela começou no dia 22 de Junho de 1944, depois de três meses de planeamento e preparativos cuidadosos, e fez sofrer ao Exército alemão a sua maior derrota da guerra. A reconquista russa da Ucrânia, entre 1943 e 1944, deixou os Alemães do Grupo Central de Exércitos a defender uma linha de quase 500 quilómetros para leste daquela defendida pelo Grupo de Exércitos no flanco sul. De forma a constituir uma reserva central, o alto-comando do Exército alemão queria abandonar esta saliente e retirar-se para uma linha de defesa mais curta, entre Riga, no Báltico, e o Mar Negro, no estuário do Dniester. Hitler, como habitualmente, era contra todas as retiradas. Como tanto Hitler como o alto-comando do Exército esperavam que os Russos atacassem de novo a sul de forma a cortarem a linha de abastecimento da Alemanha de matérias-primas e petróleo romeno, o Grupo Central de Exércitos ficou apenas com duas divisões *panzer*, enquanto a sul, os Grupos Norte e Sul da Ucrânia tinham 18 divisões *panzer* ou *panzer grenadier*. O Estado-Maior General do Exército Vermelho, em conjunto com os comandantes de quatro «Frentes» (Grupos de Exércitos) que eram coordenadas por Vasilievski e Jukov, planeou uma batalha que envolvia penetrações profundas seguidas por uma série de duplos envolvimentos: o Exército alemão iria sofrer, em 1944, aquilo que infligira ao Exército polaco em 1939 e ao próprio Exército russo, em 1941. Avanços da infantaria, apoiados por enormes concentrações de artilharia, deveriam ser explorados pelos veículos blindados.

A insistência de Hitler numa defesa estática, incluindo a defesa tenaz de cidades «fortificadas», que supostamente deveriam destruir as linhas de comunicação inimigas, deu aos Russos a sua grande oportunidade. Contrastando com 1941, 1942 e 1943, eram agora os Russos que lançavam uma poderosa ofensiva de Verão, apoiando-se na superior mobilidade das suas formações de elite. Contra o Grupo Central de Exércitos alemão, os Russos empregaram 1 250 000 homens, mais de 5000 tanques e 6000 aviões, uma superioridade de 5 ou 6 para 1 em homens, 7 ou 8 em aviões, e 9 ou 10 em tanques. Ao fim de duas semanas, três exércitos alemães estavam despedaçados e, na sua maioria, cercados e destruídos, de forma que o Grupo Central de Exércitos alemão ficou reduzido a oito divisões e não pôde continuar a defender-se contra os avanços extensos dos Russos. O Exército Vermelho alcançou o rio Vístula e os subúrbios de Varsóvia até que a extensão das linhas de abastecimento e os reforços Alemães enviados à pressa o obrigaram a parar.

Noutros pontos, também, os Russos atravessavam as fronteiras da União Soviética anteriores à guerra. O Grupo de Exércitos do Sul da Ucrânia defendia agora a Roménia, que a Alemanha envolvera na guerra em 1941. Na Primavera de 1944, o rei Miguel e muitos oficiais superiores e políticos pensavam que a Roménia devia abandonar a Alemanha, com ou sem o consentimento do chefe do governo alegadamente pró-alemão, Antonescu. Este último insistira recentemente numa igualdade entre a Roménia e a Alemanha quanto ao controlo das forças que defendiam o seu país, o que implicava que as tropas romenas ficariam sob o comando de Romenos. Os seus exércitos organizaram-se de forma a estar prontos para abandonar a Alemanha. A defesa da Roménia contava com cerca de 800 000 homens, menos de metade dos quais eram Alemães. Além disso, o alto-comando alemão foi obrigado a recolher a maioria das suas divisões motorizadas do Grupo Sul da Ucrânia para reforçar o Grupo Central do seu Exército. Em Agosto, este tinha uma divisão *panzer* enfraquecida e uma divisão *panzer grenadier*, com menos de 200 carros de combate e tanques ligeiros entre as duas.

No dia 20 de Agosto, duas frentes do Exército Vermelho, comandadas por Tolbukhin e Malinovski, coordenadas por Timochenko, atacaram com cerca de 900 000 homens, incluindo seis corpos de tanques motorizados, com 1400 carros de combate e tanques ligeiros. Os Russos avançaram sobre unidades romenas, que não resistiram ou fizeram meia volta para atacar também os Alemães. No dia 23 de Agosto, o rei Miguel ordenava a prisão de Antonescu e anunciava a rendição da Roménia. A 31 de Agosto, o Exército Vermelho entrou em Bucareste, tendo cercado e destruído a maior parte do Grupo de Exércitos do Sul da Ucrânia. Por sua vez, a Bulgária afirmou prontamente a sua neutralidade na guerra russo-alemã e tentou sair da sua guerra nominal com a Inglaterra e os Estados Unidos. No dia 5 de Setembro, Estaline acelerou o desenrolar dos acontecimentos na Bulgária por meio de uma declaração de guerra soviética que levou rapidamente à tomada do poder em Sófia por uma coligação política que incluía os comunistas. Este novo governo colocava o Exército búlgaro sob o comando dos Soviéticos. Estas mudanças ameaçavam as linhas de abastecimento das forças alemãs na Grécia e, no início de Outubro, Hitler ordenava relutantemente a sua retirada completa.

Entre Junho e Setembro de 1944, o Exército alemão no Ocidente teve 55 000 mortos e 340 000 desaparecidos e, na frente Leste, 215 000 mortos e 625 000 desaparecidos, cerca de 1 250 000 homens perdidos, dos quais dois terços para o Exército Vermelho. Frotas de bombardeiros ingleses e americanos voavam agora livremente sobre o *Reich*. Por que razão terão os Alemães continuado a combater até Maio de 1945?

Hitler preferia a morte à rendição incondicional. Ele e os nazis mais fanáticos não tinham hipótese de escolha, já que uma rendição incondicional significaria que seriam julgados e executados pelos vencedores aliados. Mesmo em Setembro de 1944, porém, Hitler ainda pensava que poderia prolongar a sua vida e a vida do III *Reich*. Se a aliança contra ele se desfizesse, tudo poderia correr pelo melhor. A sua compreensão da opinião pública estrangeira estava mal informada e era imperfeita: entendia correctamente a natureza anómala da aliança entre as potências ocidentais e a União Soviética, mas não compreendia que nenhum dos lados poderia arriscar-se a negociar separadamente com o governo alemão, até que o próprio Hitler fosse derrubado. Se tais negociações começassem, o outro aliado seria obrigado a abordar a Alemanha, apresentando melhores condições. Assim, vendendo a sua aliança a quem oferecesse melhor preço, Hitler recuperaria o seu domínio na Europa. A derrota da Alemanha era o primeiro passo para um conflito entre a Rússia e o Ocidente. Ele também esperava separar os Ingleses dos Americanos, assim como estes da União Soviética mas, infelizmente para ele, as tensões entre Ingleses e Americanos implicavam sobretudo uma competição pelo prestígio de derrotar Hitler. Era a vitória que fazia surgir as dissidências entre os Aliados, e elas diziam respeito ao mundo do pós-guerra e continuariam silenciadas enquanto Hitler conseguisse sobreviver. Ele esperava, no entanto, que se fosse possível fazer com que a guerra continuasse o tempo suficiente, a determinação dos Aliados diminuiria. Além disso, apesar dos desastres alemães em ambas as frentes, via perspectivas reconfortantes por mar, pelo ar e por terra.

Hitler esperava iniciar de novo a campanha de 1940 e 1941, mas desta vez conseguindo obrigar a Inglaterra a fazer um compromisso. Atacaria Londres pelo ar, destruiria as comunicações marítimas inglesas por meio de ataques submarinos, e expulsaria as forças terrestres dos Ingleses do continente efectuando um rápido ataque blindado pelas Ardenas. Novas «armas secretas» mudariam completamente a situação. A «Arma de Vingança nº 1» a *V-1*, era um avião não pilotado, com uma ogiva explosiva, a «bomba voadora», tal como lhe chamavam os seus alvos ingleses, ou, em linguagem corrente, o *Doodlebug*. Com uma bomba de uma tonelada, tinha um alcance de cerca de 300 quilómetros e voava a aproximadamente 600 quilómetros por hora. A primeira chegou no dia 13 de Junho de 1944, a última no dia 29 de Março de 1945, depois de a *V-1* ter morto mais de 6000 civis ingleses. Mas a defesa dos

Ingleses tornava-se cada vez mais eficaz à medida que os canhões anti-aéreos utilizavam mais os novos radares e o míssil de proximidade, concebido em Inglaterra e desenvolvido nos Estados Unidos, que explodia sem precisar de acertar de facto no alvo. Estes, no final da guerra, destruíam três quartos dos mísseis que atravessavam a costa. No dia 8 de Setembro, no entanto, chegou a primeira *V-2*. Contra a *V-2* não havia defesa possível, mas o seu número era limitado. A *V-2* era um míssil, propulsionado por um foguetão a uma altitude de 80 ou 90 quilómetros e que atingia uma velocidade de quase 6000 quilómetros por hora, com uma bomba semelhante à *V-1*. Em Inglaterra, estes foguetões mataram 2754 civis. A partir do mês de Setembro de 1944, Antuérpia sofreu tão duramente quanto Londres; mas a falta de pontaria das *V-1* e *V-2* significava que os danos para os civis eram muito maiores do que os alvos militares. A grande Antuérpia foi atingida por 1214 mísseis *V*, mas apenas 150 bombas voadoras e 152 foguetões caíram na zona do porto. Outros centros de transporte foram atacados, especialmente Liège, e 5400 pessoas foram mortas no Norte de França e na Bélgica.

No mar, Dönitz esperava impacientemente uma nova ofensiva submarina em águas inglesas. Convenceu Hitler a dar prioridade à construção de dois novos submarinos — o tipo XXI e XXIII. Estes dispunham do *schnorkel*, que tornava desnecessário virem à superfície para meter ar, e, com baterias eléctricas mais potentes e um casco aerodinâmico, andavam muito mais depressa debaixo de água e durante muito mais tempo, de forma que, agora, toda a viagem podia decorrer debaixo de água. Além disso, estes novos submarinos dispunham de radar para a detecção de aviões inimigos, montado nos seus tubos *schnorkel*. A maioria dos métodos de detecção de submarinos tornou-se ineficaz. Por fim, Dönitz ficou desiludido — a produção falhou por falta de mão-de-obra especializada e de matérias-primas e porque os bombardeamentos afectavam os transportes de secções pré-fabricadas de submarinos, assim como a sua montagem. No Outono de 1944, a marinha americana previa que 300 novos submarinos estariam operacionais dentro de pouco tempo, mas no final da guerra só 180 tinham sido construídos. Uma outra arma nova chegou também demasiado tarde. Os Alemães estavam mais avançados na concepção e construção de aviões a jacto. Hitler, no entanto, adiou a entrada em acção dos caças a jacto, insistindo que deviam ser utilizados para efectuar bombardeamentos tácticos. Só no dia 18 de Março de 1945 é que grandes formações de caças a jacto atacaram uma formação de aviões bombardeiros dos Aliados. Perderam-se 24 entre os 1250 bombardeiros pesados que atacavam Berlim, apesar de haver aproximadamente 500 caças de defesa. Apesar dos atrasos, os Alemães estavam mais avançados, e os aviões a jacto ingleses só se juntaram pela primeira vez no teatro das operações, com um esquadrão de *Meteors*, no final do mês de Abril de 1945.

A maior esperança de Hitler residia numa grande ofensiva terrestre. A 16 de Setembro de 1944, informou os participantes da sua reunião diária para reconhecimento da situação de que tencionava lançar um ataque a partir das Ardenas em direcção ao Meuse, para reconquistar Antuérpia e cortar as linhas de comunicação das forças inglesas e americanas a Norte de Antuérpia. Hitler ordenou que fosse constituída uma reserva com forças das divisões *panzer* recolhidas da linha da frente, reequipadas e descansadas, e com novas divisões compostas por pessoal transferido do pessoal de terra da força aérea ou da marinha, aumentando, também, a idade do recrutamento militar. Escolheu Himmler, que personificava o poder coercivo do Estado nazi, para dirigir todo este processo. A prioridade em matéria de equipamento ia para a frente Leste, para tornar 12 divisões *panzer* prontas para o ataque. Os comandantes do Exército envolvidos desejavam limitar os seus objectivo à destruição das forças aliadas a leste do Meuse; Hitler insistia que Antuérpia devia ser capturada.

O ataque nem sequer chegou até ao Meuse, com excepção de um camião carregado de Alemães disfarçados com uniformes americanos, que foram descobertos em Dinant. Tudo começou bem: no dia 16 de Setembro, 30 divisões alemãs atacaram, ao longo de uma linha de 80 quilómetros, cinco divisões americanas e conseguiram uma surpresa total. Para obter a vitória era agora necessário agir com rapidez. As pontas-de-lança blindadas tinham de capturar rapidamente as pontes sobre o Meuse e, para manter o equilíbrio, precisavam de combustível e de munições quando e onde fossem necessários. A infantaria devia chegar depois para assegurar as linhas de comunicação e para defender os flancos na retaguarda dos blindados avançados. Os ataques necessitavam de movimentos bem organizados e sem obstáculos, nas poucas e muitas vezes estreitas estradas das Ardenas. Os oficiais do Estado-Maior alemão podiam proporcionar essa organização, mas o seu número era limitado pela necessidade de manter o segredo da operação, de forma que, até à última da hora, os planos estavam restritos a um número limitado no Grupo B de Exércitos comandado por Model. O resultado da Batalha das Ardenas foi a consequência de um simples facto: as forças americanas moviam-se mais depressa do que as alemãs. Muita coisa mudara desde que o Exército alemão correra através das Ardenas em

1940, capturando as pontes sobre o Meuse e chegando ao mar num ápice. Nessa época, a infantaria francesa era tão lenta como a infantaria alemã ou mais lenta ainda, mas as unidades americanas de 1944 estavam completamente motorizadas: mais de 48 000 veículos do 1.º Exército Americano entraram para a zona de combate no momento crítico, entre 17 e 26 de Dezembro. Os camiões militares alemães, muitos deles capturados ou de origem estrangeira, avariavam-se mais vezes do que os dos Americanos e impediam o trânsito em estradas estreitas. O Exército alemão vivia em dois mundos: o tanque *Tiger* era o carro de combate mais formidável do mundo e, no entanto, a sua infantaria podia ter pertencido à Primeira Guerra Mundial; com efeito, algumas divisões alemãs tinham mais cavalos do que era normal em 1918. A mistura entre o transporte motorizado e o transporte a cavalo implicava confusões frequentes. Pior do que tudo isso eram as consequências do poder aéreo dos Aliados.

Os comandantes militares alemães esperavam que estivesse mau tempo para dificultar a navegação aérea, apesar de a chuva e a lama da primeira semana da ofensiva atrasarem as tropas alemãs mas, no dia 23 de Dezembro, o tempo melhorou. A força aérea dos Aliados atacou imediatamente e, no dia seguinte, efectuaram cerca de 6 000 voos operacionais. No dia 26 de Dezembro, Model proibiu qualquer movimento maior durante o dia. Quando, a 28 de Dezembro, chegaram a neve e os nevões, os movimentos não se tornaram mais fáceis. Em momentos críticos, as pontas-de-lança blindadas paravam por falta de combustível. Apesar de os Alemães terem acumulado reservas suficientes na retaguarda, o problema era conseguir enviá-las até às tropas da frente. Em 1940, os Alemães haviam gozado de condições climatéricas perfeitas e tinham a supremacia aérea. Os Franceses só tinham podido avançar para a sua linha de defesa no Meuse após a invasão da Bélgica pelos Alemães ter começado, enquanto que, em 1944, os Ingleses e os Americanos estavam lá estacionados, com os seus depósitos de material militar bem avançados. Em 1940, o ataque dos Alemães só encontrara cavalaria francesa e belga ligeiramente armada, antes de alcançar o Meuse. A diferença fundamental em 1944 era que a resistência, geralmente tenaz, das tropas americanas em posições preparadas, dava tempo ao comando aliado para enviar reforços para os pontos críticos. No primeiro dia, Eisenhower enviou a 7.ª Divisão Blindada para St.Vith; esta chegou no dia 17 de Dezembro, já tarde, e defendeu a posição até 21 de Dezembro, obstruindo uma das duas principais linhas de abastecimento dos alemães. A Bastogne, a outra junção de estradas importante, chegou a 101.ª Divisão Aerotransportada, em camiões que tinham sido agrupados à pressa em Reims, onde estavam estacionados. Depois de uma viagem de quase 200 quilómetros esta divisão ficou pronta para o combate na manhã de 19 de Dezembro. Os Alemães não capturaram Bastogne, apesar de a terem cercado entre o dia 21 e o dia 26 de Dezembro, até chegarem reforços de tropas americanas que atacaram pelo sul. O general Patton conseguiu dar auxílio a Bastogne porque o 7.º Exército alemão, a sul das duas divisões *panzer* responsáveis pelo ataque, não teve força suficiente para deter o seu 3.º Exército americano.

As tendências assassinas da 1.ª Divisão *panzer* SS, que comandava o ataque inicial e, no dia 17 de Dezembro, iniciava um rasto de assassínios matando a tiro mais de 100 prisioneiros americanos desarmados, estimularam a defesa tenaz dos Americanos. Já no dia 18 de Dezembro, Model enviava um relatório anunciando a derrota, mas foi nos dias 24 e 25 de Dezembro que a ofensiva atingiu o seu limite. A 2.ª Divisão *panzer* chegava a 4 milhas do Meuse, a Dinant. Nessa altura, já as poderosas forças inglesas defendiam as pontes sobre o Meuse, e as pontas-de--lança dos Alemães tiveram de parar por falta de combustível. No dia de Natal, a 2.ª Divisão blindada americana interceptava os elementos avançados da 2.ª Divisão *panzer*. Os Alemães não puderam avançar mais.

Estas demonstrações variadas do poder de ataque que a *Wehrmacht* ainda mantinha, e cujo impacto na autoconfiança dos Aliados foi extremamente exagerado pela propaganda alemã (e, ao que parece pelo próprio Hitler), fortaleceu o poder de Hitler dentro da Alemanha. O malogro da única tentativa dos Alemães para derrubar a ditadura de Hitler, no dia 20 de Julho de 1944, consolidara também o seu poder. Os conspiradores activos encontravam-se nos sectores mais bem informados do Exército alemão, que sabiam que a Alemanha estava a perder a guerra, tinham consciência de que o comando militar de Hitler estava a acelerar a derrota e compreendiam que não havia esperança de aliviar os desastres com que se deparava a Alemanha enquanto Hitler continuasse a impedir todos os laivos de esperança de conseguirem fazer um acordo com os Aliados. Alguns pensavam que, perdendo ou ganhando, o regime de Hitler era moralmente intolerável. Durante as poucas horas entre as 12:40, momento em que se deu a explosão da bomba que o coronel von Stauffenberg deixara perto de Hitler, e o momento em que foi anunciado que Hitler sobrevivera, os dirigentes da resistência em Berlim (e em Paris) tentaram tomar o poder. O conhecimento da sua identidade facilitou a repressão feroz. Daí em diante, o Exército foi estreitamente vigiado pelos nazis e a dissidência tornava-se duplamente perigosa. Os homens do dia 20 de Julho não tiveram tempo para apresentar as suas propostas à opinião pública e a sua acção só fez aumentar o apoio a Hitler. A popularidade pessoal de Hitler aumentara durante a guerra. Muitos Alemães distinguiam entre Hitler e «os nazis», que eram considerados os responsáveis pelos aspectos menos populares do regime, enquanto Hitler, em comparação com os seus apaniguados egocentristas, era visto como sacrificando-se austeramente em prol do futuro da Alemanha. Até a Alemanha estar à beira da ruína total, a derrota fazia aumentar o apoio a Hitler entre aqueles que tinham ainda emoções para gastar com outras coisas além das dificuldades da vida quotidiana. O atentado à bomba do dia 20 de Julho parecia uma traição contra a nação alemã na sua luta pela sobrevivência. À medida que mais territórios ocupados na Europa se iam perdendo, a guerra começou cada vez mais a aparecer como uma questão de sobrevivência e não como um luxo da conquista.

Para certas pessoas, este ponto de vista era confirmado pelos «bombardeamentos de terror» e pela insistência dos Aliados numa «rendição incondicional». Os bombardeamentos anglo-americanos nos últimos meses excediam tudo o que acontecera até então. A reacção da maioria dos civis era ou de apática concentração nos problemas quotidianos, ou de ressentimento para com os Ingleses e os Americanos ou, mais raramente, de hostilidade em relação às autoridades alemãs, especialmente nos aspectos em que eram consideradas deficientes na sua resposta aos ataques aéreos. Entre as tropas das linhas da frente, a preocupação pelos familiares em casa resultava no facto de não haver ressentimento, frequente nas tropas combatentes, em relação aos privilégios daqueles que não partilhavam com elas os perigos da guerra. O medo daquilo que a derrota poderia trazer tornava mais aguerrida a resistência da Alemanha até que, na Primavera de 1945, a preocupação com a sobrevivência imediata ultrapassou tudo o resto. «A Rendição Incondicional» causara apreensão, que era explorada e encorajada pelo Ministério da Propaganda de Guerra, de Goebbels. Na segunda conferência de Quebeque, em Setembro de 1944, Roosevelt e Churchill deram um presente a Goebbels, constituído pelo «plano» estabelecido por Morgenthau, secretário do Tesouro dos Estados Unidos, que exigia a transformação da Alemanha do pós-guerra num «país essencialmente de carácter agrícola e pecuário», e na eliminação das suas indústrias metalúrgicas, químicas e eléctricas. O quartel-general dos Aliados, impressionado com a ferocidade da resistência alemã, insistia com

Roosevelt para que ele cedesse e persuadisse de alguma forma os Alemães a capitular. Roosevelt sugeriu a Churchill que fizessem uma declaração conjunta «para ajudar a destruir o moral dos Alemães com a promessa de que a guerra não procurava devastar a Alemanha nem eliminar o povo alemão». Churchill, depois de consultar o conselho de ministros e os chefes dos estados-maiores, respondeu que fazer uma tal declaração seria uma indicação de fraqueza, e fez notar que aquilo que os Alemães temiam «era que uma grande parte do seu povo fosse enviada para trabalhar até morrer na Rússia, ou, como eles diziam, na Sibéria». Além disso, o T.J.([3]) certamente que espera exigir que dois ou três milhões de jovens nazis, homens da Gestapo, etc., façam trabalhos de indemnização prolongados... Não poderíamos, por conseguinte, oferecer aos Alemães nenhuma segurança quanto a esta questão, sem consultar o Tio Joe». A rendição da Alemanha também não seria provavelmente encorajada pelas propostas de Estaline para a transferência dos territórios alemães para a Polónia, com a subsequente expulsão dos seus habitantes alemães. Era mais importante adiar a discórdia com Estaline do que tranquilizar o inimigo. Fizeram-se apenas declarações vagas para tranquilizar os Alemães, tais como a mensagem de Churchill, no dia 18 de Janeiro de 1945: «Exigimos a rendição incondicional, mas vocês bem sabem quão rígidos são os limites morais que limitam a nossa acção. Não somos exterminadores de nações nem verdugos de povos».

A fé dos alemães no *Führer* sobreviveu, ao que parece, até uma data surpreendentemente tardia. Sem dúvida que os relatórios da polícia alemã da época exageraram, mas a tenacidade do povo confirmou-se durante os interrogatórios feitos aos prisioneiros de guerra. Quando esta tenacidade falhava, forçavam as pessoas em questão a fingir: no Leste da Prússia em Julho de 1944, o *Gauleiter* Greiser comentava sobre os «indivíduos que têm falta de fé política e que têm corações fracos», que «o Partido e o Estado têm formas de os tornar inofensivos».

Só no dia 9 de Janeiro de 1945 é que Eisenhower foi informado de que estava prestes a começar uma nova ofensiva russa, o que era uma prova das fracas ligações que existiam com o comando de Estaline. Churchill obteve esta informação devido a uma mensagem para Estaline em que insinuava que os Aliados precisavam de ajuda no Ocidente. Em resposta, afirmou mais tarde Estaline, ele adiantou a data da ofensiva,

---

([3]) «Tio Joe» = José Estaline, que ficou muito zangado quando Roosevelt lhe revelou a inofensiva alcunha.

que começou no dia 12 de Janeiro. Enquanto, no sector central, o Exército Vermelho parara no rio Vístula, os ataques russos já tinham começado em direcção ao Báltico e à Hungria. Talvez o comando russo esperasse ter o controlo dos flancos das suas frentes centrais, antes de continuar o avanço directo para a Alemanha. Como Hitler dava mais importância à Hungria, como fonte de petróleo, e ao Báltico, para treinar as suas tripulações de submarinos, do que à Polónia, a defesa destas áreas obrigava a transferir forças do sector central. No dia 14 de Setembro de 1944, quatro «frentes» russas, com 133 divisões de atiradores, seis corpos de tanques e um corpo mecanizado e cerca de 900 000 homens atacaram as 32 divisões do Grupo de Exércitos Norte alemão. Em dez dias, a Estónia foi libertada das tropas alemãs («libertar», o verbo convencional deste período, foi por vezes irónico) e, em seguida, uma grande parte da Letónia, incluindo Riga. Depois, os Russos transferiram o seu principal esforço em direcção à costa do Mar Báltico, a norte de Memel. Esta manobra isolou a maior parte do Grupo de Exércitos Norte alemão, com 26 divisões, que ficou no Noroeste da Letónia, por decisão de Hitler, até ao final da guerra. O flanco sul deste ataque estava coberto por uma invasão ao Leste da Prússia, que encontrara uma resistência feroz e um forte contra-ataque dos Alemães, que reconquistaram terreno ocupado pelos Russos. Nessa altura, os Alemães descobriram e divulgaram os horrores da conquista russa dos territórios alemães: o que constituía mais um motivo para o endurecimento da resistência dos soldados alemães.

No dia 6 de Outubro, duas «frentes» russas começaram um ataque em grande escala à Hungria. Hitler enviou reforços e ordenou que Budapeste deveria ser defendida a todo o custo. Os Alemães frustraram uma tentativa para conseguir que a Hungria saísse da guerra prendendo o Regente, Horthy, e impondo um regime fantoche sob a direcção de Szalasi. O general Antonov informou Churchill e Roosevelt dos resultados destas operações russas, em Ialta, no dia 4 de Fevereiro de 1945:

> Ambos estes ataques foram muito dolorosos para os Alemães e eles reagiram com celeridade fazendo uma transferência rápida de forças para os seus flancos, à custa do sector central da nossa frente; assim, das 24 divisões de tanques na nossa frente (ou seja, na totalidade da frente Leste), que representavam o poder de ataque fundamental dos Alemães, 11 divisões de tanques foram transferidas para o sector de Budapeste, seis divisões de tanques para o Leste da Prússia (três divisões de tanques estavam na Curlândia) e, por conseguinte, na parte central da frente restavam apenas quatro divisões de tanques. O objectivo do alto-comando fora alcançado.

Além disso, em meados de Janeiro, Hitler ordenou ao 6.° Exército *panzer* SS que fosse para a Hungria, depois da sua derrota nas Ardenas, apesar dos apelos de Guderian para que fosse enviado para a frente polaca. Após vários atrasos causados pela necessidade de se recompor depois das Ardenas, e pelos bombardeamentos das linhas férreas alemãs pelos Aliados, o 6.° Exército *panzer* SS conseguiu chegar à Hungria e lançou uma ofensiva falhada, no início de Março, para reconquistar Budapeste e os campos de petróleo húngaros.

Os estados-maiores russos, comandados por Jukov e Antonov, começaram o seu trabalho em Outubro de 1944, com a ofensiva de Janeiro de 1945. Inicialmente, a sua data fora planeada para a terceira semana de Janeiro; começou no dia 12 de Janeiro. Os historiadores têm falta de provas concretas das razões e motivos das acções dos Soviéticos e baseiam as suas interpretações fazendo inferências a partir dessas acções, inferências que podem facilmente divergir quando são utilizadas para justificar as interpretações dos diferentes autores. Uma possível explicação para a data do ataque pode estar relacionada com as condições atmosféricas. A ofensiva russa começou a partir dos rios Vístula e Narew e o seu objectivo era o rio Oder. Tinha de utilizar as estradas polacas, que em tempo de chuva se transformavam, em grande parte, em lamaçais intransitáveis. O avanço dos Russos precisava de gelo e, no entanto, o ataque começou com condições de chuva e de nevoeiro. Alguns historiadores têm sugerido, porém, que as previsões indicavam que haveria gelo dentro de poucos dias e que foi isto que determinou a data do ataque e não as necessidades dos Aliados, não obstante as condições do tempo, que Estaline aduziu ao general Tedder, adjunto de Eisenhower, no dia 15 de Janeiro dizendo: «Seria uma estupidez eu ficar de lado enquanto os Alemães vos aniquilavam; eles voltar-se-iam contra mim depois de ter acabado convosco. Da mesma forma, é do vosso interesse fazer tudo o que vos for possível para evitar que os Alemães nos destruam». (Mais tarde, como iremos ver, Estaline, aparentemente chegou a acreditar que os aliados ocidentais poderiam estar a colaborar com os Alemães).

Em Janeiro de 1945, o equilíbrio geral das forças em homens e armas, na totalidade da frente Leste, era de aproximadamente 3 para 1. No sector central, a primeira frente bielorrusssa de Jukov e a primeira frente ucraniana de Konev tinham à volta de 2 200 000 homens contra aproximadamente 400 000 Alemães. Nas testas-de-ponte sobre o Vístula, que era o ponto principal do ataque, os Russos concentraram forças superiores em 9 ou 10 para 1, em homens, tanques e artilharia. Os grandes ataques russos começavam com um enorme fogo de artilharia seguido por ataques de infantaria e sucessivas linhas de defesa, para assegurar os avanços efectuados. Tropas blindadas e motorizadas avançaram por entre as divisões de atiradores para efectuar avanços rápidos. Para esta ofensiva, as tropas russas haviam sido cuidadosamente doutrinadas com lembretes das devastações dos Alemães e da sua brutalidade nos territórios russos ocupados. Agora, havia uma promessa de vingança individual. Hitler, mais do que nunca contra toda a espécie de retiradas, tentou opor-se à reacção dos exércitos defensores contra o fogo da artilharia russa — efectuar uma retirada para posições preparadas na retaguarda, imediatamente antes de a barragem de artilharia começar. Decidido a continuar a luta, estava pronto para garantir que a morte e a destruição de vidas humanas continuariam: «Nunca em toda a minha vida aprendi o significado da palavra capitulação... na minha opinião, a minha saúde podia ser destruída pelas preocupações sem que isso mudasse no que quer que fosse a minha decisão de lutar até que a situação mude a nosso favor». A sua resposta à ofensiva foi exigir um maior controlo das operações, obrigando todos os comandantes alemães, até ao nível de divisão, a enviar para o seu quartel-general um relatório sobre qualquer ordem operacional, de forma a dar-lhe a oportunidade de enviar uma contra-ordem.

No início de Fevereiro, os Russos tinham «libertado» Varsóvia e avançado para além do rio Oder, com testas-de-ponte perto de Kustrin e Francoforte, já bem no interior da Alemanha e a cerca de 60 quilómetros de Berlim. Um degelo prematuro cortara as rotas de abastecimento russas e, em território polaco, o Exército Vermelho não podia contar com uma ajuda voluntariosa por parte da população local. Além disso, os Alemães, por insistência de Hitler, continuaram a ocupar Poznan e Torun até ao final de Fevereiro, duas cidades que ficavam na única estrada directa e transitável por qualquer tipo de tempo entre Varsóvia e Berlim. Em Ialta, o chefe do Estado-Maior, Brooke, perguntou a Antonov quando começaria a próxima ofensiva russa. Antonov respondeu que «a estação mais difícil» estava ainda para vir: «a segunda metade de Março e o mês de Abril. Esta era a altura em que as estradas eram intransitáveis», de forma que o mês de Maio era aparentemente o momento propício.

Na frente Ocidental, os Alemães acompanharam a retirada da sua «saliente» nas Ardenas com um ataque à Alsácia, onde as forças americanas tinham sido enfraquecidas em consequência de manobras de diversão da Batalha das Ardenas. Para criar aí uma reserva, Eisenhower propôs encurtar a linha de combate retirando de Estrasburgo. Numa das crises mais célebres da guerra, De Gaulle interveio e demostrou como a sua firmeza e a sua autoridade eram valiosas para a França, fazendo com que Eisenhower desistisse desta manobra. Quatro dias mais tarde, Eisenhower defrontava mais uma crise que lhe causou «mais aflições e preocupações» do que todas as outras. Numa conferência de imprensa sobre a Batalha das Ardenas, no dia 7 de Janeiro, o marechal de campo Montgomery tentou ser diplomático e foi ofensivo. Louvou Eisenhower por tê-lo posto a comandar os Americanos a norte do ponto até onde tinham avançado os Alemães, e aplaudiu a bravura dos soldados americanos. Secundadas e ajudadas por «tropas inglesas que lutavam dos dois lados das forças americanas que tinham sofrido um rude golpe», estas últimas haviam conseguido o «louvor público» de Montgomery: «Saúdo os bravos combatentes da América, nunca lutarei com soldados mais bravos». Infelizmente, não louvou o seu colega americano, o general Bradley, a quem recentemente explicara que o avanço dos Alemães «era inteiramente culpa nossa». «Pobre homem», escreveu ele a Brooke, «é um homem bom e tudo isto é, para ele, muito difícil de engolir».

Montgomery tinha uma solução para os problemas de Bradley, ficando ele com o comando do 12.º Grupo de Exércitos, e disse-o numa carta a Eisenhower no final do mês de Dezembro:

> Gostaria de mencionar a questão do controlo operacional de todas as forças implicadas no avanço norte em direcção ao Ruhr... seja bem firme... a sua directiva deverá terminar com a seguinte frase: «Daqui em diante a direcção operacional total, o controlo e a coordenação destas operações pertencerão ao c-em-c, o 21.º Grupo de Exércitos»,

ou seja, Bradley e os seus comandantes do exército, Simpson, Hodges e Patton, deveriam ficar subordinados a Montgomery. Montgomery conhecia a forma de ganhar a guerra. Um avanço poderoso devia ser dirigido ao Norte do Ruhr. Primeiro, era preciso assegurar as pontes sobre o Reno. Segundo, a região do Ruhr deveria ficar cortada do resto da Alemanha. Terceiro, um ataque unificado deveria ser lançado contra Berlim. Todos os recursos necessários em matéria de tropas e de fornecimentos deviam ser colocados sob a direcção de Montgomery e tudo o resto devia parar. Infelizmente, pensava Montgomery, Eisenhower não percebia nada de guerra e era uma pessoa fraca e, por isso, não tinha «mão firme» e os comandantes americanos estavam autorizados a ignorar o plano de mestre de Montgomery. Patton, em particular, necessitava de uma mão muito firme, coisa que Bradley e Eisenhower não quiseram aplicar, para impedir que ele tentasse derrotar o inimigo sob princípios enganadores. Montogmery, consistentemente monomaníaco, exigiu repetidamente o controlo de todas as forças terrestres no teatro de operações. Eisenhower recusou-se a dar-lho e Marshall evitou que Churchill conseguisse o apoio de Roosevelt.

Em 1945, por conseguinte, Montgomery teve de contemplar o desenrolar da estratégia do Supremo Quartel-General de Eisenhower, protestando quando ela limitava a sua acção, efectuando algumas operações que obtiveram grandes vitórias, e gozando o seu papel como «o maior herói da Grã-Bretanha desde Nelson». Esta estratégia implicava cerrar fileiras no Reno antes de estabelecer duas testas-de-ponte seguidas de um duplo envolvimento do Ruhr. Subsequentemente, o resto das forças alemãs seria destruído à medida que fosse sendo oportuno. Montgomery, e a maioria dos historiadores ingleses posteriores, protestou que a libertação de toda a margem esquerda do Reno significava um atraso desnecessário. Eisenhower insistia que ocupar a linha do Reno, que era segura e altamente defensável, tornaria mais fácil a eventual concentração de recursos para se efectuar um ataque a norte, sob o comando de Montgomery, concentração esta à qual se opunham Patton e os seus admiradores. Montgomery, e mais tarde os historiadores ingleses, também protestava dizendo que era errado tentar efectuar duas linhas de ataque através do Reno até à Alemanha e que isto enfraqueceria o ataque principal, que deveria ser lançado por Montgomery. A resposta de Eisenhower era que a logística obrigava o esforço a norte a ser composto por apenas 36 divisões (o 21.º Grupo de Exércitos estava de acordo com isto), e algumas das outras 50 divisões americanas (ou francesas) poderiam ser úteis para enfraquecer a concentração dos Alemães contra o esforço de Montgomery e talvez para terem o papel principal no caso do seu ataque falhar. Na prática, a única fraqueza da estratégia de Eisenhower parecia ser que ela não atribuía a Montgomery o monopólio da vitória militar.

A destruição das forças alemãs a oeste do Reno realizou-se em três fases. Montgomery utilizou o 1.º Exército canadiano e o 9.º Exército americano para libertar o Reno, desde Emmerich até Dusseldorf. As cheias atrasaram o 9.º Exército, de forma que os Ingleses e os Canadianos defrontaram uma forte oposição por parte das tropas pára-quedistas alemãs de alta qualidade. A próxima fase ficou para o 12.º Grupo de Exércitos de Bradley alcançar o rio entre Düsseldorf e Coblença. Então, Patton, com o 3.º Exército americano, atacaria a sul o sector Coblença-Manheim, enquanto Patch e o 7.º Exército americano, que tinha vindo por Marselha e pelo Sul de França, avançava de norte para leste, de forma a que estes dois exércitos americanos conseguissem apanhar a maior parte de dois exércitos alemães. A campanha do Reno durou de 8 de Fevereiro até ao dia 21 de Março porque Hitler ordenou que as suas tropas ficassem estacionadas a oeste do Reno em vez de se retirarem ordenadamente para trás do rio. Em consequência, foram capturados cerca de 250 000 Alemães, enquanto as perdas dos Aliados, excepto as dos Ingleses e dos Canadianos no Norte, foram comparativamente baixas. Além disso, no dia 7 de Março, unidades avançadas do 1.º Exército americano encontraram uma ponte intacta sobre o Reno, em Remagen, entre Bona e Coblença, que fora conservada de propósito para a retirada dos Alemães, e ocuparam-na imediatamente antes de ela poder ser destruída. Em duas semanas, foram construídas seis pontes para apoiar uma testa-de-ponte de 30 quilómetros. No dia 22 de Março, Patton conseguiu estabelecer uma testa-de-ponte para o seu exército fazendo um ataque-surpresa em Oppenheim, a sul de Mainz. Agora era novamente a vez de Montgomery, desta vez para lançar a principal ofensiva através do Reno mais a norte. A sua travessia do Reno foi uma das grandes operações organizadas em toda a guerra. O Comando de Bombardeiros destruiu Wesel, 3500 canhões efectuaram um ataque preliminar ao longo de uma frente com mais de 50 quilómetros de comprimento, e foram deslocadas duas divisões aerotransportadas. Churchill, Brooke e Eisenhower vieram assistir. Montgomery atravessou nos dias 23 e 24 de Março. A 26 de Março, havia 12 pontes operacionais. Dois dias mais tarde, os blindados ingleses avançaram. No dia 25 de Março, os Americanos avançaram para o sul do Ruhr. Mais a sul, o 1.º e o 3.º Exércitos americanos juntaram-se às suas testas-de-ponte e avançaram para noroeste em direcção a Kassel.

No dia 28 de Março, Montgomery, tendo apresentado o seu plano para a ofensiva final em direcção a Berlim, ficou desgostoso quando foi informado por Eisenhower de que devia devolver o comando do 9.º exército a Bradley, depois de o Ruhr ter sido cercado, e que o 21.º Grupo de Exércitos (o de Montgomery) devia avançar para noroeste em direcção a Hamburgo e a Lübeck, e que o 12.º Grupo de Exércitos (Bradley) devia efectuar o principal ataque dos Aliados, não em direcção a Berlim mas sim em direcção a Leipzig e Dresda. Eisenhower também enviou uma mensagem a Estaline para explicar que o seu principal esforço seria ao longo do eixo Erfurt-Leipzig-Dresda. Para Montgomery, acrescentava a justificação segundo a qual «Berlim... tornou-se apenas num ponto geográfico; estes nunca me interessaram. O meu objectivo é destruir as forças inimigas e o seu poder de resistência». Churchill protestou dizendo a Roosevelt que deixar aos Russos a tarefa de conquistar Berlim seria fazer que os Russos se sentissem como sendo os principais pilares da vitória dos Aliados:

> Não os levará isto a um estado de espírito que poderá acarretar sérias e formidáveis dificuldades no futuro? Por conseguinte, penso que, de um ponto de vista político, deveríamos avançar o mais possível para leste na Alemanha, e se Berlim estiver ao nosso alcance, deveríamos certamente tomá-la.

Mas Eisenhower, os chefes dos estados-maiores americanos e Roosevelt, todos eles insistiam que as necessidades militares deviam ter prioridade sobre a política.

Nesta fase, Estaline parece ter ficado especialmente desconfiado em relação aos aliados ocidentais, provavelmente porque suspeitava de que tinham efectivamente a intenção, como Churchill desejava, de avançar muito para leste. Respondeu no dia 1 de Abril a Eisenhower, concordando que:

> Berlim perdeu a importância estratégica que tinha antes. Nos planos do alto-comando soviético as forças secundárias serão, por conseguinte, enviadas em direcção a Berlim... O principal golpe das forças soviéticas começará aproximadamente na segunda metade do mês de Maio.

Este ataque também seria lançado contra a zona de «Erfurt-Leipzig-Dresda». Mais ou menos nessa altura, Estaline ordenou que se preparasse o mais rapidamente possível um ataque contra Berlim com uma força esmagadora! Era certamente uma mentira o facto de Estaline ter informado Harriman um dia antes da grande ofensiva, afirmando que ela se dirigia para Dresda. As provas sugerem que Estaline acreditava que os aliados ocidentais se estavam a preparar para colaborar com os Alemães, derrotados, contra a União Soviética. A sua reacção, talvez compreensível, à exclusão dos Russos das discussões entre os representantes anglo-americanos e Karl Wolff, um general SS, sobre a questão da possível rendição das forças alemãs em Itália, parece ser concludente. Ele enviou uma mensagem a Roosevelt no dia 3 de Abril em que dizia: «No momento presente, os Alemães na frente ocidental deixaram efectivamente de lutar contra a Inglaterra e os Estados Unidos. Mas, simultaneamente, os Alemães continuam a lutar contra a Rússia». Estaline afirmava que fora feito um acordo, «na base do qual o comando alemão na frente ocidental — o do marechal Kesselring — concordava em abrir a frente e permitir que as tropas anglo-americanas avançassem para leste, e os anglo-americanos teriam prometido em troca facilitar as condições de paz com os Alemães». É verdade que cada vez mais soldados alemães, especialmente depois da passagem do Reno, se mostravam ansiosos por se render aos Ingleses e aos Americanos, para evitar o risco de serem capturados pelos Russos.

Provavelmente, Estaline tencionava efectuar o ataque soviético que começou no dia 16 de Abril para ter a certeza de que a Rússia ficaria com os territórios que lhe haviam sido prometidos em Fevereiro, na conferência de Ialta com Churchill e Roosevelt. Dirigido a Berlim, este ataque envolvia a habitual concentração intensa de artilharia (que podia ser de um canhão a cada dez metros) para apoiar 193 divisões que atacariam 45 fracas divisões alemãs, além de homens de meia-idade, rapazes e polícias do *Volksturm*, cuja arma mais eficaz era o lança-granadas antitanque, o *Panzerfaust*. Os Russos depararam com resistência feroz. A oeste, os Americanos estavam do outro lado do Elba no dia 13 de Abril; o Exército Vermelho só cercou Berlim no dia 25 de Abril. Mesmo assim, não é certo que as forças americanas tivessem conseguido chegar a Berlim. Em qualquer dos casos, não houve nenhuma corrida — ou, mais precisamente, a corrida só tinha um corredor, o Exército Vermelho.

Do mesmo modo, Eisenhower, a pedido dos Russos, impediu que Patton fizesse uma corrida até Praga, que poderia quase certamente ter capturado. Em Abril, exceptuando a pequena bolsa de resistência no Ruhr, onde Model se defendeu até ao dia 21 de Abril, dia em que se suicidou, deixando mais de 300 000 homens que seriam capturados, os Ingleses e os Americanos apenas encontraram uma resistência esporádica, apesar de por vezes determinada, e a sua marcha foi detida sobretudo por engarrafamentos. No final do mês, até as tropas alemãs que combatiam contra os Russos estavam em fuga para ocidente, para se renderem aos Ingleses e aos Americanos.

No dia 30 de Abril de 1945, certo de que já não conseguiria organizar mais mortes e mais destruição, Hitler suicidou-se, deixando o almirante Dönitz no comando. No dia 2 de Maio, os Ingleses chegaram ao Báltico, a Lübeck. Desta vez, Eisenhower pedira a Montgomery que andasse depressa, para chegar antes dos Russos. Ele queria ter a certeza de que o Exército Vermelho não ocuparia a Dinamarca e que, se fosse necessário fazer uma campanha para libertar a Noruega, essa campanha seria anglo-americana. Neste caso o Supremo Quartel-General aceitou as exigências dos aliados ocidentais, enquanto noutras ocasiões aceitara as de Estaline. A sugestão de Churchill para se avançar sobre Berlim e Praga, se tivessem sido possíveis, teriam implicado o processo arriscado que seria o de desafiar as reivindicações dos Russos, com as quais ele e Roosevelt já tinham concordado.

Dönitz continuava a tentar dividir a aliança procurando render-se separadamente a cada um dos aliados ocidentais. O fim foi desigual. As forças alemãs renderam-se no dia 2 de Maio, na Itália. Montgomery, abordado por enviados de Dönitz, recusou-se a aceitar a rendição das forças alemãs que combatiam contra o Exército Vermelho, excepto a nível individual. No dia 4 de Maio de 1945, por conseguinte, todas as forças alemãs que combatiam contra o 21.º Grupo de Exércitos na Holanda, no Noroeste da Alemanha e na Dinamarca renderam-se a Montgomery: seguiu-se uma série de rendições locais. Às 2:41 da madrugada do dia 7 de Maio de 1945, Jodl apresentou a rendição geral no Supremo Quartel-General dos Aliados em Reims, aos representantes dos Americanos, dos Ingleses, dos Franceses e dos Russos. Isto não bastou para as autoridades soviéticas, que insistiram numa outra rendição no quartel-general de Jukov, em Berlim. Depois de uma grande discussão entre Tedder e Vishinski sobre quem deveria assinar pelos aliados ocidentais, Keitel comandou uma delegação que se rendeu pouco antes da meia-noite, no dia 8 de Maio.

A DIVISÃO DA ALEMANHA (FRONTEIRAS DE 1937)

XIV

A DERROTA DO JAPÃO E A BOMBA ATÓMICA

Para derrotar o Japão, os estrategos americanos utilizaram o bloqueio económico e os bombardeamentos para fazer baixar a produção de guerra japonesa e como primeiro passo para uma futura invasão. A conquista de algumas ilhas no Pacífico forneceu portos para que os submarinos estivessem mais próximos dos seus alvos, e aeródromos de onde era possível lançar ataques ao Japão e, por fim, bases para se lançar a invasão. A superioridade naval e aérea dava a possibilidade aos Americanos de conquistarem estas novas bases. Avançaram passo a passo, e as dimensões destes passos eram determinadas pelo limite do raio de acção dos aviões estacionados em bases, nas suas melhores posições ou, no caso de operações mais perigosas, contando com o apoio aéreo fornecido pelos porta-aviões. Para aqueles que estavam envolvidos na guerra, as campanhas que levaram à vitória dos Americanos parecem ter sido menos unilaterais do que retrospectivamente nos parecem. Apesar de os Estados Unidos terem forçosamente de ganhar, se tentassem, contudo as guarnições japonesas, espalhadas por todos os seus territórios conquistados em 1941 e no início de 1942, resistiam mais obstinadamente do que quaisquer outras tropas.

Em Setembro de 1943, obrigado a ficar na defensiva, o Quartel-General Imperial aceitou a perda eventual das suas conquistas no Oriente e decidiu defender um perímetro mais reduzido, numa linha imaginária que ia desde as ilhas Bonins-Marianas-Carolinas-Nova Guiné Ocidental-Índias Orientais Holandesas, até à Birmânia. Para além desta linha, nas Ilhas Gilbert e Marshall, nas Salomão, no Arquipélago Bismarck, nas Ilhas do Almirantado e na Nova Guiné Ocidental, as guarnições japonesas lutavam ferozmente para deter os Americanos. Quando estes

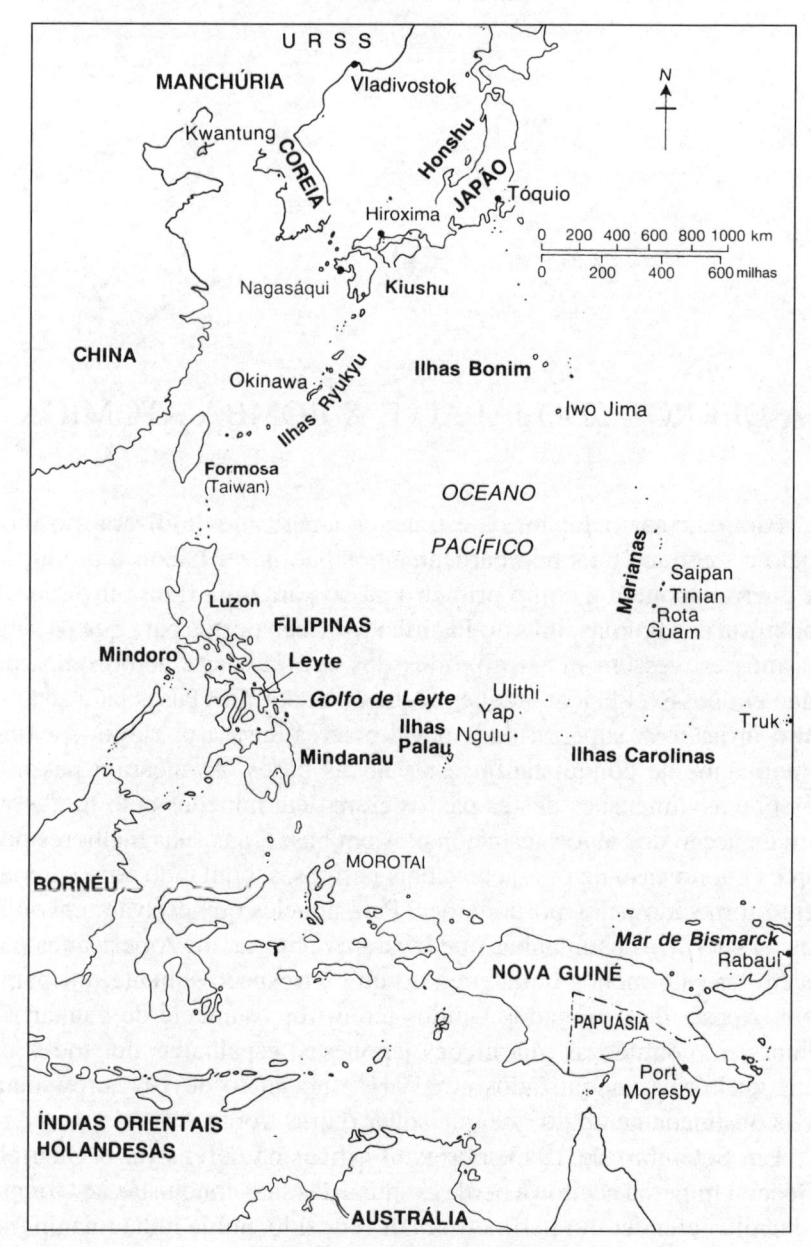

A GUERRA DO PACÍFICO, 1944-5

atacaram o novo perímetro imperial, a marinha japonesa compareceu em força em duas ocasiões para desafiar o controlo dos Americanos no mar. Na primeira ocasião, em Junho de 1944, na Batalha do Mar das Filipinas, os Japoneses tentaram impedir que Saipan, nas Marianas, fosse tomada, o que estava nos planos de avanço do almirante Nimitz através do Pacífico. Na segunda ocasião, no golfo de Leyte, em Outubro de 1944, a frota japonesa tentou impedir que as Filipinas fossem reconquistadas pelas forças conjuntas do general MacArthur, que avançava no Sudoeste do Pacífico, e do almirante Nimitz que avançava pelo centro.

No dia 15 de Junho de 1944, duas divisões de fuzileiros americanos começaram a desembarcar em Saipan. Imediatamente, o comandante-em-chefe japonês deu a seguinte ordem: «A nossa frota conjunta atacará o inimigo nas Marianas e aniquilará as forças invasoras». Cinco minutos depois, repetiu a transmissão de Togo antes da Batalha de Tushima em 1905. «O destino do Império assenta nesta batalha. Espera-se de todos os homens que dêem o seu melhor». Depois de terem avançado durante três dias para leste das Filipinas, o Imperador enviou a seguinte mensagem: «Esta operação tem uma importância enorme para o destino do Império. Espera-se que as forças armadas façam tudo o que puderem para obter um resultado tão fantástico como o da Batalha de Tushima.» Os Japoneses, comandados pelo almirante Ozawa, tinham cinco porta-aviões, quatro porta-aviões de escolta, cinco couraçados, incluindo os maiores até então construídos, o *Yamato* e o *Musashi*, ambos com canhões de 46 centímetros, 11 cruzadores pesados, dois cruzadores ligeiros e 28 *destroyers*. Sob o comando do almirante Spruance, ao largo de Saipan estavam sete porta-aviões, oito de escolta, sete couraçados ligeiros, oito cruzadores pesados, 13 ligeiros e 69 *destroyers*. Na Batalha do Mar das Filipinas os ataques aéreos substituíram os combates entre navios de superfície. A frota americana tinha mais aviões (956) do que a japonesa (473) mas os Japoneses esperavam que os seus aviões estacionados no solo, nas ilhas que estavam sob o seu controlo, lhes proporcionassem uma igualdade numérica, e contavam com o maior alcance dos seus aviões (que, não sendo blindados e não dispondo de depósitos de gasolina com fecho automático, eram comparativamente mais leves), com o acesso fácil às suas bases, para encher os depósitos de gasolina, e com a vantagem táctica de entrarem na batalha a favor do vento, o que significava que os seus porta-aviões não tinham de dar meia-volta para os respectivos aviões levantarem voo e aterrarem. Os Americanos tinham duas vantagens. Os serviços de radiocomunicação davam a possibilidade aos submarinos de estarem em posição para avisar de quaisquer movimentos da principal força de porta-aviões japonesa, e tinham grandes reservas de combustível. Além disso, todos os pilotos da força aérea da marinha americana faziam treinos e exercícios frequentes; no Verão de 1944, os pilotos da força aérea da marinha japonesa tinham falta de treino e de prática.

A 19 de Junho, os aviões japoneses fizeram quatro ataques à frota americana. O resultado foi o «Grande Tiro aos Patos das Marianas». As técnicas inglesas de controlo de caças, de intercepção defensiva, praticadas e exercitadas nos porta-aviões americanos, foram reforçadas pelo trabalho de oficiais americanos que falavam japonês, que ouviam as instruções dadas pelos oficiais que dirigiam as operações e que respondiam dando as ordens apropriadas aos caças defensores. A vitória dos homens da força aérea da marinha americana desse dia rivalizou com as vitórias da RAF na Batalha de Inglaterra e, juntamente com a vitória do golfo de Leyte, mostrava que a invasão do Japão era apenas uma questão de tempo. No «Tiro aos Patos», os Japoneses perderam aproximadamente 330 aviões e 400 homens; os Americanos perderam 30 aviões e 27 homens. No dia seguinte, 20 de Junho, os porta-aviões americanos contra-atacaram os japoneses, que recuavam, mas fizeram-no perigosamente tarde: encontraram os Japoneses só quando estes já estavam a 480 quilómetros de distância, limite máximo do seu raio de acção. Alguns aviões americanos não puderam regressar. Para que os que regressaram conseguissem aterrar, os porta-aviões tiveram de navegar contra o vento, o que ainda os distanciou ainda mais. Os aviões americanos regressaram já de noite. Os porta-aviões aventuraram-se na noite, completamente iluminados para assinalar a sua localização e procurar os aviões no meio das águas em redor. Trinta aviões foram abatidos em combate, mais 80 caíram ao mar, mas só se perderam 49 homens; 160 foram recolhidos no mar, enquanto o ataque afundara um porta-aviões japonês e destruíra dois terços dos aviões de Ozawa que restavam. Os submarinos americanos afundaram mais dois porta-aviões, o que fazia um total de três. A frota de porta-aviões japonesa, que começara a guerra de uma forma tão impressionante, estava reduzida a uma sombra do que fora.

A segunda tentativa para destruir a supremacia naval americana, na Batalha do Golfo de Leyte, seguiu-se à invasão das Filipinas, cuja reconquista pelos Americanos ameaçava cortar as restantes ligações marítimas entre o Japão e as suas conquistas no Sul, onde estavam matérias-primas vitais para os Japoneses. No dia 20 de Outubro de 1944, as forças americanas atacaram Leyte, uma ilha bem colocada para assegurar bases aéreas e navais que apoiassem outras conquistas. Ataques preliminares, por aviões sedeados em porta-aviões americanos, a aeródromos japoneses na Formosa, mostraram como o treino e os muitos exercícios lhes tinham dado uma grande superioridade sobre as forças aéreas japonesas: foram destruídos cerca de 500 aviões japoneses à custa de apenas 90 aviões americanos. Desta forma, os Americanos diminuíram o apoio aéreo ao ataque iminente dos Japoneses às testas-de-ponte na praia de Leyte.

A Batalha do Golfo de Leyte foi a maior batalha naval da Segunda Guerra Mundial. Os barcos que tomaram parte nesta batalha (os que estão entre parêntesis foram destruídos), aos quais deveria ser acrescentado um cruzador pesado australianos, são os seguintes:

	Marinha Americana	Marinha Japonesa
Porta-aviões	5 (1)	1 (1)
Porta-aviões couraçado	—	2
Porta-aviões de escolta	21 (3)	5 (3)
Couraçados	12	7 (3)
Cruzadores pesados	5	13 (6)
Cruzadores ligeiros	11	4 (4)
Destroyers	80 (4)	37 (12)

Os Japoneses atacaram em três grupos. O primeiro, muito a norte de Leyte, incluía todos os porta-aviões disponíveis (com um contingente de aviões muito reduzido), que os Japoneses esperavam que atraíssem os barcos mais rápidos e resistentes dos Americanos para longe do golfo de Leyte. Aí, duas forças japonesas independentes, uma vinda do sul de Leyte e outra, uma poderosa frota com dois poderosos couraçados, vinda do norte, encontrar-se-iam no golfo de Leyte no Dia X, 25 de Outubro, e destruiriam os barcos de reserva que davam apoio aos desembarques americanos. O plano dos Japoneses funcionou bem nas suas linhas gerais, mas mal quanto aos pormemenores. O almirante Halsey lançou-se à pressa para norte com os porta-aviões mais rápidos e mais potentes dos Americanos e com couraçados para perseguir os porta-aviões japoneses, justamente como esperava o seu comandante. O resto dos couraçados americanos foi para sul para enfrentar o ataque dos Japoneses, e o seu comandante americano pensava que o almirante Halsey deixara ficar forças suficientes para deter a principal frota japonesa de ataque quando se aproximasse do norte do golfo de Leyte, através do arquipélago das Filipinas.

Portanto, o almirante Kurita chegou ao ponto decisivo com forças esmagadoras. Ao nascer do dia, no dia 25 de Setembro, os seus quatro couraçados, seis cruzadores pesados e dois ligeiros, com os respectivos *destroyers*, apareceram por entre a neblina matinal sem nada pela frente que os impedisse de atingir as testas-de-ponte dos Americanos, na praia, em Leyte, além de 16 porta-aviões de escolta lentos, ligeiramente armados e sem blindagem e dos seus respectivos *destroyers* de protecção. Três minutos depois de os Japoneses abrirem fogo, o almirante americano Sprague enviou uma mensagem, não codificada, pedindo que lhe enviassem reforços.

O almirante Kurita, porém, não pressentiu que a vitória estivesse iminente. Os últimos dias não haviam sido muito felizes para ele. Ao nascer do sol do dia 23 de Outubro, quando o seu navio-almirante, o cruzador pesado *Atago*, liderava a poderosa frota em direcção às Filipinas, os submarinos americanos tinham atacado. Quatro torpedos atingiram o *Atago* e Kurita e o seu pessoal tiveram de atirar-se ao mar. Recolhido por um *destroyer*, Kurita chegou a tempo de ver um outro cruzador pesado ser atingido por um torpedo e explodir. Na manhã seguinte, transferido para o poderoso couraçado *Yamato*, ele deparava-se com o primeiro ataque aéreo dos Americanos, pouco depois das 8 horas da manhã. A frota de Halsey lançou 259 voos operacionais contra as forças de Kurita, utilizando bombardeiros e aviões que transportavam torpedos. Apesar do enorme número de canhões antiaéreos que os barcos japoneses possuíam, apenas 18 aviões americanos foram destruídos. O *Yamato* foi duas vezes atingido por bombas; o *Musashi*, o seu barco irmão, foi atingido 17 vezes por bombas e 19 vezes por torpedos antes de se afundar. Halsey concluía, baseando-se nos relatórios normalmente optimistas das suas tripulações aéreas, que podia ignorar Kurita enquanto estivesse a braços com a frota de porta-aviões japoneses no Norte, e desapareceu a alta velocidade para norte para uma distância de centenas de quilómetros.

A sul de Leyte, realizou-se a última batalha naval clássica numa acção nocturna nos dias 24 e 25 de Outubro. Ela começou quando os torpedeiros e os *destroyers* americanos, contando com a sua grande rapidez e a sua grande capacidade de manobra, travaram pequenos combates com os grandes barcos da primeira força naval japonesa, que avançava do sul em direcção ao Golfo de Leyte, e desorganizaram as suas formações efectuando um ataque com torpedos. Afundaram um couraçado e um *destroyer* e danificaram mais dois *destroyers*. Então, à medida que os barcos sobreviventes chegavam, depararam-se com seis couraçados em formação de combate, em ângulos rectos, «cruzando o seu T». O couraçado *Yamashiro* ficou debaixo fogo de cinco couraçados, e cinco minutos depois fugiu, em chamas, afundando-se 20 minutos mais tarde sem ter atingido o inimigo — os Americanos tinham canhões controlados por radar e os Japoneses não. A segunda secção mais fraca da frota sul japonesa, prudentemente, retrocedeu.

Por isso, antes de nascer o sol no dia 25 de Outubro, Kurita, que tentava executar as ordens de Tóquio enviadas na noite anterior, segundo as quais «todas as forças deverão lançar-se ao ataque, com fé na providência divina», soube que as forças do sul, que pensava virem ao seu encontro, haviam sido destruídas. Quando viu surgir no horizonte os porta-aviões americanos ficou tão espantado como os Americanos quando viram os mastros dos seus couraçados. Os Americanos reagiram lançando barreiras de fumo e lançando os seus aviões para efectuarem um ataque imediato. Nessa altura, já Kurita receava os aviões americanos e perdera a confiança nos aviões japoneses sedeados em terra, assim como na sua artilharia antiaérea. Decidiu, finalmente, que chegara a hora de partir quando interceptou uma mensagem do almirante americano no golfo de Leyte pedindo «o envio de couraçados rápidos e um rápido ataque aéreo a partir de porta-aviões», o que significava, para o preocupado Kurita, que havia navios poderosos por perto. Durante seis horas, uma força americana fraca impedira-o de navegar para sul para o Golfo de Leyte e, depois, obrigara-o a recuar. Durante este mesmo tempo, Halsey, que tinha os maiores e melhores porta-aviões e couraçados americanos, perseguia a força japonesa, que estava a norte, a uma grande distância. Antes de os seus couraçados conseguirem ficar ao alcance do inimigo ordenaram-lhe que voltasse para sul em resposta aos apelos de ajuda que vinham do Golfo de Leyte, onde acabaram por chegar tarde de mais para conseguir interceptar Kurita. No entanto, a força de porta-aviões de Halsey efectuou um ataque aéreo e afundou nada menos do que quatro porta-aviões japoneses.

Durante o resto da guerra, o que restava da marinha imperial japonesa ficou paralisado por falta de combustível e condenado a uma inactividade desmoralizadora. O seu golpe final foi simbólico. Quando os Americanos invadiram Okinawa, em Abril de 1945, apenas o poderoso couraçado *Yamato* conseguiu combustível para navegar até lá, com um cruzador e oito *destroyers*. Seis couraçados, sete cruzadores e 21 *destroyers* americanos prepararam-se para o interceptar. Os aviões dos porta-aviões chegaram primeiro. Os barcos japoneses nem sequer chegaram a completar um dia fora do porto. O *Yamato* afundou-se depois de ter sido atingido por cinco bombas e dez torpedos. Quatro *destroyers* danificados conseguiram regressar. Os Americanos utilizaram 386 aviões. Perderam 12 homens e 10 aviões.

A derrota dos Japoneses no mar e no ar impossibilitou-os de impedirem os ataques anfíbios contra as suas guarnições nos territórios espalhados, bem como as ofensivas das forças americanas contra bases a partir das quais ataques aéreos e, se necessário, uma invasão, poderiam ser lançados contra as ilhas japonesas: primeiro, como fora planeado, a Kyushiu e depois à própria Honshu. No entanto, as forças terrestres, equipadas em pontos estratégicos com amplos fornecimentos de comida e munições, infligiam pesadas perdas. Em Saipan, nas Marianas, por exemplo, 30 000 Japoneses provocaram 14 000 mortos antes de serem dizimados praticamente até ao último homem. Isto representava aproximadamente 20 por cento dos 70 000 Americanos que compunham as tropas enviadas para lá. As tropas japoneses, com raras excepções, prefeririam morrer a render-se. Em Saipan, as tropas americanas viram um oficial japonês decapitar os seus homens com a espada, para lhes poupar a desonra de serem capturados, e centenas de auxiliares civis e suas famílias que se atiravam da falésia no último momento da derrota. A tradição guerreira dos Japoneses, cuidadosamente inculcada nos soldados, prescrevia que a rendição constituía uma desonra. Os soldados japoneses haviam sido informados de que os Americanos torturariam e matariam os prisioneiros mas, no caso de sobreviverem ao inimigo, o regulamento militar japonês estabelecia que a rendição constituía um crime cuja pena seria a morte. A natureza coesa e homogénea da sociedade japonesa facilitava a doutrinação, e o seu isolamento cultural, juntamente com o sentimento de superioridade racial dos Japoneses, protegia estes valores do cepticismo. Os soldados japoneses, por conseguinte, tinham de ter a atenção individual dos seus adversários, porque se recusavam a aceitar a derrota e não estavam dispostos, quando isolados, a ficar simplesmente quietos até ser capturados. Alguns Americanos confirmaram a propaganda oficial japonesa e, inspirados pela sua própria discriminação racial e por histórias, muitas vezes verdadeiras, dos maus tratos sofridos por Americanos nas mãos dos Japoneses, matavam frequentemente os Japoneses que estavam dispostos a render-se. Os prisioneiros, individualmente ou em pequenos grupos, não eram capturados frequentemente. Os crimes de guerra não pertenceram apenas a um dos lados, apesar de a «justiça» dos vencedores poder ter dado essa impressão.

Os Americanos passavam ao lado de ilhas e bases do inimigo, sem medo das consequências, uma vez que a mobilidade dos Japoneses já não existia e o seu poder aéreo era limitado. No centro do Pacífico, Nimitz navegou desde Makin e Tarawa, nas Ilhas Gilbert (Novembro de 1943), para Kwajalein e Eniwetok nas Ilhas Marshall (Janeiro-Fevereiro 1944), para Saipan, Tinian, e Guam nas Marianas (Junho-Julho 1944), e daí para as ilhas Palaus, Ulithi e Ngulu (Setembro-Outubro 1944), enquanto MacArthur navegava para o arquipélago Bismarck (Janeiro-Março 1944) e depois ao longo da costa norte da Nova Guiné, fazendo uma série de desembarques anfíbios e, seguidamente, para Morotai, em Setembro. As duas forças juntaram-se para o ataque a Leyte, em Outubro, quando MacArthur atacou Mindoro e Luzon (Dezembro 1944-Janeiro 1945). As tropas japonesas aguentaram em certos pontos de Luzon até ao fim da guerra, mas MacArthur conseguiu capturar excelentes bases na retaguarda para efectuar o ataque decisivo ao Japão. No dia 19 de Fevereiro de 1945, os fuzileiros navais desembarcaram em Iwo Jima para capturar pistas de aterragem para os caças de escolta e para os bombardeiros *B-29* danificados que regressassem dos seus voos de ataque às ilhas japonesas. Esta ilha, com oito quilómetros de comprimento por quatro de largura, aproximadamente, demorou seis semanas a conquistar, apesar de os Americanos terem efectuado contra ela o bombardeamento naval mais duro da Segunda Guerra Mundial. As perdas dos Japoneses foram de 20 700 mortos e 216 prisioneiros capturados, as dos Americanos foram de 6812 mortos e 19189 feridos, aproximadamente 30 por cento do número total de homens. (Os Japoneses feridos suicidavam-se ou eram mortos pelos seus colegas ou, por vezes, pelos Americanos). Em duas divisões de fuzileiros navais americanos as perdas em regimentos de infantaria atingiram os 75 por cento.

Seguidamente, foram as ilhas Ryukiu, entre as quais a maior de todas, Okinawa, que os Americanos tencionavam tornar a base principal para efectuar a invasão a Honshu. Em Okinawa, travaram-se os combates mais duros de toda a guerra do Pacífico. Os defensores japoneses eram 77 000 homens; a marinha americana desembarcou 60 000 homens no primeiro dia, que atingiram um total de 190 000 homens. Uma novidade foi a presença da marinha inglesa, que tomou parte na guerra do Pacífico com uma frota homogénea e auto-suficiente (dois couraçados, quatro porta-aviões, cinco cruzadores, mais dois da Nova Zelândia e um do Canadá, e *destroyers*). Para a invasão a Okinawa, juntou-se à frota americana composta por oito couraçados, 11 porta-aviões, seis porta-aviões de escolta, cinco cruzadores pesados e 13 ligeiros. Uma outra característica da Batalha de Okinawa foi o uso repetido da táctica suicida *kamikaze* (Vento do Céu), dos Japoneses, especialmente em ataques em massa, os chamados ataques *Kikusui* (Crisântemo Flutuante). Estes começaram em Leyte, no dia 25 de Outubro de 1944. Nessa altura, entre o dia 6 de Abril e o dia 22 de Junho de 1945, 1900 pilotos japoneses apontaram os seus aviões carregados de explosivos aos barcos americanos e ingleses (as pistas de aterragem em aço dos porta--aviões ingleses eram uma vantagem em comparação com as pistas em madeira que os construtores navais americanos preferiam). Eles afundaram 25 barcos, tendo acertado no alvo 182 vezes e quase acertado 97 vezes, causando muitos danos. Além disso, foram efectuados cerca de 5000 voos operacionais convencionais pelos Japoneses — tinham reservado aviões e treinado à pressa pilotos para esta batalha decisiva. Os aviões convencionais lançavam, por vezes, uma outra arma suicida, a bomba voadora, propulsionada por um foguetão, o *Baka*, um míssil lançado à distância pilotado por um homem suicida. Os *kamikaze* pareceram ser, durante algum tempo, um perigo grave, especialmente para os barcos de radar, geralmente *destroyers*, estacionados para darem alerta aos barcos maiores. No entanto, a percentagem de perdas dos *kamikaze*, de um pouco menos de cem por cento (contando com os poucos que regressavam por motivo de avaria mecânica) significava que esse perigo era efémero. 355 participaram no primeiro ataque em massa no dia 6 de Abril: 45 no último, a 22 de Junho.

Os combates em Okinawa demoraram quase três meses, do dia 1 de Abril até 22 de Junho, numa ilha estreita com aproximadamente noventa quilómetros de comprimento e com uma largura irregular, entre cinco e vinte quilómetros. Foram mais intensos do que em Iwo Jima. No final de Maio, cerca de 50 000 soldados japoneses tinham sido mortos e exactamente 227 prisioneiros haviam sido capturados. Os Japoneses combatiam em posições defensivas bem preparadas, em trincheiras, contra a artilharia pesada americana e o fogo dos vasos de guerra americanos, ficando nos seus abrigos até ao momento do ataque e utilizando então padrões de tiro cuidadosamente planeados. A sua artilharia estava bem escondida e protegida. As escavações e trincheiras dos Americanos eram, em contrapartida, pouco profundas e improvisadas, e os seus ataques de infantaria só podiam ser frontais, num terreno que proporcionava pouca protecção e que não dava a possibilidade de se flanquear o inimigo. As posições dos Japoneses tinham de ser destruídas por meio de bombas e os seus ocupantes expulsos com lança-chamas e depois mortos um a um. Os mortos do lado dos Americanos atingiram os 7000 homens e os feridos os 32 000. Mais de dois terços de duas divisões do exército foram mortos ou feridos. Além disso, os Americanos sofreram 26 000 baixas «extracombate», quase todas elas em consequência do «cansaço de guerra», casos neuro-psiquiátricos que sofreram de depressões devido ao *stress* de guerra. Um rápido tratamento, uma inovação sensata da Segunda Guerra Mundial, dava bons resultados, porém, e só aproximadamente 20 por cento tiveram de ser transferidos para postos fora da linha de combate.

Até às batalhas de Saipan, Iwo Jima e Okinawa os combates no Pacífico tinham sido menos intensos do que os combates contra os Alemães. Agora, ao que parecia, quanto mais o Japão se aproximava da derrota mais ferozmente os Japoneses lutavam. Em 18 meses, os Americanos tinham avançado 4800 quilómetros; a sul de Okinawa foram necessárias três semanas para avançar menos de cinco quilómetros para o interior da Linha Machinato e mais um mês para avançar mais cinco quilómetros no interior da Linha Shuri, e depois duas semanas para avançar 10 quilómetros (todos estes movimentos numa frente de aproximadamente 10 ou 11 quilómetros de largura), e mais uma semana para abater os Japoneses nos restantes seis quilómetros do extremo sul da ilha. Apesar de 7000 Japoneses terem sido efectivamente capturados no fim, muitos deles eram soldados recrutados em Okinawa.

A invasão das ilhas japonesas pareceu provocar um maior desespero suicida nos seus defensores. Mal perderam Okinawa, no dia 22 de Junho de 1945, a Marinha e o Exército japoneses começaram a acumular combustível e aviões e a treinar à pressa mais pilotos para atacar os invasores. Além disso, a maioria dos serviços de rádio e comunicações dos Americanos exagerava a restante capacidade de produção e as reservas de matérias-primas dos Japoneses. Em Junho, a Junta de Chefes de Estado-Maior americanos concordou numa estratégia para a derrota final do Japão. Em Novembro de 1945, 13 ou 14 divisões americanas invadiriam Kyushi e, em Março de 1946, 25 divisões (juntamente com uma pequena força da Comunidade Britânica) atacariam Honshu e imporiam a rendição incondicional, talvez entre as ruínas da cidade de Tóquio. Estaline prometera que a União Soviética entraria na guerra contra o Japão cerca de três meses após a rendição da Alemanha. No dia 28 de Maio, informou Hopkins de que estaria pronto para atacar a 8 de Agosto. Assim, o Exército Vermelho manteria ocupados os exércitos japoneses na Manchúria e na China. A Força Aérea americana declarou que podia ganhar a guerra sozinha até Outubro de 1945, com uma grande concentração de aviões *B-29*, mas o Exército e a Marinha americanos continuavam cépticos.

Esta estratégia para a derrota final do Japão desenvolveu-se a partir da forma como a guerra tinha decorrido, com duas modificações: primeiro, a intervenção da China nacionalista fora muito mais pequena do que se esperava, e em consequência a campanha da Birmânia, na sua maior parte inglesa, não contribuiu para a vitória decisiva sobre o Japão, transformando-se numa guerra particular dos Ingleses para a restauração do seu Império no Sudeste Asiático; segundo, a União Soviética tivera uma participação mais importante na guerra, apesar de, depois de Okinawa, quando os barcos dos Aliados puderam circular livremente em volta do Japão, a derrota do exército de Kwantung ter deixado de ser uma condição prévia para uma invasão das ilhas japonesas, já que as forças navais e aéreas dos Aliados podiam impedi-lo de as alcançar. No entanto, durante a guerra contra o Japão, à medida que esta estratégia convencional evoluía, os cientistas, os técnicos e os engenheiros conseguiram organizar a base de uma estratégia alternativa: a bomba atómica.

Em 1939, cientistas de vários países avisaram os seus governos da possibilidade teórica de uma explosão atómica. Nos Estados Unidos, Szilard redigiu um relatório para Roosevelt, com a assinatura de Einstein para lhe dar mais peso. Em Inglaterra, Thompson, do Imperial College, falou com Sir Henry Tizard, o principal conselheiro científico do governo, e enviou uma mensagem a Ismay, secretário do Comité para a Defesa Imperial. Assim, em Maio de 1939, o Ministério do Ar encomendou uma tonelada de óxido de urânio. Na Primavera de 1939, o Professor Hentch, de Hamburgo, escreveu ao Ministério de Guerra da Alemanha chamando a atenção para a possibilidades de uma nova bomba explosiva: «O país que a utilizar primeiro terá uma vantagem decisiva sobre todos os outros. O Ministério da Economia do *Reich* começou a procurar urânio. Raoul Dautry, o ministro francês dos Armamentos começou a interessar-se mais pela investigação nuclear em 1939. Os físicos franceses centravam o seu trabalho na exploração das possibilidades de uma reacção em cadeia controlada, utilizando o urânio, com a água pesada como elemento «moderador», para diminuir a velocidade dos neutrões. No início de 1940, um membro dos serviços secretos franceses comprou a totalidade das reservas mundiais de água pesada. Esta foi transferida para Inglaterra em Junho de 1940. Nessa altura, a equipa francesa que, na sua maioria, se transferiu para Cambridge quando a França foi derrotada, estava a trabalhar no isolamento de um novo elemento fissionável, o plutónio. Ao mesmo tempo, dois físicos americanos publicaram um relatório sobre este processo. Não havia, por conseguinte, qualquer «segredo» por detrás da bomba atómica. Os princípios teóricos básicos eram do conhecimento público e o problema que se prendia com a exploração da energia atómica residia apenas na sua aplicação prática.

Construir um bomba atómica exigia que se isolasse uma quantidade suficiente de urânio 235, para se obter uma «massa crítica», ou seja, uma quantidade com um volume e uma densidade suficientes para impedir que uma percentagem demasiado elevada de neutrões livres espalhasse a sua energia sem ser «capturados» por outros núcleos, fazendo com que estes se dividissem. Alternativamente, eram necessárias «grandes quantidades» para gerar reacções em cadeia controladas para transmutar o urânio 238 no elemento fissionável, o plutónio. Estas operações necessitavam de indústrias completamente novas que funcionassem com equipamento totalmente novo.

A princípio, os dirigentes políticos e os cientistas que os aconselhavam partiam do princípio de que a energia atómica não seria relevante na guerra da altura: achavam que deviam observar cuidadosamente o progresso do inimigo e acompanhá-lo como medida de precaução defensiva. Foi na Inglaterra que a fissão atómica foi pela primeira vez considerada uma arma que poderia decidir o resultado da guerra. Em Março de 1940, O. R. Frisch e R. F. Peierls escreveram um memorando que seguiu imediatamente para aqueles que tinham uma influência directa sobre o governo. Em meia dúzia de páginas lúcidas, estes refugiados do regime nazi mostravam como e de que maneira se podia construir uma bomba atómica a partir do urânio 235 e esboçavam os efeitos mortais, tanto da sua explosão como da sua radiação. Ajudado por um outro físico refugiado, Simon, do Laboratório Clarendon de Oxford, Peierls convenceu Lindemann (mais tarde, lorde Cherwell, o conselheiro de física mais próximo de Churchill) e obteve a promessa de que seria dada a maior prioridade à investigação nuclear por parte do governo de Churchill. Para dirigir esta investigação, foi constituída a Comissão MAUD em Abril de 1940, que informava, em Julho de 1941, que «uma bomba de urânio é uma coisa praticável e levará provavelmente a resultados decisivos nesta guerra». A investigação confirmara até então as afirmações de Frisch e Peierls e agora era tempo de construir uma fábrica: «o material para a primeira bomba atómica poderia estar pronto no final de 1943». Como as linhas gerais do projecto «são tais que surgem como uma evidência para qualquer físico competente, era urgente sermos os primeiros a começar». Apesar de os nazis terem obrigado os melhores cientistas alemães a abandonar o seu país e estarem prestes a assassinar alguns que não tinham conseguido fugir a tempo, ainda havia «físicos competentes» na Alemanha, alguns deles, mas nem todos, ansiosos por porem as suas capacidades em prática a favor da vitória dos nazis.

Os Ingleses, agora, mexiam-se mais depressa. Nos Estados Unidos, que ainda eram neutros, a investigação nuclear prosseguia devagar, concentrando-se no urânio como fonte de energia em tempo de paz. Porém, E. O. Lawrence, de Berkeley, produziu quantidades microscópicas de plutónio e descobriu que as suas qualidades explosivas eram maiores ainda do que as do U-235. Em Agosto de 1941, ele ouviu falar da investigação patrocinada pela Comissão MAUD em Inglaterra e tomou conhecimento das suas conclusões. Discutiu as possibilidades de uma bomba com V. Bush e J. B. Conant, que receberam ambos, independentemente, cópias do relatório da Comissão MAUD. Estes cientistas foram particularmente importantes: Bush, com Conant como seu adjunto, era agora director de um «Centro de Investigação Científica e de Desenvolvimento» com acesso ao Presidente. Em Agosto, Bush e Conant sugeriram aos Ingleses que se fizesse um estudo conjunto anglo-americano sobre o urânio e, em Outubro de 1941, Roosevelt aprovou um intercâmbio completo de informações com os Ingleses e escreveu a Churchill sugerindo que quaisquer esforços em grande escala podem ser coordenados ou até conduzidos em conjunto». Os Ingleses não deram importância a isto e preferiram fazer uma investigação e uma produção independentes. Provavelmente, o pensamento de Cherwell e de Churchill centrava-se na necessidade do pós-guerra, de uma produção independente, já que, para que uma arma conseguisse ganhar a guerra, a cooperação dos Americanos só poderia constituir uma vantagem. A defesa dos Ingleses, segundo a qual a segurança americana poderia ser inadequada, parece mais uma desculpa do que uma explicação (a traição do Dr. Fuchs, da equipa científica inglesa na América, torna isto ainda mais irónico).

No Verão de 1942, as coisas tinham mudado. A entrada dos Americanos na guerra afastara todas as restrições à investigação científica e à produção e, dentro de poucos meses, os Estados Unidos haviam recuperado quase totalmente do ponto de vista teórico e ultrapassado os Ingleses do ponto de vista das experiências e da produção. Os Ingleses, por seu lado, tinham descoberto, tal como disse Sir John Anderson, o ministro da tutela, a Churchill, no fim de Julho de 1942: «que a fábrica terá de ser em tão grande escala que a sua construção neste país está fora de questão durante a guerra». (Parece ter sido este factor que explica o insucesso dos cientistas alemães no que diz respeito à sua tentativa de construir uma bomba que pudesse ser utilizada na guerra). Agora, eram os Ingleses que procuravam ajuda e os Americanos que se mostravam relutantes. Churchill insistia com Roosevelt, que respondia com expressões amigáveis de boa vontade, desmentidas mais tarde pelos seus subordinados. O fluxo de informações cessara.

De ambos os lados do Atlântico, as perspectivas do pós-guerra causavam preocupação. Os Americanos pensavam que os Ingleses queriam explorar o seu acesso ao progresso da investigação nuclear nos Estados Unidos para uma futura vantagem do ponto de vista comercial, no pósguerra; os Ingleses receavam um mundo futuro no qual os Russos pudessem ser detentores da bomba e os Ingleses não. Sir John Anderson escrevia o seguinte: «Não podemos dar-nos ao luxo, depois da guerra, de encarar o futuro sem esta arma e de dependermos totalmente da América, no caso da Rússia ou de uma outra potência qualquer a desenvolver também». A não ser que os Americanos ajudassem os Ingleses a manterem-se ao mesmo nível do ponto de vista da aplicação prática da ciência nuclear, teriam, por conseguinte, de fazê-lo quase sozinhos, apesar da consequente interferência que isso teria com o esforço de guerra da Inglaterra. As autoridades americanas envolvidas (e estas questões eram do conhecimento de poucas pessoas) parecem ter pensado que quando o Congresso se interessasse pelas enormes somas gastas com objectivos secretos, o fortalecimento de um aliado dos Americanos seria mais aceitável do que o fortalecimento comercial de um possível concorrente. Apesar de Bush e Conant, os cientistas que lideravam nos Estados Unidos, considerarem que os Estados Unidos podiam construir armas atómicas sozinhos, pensavam também que a ajuda dos cientistas ingleses, e dos refugiados em Inglaterra, poderia talvez poupar algumas semanas de um tempo valioso, especialmente na concepção de uma fábrica que executasse a separação do urânio 235 por difusão gasosa (obrigando o hexafluoreto de urânio a passar através de membranas com orifícios de 0,0001 mm de diâmetro).

Quando os Ingleses conseguiram persuadir os Americanos de que renunciavam a todas as vantagens comerciais do conhecimento cada vez maior que os Americanos tinham sobre a tecnologia nuclear, o acordo tornou-se possível. Roosevelt e Churchill assinaram um documento na primeira Conferência de Quebeque em Agosto de 1943. Acordaram que nenhum dos dois países utilizaria as armas nucleares, nem divulgaria informações sobre a sua produção a outros países sem o consentimento do outro. Churchill rejeitava formalmente o facto de ter um «qualquer interesse» nos «aspectos industriais e comerciais, para além daqueles que possam ser considerados, pelo Presidente dos Estados Unidos da

América, justos e de acordo com o bem-estar económico do mundo». O intercâmbio científico deveria ser «completo e eficaz», mas o intercâmbio de informações sobre «a concepção, a construção e o funcionamento de fábricas em grande escala» deveria ser limitado àquilo que fosse necessário para levar o projecto a dar «os seus frutos o mais rapidamente possível». Os Ingleses tinham conseguido apenas uma sociedade limitada e perdido a sua oportunidade.

Um ano mais tarde, a 18 de Setembro de 1944, Churchill e Roosevelt discutiram a energia atómica mais uma vez e rubricaram um documento conjunto. A bomba «poderia, talvez, depois de ampla consideração, ser utilizada contra os Japoneses» (nessa altura, a Alemanha parecia prestes a cair). Aparentemente, Morgenthau, o secretário do Tesouro americano, e Roosevelt, estavam impressionados com os problemas dos Ingleses relativamente à economia do pós-guerra: a energia atómica poderia compensar a escassez prevista de carvão. Roosevelt prometia «uma completa colaboração» na questão da energia atómica, entre a Inglaterra e os Estados Unidos, depois da guerra, «para fins militares e comerciais» de forma, segundo parece, a fortalecer o aliado mais fiel da América. (Esta promessa, que Roosevelt mantinha em segredo, demonstrou não ter valor para o seu sucessor, o presidente Truman). Contra os desejos dos seus conselheiros científicos, incluindo Bush, Cherwell e Anderson, Churchill e Roosevelt concordaram quanto a uma questão de alta política. Os cientistas ingleses e americanos, sabendo que a União Soviética e, mais tarde, outros países poderiam construir armas nucleares, temiam um corrida mortífera aos armamentos. Afirmavam que se Estaline tivesse todas as informações sobre o desenvolvimento e progresso da investigação e produção de armas nucleares, provavelmente se juntaria a eles para descobrir uma forma de controlo a nível internacional sobre as armas nucleares, bem como a sua devida inspecção. Bush e Conant, os principais cientistas americanos no «Projecto Manhattan» para desenvolver a bomba atómica, opunham-se a um intercâmbio exclusivamente anglo-americano de informações, sobretudo porque receavam a reacção dos Russos (contrariamente ao general Groves, director militar deste projecto, que, com razão, temia que os cientistas apoiados pelos Ingleses pudessem vir a constituir um risco para a segurança do projecto). Churchill insistia com veemência que os Ingleses e os Americanos não deviam dizer nada a ninguém, e conseguiu que Roosevelt concordasse com esta ideia. Talvez Roosevelt, como outros Americanos não cientistas, pensasse que a atitude pouco cooperante de Estaline, sobretudo quanto à questão da Polónia, obrigava ao segredo dos progressos técnicos dos Ingleses e dos Americanos, pelo menos como contrapartida nas negociações que pudessem vir a realizar-se. Em qualquer dos casos, os governos inglês e americano não disseram nada a Estaline até que Truman, de uma forma premeditadamente casual, o informou, no dia 24 de Julho, de que os Estados Unidos tinham uma nova arma com um enorme poder de destruição. Estaline respondeu, também casualmente, que esperava que os Americanos «fizessem bom uso dessa arma contra os Japoneses». Não sabemos aquilo que Estaline já sabia, mas é provável que estivesse bem informado e tivesse dado grande prioridade à investigação nuclear na União Soviética.

O vice-presidente Truman não sabia nada a respeito da bomba quando Roosevelt morreu de repente, no dia 12 de Abril de 1945, mas tinha de decidir o que fazer com ela. Nessa tarde, Stimson mencionou-a ao novo Presidente, e James Byrnes que, como director do Centro de Mobilização Militar, tivera conhecimento dela através de Roosevelt, contou-lhe mais pormenores no dia seguinte: Stimson fora, desde o início, o ministro responsável pelo desenvolvimento da bomba atómica e, como Secretário de Guerra, estava familiarizado com a estratégia militar americana no Pacífico. Mais uma pessoa compunha o cerne deste grupo em que Truman se apoiava para se aconselhar nesta questão extremamente séria: o general Marshall, chefe do Estado-Maior do Exército americano que, em razão das suas capacidades e da sua personalidade, dominava os conselhos militares americanos durante a Segunda Guerra Mundial. Um conservantismo consciencioso e humanista dominava as atitudes de Stimson e de Marshall. Sozinho, e contra uma forte oposição daqueles que a consideravam um alvo perfeito para demonstrar as consequências de um bombardeamento atómico, Stimson salvou a cidade histórica de Quioto do destino que Hiroxima teve. Quanto a Marshall, quando Groves lhe trouxe a notícia dos acontecimentos de Hiroxima, «manifestou os seus sentimentos segundo os quais não deveríamos demonstrar demasiada satisfação porque sem dúvida eles implicavam muitas mortes para os Japoneses». Byrnes, o político, preocupava-se mais com as relações com a Rússia do que com a derrota do Japão, e considerava a bomba mais um meio de fortalecer a diplomacia americana no pós-guerra, do que uma forma de matar Japoneses. Nenhum destes homens considerava a bomba uma arma de retaliação.

No dia 25 de Abril de 1945, Stimson e o general Groves, o director administrativo do programa atómico, informaram pormenorizadamente o Presidente, que concordou que se devia estabelecer uma comissão para estudar o problema da utilização e do controlo da energia atómica no pós-guerra. Na prática, esta Comissão também consideraria a forma de utilizar a bomba atómica para obrigar os Japoneses a renderem-se. Uma bomba de urânio 235 estaria pronta no dia 1 de Agosto e poderia ser utilizada sem ser testada previamente; uma bomba de plutónio estaria pronta para ser testada em Julho, e uma bomba deveria estar pronta para ser utilizada em Agosto. Um americano influente pensava que a guerra contra o Japão poderia terminar de imediato: Joseph Grew, antigo embaixador em Tóquio e agora secretário de Estado, pensava que os Japoneses deveriam ser informados de que a «rendição incondicional» não implicaria a ruína da sua sociedade e da sua economia e que o Imperador poderia conservar o trono. Grew esperava dar ânimo aos conservadores estadistas civis japoneses e aos oficiais superiores mais prudentes, no activo e reformados, especialmente na Marinha, contra o Exército fanaticamente beligerante, sobretudo os mais novos oficiais do Estado-Maior e de patentes intermédias. À medida que o Japão se encaminhava mais para a derrota, os conservadores desejavam inverter as políticas externas violentas seguidas desde 1931 e restaurar um mundo no qual um comércio externo agressivo substituiria a conquista armada como instrumento fundamental das aspirações do Japão. Kido, o chanceler-mor, cujo acesso ao Imperador o tornava o membro-chave do partido da paz, e os estadistas mais influentes, como Shigemitsu, Konge e Togo, desejavam a paz. Mas nem sequer se atreviam a dizê-lo. As convenções em tempo de guerra ditavam uma afirmação espalhafatosa da crença na vitória, e a análise racional era considerada «derrotismo» ou «traição». Além disso, alguns oficiais do Exército estavam prontos a prender ou a matar quem quer que fosse a favor da paz. Os oficiais do estado-maior do Exército afirmavam que uma paz aceitável, ou seja, uma que mantivesse o prestígio do Exército, tinha mais probabilidades de ser conseguida *depois* de uma invasão das ilhas japonesas. Esperavam matar e ferir um grande número de Americanos e obter vitórias tácticas. Poderiam, então, fazer um compromisso de paz ou, em caso contrário, o Japão seria «purificado» através de uma defesa suicida e a restauração dos valores civis seria de alguma forma impedida. Por seu lado, os civis conservadores receavam que a revolução fosse a consequência de uma derrota prolongada e dolorosa. Os bombardeamentos americanos, a falta de alimentos e aquilo que consideravam ser o baixo moral da população civil exacerbavam os seus medos. Queriam impedir que os dirigentes radicais do Exército arruinassem o Estado japonês em vez de aceitarem a derrota. Para conter o Exército, procuraram apoio na pessoa do Imperador.

Grew conseguiu uma declaração presidencial que Truman incluiu na sua declaração sobre a derrota da Alemanha no dia 8 de Maio de 1945: depois de insistir, uma vez mais, que «os nossos ataques não cessarão até que as forças militares e navais deponham as suas armas numa rendição incondicional», terminava com uma explicação conciliadora do que constituía a «rendição incondicional»:

> Ela significa o final da influência dos dirigentes militares, que levaram o Japão ao presente estado de catástrofe iminente. Significa uma cláusula para o regresso dos soldados e marinheiros às suas famílias, às suas quintas, aos seus postos de trabalho. Não significa o prolongamento da agonia e do sofrimento presentes do povo do Japão na esperança vã de alcançar a vitória. A rendição incondicional não significa o extermínio ou a escravidão do povo japonês.

Grew esperava que o Imperador fizesse uma declaração explícita segundo a qual permaneceria no trono, e insistiu nesta ideia nas semanas seguintes. No fim de Maio, Truman parecia estar de acordo com a ideia mas Marshall opôs-se, porque fazer uma concessão aos Japoneses durante os ferozes combates de Okinawa poderia fortalecer o seu estado de espírito. Ele pensava que se devia adiar as concessões até os Americanos terem uma posição mais forte, com a posse da bomba atómica.

Daí resultou a Declaração de Potsdam, com a qual concordaram Churchill, Estaline e Chiang-Kai-Chek, que surgiu no dia 26 de Julho depois do teste da bomba de plutónio no Novo México e depois da bomba U-235 estar pronta para ser utilizada. Aquela ameaçava o emprego de um «poder... imensamente maior do que aquele que, ao ser empregue contra os resistentes nazis, levou necessariamente à destruição das terras, da indústria e do modo de vida de toda a população da Alemanha», e era o «aviso da destruição imediata e total», mas que prometia que depois de uma ocupação dos territórios japoneses pelas forças aliadas se formaria, «de acordo com a vontade livremente expressa do povo do Japão, um governo responsável e de tendências pacíficas». Demasiadas vozes discordantes impediram que existisse uma promessa explícita dos Americanos para que o Imperador ficasse. Todo o sistema de governação, incluindo o Imperador, havia sido condenado com tanta violência que sugerir, com a vitória à vista, que o Imperador poderia não ser assim tão má pessoa era um risco que podia criar a ideia compreensivelmente pouco popular segundo a qual a guerra, em certa medida, fora em vão.

No dia 28 de Julho, Susuki, o supostamente moderado primeiro-ministro declarou que o governo não reconhecia a Declaração de

Potsdam. Um abismo separava a paz desejada pelos Americanos — a ocupação, a perda de todos os territórios fora das ilhas do Japão, nenhuma promessa absoluta quanto a permanência do trono — daquilo que o governo japonês, mesmo em Julho de 1945, ainda esperava ouvir por parte dos Americanos. Procuravam ajuda da União Soviética. Em troca de concessões territoriais à Rússia, o governo japonês pensava aparentemente que Estaline poderia colaborar com o Japão para moderar as exigências dos Americanos. Esta ilusão, baseada na detecção de um certo cansaço na aliança contra a Alemanha, que cegava a diplomacia japonesa para a verdade evidente dos factos, segundo os quais Estaline conseguiria maiores ganhos no Leste por intermédio dos Americanos do que dos Japoneses, manteve a diplomacia japonesa futilmente ocupada até ao momento da declaração de guerra da Rússia contra o Japão, no dia 8 de Agosto de 1945.

A resposta de Susuki ao aviso de Potsdam confirmava a Truman e aos seus conselheiros a sua crença em que até um governo japonês moderado precisava de levar um grande golpe para aceitar a rendição. A declaração de guerra da Rússia, que Estaline, no dia 28 de Maio, antevia para o início de Agosto, seria um desses golpes. O outro golpe foi a bomba atómica. A comissão aprovada por Truman para estudar a sua utilização reuniu-se, a partir de 31 de Maio de 1945, durante dois dias. Os cientistas insistiram em que a União Soviética devia ser informada para conseguirem uma cooperação na questão do controlo internacional da energia nuclear. O general Marshall acolheu favoravelmente esta ideia, mas estava céptico quanto à vontade de os Russos concordarem com uma inspecção a nível internacional, e sugeriu que se convidassem observadores russos para assistir ao teste da bomba de plutónio. Byrnes era contra, e defendia uma exploração táctica monopolista dos Americanos, cuja duração sobrestimava. Já se mostrava interessado na bomba como peso na balança do poder entre Russos o Americanos e, consequentemente, estava ansioso por manifestá-lo o mais rapidamente possível.

A comissão considerou que deveria ser feita uma demonstração da potência da bomba, num local desértico. Surgiram duas dificuldades: uma era encontrar uma área não povoada onde os dados causados pela bomba fossem manifestamente impressionantes, e a outra era o risco ligeiro de insucesso da bomba, o que fortaleceria a vontade de combater dos Japoneses e não o contrário. O mesmo raciocínio se aplicava ao aviso antecipado do lançamento da bomba numa determinada cidade. Além disso, os Japoneses poderiam abater o avião que transportasse a bomba. A comissão recomendava, por conseguinte, que a bomba deveria ser utilizada sem aviso prévio, contra um alvo militar, numa área densamente povoada. Os cientistas, porém, eram encorajados a continuar a estudar a possibilidade de efectuar uma demonstração eficaz dos efeitos da bomba que poupasse vidas humanas. Os cientistas que não faziam parte da comissão insistiam que se devia evitar o uso directo da bomba, mas o conselho científico da comissão continuava a não descobrir uma forma de «fazer uma demonstração da bomba que implicasse um fim para a guerra». As ordens foram dadas, mesmo antes da declaração de Potsdam de 25 de Julho, e Marshall deu a sua aprovação, de Potsdam, a uma mensagem a Spaatz: «O 509.º Grupo Composto, da 20.ª Esquadrilha da força aérea, transportará a sua primeira bomba especial logo que o tempo permita a execução de um bombardeamento após o dia 3 de Agosto de 1945, aproximadamente, a um dos alvos: Hiroxima, Kokura, Niigata e Nagasáqui... outras bombas serão enviadas para os alvos acima mencionados logo que estiverem prontas». A não ser que o Japão se rendesse dentro de pouco tempo, os explosivos e as bombas incendiárias que choviam sobre as cidades japonesas e os obuzes disparados contra a costa pelos navios de guerra americanos e ingleses que agora navegavam à vontade na costa do Japão, sem ser perturbados pelos pilotos suicidas que os Japoneses estavam a guardar para a batalha final, seriam reforçados por essa «energia fundamental do universo». Não haveria pausa no terror. Entretanto, o ministro dos Negócios Estrangeiros japonês deu ordens a Sato, o embaixador do Japão em Moscovo, para que convencesse Estaline a receber um enviado especial de Tóquio.

Estava mau tempo no Japão no início de Agosto, mas a previsão para o dia 5 de Agosto indicava céu pouco nublado para o dia seguinte. No dia 6 de Agosto, de manhã cedo, três aviões *B-29* levantaram voo de Tinian para Hiroxima. Às 7 horas da manhã, a previsão do tempo era de céu predominantemente limpo para Hiroxima. Às 8 horas e quinze minutos, a bomba foi largada a uma altitude de 9600 metros. Quarenta e cinco segundos depois, explodiu a aproximadamente 600 metros de altitude, sobre Hiroxima. Em Washington, uma declaração do Presidente ameaçava o povo do Japão com uma «chuva de destruição dos céus, tal como nunca antes fora vista neste mundo». No dia 8 de Agosto, Togo e o imperador Hirohito concordaram que a guerra tinha de acabar e que as condições de Potsdam tinham de ser aceites. Posteriormente, chegou a notícia de que a União Soviética declarara guerra ao Japão.

No dia seguinte, o Conselho Supremo juntou-se: Susuki, o primeiro-ministro, Togo, o ministro dos Negócios Estrangeiros, Yonai, o ministro da Marinha, Ananii, o ministro de Guerra, Umezu, o chefe do Estado-Maior do Exército e Toyoda, o chefe do Estado-Maior da Marinha. Susuki e Yonai apoiaram a proposta de rendição de Togo, desde que fosse mantida a posição do Imperador; os outros três homens queriam rejeitar as exigências de ocupação militar e de julgamentos por crimes de guerra cometidos, querendo continuar a luta. Nesta fase, chegou a notícia de que Nagasáqui fora destruída pela segunda bomba atómica. No final de uma discussão prolongada, Susuki encontrou-se com o Imperador e propôs uma conferência imperial. À meia-noite, houve um golpe de Estado pacífico. A tradição prescrevia que os ministros só deviam apresentar ao Imperador recomendações com as quais todos estivessem de acordo; agora, Susuki pedia ao Imperador que fosse ele a decidir. Hirohito leu uma declaração previamente elaborada que concluía que «era necessário aceitar o inaceitável» e concordar com a sugestão de Togo. Às 3 horas da madrugada, todo o conselho de ministros se reuniu e concordou com a decisão imperial: os papéis haviam sido invertidos, porque o papel do Imperador era o de aprovar decisões tomadas pelo conselho de ministros.

No dia 10 de Agosto, de manhã cedo, foram enviados telegramas via Berna e Estocolmo para as capitais dos países aliados com uma proposta de aceitação da Declaração de Potsdam, na condição de as «prerrogativas» do Imperador permanecerem válidas. Uma rápida deliberação em Washington e conversações com os governos inglês, chinês e soviético permitiu que a resposta chegasse a Tóquio no dia 12 de Agosto. Esta insistia que o Imperador e o governo do Japão ficariam subordinados ao comando das forças de ocupação dos Aliados, mas que o povo do Japão poderia, mais tarde, decidir a forma que tomaria o seu governo. Truman parou com os bombardeamentos estratégicos. O Exército japonês fez uma nova tentativa: no dia 13 de Agosto, Anami, Umezu e Toyoda exigiram a rejeição das condições de Potsdam tal como haviam sido agora interpretadas. Na manhã do dia 14 de Agosto, o Imperador convocou uma conferência imperial. Este atraso fez com que a força aérea americana agisse novamente, e os aviões *B-29*, sem sofrer quaisquer perdas, destruíram metade de uma cidade média japonesa, um quinto de uma outra e atacaram mais cinco alvos. Depois de ouvir os três dissidentes, o Imperador exigiu que os seus ministros aceitassem as condições dos Aliados. Alguns oficiais de alta patente tentaram, nessa noite, tomar o poder e «salvar» o Imperador «dos seus conselheiros traidores»: não tiveram a ajuda do ministro de Guerra, Adami, que foi o primeiro a aceitar os desejos do Imperador antes de efectuar o seu próprio suicídio ritual, nada fazendo, assim, para frustrar o aproveitamento longamente amadurecido da simpatia do Imperador pelos civis que advogavam a paz. É difícil decidir se foi a bomba atómica ou a declaração de guerra dos Russos que deu a possibilidade ao Imperador de agir como agiu. Provavelmente, foram os bombardeamentos convencionais, seguidos da bomba atómica de Hiroxima — o próprio Imperador citava a «nova bomba extremamente cruel». No dia seguinte, 15 de Agosto, o Imperador, no terceiro acto da sua tomada temporária do poder soberano que era teoricamente seu, fez uma declaração pela rádio a toda a nação. A Segunda Guerra Mundial terminara.

XV

DA GUERRA ATÉ À PAZ: AS RELAÇÕES ANGLO-AMERICANAS

No Verão de 1944, pela última vez, a sociedade anglo-americana mantinha uma igualdade superficial. Mais soldados ingleses do que americanos combatiam os Alemães e os Japoneses. Contra a Alemanha, a RAF contribuíra tanto como a USAAF e a Marinha inglesa continuava a ter o papel principal. O mesmo número de Ingleses e de Americanos tomou parte nos primeiros desembarques na Normandia. Na altura em que a Alemanha foi derrotada, as coisas haviam mudado. Na primeira metade de 1944, a população inglesa via com espanto, e por vezes com inveja, os sinais da riqueza nacional da América no equipamento das suas tropas e nos seus salários e conforto superiores. Em 1945, a teatralidade do marechal de campo Montgomery não conseguia esconder o facto de o seu comando estar limitado a um pequeno sector da frente. Na guerra contra o Japão, as vitórias dos soldados ingleses e indianos na Birmânia eram agora secundárias, e a contribuição tardia da Marinha inglesa para o ataque mais importante, apesar de ter sido significativa, estivera subordinada aos Americanos, enquanto a RAF nunca colaborou na destruição das cidades japonesas.

No entanto, os Ingleses sentiam-se cidadãos de uma grande potência vitoriosa, o coração de um Império cuja devoção à pátria-mãe, ou ao rei-imperador, fora demonstrada nos últimos seis anos de muitas maneiras evidentes. Tinham consciência do mérito que residia na sua sobrevivência como único país que não fora derrotado na luta contra a Alemanha nazi desde o início, e achavam que tinham, e com razão, a admiração dos europeus ocidentais, que aspiravam ansiosamente à liderança de uma democracia tão triunfante. Os militares ingleses dirigiam as operações dos Aliados no Mediterrâneo, em África, na

Grécia, no Próximo Oriente, na Índia, na Birmânia e, no final da guerra, na maior parte da França, da Bélgica, na Holanda (juntamente com os Canadianos), na Dinamarca e na Noruega, estavam preparados para retomar a Malásia e Singapura e para receber a rendição dos Japoneses nas Índias Orientais holandesas e no Sul da Indochina. Em Postdam, Atlee e Bevin haviam herdado tranquilamente os papéis de Churchill e de Eden como porta-vozes de um dos Três Grandes. Em 1945, a maior parte dos cidadãos de Inglaterra, e muitos ministros, exageravam a sua capacidade para continuar a ser uma potência mundial independente. O poder económico do passado cegava-os para as limitações financeiras que eram um reflexo da falta de recursos de uma superpotência. Keynes, que dedicou os últimos dois anos da sua vida às negociações financeiras com os Estados Unidos, observava o seguinte:

> Todas as nossas reacções reflexas são as de gente rica... Os problemas financeiros da guerra foram ultrapassados tão fácil e silenciosamente que o cidadão comum não vê razão para supor que os problemas financeiros relacionados com a paz possam acarretar mais dificuldades.

Na realidade, o sistema de *lend-lease* comprometia a independência da Inglaterra em tempo de guerra, e o fim da guerra, com o final súbito do sistema, deixava a Inglaterra arruinada. Em Novembro de 1944, por exemplo, uma discórdia entre Ingleses e Americanos, típica das discórdias que eram o resultado da aproximação da paz, fez com que Roosevelt mostrasse os dentes. As companhias civis de transportes aéreos amcricanas desejavam a modificação dos regulamentos respeitantes às rotas aéreas internacionais; os Ingleses queriam uma parte desse mercado, especialmente por causa do acordo feito durante a guerra segundo o qual a produção de aviões ingleses deveria ser totalmente de ordem militar, deixando o desenvolvimento da produção de aviões de transporte aos Estados Unidos. Roosevelt enviou a seguinte mensagem a Churchill:

> Estamos a fazer os possíveis para suprir as vossas necessidades relativas ao *lend-lease*. Responderemos, sobre esta questão, perante o Congresso dentro de algumas semanas e não nos sentiremos muito generosos se ele e o povo americano acharem que o Reino Unido não aceitou fazer um acordo aéreo em termos, de um modo geral, benéficos.

Esta ameaça veio no momento das piores dissidências entre Ingleses e Americanos durante os anos de guerra. À medida que a vitória se aproximava, os Americanos consideravam que a Inglaterra era um obstáculo para a criação de um mundo de cooperação internacional harmoniosa que garantisse a paz, a prosperidade e a democracia. Eles achavam que Churchill e os Ingleses estavam mais preocupados com as suas esferas de influência e equilíbrio de poderes, à custa da cooperação e do consenso internacionais, que estavam demasiado preocupados com a política e a economia do Império e indevidamente dispostos a colaborar com forças reaccionárias e conservadoras. Mostraram o que pensavam sobre várias questões em 1944 e 1945: a Argentina, a Grécia, a Itália e a Palestina causaram conflitos particularmente fortes. Sobre as questões de maior importância a nível internacional, a política dos Estados Unidos divergia da política da Inglaterra. Antes e durante os encontros dos «Três Grandes» em Ialta e Potsdam, Roosevelt e Truman não aceitaram juntar-se aos Ingleses numa posição comum em relação à União Soviética: «juntarmo-nos contra os Russos», afirmaram eles, prejudicaria a simpatia dos Soviéticos, apesar de algumas vezes terem sido obrigados a fazê-lo. Nesse momento, não tinham muita simpatia pelas ligações da Inglaterra com o seu Império. Roosevelt desacreditou-se em Ialta ao bajular Estaline. No dia 4 de Fevereiro de 1945, ele «esperava que o marechal Estaline propusesse de novo que se brindasse à execução de 50 000 oficiais do Exército alemão», uma *plaisanterie* sinistra que já provocara o protesto revoltado de Churchill. Alguns dias depois, Churchill reagiu violentamente à ideia de um «mecanismo» internacional para tratar da «administração de territórios e de zonas dependentes». Os arquivos americanos relatam o seguinte:

> Ele afirmou que, em nenhuma circunstância, autorizaria que quarenta ou cinquenta nações interferissem, com um dedo que fosse, na existência do Império Britânico. Enquanto fosse ministro, não cederia um milímetro da sua herança. Continuou nesta linha [diz o relatório], durante vários minutos.

O Departamento de Estado em Washington pensava que a impaciência dos Ingleses para assinar um contrato a longo prazo com a Argentina para fornecimento de carne implicava que a Inglaterra apoiava um regime antiamericano pró-fascista, numa área onde os interesses dos Americanos tinham prioridade. Os produtores dos Estados Unidos podiam facilmente fornecer carne, mas os Ingleses receavam ficar ainda mais dependentes dos Estados Unidos e recusavam-se a correr o risco de ficar sem um futuro cliente de confiança. Roosevelt voltou a mostrar os dentes: um contrato para o fornecimento de carne com a Argentina «teria repercussões na imprensa, em discussões de ordem pública, e no Congresso, num momento pouco feliz» (ou seja, quando se consideravam os financiamentos do *lend-lease*). O facto de os Ingleses prosseguirem nas suas intenções reduziu as hipóteses da resolução do *lend-lease* ser a seu favor, depois de a guerra contra a Alemanha acabar.

A questão da Itália levou a uma descompostura pública dos Ingleses pelos Americanos. Neste caso, o Departamento de Estado opôs-se a um veto, em privado, dos Ingleses sobre a possível nomeação do conde Sforza para ministro dos Negócios Estrangeiros, que Churchill pensava estar implicado em intrigas com as forças de extrema-esquerda. Em Washington, o Departamento de Estado declarou: «Esperamos que os Italianos resolvam problemas relacionados com o governo de uma forma democrática, sem interferências do exterior», e depois estendeu os seus protestos à Grécia, para onde os Ingleses tinham enviado tropas para deter as forças da guerrilha comunista: «Esta política também se aplicava e de forma ainda mais pronunciada no que diz respeito aos governos das Nações Unidas, nos seus territórios libertados». Um observador americano no quartel--general dos Aliados no Mediterrâneo descreveu as reacções dos Ingleses: eles pedem para que os Americanos «resistam à tentação de pregar sermões aos Ingleses do alto da sua superioridade moral», e pensam que não devem «aproveitar esta oportunidade para os atacar como reaccionários e antidemocráticos a brincar aos seus velhos jogos imperialistas, reprimindo com brutalidade a vontade espontânea e popular do povo grego».

A Palestina despertou ainda mais emoções depois do final da guerra contra a Alemanha, quando os judeus sobreviventes desejaram fazer dela o seu novo lar. As autoridades inglesas recusaram-se a autorizar uma imigração sem restrições, com medo das reacções dos árabes. O resultado foi uma campanha terrorista feita pelos judeus contra os Ingleses na Palestina, seguida da repressão dos Ingleses e da indignação dos Americanos. Um representante de Nova Iorque na Câmara dos Representantes votou contra o empréstimo aos Ingleses no pós-guerra, o que impediria que o «dinheiro para os Ingleses fosse utilizado para ajudar os seus soldados a mutilar e a destruir pessoas inocentes na Palestina».

O *lend-lease* tinha apenas a intenção de preencher as necessidades dos tempos de guerra, e os Americanos limitaram-no quando a guerra acabou, para evitar que ajudasse à recuperação económica da Inglaterra, no pós-guerra. Então, para a surpresa de todos, o presidente Truman ordenou legalmente que o *land-lease* terminasse, e isto apenas dois dias após a rendição dos Japoneses. A economia da Inglaterra perdia o fôlego.

A guerra provocara três fraquezas: antes de o *lend-lease* começar, os investimentos estrangeiros ingleses tiveram de ser alienados para pagar os alimentos e as munições importados dos Estados Unidos; de forma a poder pagar os custos militares no estrangeiro, e a financiar as importações dos países da zona económica da libra esterlina, e para aumentar a produção de armamentos ingleses, o volume da produção para exportação baixara para 30 por cento do seu valor de antes da guerra. As responsabilidades dos Ingleses aumentavam e as suas disponibilidades baixavam; os ganhos no estrangeiro diminuíam enquanto aumentavam as despesas no estrangeiro. No final da guerra, a Inglaterra gastava cerca de 1200 milhões de libras por ano a mais do que aquilo que recebia em receitas do estrangeiro; (os números de 1945 deveriam ser multiplicados por 20 ou 25 para dar os números equivalentes no final dos anos 80). Os Estados Unidos, se o *lend-lease* tivesse continuado durante todo esse ano, teriam fornecido 1100 milhões de libras, o Canadá 250 milhões de libras e os empréstimos vindos da zona económica da libra esterlina (com uma balança de pagamentos mais elevada) 750 milhões de libras. Mesmo que se desse um aumento das exportações e acabasse a necessidade de material bélico dos anos de guerra, e partindo do princípio de que os Ingleses não vivessem melhor do que durante os últimos anos da guerra, estava previsto um défice de aproximadamente 1000 milhões de libras para 1946. Keynes informou o conselho de ministros, em Agosto de 1945, de «que não há nenhuma fonte da qual possamos extrair fundos suficientes que nos dêem a possibilidade de viver e de consumir à escala que desejamos, a não ser que essa fonte seja os Estados Unidos». Brand, o representante do Tesouro britânico em Washington, comentava: «Temos de continuar a fingir que... somos sócios em partes iguais com os Estados Unidos e a URRS, mas temos de dizer aos primeiros que não podemos pagar as nossas contas».

Os Ingleses estavam perante duas alternativas. Uma delas consistia em reduzir drasticamente as despesas no estrangeiro, retirar as tropas inglesas, abandonar as bases, abandonar a Grécia, diminuir a ocupação da zona inglesa na Alemanha, ou seja, abandonar as pretensões de grande potência e, ao mesmo tempo, limitar as importações inglesas a compras aos países cuja moeda fosse mais fácil de conseguir, assim como restringir as importações totais, reduzindo ainda mais os níveis de vida dos Ingleses. Keynes chamava a esta opção «o canto da fome». A outra era persuadir os Estados Unidos a cobrirem o défice externo da Inglaterra até que as suas exportações aumentassem o suficiente. Keynes chefiava a equipa enviada a Washington para propor esta solução. Ele confiava na força dos seus dois pontos de vista. Um deles, porém, convencia mais em Londres do que em Washington: o facto de, durante dois anos, os Americanos terem deixado os Ingleses lutar sozinhos contra os nazis e de os Ingleses terem, durante toda a guerra, contribuído com um esforço muito maior do que os Americanos. Estes, por seu lado, pensavam que os Estados Unidos tinham vindo cavalheirescamente em ajuda de um amigo em perigo, que haviam contribuído decisivamente para a vitória em duas guerras mundiais e que, por essa razão, mereciam que se lhes agradecesse e não que os Ingleses lhes apresentassem a conta por serviços prestados. O segundo ponto de vista, porém, convencia os Americanos bem informados de que uma Inglaterra na bancarrota dificultaria a criação de um mundo tal como eles desejavam ver nascer. Queriam um mundo livre para o comércio e investimentos externos, sem discriminações nem monopólios. Isto beneficiaria a desenvolvida economia capitalista dos Estados Unidos, seria um passo para a paz, e traria uma maior prosperidade para todos. Uma Inglaterra arruinada, distorcendo defensivamente os padrões do comércio externo para proteger a sua debilidade económica, faria com que o novo mundo fosse uma coisa inatingível. Valia a pena financiar uma Inglaterra suficientemente forte que fizesse desaparecer as suas preferências em relação aos parceiros imperiais, e que permitisse a existência de um câmbio livre para a sua moeda; com efeito, se necessário, a força financeira da América poderia ser utilizada para obrigar a Inglaterra, entusiasmada pelo crédito do dólar, a seguir os caminhos da rectidão económica. Consequentemente, os empréstimos dos Americanos impunham certas condições: 4400 milhões de dólares, com juros e com a promessa de os Ingleses tornarem os seus ganhos correntes vindos do comércio externo convertíveis em dólares um ano depois de o crédito ter sido recebido.

Os Ingleses assinaram este acordo em Dezembro de 1945, protestando por os Estados Unidos não reconhecerem as suas virtudes durante a guerra e por não lhes oferecerem este presente como prolongamento do *lend-lease*. No entanto, só em Julho de 1946 é que o empréstimo foi votado no Congresso, entre protestos contra a exploração egoísta da generosidade dos Americanos pelos Ingleses. O empréstimo foi votado, não como gesto de generosidade em relação aos Ingleses, mas por razões de interesse dos Americanos. Um dos negociadores americanos explicou a uma comissão do Congresso que «este empréstimo fará aumentar o comércio externo internacional» e que consequentemente «abrirá os mercados da Inglaterra e de muitos outros países aos nossos exportadores». Um outro ponto de vista influenciava cada vez mais os Americanos bem informados: em Março de 1946, por exemplo, o almirante Leahy, chefe de gabinete do Presidente, informou Byrnes, secretário de Estado, de que a «derrota ou a desintegração do

Império Britânico faria desaparecer da Eurásia o último bastião de resistência entre os Estados Unidos e a expansão soviética». Este ponto de vista ainda não atraía muitos Americanos: quando Churchill, durante esse mês, falou de «uma cortina de ferro» que tinha «caído ao longo do continente» europeu, e acusou a União Soviética de procurar «uma expansão indefinida do seu poder e das suas doutrinas», suscitou uma desaprovação imediata quando apelou para que existisse «uma relação especial entre a Comunidade Britânica e o Império e os Estados Unidos». Nessa altura, duas fases sobrepunham-se na evolução das atitudes dos Americanos. O presidente, os altos funcionários e os militares estavam na segunda fase do pós-guerra no que dizia respeito às atitudes dos Americanos para com a Inglaterra: a maior parte do público estava ainda na primeira fase. O primeiro grupo já pensava que os Estados Unidos deviam apoiar a influência, a força e a prosperidade da Inglaterra; os segundos ainda viam a Inglaterra e o Império Britânico como um obstáculo para o entendimento a nível internacional, para o comércio externo livre e para a democracia. Em breve, um medo crescente da União Soviética transformou Churchill num profeta venerado. As autoridades e os altos funcionários americanos foram os primeiros a modificar os seus pontos de vista, sobretudo em 1945, à medida que as esperanças de Ialta se tornavam cada vez mais ténues; o Congresso e a opinião pública foram mais lentos.

Durante os anos entre a derrota da Alemanha e o aumento do medo da Rússia, a relação entre a Inglaterra e a América parecia ser uma relação de discórdias e de ressentimentos. Nesses anos, porém, as discórdias eram ainda discórdias de amizade íntima. Um número significativo de Americanos não gostava e desconfiava dos Ingleses; algumas pessoas em Inglaterra permaneciam altivas, ou invejosas, ou ambas as coisas; no entanto, a todos os níveis da sociedade, a amizade e a confiança continuavam a um nível nunca visto entre duas nações. Com efeito, era difícil para os cidadãos ingleses, que viram chegar várias nacionalidades estrangeiras depois de 1939, considerarem os Americanos verdadeiramente estrangeiros. De uma forma geral, as duas nações partilhavam objectivos comuns e diferiam apenas nos meios para os atingir. Até as próprias aspirações dos Americanos relativas ao comércio externo livre e à autodeterminação universal eram partilhados pela maioria dos Ingleses, apesar de ambos diferirem drasticamente quanto às formas para atingir esses objectivos. As autoridades e os militares tratavam, muitas vezes, os seus colegas aliados como se as barreiras de nacionalidade não existissem, e Ingleses e Americanos lutaram juntos contra outros Ingleses ou Americanos. Mesmo nos piores momentos das negociações para o empréstimo americano, Keynes escrevia o seguinte sobre os colegas americanos com quem trabalhava:

> Trabalhamos numa atmosfera de grande amizade e com um desejo intenso de resolver os problemas vantajosamente para ambos. O grupo do governo, na minha opinião, que tem acesso fácil à Casa Branca e que tem a certeza de poder influenciar o Presidente a longo prazo, tenciona abertamente fazer o melhor para nós.

Interrogados sobre as suas opiniões acerca dos «Ingleses» por psicólogos do Exército, três quartos da amostragem representativa de soldados americanos comuns expressaram consistentemente opiniões favoráveis, mesmo em Junho de 1944 quando foram desembarcados aos milhares numa comunidade angustiada e mal alimentada. Um destes novos anglófilos, um piloto de bombardeiros americano em East Anglia, escreveu para casa o seguinte: «Apesar da falta de boas maneiras dos Americanos, nunca ouvi uma queixa dos Ingleses». Da cooperação forçada dos anos de guerra emergiu um grau surpreendente de amizade mútua. A opinião dos congressistas, que era o reflexo da opinião pública nacional nos Estados Unidos era, muitas vezes, menos favorável. As sondagens de opinião americanas no pós-guerra mostraram consistentemente um forte oposição ao empréstimo à Inglaterra. Parece que os Americanos que melhor conheciam os Ingleses eram os que gostavam mais deles. O mesmo acontecia com os Ingleses. Apesar das discussões dos políticos e dos generais, e das lutas ocasionais entre soldados, a boa vontade mútua e a confiança floresceram durante os anos de guerra e sobreviveram no pós-guerra entre aqueles que haviam trabalhado juntos, durante muitos anos.

XVI

DA ALIANÇA À GUERRA FRIA: A UNIÃO SOVIÉTICA E O OCIDENTE

A grande aliança do Império Britânico, da União Soviética e dos Estados Unidos ganhou a guerra. Por vezes, os aliados ocidentais e a Rússia soviética recearam que o outro lado tentasse fazer um compromisso com os Alemães. A desonestidade comprovada de Hitler punha esta hipótese de parte, a não ser que ele e os nazis fossem primeiro derrubados mas, mesmo nesse caso, cada um dos lados só poderia arriscar-se a fazer uma aliança com um regime alemão que se comprometesse a respeitá-la totalmente, ou seja, ou uma democracia liberal ou um Estado comunista. Sem um regime deste tipo, uma ruptura na grande aliança colocaria simplesmente a Alemanha numa posição em que poderia aceitar as apostas cada vez mais altas de ambos os lados. Consequentemente, nenhum dos lados se podia arriscar a colaborar com a Alemanha até que os nazis fossem derrubados; nenhum dos lados se podia arriscar a fazer ofertas separadas aos potenciais sucessores do regime nazi antes de este ter desaparecido, em razão do seu medo de destruir a coligação. Ninguém na Alemanha, tal como foi demonstrado, conseguiria derrubar os nazis sem estas ofertas (e quase certamente que não o conseguiria com o tipo de ofertas que tanto os aliados ocidentais como a União Soviética poderiam fazer).

Hitler manteve coesa a aliança: sobreviveria ela ao seu desaparecimento? A cooperação constante entre os Aliados durante a guerra era uma garantia para a paz mundial e, em Inglaterra e nos Estados Unidos (e muito provavelmente na União Soviética também), a maioria das pessoas esperava que as três potências estivessem de acordo quanto à futura organização da humanidade no mundo. As três potências agiriam juntas, talvez com a China e a França, para manter a paz, e cada uma das grandes potências supervisionaria a aplicação dos princípios acordados, em zonas específicas do mundo. A alternativa impopular consistia na divisão do mundo em esferas de influência, dentro de cada uma das quais os Três Grandes (ou talvez os Cinco) imporiam a sua vontade sem interferências, esferas essas que seriam definidas por meio de um acordo, ou como consequência de ameaças declaradas ou implícitas de guerra. As primeiras provas indiscutíveis e públicas de que as últimas consequências ameaçavam aquilo que, mais tarde, foi chamado «Guerra Fria» surgiram quando o Exército Vermelho atingiu os subúrbios de Varsóvia, em Julho de 1944.

No fim desse mês, os civis alemães começaram a abandonar Varsóvia. Incitamentos gerais à revolta, que os Russos ou os seus apoiantes polacos faziam regularmente, passaram a ser dirigidos especificamente a Varsóvia, num apelo directo à insurreição na cidade, feito no dia 28 de Julho de 1944. No dia 1 de Agosto, a resistência armada polaca obteve o controlo de certas zonas de Varsóvia e atacou as forças de ocupação alemãs. A revolta começara e fora liderada pelos polacos que não apoiavam os Russos e pertenciam ao Exército Nacional, fiel ao governo polaco no exílio em Londres e não ao Comité para a Libertação Nacional Polaco, apoiado pelos Russos e estabelecido em Lublin quando o Exército Vermelho chegara à Polónia. O governo soviético parecia estar indeciso: deve ter tido consciência de que o objectivo dos dirigentes da revolta era reduzir a influência russa na Polónia libertada, tomando o poder antes do Exército Vermelho, e sabia que as suas opiniões sobre o futuro território e governo da Polónia eram completamente opostas às dele. A maioria dos Polacos, especialmente dos Polacos influentes em Londres, opunha-se a perder territórios a leste da Linha Curzon, a fronteira esboçada em 1919, e insistia na fronteira imposta depois da vitória polaca sobre o Exército Vermelho, em 1920. Não lhes agradava um governo polaco que acolhesse favoravelmente os desejos dos Russos, enquanto Estaline insistia num governo polaco «amigo» e na Linha Curzon. Por outro lado, o Exército Nacional, em Varsóvia, combatia com bravura contra forças mais poderosas do que ele e, a princípio, contra tropas controladas pelos Alemães que eram as mais ferozes e indisciplinadas de todas as tropas alemãs. Abandonar homens e mulheres envolvidos em combates ferozes contra os Alemães não seria de molde a grangear para o governo soviético o apoio da opinião pública ocidental ou dos Polacos. A princípio, Estaline prometeu enviar abastecimentos aos Polacos, por via aérea, depois recusou--se a dar qualquer assistência mas, mais tarde, acabou por ceder, ordenando que fossem largados abastecimentos pelo ar e até destacou forças terrestres polacas associadas aos Polacos de Lublin, para tentarem dar uma ajuda em Varsóvia.

Duas coisas espantaram a opinião pública ocidental: as denúncias soviéticas dos revoltosos polacos, como sendo «aventureiros impulsivos e criminosos», e a recusa dos Russos, até muito tarde, em autorizar que aviões americanos e ingleses (incluindo esquadrões polacos que estavam sob o comando da RAF) aterrassem em aeródromos soviéticos depois de ter largado os seus fornecimentos em Varsóvia. Encorajados pelo governo polaco em Londres, muitas pessoas suspeitavam, erradamente com certeza, que Estaline ordenara ao Exército Vermelho que não atacasse Varsóvia de forma a que as tropas alemãs pudessem esmagar o Exército Nacional.

A insurreição de Varsóvia foi vitoriosa num aspecto, o de revelar a política russa em relação à Polónia. Mas, quanto ao resto, foi uma derrota completa para os revoltosos. Depois de os Alemães terem decidido defender Varsóvia, o Exército Nacional tinha diante de si a perspectiva de derrota fizesse o que fizesse. Se ficasse passivo e não combatesse os Alemães, perderia o apoio dos Polacos em favor do movimento de resistência polaca que era seu rival, o Exército Popular apoiado pelos Russos, enquanto se se revoltasse e combatesse, o seu destino era ser esmagado ou salvo pelos Russos. Se os Alemães decidissem ficar, não conseguiria conquistar Varsóvia e, depois, abrir as portas de uma capital libertada e sob o comando dos Polacos ao Exército Vermelho. Os Alemães decidiram ficar e infligiram uma derrota esmagadora ao Exército Nacional que culminou na rendição dos Polacos, no dia 4 de Outubro, depois de várias semanas de lutas desesperadas. Provavelmente um quarto da força total do Exército Nacional, cerca de 200 000 homens, lutou em Varsóvia. A maioria não tinha armas, e a perda de pouco mais do que 5000 soldados armados, juntamente com a morte de 200 000 habitantes de Varsóvia, teve como consequência o enfraquecimento drástico do movimento de resistência e da sua capacidade para se opor ao Comité Lublin, apoiado pela União Soviética.

O sofrimento de Varsóvia despertou a simpatia no Ocidente, especialmente em Inglaterra, onde muitas pessoas se lembravam ainda de que, também em 1939, a Polónia recebera pouca ajuda dos seus aliados. No que respeita à simpatia, foram mais eficazes do que a descoberta, em 1943, de que milhares de oficiais do Exército polaco, desaparecidos desde 1939, haviam sido mortos a tiro pelos Russos, em Katyn, por razões ainda desconhecidas, descoberta essa que foi posta publicamente de parte em Inglaterra e na América como sendo apenas um truque de propaganda dos Alemães. No entanto, apesar da revolta de Varsóvia, Churchill, não obstante estar mais preocupado do que Roosevelt com o futuro da Polónia, apenas tentou garantir para os Polacos de Londres as melhores condições para a sua rendição aos desejos dos Russos.

No dia 26 de Abril de 1943, protestando contra os pedidos dos Polacos de que fosse feita uma investigação imparcial sobre os assassínios de Katyn, o governo soviético cortou relações com o governo polaco em Londres e, a 27 de Julho de 1944, Moscovo reconhecia o Comité Lublin como sendo «o único órgão legal do poder executivo». Este comité era dominado pelos comunistas Bierut e Gomulka, juntamente com Osabka-Morawski, um socialista não comunista que proporcionava uma fachada de respeitabilidade. Assim, o governo soviético exigia que a Polónia fizesse parte da sua esfera de controlo no pós-guerra. Churchill engoliu o ressentimento que sentiu quando os Russos se recusaram a ajudar os Polacos durante a revolta de Varsóvia. Podia fazê-lo porque atribuía as culpas da hostilidade russa à intransigência dos Polacos de Londres. O governo inglês instara-os, por várias vezes, a aceitar a Linha de Curzon como nova fronteira a leste da Polónia e a ceder à União Soviética vastos territórios da Polónia de antes da guerra. Churchill e Eden pensavam que se os Polacos o fizessem haveria uma boa possibilidade de os Russos tolerarem pelo menos uma Polónia semi-independente. Estes dois ministros ingleses viajaram para Moscovo no dia 9 de Outubro para uma visita de dez dias, durante a qual Churchill convocou o primeiro-ministro polaco, Mikolajczyk, e o ministro dos Negócios Estrangeiros, Romer, e os repreendeu severamente («um bando de tolos, honestos mas fracos», segundo as suas palavras), para tentar persuadi-los a aceitarem a Linha Curzon e unir-se aos Polacos de Lublin, «os maiores bandidos que se podia imaginar». Churchill explicou tudo claramente a Mikolajczyk: disse-lhe que não iria «dar cabo da paz na Europa por causa de querelas entre Polacos».

É compreensível que Churchill tenha achado Estaline muito amigável durante os encontros que teve com ele: era óbvio que os Ingleses ofereciam a Polónia à esfera de influência russa e os Estados Unidos (representados por Harriman, como «observador») aparentemente não se opuseram a tal. Churchill e Estaline, sem Harriman, também dividiram a maior parte do Sudeste da Europa. Expressando-se de forma estranha, por iniciativa de Churchill, em percentagens de zonas dominadas, Estaline e Molotov conseguiram «90 por cento» da Roménia e 80 por cento da Hungria e da Bulgária, enquanto a Inglaterra, «de acordo com os Estados Unidos» conseguiu «90» por cento da Grécia. O «domínio» da Jugoslávia era de «50-50»: talvez nenhuma das partes estivesse suficientemente interessada, ou talvez reconhecessem que Tito e a resistência jugoslava, que controlavam áreas importantes, deveriam ter uma palavra a dizer sobre este assunto. Mikolajczyk não cedeu. Ele sugeriu a Churchill que a Inglaterra, a América e a Rússia deveriam impor uma solução aos Polacos mas recusou-se a facilitar-lhes a tarefa simulando uma aceitação voluntária. Churchill e Roosevelt tinham de levar em conta as opiniões públicas dos seus países, mas o mesmo acontecia com Mikolajczyk. De regresso a Londres, demitiu-se, e foi substituído por um governo polaco em Londres que era ainda mais hostil ao compromisso sobre a questão da fronteira e dos Polacos de Lublin. Em Janeiro de 1945, a União Soviética reconheceu este governo de Lublin como governo provisório da Polónia e, quando o Exército Vermelho recomeçou a avançar, instalou-o em Varsóvia. Então, seguiram-se ataques armados contra o Exército Nacional polaco «londrino», na Polónia, por tropas russas e forças polacas controladas pelos comunistas.

POLÓNIA: FRONTEIRAS DEPOIS DA GUERRA

O destino da Polónia foi um assunto de grande importância nas discussões entre os Aliados durante os dois grandes encontros de 1945, que organizaram o mundo do pós-guerra: em Fevereiro, quando Estaline, Roosevelt e Churchill se encontraram em Ialta, na Crimeia; e em Agosto, quando Estaline, Truman e Churchill (até ser substituído por Attlee) se encontraram em Potsdam. Mostrou por que razão a colaboração das três potências no governo do mundo era uma coisa impossível, e por que razão a divisão da Europa e da Ásia, apesar de ter sido finalmente efectuada, era acompanhada de lutas, de desconfiança e de receios de guerra. Retrospectivamente, parece que os «Três Grandes» poderiam ter organizado fácil e amigavelmente as esferas de influência que acabaram por surgir dos acontecimentos militares e políticos da guerra, à excepção da Alemanha. A dificuldade da organização de esferas de influência vinha do lado dos Ingleses e dos Americanos. Estaline parece ter adiado indefinidamente a revolução mundial e ter-se limitado, num futuro a curto prazo, a construir e defender o «socialismo num só país». O principal objectivo dos governantes da União Soviética parece, por conseguinte, ter sido o de encontrar uma segurança contra as ameaças externas, expandindo a influência russa aos países vizinhos. As suas ambições, no pós-guerra, eram limitadas do ponto de vista geográfico. Os Americanos e, com algumas reservas, os Ingleses, insistiam na aplicação por todo o lado dos princípios do «Pacto do Atlântico». Isto exigia a democracia, no sentido ocidental de sufrágio universal, eleições livres de assembleias legislativas representativas, cujos membros pertencessem a partidos políticos diferentes, liberdade de expressão para as minorias, juntamente com a anulação das barreiras comerciais ao investimento externo e o respeito pelos direitos de propriedade. Na Polónia, os objectivos dos Ingleses e Americanos e os da União Soviética eram incompatíveis. Era impossível confiar num governo polaco que fosse verdadeiramente democrático (na acepção ocidental da palavra) e que seguisse uma política externa e de defesa que fossem aceitáveis para a União Soviética. Como a Polónia era, sobretudo, importante para a segurança russa contra uma futura invasão externa, os governantes soviéticos insistiram na prática (não obstante tudo o que possam ter dito) que os desejos dos Russos deveriam sobrepor-se às aspirações dos Polacos e que a Polónia deveria ser colocada firmemente na esfera de influência russa.

Uma divisão amigável teria reconhecido o controlo dos Russos sobre a Polónia como sendo uma consequência natural da presença do Exército Vermelho. Nos outros sítios, no final de 1944, peças importantes da divisão não amigável da Europa que viria a tornar-se numa realidade estavam já no seu lugar. Os Ingleses e os Americanos tiveram o cuidado de excluir os Russos de qualquer comparticipação efectiva na administração das zonas de Itália que tinham conquistado, enquanto na Grécia as tropas inglesas desembarcaram depois de as tropas alemãs terem partido, e lutaram para que o sector comunista da Resistência grega não fosse colocado no poder. Os aliados ocidentais, porém, não podiam recompensar a tolerância de Estaline para com essas manifestações de domínio, demonstrando um correspondente distanciamento em relação aos assuntos da Polónia. Nem Roosevelt nem Truman podiam manter o apoio americano ao envolvimento nos assuntos internacionais e, ao mesmo tempo, dar o seu apoio a um equilíbrio de poderes à moda antiga. Tinham de insistir na aplicação universal dos princípios da «democracia», uma palavra cujo sentido era diferente em Moscovo e em Washington. Os Ingleses consideravam os Polacos bravos lutadores contra a Alemanha, que tinham resistido quando o governo soviético se aliara aos nazis, e cujos verdadeiros sentimentos, pensavam, eram representados pelos porta-vozes polacos em Londres. Em Ialta, Churchill apoiou a Polónia com as suas melhores qualidades oratórias: «A soberania, a independência e a liberdade da Polónia... são muito queridas dos corações da nação inglesa... o nosso mais ardente desejo, que amamos tanto como as nossas próprias vidas, é que a Polónia seja dona da sua própria casa e da sua própria alma». Os «Polacos de Londres» realçavam com eloquência o carácter não representativo dos «Polacos de Lublin». A simpatia dos Ingleses e dos Americanos ia para os heróis da revolta de Varsóvia. No fim da guerra, em contrapartida, Ingleses e Americanos aceitaram calmamente, sem o mínimo protesto, a incorporação da Letónia, da Estónia e da Lituânia na União Soviética, depois da sua conquista forçada em 1940. O público americano e inglês importava-se com a Polónia mas esquecia com facilidade os Estados Bálticos.

Em Ialta, naquilo a que Churchill chamou o «momento crucial desta grande conferência», as três potências concordaram que o ministro dos Negócios Estrangeiros russo, Molotov, e os embaixadores inglês e americano em Moscovo deviam considerar a reorganização do governo de «Lublin» numa base «democraticamente mais alargada, com a inclusão dos líderes democráticos da própria Polónia e dos Polacos radicados no estrangeiro». As três potências concordaram que a Linha Curzon deveria constituir a nova fronteira polaca, e que a Polónia deveria obter territórios substanciais da Alemanha. O governo polaco alargado deveria assumir o compromisso de fazer «eleições livres o mais depressa possível, na base do sufrágio universal e do voto secreto». «Todos os partidos democráticos e antinazis» deveriam ter o direito de apresentar os seus candidatos. Churchill e Roosevelt prometeram transferir o seu reconhecimento do governo polaco de Londres para o governo provisório designado de Varsóvia. Em Moscovo, as coisas corriam muito lentamente. Os Polacos de Varsóvia e os Russos demoraram muito tempo a admitir Mikolajczyk como preço pelo reconhecimento do Ocidente. Presume-se que o comando militar russo procurava um substituto nas suas conversações, no final de Março de 1945, entre os quinze dirigentes da Resistência polaca, incluindo o anterior chefe do Exército Nacional. No entanto, as conversações falharam e os Russos prenderam imediatamente os Polacos como primeiro passo para os julgar como «traidores». Em Abril, Estaline disse a Churchill que utilizaria a sua influência para fazer com que os seus Polacos de Varsóvia aceitassem Mikolajczyk, depois de este aceitar as condições de Ialta, ou seja, a Linha Curzon. No dia 6 de Julho de 1945, o reconhecimento formal dos Ingleses e dos Americanos foi transferido do governo polaco de Londres para o novo governo provisório alargado, que incluía Mikolajczyk e quatro seguidores seus.

Pouco tempo depois, os Três Grandes encontraram-se em Potsdam. Num almoço a sós com o presidente Truman, no segundo dia do encontro, Churchill levantou a questão: «Deverão todos esses Estados que passaram para o controlo dos Soviéticos, ser livres e independentes, ou não?» Segundo ele, o presidente atribuía uma grande importância a esta questão, e tencionava, evidentemente, «forçar a ocorrência desta verdadeira independência, de acordo com eleições livres, completas e sem limitações». Estaline tranquilizou-o e informou Churchill de que:

em todos os países libertados pelo Exército Vermelho a política russa seria a de promover a existência de um Estado forte, independente e soberano. Era contra uma sovietização de qualquer desses países. Eles teriam eleições livres, e todos os partidos, com excepção dos partidos fascistas, tomariam parte nelas.

Os aliados ocidentais pouco podiam fazer para garantir que isto viria a acontecer. O Ministério dos Negócios Estrangeiros inglês pensava que a frota alemã capturada era o seu melhor trunfo: «Só devemos dar aos Russos uma parte da frota em troca de uma concessão equivalente da parte deles». Estaline não ligou importância a esta afirmação e afirmou que a Rússia tinha direito à sua parte. Ernest Bevin fez ainda melhor, no final da conferência, como novo ministro dos Negócios Estrangeiros trabalhista. Sem consultarem os seus aliados, os Russos, que tinham conquistado a parte da Alemanha entre a velha fronteira ocidental e os rios Oder e Neisse ocidental, ofereceram todos estes territórios aos Polacos, que começaram de imediato a expulsar os Alemães que lá tinham ficado e a enviar Polacos para lá se instalaram. Antes de ratificar este acordo, Bevin consultou o governo polaco e, no dia 31 de Julho de 1945, forçou Bierut, o presidente da assembleia comunista, a uma promessa de eleições «no início de 1946 e talvez ainda antes».

Com efeito, a menos que fizesse uma ameaça de guerra, era difícil pôr em prática tais promessas: pelo seu lado, o Departamento de Estado americano esperava que o desejo dos Russos relativamente a créditos no pós-guerra desse aos Estados Unidos o poder de influenciar a política soviética. Em 1945, porém, não houve tal proposta, e o governo soviético provou estar, inesperadamente, pronto a viver sem ela. A esperança do secretário de Estado americano, Byrnes, de que a bomba atómica fizesse com que a União Soviética fosse mais fácil de convencer também se mostrou igualmente falsa: sem dúvida que os Russos sabiam que uma guerra total não estava em questão. Por fim, as «eleições» polacas realizaram-se no dia 19 de Janeiro. Demorou um certo tempo a organizá-las. Os comunistas tentaram fazer que Mikolajczyk aceitasse um lugar subordinado para o seu partido, o Partido Camponês Polaco, numa lista conjunta. O pedido de Mikolajczyk relativo a uma participação justa fez malograr estas negociações, e a sua insistência em permanecer como partido independente obrigou os comunistas a falsificar as eleições. Eles utilizaram o exército polaco, na medida em que podiam confiar nele, a força policial e uma milícia recentemente recrutada para intimidar e pressionar as populações, processo que não lhes pertenceu exclusivamente, visto que as forças da resistência mataram mais de 2000 funcionários governamentais no ano anterior às eleições. No dia da votação, o voto raramente foi secreto, a contagem foi geralmente feita pelos comunistas, e o «resultado» oficial dado pelo Partido. O «bloco democrático» teve direito a 80 por cento dos votos e o partido de Mikolajczyk a 10 por cento. A estimativa mais correcta dos votos verdadeiramente expressos dá 20 por cento ao bloco democrático e 70 por cento ao partido de Mikolajczyk. A esperança de Mikolajczyk de que a União Soviética considerasse que valia a pena, a bem da estabilidade e das boas relações com o Ocidente, tolerar a liberdade na Polónia, desaparecera e ele próprio abandonou a Polónia em Outubro de 1947.

Estaline informou uma delegação jugoslava, no início de 1945, do seguinte: «Esta guerra é diferente das guerras do passado; quem ocupa territórios também impõe neles o seu próprio sistema social. Todos impõem o seu próprio sistema social na medida em que o seu Exército tenha poder para fazê-lo». Em 1945, a Bulgária, a Roménia, a Hungria, a Polónia, a Albânia e os Estados bálticos estavam nas mãos do Exército Vermelho, e o sistema social soviético foi imposto de seguida. A Polónia foi a vítima mais afectada: tendo tomado parte na guerra desde o seu primeiro dia, sofrera terrivelmente com as políticas mais assassinas dos nazis (e da União Soviética). De todos esses países, a Polónia foi a que mais lutou contra os Alemães mas que mais razões tinha para não gostar dos Russos. Foi lá que a proposta de Estaline encontrou a sua aplicação mais dramática. Na Jugoslávia, em contrapartida, o poder comunista assentava num apoio local real, que era a consequência do mais forte movimento de resistência de toda a guerra contra a ocupação das forças do Eixo. A Finlândia, o último Estado pertencente à esfera de influência russa na Europa, escapou a este destino e manteve a sua independência nacional à custa de uma subserviência internacional e da cedência de todas as posições estratégicas que a União Soviética desejava. O governo da Checoslováquia no exílio pensava que podia manter uma liberdade nacional semelhante: mas, afinal, foi a força dos comunistas locais que deu cabo dessa perspectiva. A Inglaterra e os Estados Unidos, pelo seu lado, aplicavam firmemente o princípio de Estaline: a França, a Bélgica, os Países Baixos, o Luxemburgo, a Itália, a Noruega, e a Dinamarca (na Dinamarca, os Ingleses fizeram um esforço especial para lá chegar antes do Exército Vermelho), foram todos encaminhados para a democracia liberal, em 1945, e a Grécia foi defendida pela força contra o comunismo. As relações entre o Leste e o Ocidente pioraram em parte porque as potências ocidentais, apesar de aceitarem na prática a divisão territorial, eram contra ela em teoria. Os aliados ocidentais disseram à União Soviética, efectivamente, «onde conquistarmos teremos o controlo; onde vocês conquistarem, nós partilharemos desse controlo».

Estaline e Molotov responderam apontando o caso da Itália e a acção dos Ingleses na Grécia, mas parece terem-no feito apenas para demonstrar quão tolerante deveria ser um bom aliado em relação ao comportamento dos outros aliados nas suas esferas de influência: em Ialta, Estaline até gracejou da sua própria tolerância. Quando Roosevelt conseguiu a aceitação da «declaração sobre a Europa libertada», segundo a qual os Três Grandes prometiam estabelecer autoridades «geralmente representativas de todos os elementos democráticos da população», que organizariam «eleições livres de governos representativos da vontade popular», Molotov sugeriu que se acrescentasse a esta declaração que «será dado apoio aos líderes políticos dos países que tiveram uma participação activa na luta contra os invasores alemães». Estaline brincou com Churchill garantindo-lhe que esta adenda não se aplicava à Grécia, onde as tropas inglesas tinham expulso do poder político os líderes comunistas do movimento de resistência mais activo de todos, e depois tranquilizou Churchill dizendo-lhe que, pelo seu lado, respeitaria as esferas de influência: «o marechal Estaline afirmou que tinha plena confiança na política dos Ingleses na Grécia». Foi nesta mesma reunião que o destino da Polónia foi decidido e que Molotov se opôs à sugestão de que os três embaixadores deveriam observar e apresentar um relatório sobre as «eleições livres» nesse país, «já que tinha a certeza de que isto ofenderia os Polacos».

Por detrás deste cinismo e dos gracejos, estava presente uma questão muito séria: os aliados da guerra estavam a estabelecer os limites de duas ideologias diferentes. A ambiguidade verbal facilitara os acordos de Ialta e de Potsdam e ajudava a explicar a subsequente sensação de traição. Para um marxista, «eleições livres» conduzidas por «elementos democráticos» para determinar «a vontade do povo» têm necessariamente de produzir regimes comunistas. As «massas», apesar de estarem iludidas e cometerem erros subjectivos, têm «objectivamente» de desejar a fraternidade entre todos os povos, que a ditadura do proletariado, depois de ter levado a luta de classes ao seu objectivo predestinado, acabará inevitavelmente por produzir. A verdadeira liberdade consiste em seguir a genuína vontade da humanidade, que avança com as marés inelutáveis da História e, por conseguinte, em seguir a liderança daqueles que estão preparados para prever os seus movimentos, ou seja, os membros de partidos comunistas solidamente constituídos. A economia seria organizada pelo Estado para o bem do povo. Churchill, Attlee, Roosevelt e Truman acreditavam num governo constituído por partidos ou por indivíduos, competindo através do debate livre para apelar ao voto, livre e secreto para todos os indivíduos adultos do sexo masculino (e talvez do sexo feminino). Acreditavam numa economia regida pelas forças presentes no mercado, baseada na livre escolha, limitada por uma maior ou menor intervenção do Estado para compensar as imperfeições do mercado e para ajudar os menos abastados e os desafortunados. Durante a guerra, a opinião pública ocidental fora levada a considerar os governantes da União Soviética como participantes numa guerra pela democracia e pela liberdade, contra o direito do Estado de exigir uma obediência total. Foi uma descoberta preocupante, especialmente em relação à Polónia, verificar que, para o homem da União Soviética, a liberdade significava a obediência total.

No entanto, os estadistas ocidentais, tendo feito todos os possíveis para conseguir que se estabelecessem democracias liberais do outro lado da «cortina de ferro» — como Churchill descrevia a fronteira da esfera de influência soviética — não deixaram de trabalhar em conjunto com a União Soviética: toleraram esta fronteira, aceitaram o domínio soviético para além dela, trocaram brindes com Estaline e com os seus homens de confiança e continuaram as negociações. De forma preocupante, Estaline mostrava sintomas de querer ainda mais e de tencionar expandir a sua esfera de influência. Dois casos, fortemente reminiscentes das políticas russas do antigo regime, preocuparam os líderes ingleses e americanos nos últimos meses da guerra. No Norte do Irão, as tropas russas, que lá estavam mediante acordo com a Inglaterra e os Estados Unidos para organizar e proteger as linhas de abastecimento utilizadas para o grosso dos fornecimentos provenientes da ajuda de *lend-lease* à Rússia, davam sinais de lá estar a fixar-se e de encorajar os dissidentes locais, o partido Rudeh, a ajudá-los a pressionar o governo do Xá para lhes dar concessões de petróleo. Da Turquia chegavam notícias, na Primavera de 1945, de que Molotov pedira Kars e Ardahan no Cáucaso, e pior do que tudo, uma base russa nos Estreitos. Nada aconteceu relativamente a ambos os pedidos: uma rejeição consistente por parte dos Ingleses e dos Americanos teve como consequência a retirada russa. Os que definiam as políticas inglesa e americana tiraram duas conclusões em 1945: que a União Soviética espalharia o comunismo e anexaria territórios sempre que lhe fosse possível, e que a firmeza era a melhor forma de resposta. Mais lentamente que os ministros e funcionários do governo, certos sectores da opinião pública inglesa e americana também começaram a perder a confiança na respeitabilidade dos Russos.

No final da guerra, o problema da Alemanha mantinha juntos os Três Grandes. Estes concordavam que a Alemanha deveria ficar unida e ser governada como um todo. Cada um deles queria isto para ter a certeza de que os outros dois teriam objectivos desejáveis: isto exigia a cooperação das três potências no governo de uma Alemanha unida. Estaline exigia indemnizações de toda a Alemanha; os Ingleses e os Americanos queriam um pouco de recuperação económica na Alemanha para permitir que o pagamento de indemnizações fosse feito sem que isso resultasse num peso de ordem financeira e moral para as potências ocidentais. Ambos os objectivos necessitavam de um planeamento centralizado. As três potências queriam manter um governo único numa Alemanha unida; cada uma delas queria que a Alemanha fosse governada de maneiras diferentes ditadas pelos seus interesses individuais. Começou, então, a Guerra Fria na Europa que veio dar origem ao bloqueio de Berlim, três anos depois de a guerra ter acabado, quando a União Soviética tentou forçar as potências do Ocidente a manterem um governo aliado numa Alemanha unida, que lhe permitisse opor-se à prioridade que os Ingleses e Americanos davam à recuperação económica alemã. A tentativa dos Russos para forçar a permanência de uma administração central unida, mas paralisada, na Alemanha, teve como resultado, paradoxalmente, a continuação da sua divisão.

Os representantes das três potências haviam acordado uma divisão da Alemanha (dentro das suas fronteiras de 1937) em zonas de ocupação militar, atribuídas a cada um dos três exércitos, com Berlim dividida separadamente em três zonas de ocupação. As linhas gerais tinham sido estabelecidas no início de 1944, e demonstraram ser, felizmente para as relações entre o Leste e o Ocidente, muito próximas da linha que Russos, Ingleses e Americanos tinham alcançado quando a Alemanha se rendeu. Os Três Grandes ratificaram esta divisão territorial em Ialta. Os Ingleses, preocupados com a perspectiva de se encontrarem sozinhos com os Russos na Alemanha, depois dos dois anos que Roosevelt anunciara em Ialta serem o tempo limite da ocupação americana, insistiram e conseguiram que os Franceses tivessem uma quarta zona na Alemanha Ocidental e em Berlim, extraída das zonas anglo-americanas. As três potências concordaram em governar Berlim, através de uma comissão de controlo chefiada pelos comandantes militares das quatro zonas. Só na Conferência de Potsdam, da qual os Franceses foram excluídos, conseguiram as três potências concordar, com dificuldade, sobre os objectivos do governo das quatro potências na Alemanha. As questões que dentro de pouco tempo iriam acabar com o governo quadripartido e que levariam à divisão da Alemanha dominaram esta conferência. Os Ingleses e os Americanos faziam notar que a transferência, dos Russos para os Polacos, de parte da sua zona na Alemanha de Leste prejudicaria o fornecimento de alimentos vindos do Leste, predominantemente agrícola, para o Ocidente industrializado, e acabaria com o fornecimento de carvão do Norte da Silésia. Receavam também, que a exigência russa de indemnizações de guerra (e, tal como todos concordavam, estas indemnizações deveriam ser de um tipo não financeiro) tornaria impossível o renascimento das exportações industriais das zonas ocidentais, especialmente do Ruhr, na zona inglesa, numa escala suficiente para poder financiar as importações alimentares necessárias. Além disso, a maioria dos economistas ingleses considerava que era impossível as economias da Europa recomporem-se se as actividades económicas da Alemanha fossem estranguladas pelas indemnizações de guerra. Byrnes, o secretário de Estado americano, estabeleceu um plano de compromisso que constituiu o principal resultado da Conferência de Potsdam: Attlee e Truman concordaram que os Polacos deviam ocupar os territórios alemães que reivindicavam e, em troca, Estaline concordaria em limitar as reivindicações russas em relação às indemnizações de guerra das zonas ocidentais e em fornecer alimentos e carvão das zonas russa e polaca ao Ocidente.

Foram estas questões que, em pouco tempo destruíram o consenso que fora atingido com muita dificuldade em 1945, entre a Rússia e Ingleses e Americanos. Ao fim de três anos, as potências ocidentais rejeitaram o veto russo sobre as suas políticas da recuperação económica das suas zonas da Alemanha e, deste modo, rejeitaram o controlo das quatro potências sobre uma Alemanha unida. As potências ocidentais insistiam em que houvesse indemnizações reduzidas e níveis de produção industrial na Alemanha mais altos do que a União Soviética permitia e, para restabelecerem uma vida económica nas suas zonas, criaram uma nova moeda alemã que introduziram nas zonas ocidentais sem o consentimento da Rússia. Estaline tentou impor de novo um controlo das quatro potências e o seu veto através do bloqueio de Berlim. Desta vez, as tensões entre o Leste e o Ocidente eram o resultado de uma tentativa da Rússia para afirmar o direito da União Soviética de intervir na esfera de influência ocidental. As consequências foram, em primeiro lugar, a iminência de uma guerra e o tornar firme e duradoura a divisão da Europa em diferentes esferas de influência. A divisão da Alemanha, que nenhum dos lados desejava, mas que cada um deles preferia às condições exigidas para a unidade pelo outro, levou à construção da fronteira mais impressionante jamais construída. Esta separação pela linha divisória europeia dividia uma comunidade nacional. Quaisquer movimentos entre uma das partes da Alemanha e a outra, até o envio de cartas e os telefonemas, tornaram-se difíceis ou mesmo impossíveis. Famílias foram separadas, amores foram desfeitos. As consequências do insucesso dos aliados de guerra em preservar o frágil acordo de Potsdam e o governo conjunto da Europa afectou drasticamente o destino dos Alemães: uma das consequências mais lamentáveis da acção dessa minoria de Alemães que, inicialmente, pusera Hitler no poder e que destruiu a possibilidade de uma evolução pacífica na Europa.

No Extremo Oriente, a derrota do Japão acabou com uma divisão confortavelmente concebida entre os Estados Unidos e a União Soviética, que se complicou em razão do enorme problema da China. Roosevelt e o Departamento de Estado americano empenharam-se, durante a guerra, na ideia de que a China era uma grande potência, uma das Quatro Grandes Potências. Com efeito, tanto Roosevelt como Truman insistiam que a China devia ter uma posição especial, como grande potência, na nova organização mundial, as «Nações Unidas», que ambos pensavam ser a melhor forma de impedir que o povo americano escorregasse de novo para o isolamento e para uma irresponsabilidade do ponto de vista internacional: assim, com a entrada da França, apoiada pela Inglaterra, surgiram as «Cinco Grandes Potências», cada uma delas tendo direito de veto nesse conciliábulo para a paz: o Conselho de Segurança das Nações Unidas. A guerra trouxera dúvidas quanto ao estatuto de grande potência do *Kuomintang* [KMT] ou China «nacionalista», comandada pelo «Generalíssimo» Chiang-Kai-Chek. O Exército do KMT demonstrou ser incapaz, à excepção de algumas poucas unidades treinadas e equipadas pelos Americanos, de lutar contra os Japoneses. Em qualquer dos casos, o KMT preferiu manter o seu Exército para efectuar um confronto com os comunistas no pós-guerra. Sob o comando tacticamente hábil de Mao-Tse-Tung, o prestígio dos comunistas crescia constantemente e tornava-se na força combatente mais eficaz da China. O KMT, privado dos seus recursos fundamentais tradicionais — o tráfego dos portos de mar — pelos Japoneses, e administrativamente demasiado ineficiente para conseguir desenvolver recursos alternativos eficazes, apoiava-se na inflação financeira. O consequente impressionante aumento dos preços fez alastrar a corrupção entre funcionários e personalidades do governo, que tentavam defender os seus rendimentos reais. A alto nível, a corrupção em grande escala e a apropriação errada da ajuda económica dos Estados Unidos eram uma coisa vulgar. Mesmo assim, poucos observadores esperavam que o regime caísse tão depressa como caiu. No fim da guerra, por conseguinte, tanto o governo dos Estados Unidos como o governo da União Soviética tentaram impedir a guerra civil na China, persuadindo os comunistas, cuja administração não corrupta e cuidadosa procura de apoios entre os camponeses mais pobres fazia aumentar o seu prestígio, a participar num governo de coligação com o KMT. Estaline encarava com evidente ansiedade o partido comunista chinês, cuja subordinação a Moscovo não era, de modo algum, uma coisa com que fosse possível contar. Na União Soviética, Mao tinha poucos apoios, e as tentativas americanas para fortalecer o KMT falharam nos anos a seguir à guerra, mais devido à fraqueza dos nacionalistas do que por causa da intervenção da União Soviética.

Noutros lugares, a divisão do pós-guerra corria bem. Tal como fora decidido em Ialta, a União Soviética recuperou o que perdera a favor dos Japoneses em 1905: o Sul de Sacalina, a concessão de Porto Artur, o controlo da linha férrea da Manchúria, assim como as Ilhas Curilas. Os Estados Unidos ficaram com as Ilhas Ryuku para bases militares, e o Ministério da Marinha insistiu que estas deveriam ficar sob o controlo exclusivo dos Americanos. Surpreendentemente, os Russos aceitaram a ocupação exclusiva, e sob controlo americano, do Japão. Para além de uma reivindicação para ocupar Hokkaido e algumas objecções ao controlo monopolista dos Americanos (através da personagem do general MacArthur), estes dois pontos foram apenas apresentados pelos Russos para fortalecer a sua posição relativamente a eventuais negociações noutros lugares, e não dificultaram muito os resultados a longo prazo de 1945. Um dos sectores da divisão territorial entre Americanos e Russos, porém, demonstrou ser uma bomba-relógio. No último momento, mesmo antes da rendição do Japão, os militares americanos reconheceram que não poderiam, sem acordo prévio, conquistar nenhuma parte da Coreia antes de as tropas russas lá chegarem. Propuseram, por conseguinte, que os Russos ocupassem o Norte da Coreia até ao paralelo 38. Estes aceitaram e respeitaram o seu compromisso apesar da totalidade da Coreia estar inicialmente aberta ao seu controlo. Os dois Dr. Frankenstein colocaram os seus monstros nas zonas respectivas — Syngman Rhee (economia liberal) no Sul e Kim il Sung (socialismo) no Norte, e depois perderam o controlo das suas respectivas zonas. Ambos os Estados exigiam uma Coreia unida e, em 1950, Kim il Sung iniciou uma nova grande guerra para o conseguir. A Guerra da Coreia, que no Ocidente se pensou ter sido iniciada por Estaline, confirmava a crença segundo a qual a divisão do mundo que se seguiu à Segunda Guerra Mundial só poderia ser mantida pela força armada e, consequentemente, prolongava e intensificava a Guerra Fria.

XVII

O IMPACTO DA GUERRA:
O MASSACRE DOS JUDEUS EUROPEUS

Durante a guerra, o governo alemão organizou o assassínio dos judeus nas áreas controladas pela Alemanha. Nenhuns outros governantes de uma nação moderna desenvolvida tinham jamais tentado fazer algo tão perverso e com consequências a tão longo prazo. As mortes indiscriminadas tornaram-se comuns na Segunda Guerra, mas os bombardeamentos convencionais ou nucleares tinham como intenção ganhar a guerra, e não eram efectuados apenas por prazer. Alguns historiadores fazem comparações com os campos de trabalho durante a era de Estaline, mas possuímos poucas provas sobre as suas intenções ou resultados para poder concordar com eles: talvez a natureza lamentável dos campos de trabalho da União Soviética, tal como a dos campos de prisioneiros que os Alemães construíram no Leste durante a guerra tenham sido mais uma consequência do desleixo e da incompetência do que da premeditação cuidadosa, do tipo daquela que os Alemães puseram em prática para o extermínio dos judeus. Este caso é o único exemplo de uma tentativa dirigida e burocraticamente organizada por um governo para aniquilar um povo inteiro. Perguntar como um punhado de nazis transformou teorias irracionais num assassínio em massa é levantar uma questão histórica crucial sobre a forma como os seres humanos são capazes de agir nas sociedades «civilizadas».

Hitler tornou conhecidos os seus pontos de vista bastante antes de chegar ao poder. O *Mein Kampf* [*A Minha Luta*] está repleto do perigo judeu: «as forças que detêm nas suas mãos o curso dos acontecimentos são os judeus aqui e os judeus ali e os judeus por todo o lado». Tanto o capitalismo como o socialismo favorecem o poder judeu: «os judeus ganharam uma influência crescente em todos os empreendimentos económicos através do domínio da bolsa de valores», enquanto «o judeu esperto... torna-se gradualmente no líder do movimento sindicalista» e o marxismo «tem, sistematicamente, como finalidade colocar o mundo nas mãos dos judeus». Mesmo assim, havia ainda uma esperança de derrotar estes «parasitas», estes «bacilos perniciosos»:

enquanto um povo permanecer racialmente puro, não será dominado pelos judeus... é por isso que os judeus tentam, sistematicamente, fazer baixar a qualidade racial de um povo adulterando constantemente o sangue dos indivíduos que constituem esse povo. [Mas] O *Reich* alemão promoverá o sector mais válido do nosso povo [e] guiá-lo-á, lenta mas seguramente, até atingir uma posição dominante no mundo.

Aos Alemães que, em 1932, ao votarem a favor dos nazis — cerca um terço do eleitorado — deram a possibilidade a Hitler de começar a sua carreira mortífera cabe uma enorme responsabilidade. Duas considerações diminuem as culpas da maioria destes Alemães. Uma delas é que consideravam estas manifestações anti-semitas de Hitler uma brincadeira, e não uma coisa que devesse ser levada a sério. A segunda é essencial para compreender como todo este horrível episódio pode ter acontecido: ressentimento contra o sucesso e a prosperidade supostamente injustos dos judeus, de alguma forma relacionados com as suas características culturais, era uma coisa comum nas sociedades europeias no início do século XX. Consequentemente, muitos deles achavam que estes ataques de Hitler eram apenas uma denúncia demasiado enfática de fenómenos reais e mais ou menos desagradáveis. O medo dos judeus durante a Idade Média, como assassinos de Cristo e de crianças, para com o seu sangue fazerem o pão ritual, e como praticantes de usura que não era permitida aos cristãos, renasceu no século XIX, na Europa, através dos conservadores e nacionalistas que se opunham ao liberalismo racionalista, e que eram muitas vezes apoiados pelas Igrejas contra um inimigo comum. Na Rússia, em 1882, depois de lutas violentas contra os judeus (encorajadas pela polícia), na parte ocidental do Império, onde os judeus tinham autorização para residir, o czar ordenou a restrição dos judeus a guetos urbanos e o confisco das suas propriedades rurais. Em consequência, os judeus empobrecidos fugiram para ocidente, das províncias russas superpovoadas para as províncias polacas igualmente superpovoadas do império do Czar e para fora dele. Na Europa Ocidental, os anti-semitas protestavam simultaneamente contra o sucesso profissional e financeiro e o pequeno comércio dos judeus pobres que vinham do Leste. Em França, o caso Dreyfus trouxe o anti-semitismo para o centro da política. Na Alemanha, Stöcker, um pregador da corte, fundara um partido Cristão Social antijudeu, que era uma mistura de social-democracia e hostilidade contra o liberalismo, ambos acusados de indiferença cosmopolita perante os interesses dos Alemães. Na Áustria, Schönerer e Lueger permitiram que grupos anti-semitas assumissem o controlo do governo local de Viena e nas províncias circundantes nos últimos anos do século XIX. Em Inglaterra e nos Estados Unidos, um anti-semitismo mais refinado tentou contrariar a suposta vantagem dos judeus na finança, no comércio, na medicina e na justiça, por meio de uma discriminação subtil. Consequentemente, poucos judeus ingleses eram juízes ou embaixadores e, tanto em Inglaterra como na América, os banqueiros e corretores da bolsa não judeus congratulavam-se por possuir formas de ganância mais cavalheirescas do que as que atribuíam aos judeus.

Assim, o regime de Hitler chegava numa altura em que, no mundo, muitas pessoas acreditavam que existia um «problema judaico» que era necessário resolver. Até Roosevelt referia, em Casablanca em 1943, as «queixas compreensíveis que os Alemães têm contra os judeus na Alemanha, nomeadamente que... mais de 50 por cento [*sic*] dos advogados, médicos, professores, professores universitários, etc., na Alemanha são judeus». Antes da guerra, para além de explosões de violência em 1933 e 1934, e em Novembro de 1938, o governo nazi agiu por via legal. Excluíu os judeus das forças armadas, dos cargos nas universidades e nas escolas, não os autorizava a exercer a advocacia ou a medicina, negava-lhes a cidadania alemã e proibia a «poluição racial» — ou seja, as relações sexuais com os não judeus. De modo a tornar a Alemanha «pura» em relação aos judeus, os nazis utilizaram meios cada vez mais drásticos para os obrigarem a emigrar, enquanto Hitler, de tempos a tempos, fazia comentários vagos mas terríveis sobre os judeus. Em Abril de 1937, afirmou aos dirigentes do partido que o «problema judaico» seria «resolvido de uma forma ou de outra a seu tempo» e, no dia 30 de Janeiro de 1939, fez uma «profecia» pública:

Se os financeiros internacionais judeus, dentro e fora da Europa, conseguirem envolver as nações numa nova guerra, o resultado não será o bolchevismo internacional e, consequentemente, a vitória do judaísmo; o resultado será a aniquilação dos judeus na Europa.

Não sabemos quando é que os Alemães decidiram massacrar os judeus na Europa, nem como essa decisão foi tomada ou quem a tomou. Há controvérsia quanto ao papel de Hitler nas origens da «solução final». Alguns historiadores pensam que ele sempre tivera a intenção de matar os judeus e que as circunstâncias apenas determinaram o momento; outros consideram que foi o próprio desenrolar dos acontecimentos que determinou esta decisão. Alguns acreditam que foi Hitler o impulsionador deste processo; outros, pensam que a iniciativa veio de subordinados que interpretavam zelosamente o desejo bem conhecido do *Führer* segundo o qual o *Reich* deveria ser libertado dos judeus. Todos os historiadores sérios, no entanto, concordam que, num dado momento, Hitler deu a sua aprovação.

O extermínio indiscriminado começou com os judeus que os Alemães capturaram nas zonas conquistadas da União Soviética, no Verão de 1941. Atrás dos exércitos invasores vinham Grupos de Acção SS (*Einsatzgruppen*), menos de 3000 no total, que trabalhavam em doze *Kommandos* matando os comissários políticos do Exército Vermelho, funcionários públicos comunistas, e tal como o general SS Heydrich, chefe do serviço de segurança (*Sicherheitsdienst*, SD), ordenou por escrito: «os judeus, membros do Partido e funcionários do Estado, e outros elementos radicais (sabotadores, propagandistas, assassinos, agitadores, etc.)». Do quartel-general de Hitler, o marechal de campo Keitel ordenou que todas as forças armadas fossem informadas de que «a luta contra o bolchevismo exige uma acção implacável e enérgica, em primeiro lugar contra os judeus, como pilares fundamentais do bolchevismo». Parece que estas instruções sugeriram aos *Einsatzgruppen* que se impunha uma «limpeza» total. Com a ajuda de unidades da polícia alemã, tropas de combate SS, por vezes do Exército e dos simpatizantes locais, os *Einsatzgruppen* exterminaram entre 400 000 a 500 000 judeus, independentemente da idade e do sexo, até ao final de 1941.

Antes da campanha russa, a «solução» preferida para o problema judeu era a emigração forçada e, entre 1939 e 1941, os «especialistas» conceberam dois planos. Um deles consistia em enviar os judeus para o Governo Geral da Polónia ou seja, a parte da Polónia ocupada pelos Alemães que não fora acrescentada à Alemanha propriamente dita. Várias centenas de milhares de judeus foram transferidos dos territórios polacos recentemente incorporados na Alemanha e, juntamente com o excedente de Polacos necessários para suprir as necessidades alemãs de mão-de-obra barata, foram enviados para o Governo Geral. No Verão de 1940, um novo esquema sugeria o transporte de judeus para

Madagáscar, que seria conquistada aos seus dirigentes franceses e transformada em território nacional dos judeus, administrado pelos SS. A recusa dos Ingleses de aceitar a paz estragou este esquema. No início de 1941, consequentemente, o Governo Geral estava cheio de judeus. Frank, o governador-geral alemão opôs-se a que viessem mais mas, em meados de Outubro de 1941, começaram as deportações de judeus vindos do outro lado das fronteiras da Alemanha anteriores à guerra, de onde Hitler estava ansioso por expulsar todos os judeus. Os primeiros carregamentos de judeus em comboios foram para o gueto de Lodz, que fazia agora parte da Alemanha (e fora rebaptizada como o nome de Litzmannstadt) mas os carregamentos seguintes, a partir de Novembro de 1941 até Janeiro de 1942, foram para Varsóvia, no Governo Geral, e para Kaunas, Minsk e Riga, na zona dos esquadrões da morte. Estes efectuaram as suas acções habituais, matando muitos judeus à chegada e outros pouco tempo depois de terem chegado. Começara a segunda fase da «solução final»: numa primeira fase, os esquadrões da morte apanhavam os judeus em territórios capturados ao Exército Vermelho e matavam-nos no próprio local; agora, os judeus de outros lugares da Europa eram carregados em comboios e enviados para ser exterminados.

A Conferência de Wannsee, em Berlim, em Janeiro de 1942, juntou altos funcionários da administração pública, oficiais do Exército e oficiais da polícia, de modo a encontrarem processos eficientes para a captura e o transporte das vítimas. Em pouco tempo, Himmler e os seus homens melhoraram os seus métodos mortíferos. As execuções eram lentas e difíceis de esconder. As autoridades nazis não estavam preocupadas com o que poderiam pensar os Polacos ou os Russos mas, quanto aos soldados alemães, o caso era diferente. Em Dezembro de 1941, um oficial do estado-maior do Grupo de Exércitos Central protestou afirmando que «o corpo de oficiais, quase unanimemente, é contra a execução de judeus, de prisioneiros e de comissários», que considera ser uma «nódoa na honra do Exército alemão», enquanto um comandante de um regimento de infantaria escreveu que era contra a «nossa concepção de tradição e de decência que o extermínio em massa de seres humanos fosse efectuado de forma tão aberta». Os assassinos refugiavam-se agora na privacidade dos matadouros humanos. Em vez de executarem os judeus a tiro, alguns grupos utilizavam camionetas com os tubos de escape virados para o interior dos veículos. Surgiram os centros de extermínio, equipados com esses veículos, ou com instalações fixas, utilizando o monóxido de carbono dos motores *diesel*, ou gases comprimidos em cilindros. Os mais desenvolvidos, porém, utilizavam ampolas de ácido prússico solidificado, cianeto de hidrogénio (com o nome comercial *Zyklon*), largadas em câmaras de gás, onde se vaporizavam em gases mortíferos. Ligadas a crematórios, as câmaras de gás davam vazão a um grande fluxo. Alguns centros dispensavam este «tratamento especial» a mais de 10 000 vítimas por dia, apesar de a cremação ficar, por vezes, atrasada.

Em aproximadamente seis meses, por conseguinte, os SS e o SD expandiram a sua missão original que consistia em matar bolchevistas militantes até ela incluir todos os judeus que conseguiam apanhar. Começara a «solução final» do problema judaico. Em menos de quatro anos, mataram cerca de cinco milhões de homens, mulheres e crianças. As tabelas mostram o número provável de judeus mortos em vários países e a proporção aproximada desse número em relação à população judia nesses mesmos países quando começou a ser posta em prática a «solução final»:

Polónia (fronteiras de 1939)	2 500 000	90%
«Protectorado» Checo	75 000	90%
Áustria	50 000	90%
Sérvia	20 000	90%
Alemanha (fronteiras de 1937)	125 000	85%
Grécia	60 000	80%
Croácia	28 000	80%
Luxemburgo	800	80%
Estados Bálticos	200 000	75%
Eslováquia	65 000	75%
URSS Ocidental (fronteiras de 1939)	1 000 000	70%
Hungria (fronteiras de 1942)	550 000	70%
Holanda	100 000	70%
Bélgica	25 000	45%
Noruega	750	40%
França	75 000	25%
Roménia (fronteiras de 1942)	120 000	20%
Bulgária (fronteiras de 1942)	11 000	15%
Itália	6 800	15%
Dinamarca	50	1%

A «solução final» tinha melhores resultados onde o controlo dos Alemães era mais forte, menos inibido pelas leis locais, e onde dependia menos da ajuda dos governos ou administrações locais. Mesmo nas zonas controladas pelos Alemães, os assassinos utilizavam a ajuda dos locais, recrutados por persuasão ou ameaça, e contavam com a cooperação de algumas das vítimas, enquanto noutros lugares os burocratas e polícias não alemães eram essenciais para identificar os judeus e juntá-los para serem deportados. Muitas pessoas têm responsabilidade neste extermínio em massa: o pequeno número de instigadores nazis, os assassinos alemães e da Europa de Leste, parte das autoridades militares alemãs, parte do Exército, polícia alemã e os funcionários, sobretudo do Ministério dos Negócios Estrangeiros e do Interior, da Justiça e das Finanças, juntamente com as polícias não alemãs, burocratas e políticos e, de forma mais extensa ainda, todos aqueles que descuraram as oportunidades para deter os assassinos ou para ajudar as vítimas. A princípio, os historiadores atribuíram as culpas do genocídio aos nazis e a um punhado de «SS sádicos e psicopatas». Hoje em dia, alguns deles acusam também os europeus e o mundo exterior: «foi apenas porque um número relativamente pequeno de pessoas estava disposto a opor-se à perseguição e a dispensar ajuda e refúgio às vítimas que os nazis conseguiram executar os seus planos numa tão grande escala»; o número das vítimas «reflecte não apenas a determinação dos nazis e dos seus colaboradores, mas também e, provavelmente, sobretudo, a indiferença do resto do mundo».

Quem participou neste genocídio? Por que razão participou? Em que medida estavam conscientes daquilo que estavam a fazer? Apenas um pequeno número de pessoas no centro do III *Reich* sabia de tudo: Hitler, Himmler, Goering, Goebbels, Heydrich, Kaltenbrunner e alguns no RSHA (o Serviço de Segurança do *Reich*), o centro organizador, incluindo os seus executantes como Müller e Eichmann, que organizaram a deportação dos judeus, e os directores das suas filiais na Europa ocupada pelos Alemães. Estas pessoas, que tinham envenenado as suas próprias mentes com teorias loucas, pensavam estar devotadamente a preparar-se para prestar um serviço ao povo alemão e à humanidade, destruindo o «bacilo» judeu e detendo os desígnios maléfolos de uma raça que lutava pelo domínio do mundo. Himmler, o mais bem informado de todos, comunicou a um público de assassinos de alta patente, em Poznan, em Outubro de 1942, «o extermínio do povo judeu... uma página não escrita, e que jamais será escrita, da glória da nossa história». A maioria do seu público «sabia o que significava ver 100 cadáveres lado a lado, 500 ou 1000», mas «continuaram a ser correctos», e «nós efectuámos a mais difícil das tarefas num espírito de amor pelo nosso povo e não sofremos qualquer dano no nosso ser íntimo». Os SS, afirmava

Himmler em 1944, «tinham efectuado a tarefa mais árdua do nosso povo», tarefa esta que só podia ser feita por «nacional-socialistas fanaticamente dedicados».

O nazismo deu a possibilidade aos assassinos de considerarem os judeus uma praga perigosa. Isto era extremamente difícil para aqueles que estavam em contacto directo com as vítimas: para aqueles que matavam a tiro mães e crianças e que carregavam os seus corpos quentes e, por vezes, semimortos para valas acabadas de cavar. Muitas vezes inebriados pelo álcool, eram iniciados por colegas já endurecidos que lhes proporcionavam um sentimento de pertencerem a um grupo pequeno e selecto, que eliminava as inibições morais individuais. Calejavam-se até ser profissionais, que executavam um trabalho difícil mas que alguém tinha de fazer, e separavam este trabalho do resto das suas vidas e atitudes privadas. Eram encorajados a considerar a obediência cega às ordens como o mais alto dever moral. Mesmo assim, os chefes dos SS tentaram minimizar este esforço por meio de métodos melhores e mais impessoais para matar e exterminar as vítimas, e utilizando as próprias vítimas, ou esquadrões de voluntários lituanos, letões, estónios, ucranianos ou alemães étnicos (os *Volksdeutchen*). Os voluntários eram facilmente recrutados entre os resistentes anti-soviéticos, que acreditavam, tal como todos os nacionalistas em toda a Europa, que os judeus estavam do lado dos seus inimigos, especialmente quando, como foi o caso dos judeus do Leste da Polónia e dos Estados bálticos, tinham uma cultura e uma língua diferentes e constituíam uma classe média-baixa invejada em regiões que eram desesperadamente pobres. A estas pessoas, os SS atribuíam as tarefas mais desagradáveis: na Ucrânia, os esquadrões da morte alemães deixaram-lhes a tarefa de matar a tiro mulheres e crianças, e geralmente eles faziam mais do que a sua quota parte de trabalho directo de apanhar e matar a tiro os judeus.

Nos centros de extermínio, os Alemães tinham os postos-chave: médicos qualificados dos SS escolhiam os prisioneiros que deviam ser mortos imediatamente e os que serviriam de mão-de-obra; os guardas SS carregavam-nos a todos para os seus diferentes destinos; os homens dos SS atiravam ampolas de *Zyklon* pelos telhados dos «duches» e ligavam os motores cujos gases asfixiavam as vítimas; mas os corpos eram carregados e atirados para os crematórios ou para valas comuns por esquadrões de judeus que limpavam então tudo até chegar o próximo carregamento de «peças» da humanidade. Os seis campos de extermínio, Auschwitz, Treblinka, Belzec, Sbibor, Kulmhof (Chelmno) e Lublin (Majdanek) necessitavam de pouco pessoal alemão. Auschwitz expandiu-se porque, neste caso, os SS utilizaram cada vez mais judeus e outros prisioneiros como mão-de-obra barata, por vezes como trabalhadores especializados (estes tinham as melhores hipóteses de sobrevivência), ou como objecto de experiências médicas. Os prisioneiros em bom estado físico tinham hipótese de continuar vivos: entre os 30 000 a 35 000 prisioneiros de Auschwitz que foram recrutados para trabalhar na I. G. Farben, sobreviveram cerca de 10 000. Para supervisionar os trabalhadores, os SS utilizavam outros prisioneiros que recompensavam com privilégios especiais, pequenos pagamentos e uma esperança de sobrevivência. Os prisioneiros com mais privilégios eram os não judeus alemães, os presos políticos, que eram muitas vezes comunistas, e os criminosos de delito comum. Até mesmo Auschwitz, o maior e mais complexo centro de extermínio de todos, necessitava apenas de 3500 guardas SS alemães. Ao todo, provavelmente menos de 10 000 Alemães trabalhavam directamente nas execuções em massa ou na guarda e administração destes centros de extermínio. Alguns deles eram racistas fanáticos, alguns eram psicopatas, mas a maioria obedecia a ordens e consolava-se com este trabalho desagradável por ser um trabalho seguro e confortável, em comparação com a alternativa da frente do combate. Um governo de um grande Estado, se quiser, consegue encontrar um número suficiente de pessoas dispostas a executar este tipo de serviços; a característica principal do III *Reich* não era que os Alemães fossem especialmente assassinos, mas sim que obedeciam a um governo que o era.

Mais desconcertante é o grande número e variedade de pessoas, dentro e fora da Alemanha, que contribuíram para apanhar e entregar os judeus que seriam depois exterminados, e o pequeno número de pessoas que se opôs ou tentou lutar contra este processo. Quantas pessoas terão sido conscientemente cúmplices neste extermínio dos judeus? Os instigadores ordenavam o mais estrito segredo, mas não conseguiram mantê-lo totalmente. Soldados alemães na Polónia e na Rússia assistiram a execuções em massa de judeus e falaram delas. As fábricas de genocídio estavam mais bem escondidas, mas chegavam notícias de algumas vítimas que escapavam e de alguns observadores polacos. O governo polaco em Londres conseguia informações de confiança e divulgava-as. A partir de Junho de 1942, a BBC e outras estações de rádio dos Aliados divulgaram notícias em toda a Europa e a RAF espalhava-as por meio de folhetos largados do ar. Em Dezembro de 1942, os governos inglês, americano e soviético, juntamente com os governos aliados no exílio em Londres, emitiram uma denúncia formal e precisa do mecanismo deste genocídio, prometeram apanhar e castigar os seus executantes e utilizaram todos os meios para divulgar esta declaração. Apesar de os nazis insistirem que a propaganda dos Aliados dizia mentiras e que os judeus estavam a ser postos, de facto, a trabalhar, antes de ser enviados definitivamente «para o Leste», as populações da Europa podiam ter sabido a verdade.

As provas mostram que não sabiam. Por um lado, era e é difícil acreditar que um acontecimento tão bárbaro e sem sentido pudesse ser real. Os rumores pareciam exagerados ou absurdos, as histórias das testemunhas oculares pareciam reflectir excessos isolados, talvez provocados por terroristas. O mais importante era que, para aqueles que eram apenas peças da máquina de destruição, a verdade era uma coisa inconveniente ou inaceitável. A verdade poderia obrigar ao protesto ou à resistência, com o risco de represálias duras por parte dos Alemães sobre famílias inteiras, ou pelo menos à perda do emprego e à perspectiva de um futuro cinzento: era melhor não pensar naquilo que era impensável e rejeitar a verdade como sendo uma coisa impossível, não saber demasiado nem investigar de mais. Quando Eden leu a declaração dos Aliados, na Câmara dos Comuns, e foi levantada a questão de quem era responsável, um dos deputados interrompeu para dizer o seguinte: «toda a nação alemã». Certamente que havia alguns Alemães «respeitáveis» em cargos importantes que consideravam secretamente os nazis com desdém, que não podiam deixar de saber grande parte do que estava a acontecer e que nada fizeram: homens como Weiszäcker, o secretário-geral do Ministério dos Negócios Estrangeiros, ou alguns administradores de firmas como a Krupp, a Siemens, ou a I. G. Farben, que empregavam escravos judeus. Quando não eram eles próprios anti-semitas fanáticos que aprovavam aquilo que sabiam estar a acontecer, convenciam-se de que uma resistência ou um protesto individual eram fúteis. Alguns elementos do Exército, especialmente oficiais do estado-maior em escalões na retaguarda, e unidades que lutavam contra a resistência, cooperaram em execuções em massa na Europa de Leste e de Sudeste, e tentaram convencer-se a si próprios de que matar judeus ajudava a reprimir a resistência antialemã. Mesmo assim, é provável que os Alemães, de uma maneira geral, ignorassem mais o trabalho sinistro do seu governo do que as populações dos países que oprimiam. Ouvir as emissões de rádio de Londres não era uma coisa tão comum na Alemanha como, por exemplo, nos Países Baixos, na Bélgica e em França. O cepticismo em relação aos Aliados e a fé na rectidão das autoridades alemãs falavam mais alto na Alemanha do que em qualquer outro lado.

Mesmo em países onde a população odiava os Alemães, como aliados ou como invasores (estes dois termos cada vez significavam mais a mesma coisa), a maioria das pessoas não compreendia o que estava a acontecer aos judeus da Europa. Entre as próprias vítimas, a maioria não sabia, ou recusava-se a aceitar que sabia. Em Agosto de 1942, no gueto de Varsóvia, um historiador confrontado com pormenores do processo de extermínio de Treblinka explicou de que maneira, durante períodos difíceis no passado, os medos colectivos se tinham apoderado de comunidades inteiras sem qualquer fundamento real. Em Setembro de 1943, no gueto de Lodz, Jakub Poznanski escreveu no seu diário: «As pessoas exageram como sempre. Mesmo se alguns excessos foram cometidos em algumas cidades, ainda assim isto não nos leva a pensar que os judeus estejam a ser exterminados em massa. Pelo menos, considero que isto está fora de questão». Mesmo em Março de 1944, Edith Klebinder, deportada de Lião para Auschwitz, pensava que se «tratava apenas de ir trabalhar para a Alemanha»: ela fora escolhida para ir para um campo de trabalho e sobreviveu; as crianças e pessoas de idade que viajaram com ela, foram gaseadas e cremadas à chegada.

Especialmente em Estados que mantinham um certo grau de independência, o RSHA precisava de cooperação da polícia e dos administradores locais: na Bulgária, na Roménia e em França, os Alemães tiveram dificuldades em apanhar judeus estabelecidos há bastante tempo ou assimilados porque as autoridades locais não ajudaram. Na Hungria, onde foram feitas pela última as grandes capturas de judeus, o processo de destruição atrasou-se até 1944, quando, com a aproximação do Exército Vermelho, os Alemães tomaram o controlo e obrigaram os Húngaros a aceitar cooperar com eles. Nos Países Baixos, os administradores e a polícia holandeses fizeram geralmente o que os Alemães ordenavam; na Bélgica, os funcionários recalcitrantes salvaram muitos judeus, apesar de estes serem, na sua maioria, estrangeiros e vulneráveis. Na Itália e nas zonas ocupadas pela Itália, os judeus estiveram em segurança até os Alemães tomarem o controlo e imporem um regime neofascista sob a direcção do fantoche Mussolini, com os seus próprios esquadrões da morte brutais. Terão sido estes executantes não alemães cúmplices conscientes destes assassínios? Alguns colaboradores a alto nível, fanáticos e pró-nazis, como Darnand, dirigente da milícia de Vichy, que ajudou os Alemães quando a polícia francesa se recusou a fazê-lo, tinham sido provavelmente informados pelos seus amigos alemães; outros não alemães, sobretudo pessoas com grande autoridade, não tentavam informar-se e, entre os seus subordinados que efectuavam as deportações, poucos acreditavam estar a enviar os judeus para a morte. As polícias locais eram muitas vezes brutais; parte da polícia francesa, grande parte da polícia húngara, por exemplo. Alguns eram naturalmente brutais, outros reagiam ferozmente à relutância ou aos protestos dos judeus, porque isso lançava a dúvida sobre a sua autojustificação segundo a qual ninguém tencionava fazer mal àqueles que expulsavam das suas residências ou que carregavam para os vagões de comboios.

Poucos se apercebiam do completo horror da «solução final», mas aquilo que *estava* à vista era aterrador: acções rápidas e brutais, comboios de mercadorias carregados com as vítimas, que viajavam de forma agonizante para um futuro desconhecido, à mercê de opressores histéricos. Houve muitos cúmplices totalmente conscientes deste mal mas, mesmo em 1943 e 1944, as pessoas ainda se convenciam de que os Alemães queriam realmente os judeus para mão-de-obra e não para os matar, porque, nessa altura, os Alemães procuravam trabalhadores em toda a Europa para os deportar para a Alemanha. O almirante Horthy, o regente húngaro, garantiu a um bispo húngaro preocupado com o que se estava passar, em Abril de 1944, que:

um grande número de trabalhadores forçados estava a ser pedido à Hungria... Algumas centenas de milhares de judeus partirão desta forma mas ninguém tocará num único cabelo seu, tal como aconteceu com as muitas centenas de milhares de trabalhadores húngaros que foram trabalhar para a Alemanha.

Nos três meses seguintes, os Alemães mataram nas câmaras de gás 400 000 judeus húngaros. Se os polícias se interrogavam por que razão bebés e mulheres idosas eram deportados «para trabalhar», tranquilizavam-nos dizendo-lhes que a «experiência» mostrara que a vontade de trabalhar «dos judeus diminuía quando estavam separados das suas famílias».

Os mais controversos de todos são os cúmplices judeus da solução final. O talento dos nazis para a corrupção conseguiu que judeus espiassem outros judeus, que denunciassem judeus que estavam escondidos, que procurassem judeus, através de promessas, que nunca eram de confiança, de não serem deportados. De uma forma crucial para o funcionamento perfeito da solução final, os nazis utilizaram os judeus como dirigentes, e para todo o lado onde foram criaram «conselhos» de judeus para fazer listas, juntar e organizar e tranquilizar os outros judeus. Os Alemães adiaram a deportação destes funcionários judeus, permitiram-lhes escolher judeus que também não seriam imediatamente deportados, e encorajavam-nos a ter esperança de ficar completamente livres da deportação. Os «conselheiros» ou «anciãos» judeus também cooperavam por razões não egoístas. Pensavam que a obediência disciplinada aos desejos dos Alemães era a única esperança de sobrevivência para a sua comunidade. Apesar de estes judeus proeminentes serem os mais bem informados quanto às realidade da «solução final», não viam qualquer esperança na resistência ou na fuga, apenas sofrimento certo e imediato em vez do adiamento de um destino que talvez nunca se cumprisse. Os Alemães encorajavam estas ideias, que eram convenientes para os seus planos, por vezes com palavras enganosas. No dia 31 de Março de 1944, Eichmann informou o conselho central de judeus húngaros, que ele próprio criara como subproduto da ocupação militar alemã na Hungria, alguns dias antes, que «se os judeus tivessem a atitude correcta, nada de mal lhes aconteceria... Depois da guerra, teriam liberdade para fazer o que desejassem». Os conselheiros judeus enviaram esta mensagem para as comunidades locais que, por conseguinte, não acreditaram nos avisos de um pequeno número de judeus resistentes de outras regiões. Os membros dos conselhos de judeus pensavam que estavam a fazer o melhor possível; na prática, estavam a ajudar os Alemães. Adam Czerniakow, o dirigente do conselho dos judeus no gueto de Varsóvia, suicidou-se quando tomou consciência da verdade. Na Bélgica, a resistência antialemã atacou o conselho dos judeus, deitando fogo aos registos de judeus, e matou o funcionário judeu encarregado de escolher os que deveriam ser recrutados para «trabalhar». Ambos os homens foram vítimas das técnicas de corrupção e mentira dos nazis.

A maioria dos que estiveram envolvidos no extermínio dos judeus não foram cúmplices conscientes mas participaram conscientemente ou aceitaram tomar parte no desenraizamento brutal e sempre implacável de comunidades e famílias judias em toda a Europa. Quantos daqueles que não estavam envolvidos tentaram ajudar as vítimas? Esta questão levanta grande controvérsia sobre o destino da maior comunidade judia de todas, a da Polónia anterior à guerra. Alguns autores insistem que os Polacos não judeus eram geralmente anti-semitas e estavam pouco dispostos a ajudar os judeus; que, na realidade, os Polacos ajudaram os Alemães a apanhar os judeus que fugiam ou que estavam escondidos. Outros apontam para os perigos extraordinários em que incorreriam os Polacos se ajudassem os judeus, porque os Alemães não hesitariam em executar famílias inteiras ou até em destruir aldeias inteiras que lhes dessem abrigo; para a ajuda do Exército Nacional e da *Zegota*, a organização de ajuda aos judeus, que era financiada e patrocinada pela *Delegatura*, a organização na Polónia do governo polaco de Londres, e para o trabalho da *Delegatura* na distribuição de ajuda financeira dos fundos judeus no estrangeiro. Provavelmente, mais ou menos 12 000 judeus receberam ajuda. A maior parte dos judeus polacos falava *Yiddish* como primeira língua e, consequentemente, os seus perseguidores podiam distingui-los facilmente dos não judeus; a fuga oferecia uma esperança maior para os judeus polonizados da classe média. No campo, muitos camponeses tinham inveja e eram hostis aos pequenos comerciantes e artesãos judeus, não obstante quão pobres estes pudessem ser. Entre os nacionalistas polacos radicais de direita, o anti-semitismo, reforçado pela crença de que os judeus apoiavam a Rússia comunista, tomava formas extremas. O Exército Nacional polaco tentou guardar o seu potencial militar para o momento politicamente decisivo da retirada dos Alemães e, assim, mostrou relutância em iniciar prematuramente uma resistência armada do tipo da que ajudava os judeus a fugir na Sérvia e na Croácia e na parte ocidental da União Soviética.

Existe menos controvérsia relativamente a outros países no que diz respeito aos factos. Em alguns países, os governos e as populações preocupavam-se em proteger os judeus estabelecidos há muito tempo, que falavam a sua língua e tinham a mesma cultura, mas mostraram-se menos dispostos a opor-se aos desejos dos Alemães relativamente aos judeus recém-chegados ou que viviam em zonas recentemente ocupadas ou de fronteira. Assim, os governos romeno e búlgaro deportaram os judeus de territórios recentemente ocupados ou reocupados, mas recusaram-se a entregar os judeus residentes nos seus territórios mais antigos, enquanto que o governo francês de Vichy ajudou os Alemães a deportar judeus apátridas ou estrangeiros, mas opôs-se à deportação de judeus franceses. Na própria Alemanha, os «judeus privilegiados» (os que eram casados com Alemães não judeus) estavam mais seguros em zonas onde os SS eram menos subtis, e os amigos não judeus ajudavam por vezes os judeus perseguidos, que frequentemente não se distinguiam dos outros alemães. Os movimentos de resistência activos ajudaram os judeus a sobreviver. A Resistência belga foi mais eficaz durante os anos decisivos do que a Resistência holandesa (nos Países Baixos, os serviços secretos alemães conseguiram enfraquecer a Resistência) e organizou abrigos para os judeus. Consequentemente, nos Países Baixos, apesar de a população ser normalmente simpatizante e dar abrigo a mais de 40 000 judeus, apenas cerca de metade deles sobreviveu até à libertação. Aí, também a administração local estava eficazmente controlada pelos dirigentes nazis, em comparação com a Bélgica, onde o Exército alemão detinha o controlo. A Resistência belga ajudou judeus a formarem a sua própria resistência contra as políticas de colaboração do conselho dos judeus, apoiado pelos Alemães. Em França, também, os movimentos de resistência activa ajudaram os judeus a fugirem dos SS ou da milícia de Vichy, em 1943 e 1944. Nos Países Baixos, na Bélgica, em França e na Itália, os padres, católicos e protestantes, ajudaram muitas vezes escondendo judeus e usando a sua influência junto dos governos. A denúncia no púlpito da brutalidade anti-semita ajuda a explicar por que razão o governo de Vichy deixou de colaborar totalmente com os Alemães, em Setembro de 1942. Na Eslováquia e na Hungria a intervenção dos representantes do Vaticano fez com que os chefes dos governos, já muito tardiamente em ambos os casos, acabassem com as deportações. De uma maneira geral, os Italianos e os Dinamarqueses portaram-se melhor. A resistência dinamarquesa, com a conivência da polícia, salvou quase todos os judeus enviando-os de barco para a Suécia. O governo italiano utilizou os seus privilégios, como aliado principal da Alemanha na Europa, para limitar a perseguição dos judeus à sua expulsão de posições no governo e outros cargos importantes, e recusou-se a entregar aos Alemães os judeus italianos ou das suas zonas de ocupação militar, e o Exército italiano utilizava por vezes a força para impedir que os SS tivessem acesso às suas presas. Depois de a Itália ter saído da guerra e os Alemães terem efectuado uma ocupação militar draconiana, os SS e os seus colaboradores entre os fascistas italianos, que apoiavam o novo governo fantoche de Mussolini apoiado pelos Alemães, descobriram que não podiam confiar na obediência da polícia italiana às suas instruções antijudaicas. A maioria dos Italianos, se tivesse tido a possibilidade de escolher, teria ajudado os judeus e não os seus perseguidores.

Na Europa em geral apenas uma minoria, por vezes uma pequena minoria, ajudou os judeus, mas até na Áustria e na Alemanha a indiferença quanto ao seu destino não era total. Neste desastre, poucos foram os heróis e poucos foram completamente cobardes: a maioria dos homens e das mulheres, entre os traumas da guerra, cuidava de si e das pessoas chegadas. Infelizmente, os Alemães tinham dado poder a homens perversos, assim como o controlo das forças armadas mais eficientes até então conhecidas, demonstrando o mal que um governo imoral pode fazer mesmo em sociedades supostamente esclarecidas.

Os historiadores levaram ainda mais longe este debate sobre as responsabilidades. Dois investigadores (B. Wasserstein e D. S. Wyman) publicaram críticas bem documentadas e bem argumentadas sobre o comportamento do governo e do povo britânico em relação à destruição dos judeus da Europa, a forma como «passaram, assistindo, do outro lado da rua», e sobre o «abandono dos judeus» pelos Estados Unidos. Que sabiam realmente os Ingleses e os Americanos? Em que medida partilham eles das responsabilidades nas culpas? A partir do Verão de 1942, existiam informações e, em Dezembro de 1942, elas foram formalmente divulgadas. A partir do Verão de 1944, toda a gente podia tomar conhecimento de todos os pormenores sobre o centro de extermínio de Auschwitz. No entanto, tal como na Europa ocupada pelos Alemães, «o conhecimento» é uma ideia fugidia. Muitas pessoas observavam estas atrocidades dos Alemães e esqueciam-se delas rapidamente, porque a sua improbabilidade causava uma incredulidade renovada e porque a guerra continuava, com notícias infindáveis de morte e de sofrimento, fazendo com que a brutalidade se transformasse numa necessidade para aguentar mentalmente os acontecimentos. As emoções concentravam-se nos amigos e familiares e, para os Ingleses e Americanos, os banhos de sangue do Leste da Europa eram horrores longínquos, que facilmente se punham de lado. Não foi uma questão de indiferença anti-semita mas sim de concentração da atenção sobre os perigos e as mortes que tinham mais relevância a nível pessoal. O massacre de oficiais polacos em Katyn, muito divulgado, que foi objecto de polémicas sensacionais entre os Aliados, não encontrou nem mais nem menos «indiferença» no Ocidente em relação às vítimas do que as notícias da descoberta de valas inteiras de judeus massacrados na Rússia e na Polónia. As autoridades inglesas e americanas minimizaram, além disso, a percepção do problema por parte opinião pública, recusando-se a seguir a prática nazi que consistia em distinguir os judeus como racialmente diferentes das sociedades em que viviam, e, assim, obscureceram as características únicas do destino dos judeus na Europa ocupada pelos Alemães. A declaração conjunta dos Aliados, em Moscovo, em 1943, ameaçava os criminosos de guerra com julgamentos «pelas populações que foram ultrajadas», e não mencionava os judeus na lista dessas populações. Os governos dos Aliados davam, assim, a impressão aos seus povos de que os Alemães matavam indiscriminadamente. A ênfase neste ponto eclipsou a determinação dos Alemães no massacre dos judeus, que, exceptuando os ciganos, não tinha paralelo sequer com o tratamento dos Polacos e dos Russos não judeus pelos Alemães.

    Os povos inglês e americano supunham que eles próprios e os seus governos estavam a fazer o seu melhor para impedir que os Alemães continuassem estes massacres. Estas pessoas não se sentiam, conscientemente, responsáveis pelo destino dos judeus europeus. A observação das actividades dos Alemães pôs fora de moda o anti-semitismo dos Ingleses e dos Americanos anterior à guerra, e os poucos vestígios da sua sobrevivência não levaram à indiferença em relação ao extermínio em massa dos judeus. Talvez, porém, os governos inglês e americano não tenham feito tudo o que era possível. Os dois governos pensavam que era necessário destruir o regime nazi o mais depressa possível e achavam que era óbvio que esta seria a melhor forma de acabar com os assassínios efectuados pelos Alemães e pelos seus ajudantes. Poderiam eles ter diminuído o número das vítimas dos nazis sem prolongar a guerra? Havia maneiras de talvez conseguir isto. É pouco provável que tivessem conseguido salvar muitos dos judeus assassinados, mas talvez tivessem salvo alguns deles. Os Alemães puseram em prática a sua «solução final» algures durante a segunda metade de 1941. É evidente que a relutância dos governos e dos povos dos Estados Unidos e do Império Britânico em aceitar refugiados da Alemanha, da Polónia, da Áustria e da Checoslováquia, nos anos 30 e nos primeiros anos da guerra, veio a causar a morte de dezenas de milhares de judeus; mas, nessa altura, os Ingleses e os Americanos achavam que os estavam a condenar, na pior das hipóteses, a uma perseguição sistemática, mas não à morte. Os Americanos e os Ingleses só se tornaram possíveis cúmplices de assassínio em 1941. A partir de então, os planos de salvamento mais dramáticos foram apenas ilusórios.

No final de 1942, o marechal Antonescu, o primeiro-ministro romeno, propôs-se autorizar a emigração de 80 000 judeus para a Palestina, através do pagamento individual de uma quantia substancial. Este plano ajudou a provocar um novo episódio nas discussões entre as duas potências sobre o facto de a outra aceitar mais ou menos refugiados. Os Ingleses insistiam que o Reino Unido tinha falta de alimentos e de alojamento e, muito mais improvável, que o Império já tinha gente a mais, mas o pior receio dos funcionários ingleses do Ministério dos Negócios Estrangeiros e do Ministério das Colónias era que os Americanos insistissem que os judeus fossem para a Palestina, controlada pelos Ingleses. A maioria dos soldados e administradores ingleses receava que isto provocasse, de novo, uma revolta dos árabes contra a imigração dos judeus e estavam preocupados com a influência britânica no Médio Oriente árabe. Por sua vez, os funcionários americanos temiam uma reacção hostil no Congresso relativamente a uma qualquer ameaça às leis sobre a imigração. Os funcionários americanos e, com mais ênfase, os funcionários ingleses, afirmavam o seu receio de que Hitler e as potências do Eixo estivessem de facto a dizer, «levem estas pessoas ou nós matamo--las», e que essa ameaça se estenderia a milhões de civis, judeus e não judeus. Nem os Ingleses nem os Americanos deram uma resposta a esta questão. Na Conferência das Bermudas, na Primavera de 1943, compreenderam as dificuldades de cada um e concordaram, com razão, que havia falta de barcos. Felizmente, o governo romeno decidira, em qualquer dos casos, rejeitar os pedidos dos Alemães e parar com as deportações de judeus, pelo que a hesitação dos Aliados não causou mais vítimas. Em 1944, a «oferta» do almirante Horthy que autorizava a emigração de 7800 judeus, oferta essa que foi feita ao mesmo tempo que ordenava a Eichmann que acabasse com as deportações de judeus da Hungria, fez com que funcionários governamentais em Londres começassem a pensar onde iriam pôr os judeus libertos. Estes atrasos não causaram danos a ninguém, já que Hitler tolerou esta oferta na condição de Horthy concordar em aplicar a solução final ao resto dos judeus da Hungria. A proposta mais sensacional aos aliados ocidentais, que foi feita por Joel Brand, um judeu húngaro utilizado pelos SS como seu emissário, era uma falsa proposta. Consistia na «oferta» de Eichmann de libertar um milhão de judeus. Inicialmente, deve ter sido destinada a tranquilizar os judeus húngaros cuja deportação Eichmann estava a preparar, mas transformou-se numa tentativa grosseira para destruir a aliança antialemã, pedindo aos Ingleses e Americanos que fornecessem metais em falta e 10 000 camiões que seriam utilizados apenas contra o Exército Vermelho. Os Ingleses reprimiram esta tentativa dos Alemães para conseguir quebrar a aliança e assim obter a vitória, informando rapidamente a União Soviética de forma a impedir que os Russos suspeitassem de alguma coisa, caso tivessem descoberto sozinhos o que se passava.

Com uma excepção, esforços maiores dos Ingleses e dos Americanos (não podendo haver uma invasão vitoriosa da França em 1943) só poderiam ter tido resultados marginais, apesar de o salvamento marginal de vidas poder certamente ter valido a pena. A Inglaterra e os Estados Unidos poderiam ter encorajado mais os países neutros, a Espanha, a Suíça e a Turquia, a aceitarem os judeus em fuga, especialmente garantindo-lhes que não ficariam responsáveis pela acomodação permanente dos refugiados. Em primeiro lugar, evidentemente, estes países tinham de se sentir seguros contra uma invasão da Alemanha. Quando se tornou evidente que os Aliados ganhariam a guerra, no final de 1943, a maioria das vítimas já tinha morrido. Um pacto dos Aliados segundo o qual ajudariam os refugiados judeus a regressar aos seus países de origem foi impedido devido à incapacidade da União Soviética em concordar com o governo polaco sobre onde acabava a Polónia e onde começava a União Soviética mas, nos últimos anos da guerra, os Ingleses e os Americanos conseguiram persuadir os países neutros a afrouxarem os seus controlos de fronteira, permitindo que alguns judeus sobrevivessem.

A oportunidade perdida que, provavelmente, teria salvo um maior número de judeus parece, segundo provas actuais, ter sido o bombardeamento de Auschwitz; não através de ataques às linhas férreas que levavam a esse centro de extermínio, o que teria sido fútil, mas um ataque às instalações de extermínio propriamente ditas. No Verão de 1944, a 15.ª Esquadrilha da Força Aérea Americana, estacionada em Itália, poderia ter alcançado este alvo. Não é certo que pudesse ter destruído os centros de extermínio e, nesse caso, os Alemães não teriam substituído este local por outro com outros métodos, mas teria valido a pena tentar. A rejeição pelo Departamento de Guerra americano mostrou de que maneira, numa guerra de combates tão duros, uma mudança deste tipo nas políticas estratégicas existentes só poderia ser levada a cabo através da intervenção directa das mais altas autoridades militares, do Presidente e da Junta de Chefes de Estado-Maior. Churchill, que podia ter-lhes apresentado pessoalmente esta questão, em vez disso entregou-a aos seus subordinados que, de Eden para baixo, a encaixaram nas suas respectivas políticas de departamento já estabelecidas e não aceitaram efectivamente esta sugestão. Nos Estados Unidos, Roosevelt constituíra aquilo que tencionava que fosse uma poderosa «Comissão dos Refugiados de Guerra», e, preocupado em organizar operações decisivas em dois hemisférios e em organizar o futuro do mundo, deixou ao seu cargo o salvamento dos judeus. Na prática, esta Comissão, sem uma intervenção directa do Presidente, apenas conseguiu obter respostas diminutas e desinteressadas por parte dos que planeavam as operações militares. É errado atribuir a inacção dos Aliados à indiferença: os homens no topo transformaram necessariamente a vitória na guerra e a organização da paz na sua principal preocupação, e os seus subordinados não tinham apoio e, consequentemente, limitavam-se a defender as suas preocupações departamentais. Ao fazê-lo, é verdade, fizeram pedidos relativos às suas preocupações individuais, que nos parecem agora odiosos e por vezes anti-semitas: a sua imaginação estava restringida pelas limitações colocadas por aqueles com uma visão mais alargada do desenrolar dos acontecimentos.

O destino dos judeus europeus afectou irrevogavelmente a dignidade e autoconfiança humanas. Os assassinos nazis, através do terror, da fraude, da corrupção ou do apelo ao anti-semitismo, conseguiram obter a cooperação ou a conivência de grandes sectores das sociedades europeias, em que poucos se apercebiam da verdadeira selvajaria das acções dos nazis, mas em que toda a gente sabia que a deportação significava, na melhor das hipóteses, vidas destruídas e famílias divididas e, na pior das hipóteses, a escravidão e a morte rápida. Os nazis mostraram o que eram a falta de honestidade, a cobardia e o egoísmo. Muitos Alemães continuam a ter um sentimento de culpa porque foi a sua sociedade que deu o poder aos nazis. Outros europeus ocidentais, incluindo os Ingleses, sabem que a sua relativa liberdade em relação à culpa assenta num acidente histórico, e não numa superioridade moral. Uma pequena minoria de indivíduos comportou-se com heroísmo; poucas nações podem confiar no valor moral dos seus membros individuais.

XVIII

O IMPACTO DA GUERRA: BAIXAS, CRISE E MUDANÇA

As consequências da guerra foram muito além dos campos de batalha. As máquinas militares das grandes potências arrancaram homens e mulheres para longe das suas famílias, em alguns casos definitivamente. À medida que os Estados organizavam o equipamento e os homens para a guerra, infligiam dificuldades e morte, ou atribuíam recompensas e oportunidades. Os preconceitos raciais, aplicados pela polícia armada e feroz, desfaziam ou destruíam comunidades inteiras. Não só a violência física mas também as necessidades económicas mudavam as relações entre as nações, as sociedades e os indivíduos. A guerra trouxe a ruína de muita gente e, para muitos, a emancipação e a esperança. Para alguns, a guerra proporcionou a profunda satisfação pelos empreendimentos feitos em conjunto, para outros a solidão do medo e o egotismo do desgosto. Nenhuns outros anos transformaram tão drasticamente as expectativas de milhões de homens e de mulheres.

A luta pela Europa de Leste é responsável pela maioria dos mortos de guerra. As fontes soviéticas fornecem um número de 20 milhões de cidadãos da União Soviética mortos durante a guerra: oito a nove milhões de homens pertencentes às forças armadas (incluindo dois milhões de prisioneiros que morreram nas mãos dos Alemães) e o resto civis. Quando a morte prematura causada pela fome e pelo frio entre os deportados da Alemanha enviados para Leste para a União Soviética, ou desalojados por acção militar ou punitiva, é levada em conta, este número pode muito bem estar abaixo do número real de perdas da guerra. O recenseamento soviético de 1959 mostrou um défice de aproximadamente 50 milhões relativamente à população prevista, em circunstâncias estáveis, em relação aos números de 1939. O total, porém, inclui os nascimentos que não tiveram lugar devido às separações e à morte dos homens que estavam no campo de batalha: entre os homens com idade entre os 20 e os 24 anos em 1943, sobreviveram à guerra apenas seis homens para cada dez mulheres. As mortes de militares foram quase exclusivamente de homens; as mortes de civis, apesar de incluírem muitas mulheres e crianças, foram preponderantemente de pessoas do sexo masculino. Nos campos de trabalho soviéticos continuava a existir uma elevada percentagem de mortes, e os trabalhadores forçados nos campos de trabalho alemães não tinham um destino melhor. Houve grandes batalhas e os lares foram deliberadamente destruídos: na área ocupada pelos Alemães, mais de metade de todas as residências foram danificadas ou destruídas. As autoridades soviéticas instigavam a guerra de guerrilha contra as linhas de abastecimento dos Alemães e estes exerceram represálias por meio de uma repressão selvagem. As aldeias que supostamente abrigavam elementos hostis eram sistematicamente devastadas pelos Alemães, que depois abatiam a tiro toda a população masculina. Muitos civis tornaram-se «ajudantes voluntários» dos Alemães, muitas vezes acabando por fazer parte dos *Osttruppen*, soldados em uniforme alemão, usadas como tropas estáticas contra os invasores no Ocidente.

A polícia alemã e as tropas de ocupação tentaram manter a ordem na Polónia e na Jugoslávia recorrendo indiscriminadamente aos assassínios intimidatórios e à morte lenta por meio do excesso de trabalho, à fome, dentro e fora dos campos de trabalho organizados. As baixas na Polónia são impossíveis de enumerar com precisão: as fronteiras do pós-guerra eram radicalmente diferentes das anteriores à guerra e os Polacos foram maciçamente deportados, tanto pelas autoridades alemãs como pelas autoridades soviéticas. O número oficial polaco é um pouco superior a seis milhões entre os cidadãos da Polónia anterior à guerra, incluindo cerca de três milhões de judeus. As baixas militares no campo de batalha foram de aproximadamente 150 000 pessoas. Quanto ao resto, muitos tinham sido enviados para Leste, para a Rússia, ou para Oeste, para a Alemanha, deportados para o Governo Geral e tratados como escravos, ou então morreram de fome ou foram executados, um destino que era comum entre intelectuais, padres e dirigentes das classes média e alta, tanto às mãos do regime soviético, como inimigos de classe, como às dos Alemães, como adversários da raça dominante. Acções de resistência, como foi o caso da revolta de Varsóvia, ou bombas contra Russos e Alemães, causaram a morte de centenas de milhares de pessoas, enquanto a fome provocou doenças crónicas e fez aumentar a mortalidade em todos os grupos etários. A Polónia foi disputada por duas vezes, quando os Alemães foram para Leste e quando os Russos os fizeram recuar para ocidente. A ocupação alemã, extremamente dura, e que trouxe a fome, o trabalho escravo, e os assassínios, brutalidades que eram justificadas pela doutrina segundo a qual os Polacos não tinham direito à vida a não ser em proveito dos Alemães, durou mais tempo do que em qualquer outro país. De 1939 a 1941, os dirigentes soviéticos deportaram e mataram pessoas na sua metade da Polónia de forma a destruir o espírito de independência dos Polacos, e voltaram em 1944 para acabar o trabalho que tinham começado. Até estes seis milhões de mortos poderão ser um número demasiado exagerado, apesar de os autores russos incluírem muitas destas mortes no número de cidadãos soviéticos que morreram entre os vinte milhões de mortos da União Soviética.

Os números de mortos de guerra alemães variam entre os quatro milhões, que incluem 500 000 civis e 125 000 judeus, e sete milhões, incluindo 3 200 000 civis mortos durante a guerra. Para os Alemães que pertencem ao território delimitado pelas fronteiras de 1937, o número mais pequeno parece ser o mais correcto, apesar de subestimar o número de mortos entre os Alemães que fugiram ou foram obrigados a partir das áreas conquistadas pela Polónia em 1945, que haviam sido alemãs antes da guerra. As baixas entre os *Volksdeutchen*, e as pessoas de língua e cultura alemãs fora das fronteiras da Alemanha em 1937, não podem ser correctamente determinadas: alguns números do pós-guerra na Alemanha parecem fazer aumentar estas baixas, talvez para realçar o verdadeiro sofrimento de muitos Alemães do Leste da Europa, especialmente os que viviam do lado polaco e checoslovaco da fronteira em 1937, já que as políticas de deportação inauguradas pelos nazis se viraram contra os seus supostos beneficiários. Muitos deles, que se tinham inscrito por prudência nas listas dos *Volksdeutschen* sob a ocupação alemã, arrancaram esta etiqueta com a máxima rapidez quando os Alemães se retiraram e não devem ser contados como fazendo parte das baixas.

Na Grécia e na Jugoslávia, os movimentos de resistência atacaram os ocupantes alemães, que aplicavam as suas habituais medidas repressivas, com uma tarifa básica para as acções de represália de 50 locais executados por cada alemão morto pelos «terroristas» ou «bandidos». Em certas áreas, os movimentos de resistência lutavam uns contra os outros ou, no caso da Jugoslávia, lutavam contra os apoiantes fascistas do regime croata apoiado pelas potências do Eixo, os Ustashi. Na Jugoslávia, o número total de mortos devido à guerra é provavelmente de cerca de 1 500 000 de pessoas, na sua maioria civis. Na Grécia, foram mortos 20 000 soldados e cerca de 80 000 civis, para além de 60 000 judeus, e a fome causou aproximadamente mais 140 000 mortos. A alteração de fronteiras torna falível o número de mortos na Hungria, na Roménia e na Checoslováquia; além das vítimas judias, estes países perderam aproximadamente entre duas e três centenas de milhares de pessoas cada, com uma percentagem elevada de civis na Checoslováquia e na Hungria. A Bulgária, em comparação, escapou airosamente com cerca de 10 000 soldados mortos e um número muito pequeno de civis não judeus mortos. A Noruega e a Dinamarca, ambas livres da hostilidade racial nazi, sofreram poucas perdas: a Noruega cerca de 10 000, a Dinamarca menos ainda. As baixas finlandesas, durante as guerras com a União Soviética, foram quase totalmente militares, aproximadamente 80 000 homens.

No Ocidente, os ocupantes alemães comportaram-se correctamente, comparativamente ao Leste da Europa, e causaram menos morte e destruição do que no seu «espaço vital» no Leste. A França ocupada e derrotada, porém, perdeu mais vidas do que a Inglaterra vitoriosa: morreram poucos combatentes franceses (cerca de 250 000) mas morreram muitos mais civis, entre 300 000 a 400 000, mortos durante os bombardeamentos, vítimas das represálias dos nazis ou das deportações para campos de concentração ou de trabalhos forçados na Alemanha. A Bélgica sofreu um pouco mais de 10 000 baixas militares e cerca de 50 000 mortos entre a população civil.

Nos Países Baixos, a máquina administrativa holandesa continuou a funcionar durante toda a guerra e dispõe dos números correctos que ilustram efectivamente os perigos da guerra e da ocupação alemã. As baixas militares, nos combates contra os Japoneses bem como contra os Alemães, foram de 7900 mas além disso foram mortas 3700 pessoas que lutavam *do lado* dos Alemães, a sua maioria em unidades de combate das *Waffen SS*, para as quais os Alemães recrutavam muita gente e com especial entusiasmo entre as pessoas de origem «ariana», que encorajavam a juntar-se-lhes para defender a «nova Europa» dos bolcheviques. Entre os civis holandeses, mais de 5000 morreram em trabalhos forçados na Alemanha, alguns durante os bombardeamentos aéreos, outros de doença e de más condições de trabalho: mais de 300 000 holandeses do sexo masculino trabalhavam na Alemanha no fim da guerra e entre estes apenas um pequeno número partiu voluntariamente. Nos últimos meses de guerra, grupos apanhavam homens em rusgas de rua e de casas particulares, e punham-nos a trabalhar reparando linhas férreas que tivessem sido danificadas pelos bombardeamentos cada vez mais numerosos dos Aliados. Quase 3000 holandeses homens e algumas mulheres foram executados pelos Alemães, normalmente a tiro, em acções de represálias: quando o chefe da polícia alemã foi ferido pelos homens da Resistência, em Abril de 1945, mais de 250 reféns holandeses foram executados. Cerca de 20 000 civis morreram em consequência das operações militares. No momento das operações com forças aerotransportadas contra Nijmegenn e Arnhem, os Aliados pediram aos trabalhadores dos caminhos-de-ferro que fizessem greve, e estes paralisaram a maior parte do sistema ferroviário holandês durante o resto da guerra. Infelizmente, esta greve causou mais danos às populações da parte ocidental dos Países Baixos do que aos militares alemães, que davam prioridade ao seu próprio tráfego. O mau tempo e a falta de gasolina, juntamente com as consequências da greve, impediram que os fornecimentos de alimentos dos produtores do Noroeste chegassem às cidades da Holanda. Na Holanda, as rações atingiram o nível mínimo de 500 calorias diárias e, apesar da assistência da Cruz Vermelha suíça e sueca, os idosos e os pobres sofreram gravemente: estima-se que mais de 16 000 pessoas morreram em consequências disso. Aos Holandeses mortos deveríamos acrescentar cerca de 100 000 judeus assassinados, para obtermos um total de 150 000 civis mortos durante a ocupação alemã. É instrutivo, para nos darmos conta da natureza mortífera da ocupação alemã, comparar isto com a perda de vidas num país com uma população equivalente, a Austrália, que tendo participado na guerra desde o começo e enviado tropas que tiveram um papel importante na guerra na Europa contra a Itália e a Alemanha, assim como contra o Japão, perdeu um total de cerca de 19 000 homens, metade na Europa, metade no Oriente. Tal como a França, a Itália foi objecto de lutas intensas e aí também os civis se dividiram em pró e antialemães, tendo lutado ferozmente uns contra os outros. As baixas italianas foram de aproximadamente 400 000 pessoas, metade civis e metade militares.

Na guerra do Extremo Oriente a estimativa das baixas chinesas é demasiado incerta para que seja possível dar uma sugestão do número aproximado. Os Japoneses, entre 1941 e 1945, perderam, no Exército e na Marinha, 1 740 000 homens, dos quais apenas aproximadamente um terço morreu em combate, a maioria de fome e doença, e além disso os Japoneses afirmam que dos cerca de 1 300 000 civis e soldados que se renderam aos Russos em Agosto de 1945, cerca de 300 000 nunca regressaram. As mortes de civis nas ilhas japonesas foram de aproximadamente 300 000. A Inglaterra perdeu 260 000 soldados e 90 000 civis (dois terços deste número nos bombardeamentos); os Estados Unidos cerca de 300 000 soldados e 5000 civis. No Império Britânico, o Canadá perdeu 35 000 homens, a Austrália, 19 000, a Nova Zelândia, 11 000, a África do Sul, 8000, as colónias inglesas, 20 000 e a Índia 32 000 soldados, além de milhões de pessoas mortas de fome, em 1943, devido à transferência da navegação dos cargueiros para compensar a escassez dos Aliados noutros lugares.

As populações regressaram rapidamente as seus números normais. Os horrores da guerra, com as separações e a instabilidade, trouxeram uma apetência para a vida doméstica, para o casamento e para a paternidade. Em França, a taxa de natalidade, que baixara depois de 1930, começou de novo a subir, já em 1942, e de 14,5 por mil alcançou em 1946 e 1947 um pico de mais de 21 por mil. Em Inglaterra, a taxa de natalidade alcançou 20,5 em 1947, mais 50 por cento do que em 1941, o número que nunca mais foi atingido desde então. As gerações que teriam de aguentar as dificuldades da guerra casaram-se em grande número quando a guerra começou: a separação durante os tempos de guerra adiou a correspondente subida da taxa de natalidade. Especialmente na Rússia e na Alemanha, a falta de homens, assim como a falta de alimentos, atrasou o *boom* da natalidade no pós-guerra. Na Alemanha, a taxa de natalidade alcançou um pico, em 1939, de 20,4, nível que não voltou a ser atingido, apesar de uma pequena subida a seguir à guerra atingir os 16,8 em 1949. A seguir à guerra, das pessoas entre os 20 e os 40 anos de idade na Alemanha, sobreviveram apenas seis homens para cada dez mulheres. Em 1946, a taxa de natalidade na União Soviética era de 23,8 o que, apesar de ser um número elevado do ponto de vista dos números no Ocidente, estava drasticamente abaixo dos 36,5 em 1939.

Uma consequência benéfica da guerra ajudou a população a regressar ao seu normal e a diminuir a taxa de mortalidades especialmente entre os jovens: a descoberta da penicilina e dos seus derivados e a sua produção em grande escala. No dia 25 de Maio de 1940, em Oxford, Howard Florey e um seu assistente injectaram oito ratos com estreptococos virulentos; quatro ratos foram tratados com penicilina, que fora isolada pela equipa liderada por Florey. Na manhã seguinte, os quatro ratos que não tinham sido tratados estavam mortos, enquanto apenas um dos outros quatro não apresentava sinais de doença. A produção das quantidades necessárias para tratar os pacientes humanos adiou a sua utilização até ao final de Fevereiro de 1941, quando foi aplicada pela primeira vez a um polícia de Oxford, que morreu apenas porque a quantidade disponível de penicilina acabou antes de ter recuperado completamente.

Em Julho, Florey viajou de avião para os Estados Unidos para tentar convencer a indústria farmacêutica americana a utilizar os seus grandes recursos para produzir a penicilina. Conseguiu o apoio da Comissão para a Investigação Médica do Departamento de Investigação e Desenvolvimento Científicos. O chefe desta instituição, Vannevar Bush, que posteriormente se tomou famoso em razão da sua ligação com o projecto para a bomba atómica, conseguiu o patrocínio financeiro do governo americano. Mais ou menos nessa altura, Fleming, que foi o primeiro a tomar consciência das possibilidades da penicilina, em 1929, mas não conseguiu desenvolvê-las, conseguiu apoio do Ministério dos Fornecimentos britânico. Em 1943, foram publicadas descrições do tratamento pela penicilina de 187 casos em Inglaterra e, em Agosto, de 500 casos nos Estados Unidos da América. Estes incluíam 129 casos de gonorreia, todos eles curados rapidamente. O entusiasmo das autoridades militares inglesas e americanas não tinha limites: ali estava um tratamento para as feridas sépticas e uma cura imediata para a maioria das doenças venéreas, que tinham infectado um número preocupante de militares ingleses e um número ainda mais elevado de militares americanos, que tinham salários altos e deficientes condições de higiene na Europa e no Norte de África (as tropas alemãs, com mais disciplina e que dispunham de bordéis organizados e supervisionados, tinham uma vantagem significativa). Na Primavera de 1944, a penicilina começou a estar disponível nos hospitais civis e, em Junho de 1944, havia o suficiente para todos os casos graves resultantes da invasão da Normandia. Por uma vez, as necessidades de guerra tiveram consequências benéficas para a humanidade. É errado atribuir integralmente o declínio da taxa de mortalidade a seguir à guerra (pouco tempo depois das complicações do pós-guerra) à revolução quimioterapêutica no tratamento de doenças infecciosas mas, principalmente devido ao trabalho de Florey e dos seus assistentes, ela acentuou uma tendência existente que assentava numa melhoria do meio ambiente e da alimentação, que eram reforçados pela inesperada prosperidade dos anos do pós-guerra.

O maior número de civis mortos durante a guerra ocorreu nas áreas onde os movimentos de resistência foram mais fortes: na Rússia, na Polónia e na Jugoslávia. Em todos esses países, a guerra de guerrilha contra os ocupantes alemães assumia proporções de verdadeiras batalhas, e nos outros países ocupados, incluindo a Itália a partir de 1943, a «Resistência» transformou-se numa força com a qual os Alemães e os

Aliados tiveram de contar, tanto do ponto de vista militar como político, e passou a ter uma influência crescente no estilo de vida durante a ocupação alemã. Na Polónia, foi criado um mecanismo estatal clandestino que obedecia ao governo polaco no exílio, com departamentos militares, fracamente armados mas altamente eficazes em espionagem e na forma como davam expressão ao sentimento nacional dos Polacos. De Setembro de 1939 a Junho de 1941, que foram os meses da divisão territorial entre Russos e Alemães, ambos os ocupantes tentaram esmagar a *intelligentsia* polaca através da deportação e do assassínio dos seus membros.

Posteriormente, quando a Rússia combateu contra a Alemanha, as tentativas de cooperação entre o governo polaco em Londres e o exército que lhe era fiel na Polónia, por um lado, e o governo soviético, por outro, não levaram a nada. A resistência polaca contra os ocupantes alemães tinha falta de apoios materiais externos mas, no entanto, sabotou eficazmente as estradas e linhas férreas controladas pelos Alemães antes de acabar na desastrosa revolta de Varsóvia, em 1944. No início desse ano, o comando militar alemão do Governo Geral informava que «as linhas férreas e as estradas já não são seguras no que diz respeito ao envio de recursos para o Leste». A Resistência polaca deparava-se com o mesmo problema de todos os movimentos não comunistas. Os ataques contra o inimigo tinham por consequência, muitas vezes, represálias terríveis que os inconvenientes sofridos pelos Alemães não justificavam. Além disso, os chefes da Resistência queriam preservar as suas forças para o momento decisivo, quando pudessem coordenar a sua acção com a dos seus aliados ou, na Polónia, antecipar-se ao Exército Vermelho e estabelecer o seu domínio no momento da retirada dos Alemães.

Para os comunistas, por outro lado, o momento decisivo começou a 22 de Junho de 1941, quando a Alemanha invadiu a União Soviética e, para eles, o mínimo enfraquecimento das forças alemãs justificava qualquer preço. Além disso, acreditavam que as represálias dos Alemães despertavam nas «massas» a vontade de resistir activamente.

Nas áreas ocupadas pelos Alemães na própria União Soviética, o Exército Vermelho pôs totalmente em prática estes princípios. Organizou e chefiou grupos de resistência na retaguarda da linha da frente alemã, utilizando soldados que tinham sido cercados mas não capturados, e oficiais, militares e políticos, que eram enviados ou que se tinham infiltrado nas áreas alemãs na retaguarda. A sua tarefa consistia em atacar as longas vias de comunicação alemãs, que eram cruciais para a guerra no Leste, e obrigar o campesinato a deixar de colaborar com os invasores. Como as represálias mais terríveis eram o castigo para quem não obedecesse às ordens dos Alemães, e como ambos os lados tentavam destruir as colheitas e o gado que podiam ser úteis aos seus respectivos inimigos, a vida passou a ser excepcionalmente perigosa. Muitos tentaram pôr-se do lado do vencedor e eram muitas vezes descobertos. Como em todo o lado na Europa, os Alemães fomentavam a resistência devido à sua crescente exigência de mão-de-obra, efectuando rusgas e deportações arbitrárias, em comparação com as quais a luta de resistência apresentava uma alternativa mais atraente. A fome e a morte violenta assolavam as áreas na retaguarda onde a ocupação alemã, nos vastos espaços da União Soviética, só podia exercer o seu controlo através de expedições punitivas ocasionais, nas quais por vezes participavam 20 divisões alemãs.

Na Jugoslávia, longe das cidades, das linhas de caminho-de-ferro e das estradas principais, os Alemães e o governo satélite nacionalista croata podiam apenas manter um controlo esporádico, especialmente depois de as forças italianas terem mudado de lado, em Setembro de 1943. Aí, os movimentos de resistência comunistas e não comunistas divergiam quanto aos objectivos e táctica. Os Chetniks, formados por oficiais do Real Exército Jugoslavo, social e etnicamente conservadores, que esperavam manter o domínio sérvio, tentaram preservar as suas forças para afirmar a sua legitimidade anterior à guerra no fim do conflito, quando os colaboradores jugoslavos, apoiados pelas potências do Eixo, desaparecessem. Esta atitude transformou-se num acordo tácito com os ocupantes: «Não se metam connosco que nós faremos o mesmo convosco». Eles e o governo real jugoslavo no exílio observavam com preocupação o crescimento de um movimento de resistência rival que, nas montanhas e nas florestas, começava a construir a base de um Estado rival: «Tito» e os seus companheiros comunistas, habituados à clandestinidade, formaram uma rede de resistência que não se preocupava com as represálias do inimigo, provocadas pelos seus próprios ataques, ou até as agradeciam, por serem o melhor meio de recrutarem pessoas para a sua organização. Em 1943, Tito possuía um exército flexível e organizado de 250 000 homens (e mulheres) e os Ingleses foram os primeiros a dar-lhes ajuda, impressionados pelo número de Alemães que ele mantinha ocupados com os seus ataques e pela oportunidade que oferecia de fortalecer a crença dos Alemães numa invasão iminente dos Aliados no Sudeste da Europa. Em 1943 e 1944, os Ingleses e os Americanos transportaram 12 000 resistentes feridos para Itália para receberem tratamento, e, no Outono de 1944, os resistentes jugoslavos puderam pedir apoio aéreo de Itália enquanto desorganizavam a retirada dos Alemães na Grécia. Na Jugoslávia, Tito chegava ao fim da guerra em posição para estabelecer um Estado comunista, com o apoio dos socialistas não comunistas e devido ao seu próprio prestígio como um dos combatentes vitoriosos contra o nazismo.

Na Grécia, uma situação paralela levou a um resultado diferente. Os resistentes comunistas mostraram-se mais agressivos e mais dispostos a arriscar-se a sofrer represálias do que os grupos mais conservadores, e os ELAS comunistas ganharam apoios como adversários eficazes dos nazis. Em Outubro de 1944, o governo liberal grego no exílio regressou a Atenas, depois da retirada dos Alemães, mas os ELAS recusaram-se a depor as armas e as tropas inglesas intervieram para manter a ordem contra as greves e manifestações. Churchill visitou a Grécia em Dezembro para impor a regência e deixou o país a meio de uma guerra civil, com um governo grego apoiado pelos Ingleses a lutar contra os ELAS.

Na Europa Ocidental, as tropas de ocupação alemãs comportavam-se com mais tacto; com efeito, o comportamento individual dos soldados alemães permaneceu durante toda a guerra, de uma maneira geral, mais disciplinado e menos desordeiro do que o dos seus eventuais libertadores. A princípio, poucas pessoas se juntaram aos movimentos de resistência, que pouco mais faziam do que murmurar nas esquinas, ouvir a BBC na rádio de Londres, e fazer acções modestamente provocatórias, tais como escrever palavras de ordem nas paredes. A perseguição aos judeus desencadeou uma maior resistência activa, especialmente na Holanda, durante a greve de Fevereiro de 1941. Depois de Junho de 1941, o empenhamento dos comunistas reforçou a Resistência, especialmente em França. Em França, também, o desaparecimento da zona não ocupada e o desmantelamento do Exército de 100 000 homens que fora autorizado sob o Armistício de 1940, transformou em resistentes os soldados regulares. Acima de tudo, em 1943, a imposição do trabalho compulsivo na Alemanha fazia com que os membros activos da população tivessem de escolher entre a desobediência ou a deportação, e um grande número foi para a resistência. Daí o desenvolvimento dos *Maquis*, que eram bandos que viviam nas montanhas do Sul da França. Alguns deles, obrigados a roubar para viver, aterrorizavam as populações locais da mesma forma ou pior do que o faziam as guarnições alemãs. Em 1944, certas zonas do Sul de França transformaram-se em redutos dos *Maquis* em posições fixas que por vezes atraíam grandes concentrações de forças alemãs para combater contra elas. Em Julho de 1944, deu-se o desastre do reduto de Vercors, onde as forças dos *Maquis* de uma grande área se tinham concentrado. Enganados por ordens de insurreição geral em França, emitidas pelo quartel-general dos Aliados em Inglaterra antes da invasão, esperavam uma rápida ajuda de tropas aerotransportadas e, em vez disso, foram esmagados por fortes forças alemãs.

Para os Ingleses e Americanos, o apoio à Resistência na Europa Ocidental nunca foi uma grande prioridade: os comandantes de ambas as forças aéreas insistiam que os seus aviões tinham coisas mais importantes a fazer do que largar mantimentos e armas a forças irregulares. Os comandantes aliados consideravam as actividades da resistência um bónus possível, mas de pouca confiança, a acrescentar aos esforços das suas próprias forças. Mesmo na altura da invasão, em 1944, os movimentos de resistência não tinham equipamento suficiente: apenas cerca de 10 000 pessoas pertencentes à Resistência francesa tinham munições que durassem para mais de um dia de combates duros, além de 40 000 com armas ligeiras, isto entre um número muito mais elevado que estava ansioso por se juntar à Resistência para expulsar os ocupantes alemães.

As vitórias militares da resistência na Europa Ocidental são difíceis de avaliar: as sabotagens, materiais ou em matéria de atrasos administrativos premeditados, foram mais eficazes do que os ataques armados. A Resistência belga e francesa constituiu um suplemento eficaz dos bombardeamentos aliados à rede de caminhos-de-ferro controlada pelos Alemães, dificultando os contra-ataques do inimigo contra os desembarques dos Aliados. Além disso, as suas vias clandestinas para a fuga de pilotos aliados faziam regressar valiosos pilotos qualificados, e as tripulações, aos seus respectivos esquadrões: em meados de 1944, as tripulações inglesas e americanas que eram atingidas a oeste da Alemanha tinham 50 por cento de hipóteses de não ser capturadas pelos Alemães. Em Itália, os fortes movimentos de resistência surgiram no Norte a partir de 1943, estimulados pela dura ocupação dos Alemães que se seguiu à rendição do governo italiano aos Aliados e em oposição aos colaboradores fascistas da república de Mussolini, em Salo. Em Maio de 1944, o general Alexander louvou publicamente a Resistência italiana por ela ter mantido ocupadas em Itália um quarto das divisões alemãs lá estacionadas, apesar de este tipo de louvor conter talvez uma certa dose de exagero, destinada a reforçar o estado de espírito dos resistentes. Parece ter havido cerca de 80 000 combatentes efectivos na Resistência, com talvez o dobro deste número dispostos a combater no caso de conseguirem arranjar armas. Em Abril de 1945, em quase todas as cidades do Norte da Itália, os resistentes tomaram o controlo da situação, aceleraram a retirada dos exércitos de ocupação, vingaram-se daqueles que tinham apoiado o renascimento do Estado fascista de

Mussolini, e administraram todos os assuntos durante quase duas semanas, até à chegada dos Aliados.

Tanto em França como em Itália, a Resistência assustava também os seus amigos, ou talvez ainda mais, do que assustava os nazis e os seus colaboradores. Em 1944, quando o general De Gaulle se esforçou para conseguir a sua independência dos Estados Unidos e da Inglaterra e o controlo da França, preocupava-se acima de tudo com a Resistência. O controlo da França dar-lhe-ia a independência em relação ao resto dos Aliados, mas a Resistência talvez o impedisse de a conseguir. Os resistentes vinham de todos os sectores da sociedade e de todas as cores políticas: a maior parte, no entanto, eram jovens, aventureiros, adversários das hierarquias e adversários do conservantismo cauteloso, personificado por Vichy, que, do seu lado, fazia apelo às pessoas abastadas e de elevada condição social. Muitos homens e mulheres da Resistência ansiavam, vaga mas intensamente, por reformas e remodelações e por uma sociedade democrática, de alguma forma liberta de obstáculos para a emancipação e felicidade dos cidadãos. O sector da Resistência controlado pelos comunistas, os *Francs-Tireurs Partisans* ou FTP, aventureiros e bem organizados, atraiu o apoio dos não comunistas e, pondo em prática a doutrina comunista da «unidade de base» e dos antifascistas durante a Segunda Guerra Mundial, colaborou prontamente com outros movimentos activos, cujos membros compartilhavam da admiração geral pelos feitos de guerra do Exército Vermelho e da União Soviética. Durante a guerra, os comunistas, como sempre, tentaram expandir a influência do seu partido, processo este que não significava necessariamente que todos os partidos comunistas a nível nacional esperassem tomar o poder num futuro imediatamente previsível.

Em França, De Gaulle receava que os comunistas tentassem tomar o poder no momento da libertação, tirando partido das armas e o prestígio da Resistência, cujos dirigentes, tal como explicou nas suas *Memórias*, o cobririam de louros e honras retirando-lhe as rédeas do comando. Paris chamava a sua atenção: quando a Resistência se apoderou do controlo da situação, explorando a fraqueza do governador alemão, De Gaulle insistiu que a divisão blindada francesa devia ser enviada para Paris e aí mantida o tempo que fosse necessário até ao desarmamento da Resistência. De Gaulle sentia-se mais seguro com os poucos oficiais do Exército que se tinham juntado a ele antes de 1942, ou com os outros, em maior número, que se tinham juntado a ele depois de renunciarem à sua anterior fidelidade a Vichy. O seu estilo de libertação implicava a nomeação de indivíduos cuidadosamente escolhidos para desempenharem as funções de prefeitos, ou superprefeitos, os Comissários da República. A área mais difícil era o Sudoeste da França, de onde os exércitos alemães se retiraram em Agosto sem ser imediatamente perseguidos pelos Aliados. Nessa zona, durante algum tempo, a Resistência foi dominante, e os heróis da Resistência, autopromovidos a «coronéis», presidiam, por vezes com relutância, à «purificação», esses julgamentos e execuções improvisados de colaboracionistas, muitos deles efectivamente culpados, alguns vítimas de denúncias injustificadas e por vingança, outros que eram apenas obstáculos à supremacia «antifascista». Números que vão de 10 000 a 20 000 «colaboracionistas», mortos no momento da libertação, são plausíveis. De Gaulle utilizou o seu prestígio para restaurar a autoridade da máquina do Estado. Nas suas visitas a cidades, aceitava ser aclamado pela multidão, para quem era o símbolo da derrota de Vichy e dos Alemães, enquanto conseguia o apoio daqueles que tinham aceite Vichy e que agora procuravam um defensor alternativo da ordem estabelecida. Não foi a única vez que De Gaulle conseguiu, simultaneamente, o apoio da esquerda contra a direita e da direita contra a esquerda. Repetidamente, De Gaulle apareceu em cidades, agradeceu à Resistência, por vezes de forma protocolar, e ordenou aos seus membros que se separassem, que entregassem as suas armas e regressassem à vida normal como cidadãos individuais, ou que fossem para o Exército. À custa do amargo ressentimento de alguns membros da Resistência, que viam o seu reformismo desprezado e a velha ordem de volta, o Estado francês voltava a ter o mesmo vigor de sempre.

Em Itália, o general Cadorna saltou de pára-quedas na Lombardia, em Agosto de 1944, como conselheiro militar da Resistência. Mais tarde, informou que «nessa guerra de resistência o partido comunista era predominante», e não escondia as suas «intenções de tomar as rédeas do poder e instituir um regime semelhante ao dos Russos». Esta análise foi aceite pelo Ministério dos Negócios Estrangeiros da Inglaterra e pelo quartel-general militar dos Aliados em Itália, apesar de ser provavelmente incorrecta, porque, do seu lado, os comunistas estavam apenas empenhados «na luta por uma república parlamentar democrática», uma ambição táctica de todos os movimentos de Resistência em geral, incluindo a poderosa «Justiça e Liberdade», não comunista. Especialmente depois dos acontecimentos na Grécia e da evolução política de Tito ter confirmado os receios da Inglaterra, o quartel-general dos Aliados tentou impedir que «os elementos radicais comunistas tomassem o controlo» durante o intervalo de tempo entre a retirada dos Alemães e a ocupação dos Aliados, no Norte da Itália. Em Abril de 1945, a revolta da resistência desorganizou e apressou a retirada final dos Alemães, e matou aproximadamente 10 000 fascistas, incluindo Mussolini e a sua amante mas, alguns dias depois, as tropas aliadas e o governo militar dos Aliados tomaram o poder. Onde a Resistência teve o controlo durante breves períodos, as autoridades aliadas ficaram surpreendidas com a sua boa administração; os seus líderes ofenderam-se com a sua substituição rápida por membros mais conservadores do governo de Roma, aprovados pelos Aliados, não obstante quão aliviados possam ter ficado os homens de negócios e os cidadão mais conservadores.

Na guerra do Extremo Oriente, a Resistência, que afirmava o nacionalismo local, não era necessariamente mais hostil aos Japoneses do que aos anteriores dirigentes coloniais, Ingleses, Holandeses ou Franceses. Na Birmânia e nas Índias Orientais holandesas os Japoneses encorajaram os nacionalistas locais e até os ajudaram a criar milícias patrióticas, à sua própria custa na Birmânia, onde a milícia local mudou de lado a favor dos Aliados, no fim da guerra. Na Malásia, porém, uma Resistência comandada pelos comunistas, que lutava contra os Japoneses, passou a ser entre todos os chineses malaios o movimento que os ocupantes japoneses perseguiam mais implacavelmente. Os Ingleses do Comando do Sudeste Asiático e do 14.º Exército fizeram uma aliança, fornecendo armas a 2000 ou 3000 guerrilheiros. Em Londres calculou--se que a sua ajuda à reconquista da Malásia pelos Ingleses superava os riscos políticos inerentes a esta aliança, mas a guerra acabou antes da invasão inglesa e, em 1948, o Partido Comunista Malaio, dominado pelos Chineses, iniciou uma revolta que os Ingleses demoraram seis anos a derrotar. O movimento de resistência mais bem sucedido de todos foi o movimento liderado pelo partido comunista chinês. A guerra contra o Japão deu-lhe a possibilidade de se estabelecer como símbolo do nacionalismo antijaponês e antieuropeu, assim como das reformas, perante o *Kuomintang* cada vez mais corrupto e mais ineficiente, com a sua clique de dirigentes oportunistas e as suas alianças com os senhores da guerra e os grupos de bandidos. Apesar de ser incorrecto atribuir a sua posição unicamente à evolução dos acontecimentos, a guerra arrastou o KMT para uma posição na qual não lhe era possível fazer um compromisso com o Japão, enquanto a sua fraqueza interna o tornava praticamente ineficiente como força antijaponesa. O cenário estava pronto para a guerra civil na China e a emergência da «República Popular».

Cinquenta ou sessenta milhões de seres humanos perderam as suas vidas por causa da guerra; aproximadamente o mesmo número foi desenraizado dos seus lares, temporária ou definitivamente. Soldados, marinheiros e pilotos de todas as nações envolvidas nesta guerra, a maior parte arrancados à vida civil, tiveram de suportar ou por vezes gozar, afastamentos temporários dos seus lares. Membros das forças armadas americanas e do Império Britânico viajaram muito e, além dos Japoneses, foram os que mais tempo ficaram longe das suas terras. As tropas alemãs permaneceram na Europa, à excepção de uma incursão ao Norte de África. Elas eram transportadas com relativa facilidade de um teatro de guerra para outro, e as licenças para visitar a terra natal eram fáceis de conseguir. Não era uma coisa fora do comum para os soldados alemães durante a guerra irem do Volga para o Loire ou de Narvique para Trípoli. Mesmo para os soldados alemães houve bons, assim como maus momentos, durante a guerra: os soldados em funções administrativas que passaram a guerra em França e que dirigiram a evacuação em 1944 poderão ter achado a guerra mais do que meramente suportável. As tropas inglesas, longe da sua terra durante anos em ambientes desconfortáveis, no Norte de África, encontraram, por vezes, compensações posteriores, em França e em Itália, onde foram provavelmente mais bem recebidas do que as alemãs. Para essa maioria de elementos das forças armadas que tiveram apenas um contacto distante com a luta, a guerra foi uma oportunidade de aventura sem demasiados perigos. Exceptuando a minoria constituída por milhões de soldados americanos no ultramar nas frentes mais críticas da guerra, principalmente a infantaria de combate e as tripulações de bombardeiros, a guerra não foi perigosa. Muitos deles viveram experiências inesperadas e exóticas, apesar de alguns soldados americanos se aborrecerem com o desconhecido. Em Inglaterra, os Americanos, bem alimentados, bem pagos e na sua maioria bem recebidos durante a maior parte do tempo, desfrutaram prazeres durante essa migração temporária. Os soldados negros americanos encontraram uma sociedade sem segregação e, nos anos 40, não racista. Não obstante ser verdade que os soldados dos Estados Unidos traziam consigo e transferiam para as suas grandes bases militares extensas lembranças reconfortantes da sua terra natal, estabeleciam no entanto relações íntimas com os nativos. Mais de 60 000 soldados americanos casaram com mulheres inglesas.

As separações durante a guerra, em parte por encorajarem casamentos feitos à pressa, tornavam as famílias menos estáveis: nos Estados Unidos, a percentagem de divórcios duplicou em 1945; em Inglaterra, ela aumentou para cinco vezes mais. Os nascimentos de crianças ilegítimas aumentou em 50 por cento nos Estados Unidos e triplicou em Inglaterra. Os bombardeamentos e a ameaça de bombardeamentos desorganizaram a vida familiar; especialmente em Inglaterra e na Alemanha, a evacuação de crianças das cidades ameaçadas levou à interrupção do ensino escolar e à falta dos cuidados paternos. Em 1946, o Exército inglês deparava-se com recrutas de 19 anos de idade que tinham uma escolaridade deficiente, em comparação com aqueles que haviam deixado a escola antes da guerra. Mesmo assim, as limitações com que se deparavam eram mínimas em comparação com as limitações com que se deparavam os habitantes dos territórios ocupados pelos Alemães no Leste da Europa, ou com as limitações inerentes ao recrutamento de mão-de-obra jovem pelos Alemães, não só no Leste mas também no Ocidente. Uma medida das movimentações das pessoas é o caso da Inglaterra, onde os correios ingleses registaram sessenta milhões de mudanças de endereço entre 1939 e 1945, numa população de cerca de quarenta milhões de pessoas. A mobilização de mão-de-obra, para a produção alimentar e de armamento, fez com que homens e mulheres tivessem de mudar de residência e que os seus relacionamentos se modificassem.

Alguns historiadores pensam que guerra trouxe uma emancipação fundamental e permanente às mulheres. As mulheres passaram a ser responsáveis pelas suas próprias vidas porque os homens estavam longe; administravam as suas famílias e os seus lares; mais mulheres recebiam rendimentos próprios, que vinham de pensões dos maridos, para elas e para seus filhos, de salários da indústria, ou de salários pelo seu trabalho nas forças armadas. Foram colocadas em empregos até então reservados aos homens. Algumas mulheres descobriram oportunidades de ser independentes e auto-suficientes e de ter uma vida mais compensadora do que antes da guerra. Pode, no entanto, argumentar-se, afirmando que estes ganhos foram apenas limitados e passageiros. Não se abriram novas carreiras para as mulheres: os empregos das mulheres foram expedientes de guerra e não uma vocação a longo prazo. Postos de direcção ou supervisão só relutantemente foram concedidos a mulheres, e na indústria só com muita dificuldade as mulheres foram colocadas em trabalhos especializados. É na Inglaterra e nos Estados Unidos que a situação das mulheres depois da guerra necessita de uma investigação mais cuidada. Na Alemanha e na União Soviética, uma elevada taxa de mortalidade masculina durante a guerra fez com que, depois de as duas economias se terem recomposto, houvesse uma procura cada vez maior de mulheres trabalhadoras. Noutros lados, entre os habitantes dos países ocupados pelos Alemães, o trabalho durante a guerra não fora de modo algum uma forma de libertação, enquanto, no Japão, padrões rígidos do domínio masculino sobreviveram com facilidade à guerra sem ter sido afectados, para defrontar a experiência efectivamente mais reformadora da ocupação americana.

O facto dominante da libertação das mulheres durante a guerra na Inglaterra e nos Estados Unidos, na medida em que teve lugar, é que não foi bem acolhida por ninguém e considerada uma anomalia passageira. Os homens que tinham ido para a guerra esperavam regressar e voltar a usufruir da sua prioridade sobre as mulheres nos empregos, o que era um facto antes da guerra, à excepção dos «trabalhos femininos» específicos. Em Inglaterra as pressões do ministro do Trabalho, Ernest Bevin, obtiveram promessas de criação de centros de dia, mas estes só existiram em pequena escala, e todos eles desapareceram depois de a guerra acabar. É verdade que o número de jardins de infância aumentou muito, mas estes, que tinham um horário escolar (ou mais curto ainda) e respeitavam férias escolares, não respondiam às necessidades de uma mãe trabalhadora a tempo inteiro. Nos Estados Unidos, o governo promoveu energicamente os centros de dia, mas apenas como expediente dos tempos de guerra. As autoridades, tanto em Inglaterra como nos Estados Unidos, consideravam a procura de mão-de-obra feminina uma necessidade dos tempos de guerra, e não algo desejável em si, e a maioria das mulheres parece ter concordado com isto. Os perigos e preocupações da guerra faziam aumentar retrospectivamente os atractivos românticos da vida doméstica que existia antes da guerra.

A guerra, além do mais, vinha acrescentar-se ao prestígio da «masculinidade»: os papéis mais admirados na guerra eram os dos mais destemidos comandantes, dos pilotos da força aérea, das tripulações dos submarinos, das tropas pára-quedistas, dos comandos, dos capitães dos tanques. (As mulheres distinguiam-se fazendo trabalhos secretos, especialmente na Resistência — uma das razões pelas quais De Gaulle, no início de 1944, numa altura em que precisava de ter a certeza do apoio da Resistência, permitiu o sufrágio feminino em França). Com alguns homens arriscando as suas vidas e todos esses milhões de homens fardados prontos, em princípio, a fazê-lo, poucas mulheres estavam muito dispostas a questionar o seu direito de ser mimados e de ter privilégios, depois desse tão esperado momento do seu regresso. Não era o momento de as mulheres pensarem em desafiar o domínio masculino ou de serem encorajadas a fazê-lo: um investigador, por exemplo, destaca a publicidade feita durante a guerra, como «imagens da autoridade masculina que reificavam a organização dos sexos tão rigidamente como durante o período vitoriano». Imediatamente depois da guerra, as mulheres começaram a casar mais cedo, a casar com mais frequência, e tiveram mais filhos do que antes da guerra. Em 1931, em Inglaterra, as mulheres constituíam 29,8 por cento da população trabalhadora; em 1951 elas eram 30,8 por cento dessa mesma população. Nos Estados Unidos, nos anos anteriores à guerra, 25,9 por cento da força de trabalho era constituída por mulheres, e em 1945, 36 por cento; mas os números voltaram aos 27,9 por cento em 1947. A guerra interrompeu a evolução lenta do século XX em direcção a uma maior liberdade para as mulheres; o que causou a continuação desta evolução foi mais a prosperidade do pós-guerra do que os aumentos passageiros de oportunidades durante os anos de guerra.

Uma migração permanente, forçada, atingiu certas zonas da Europa de Leste, durante e depois da guerra. A praga de Alemães armados, que se espalhou pela Europa durante os anos entre 1939 e 1942, fez com que dezenas de milhões de homens, mulheres e crianças fossem desenraizados das suas famílias e residências. Aos deportados para ser exterminados e aos deportados para executar trabalhos forçados tem de acrescentar-se os deportados para se estabelecerem noutros lugares. Hitler desejou constantemente colonizar e germanizar «o Leste». Este processo começou durante a guerra. A Polónia foi a primeira: em 1939, os Alemães começaram a destruir a nação polaca independente.

Dois métodos foram predominantes: a execução dos líderes da sociedade polaca (durante a guerra aproximadamente metade dos polacos profissionalmente qualificados perderam a vida) e a expulsão dos camponeses das suas terras, substituindo-os por colonos alemães. Em 1939, grandes áreas da Polónia anterior à guerra passaram a ser províncias alemãs. «Danzig-Prússia Ocidental» e «Wartheland»: a sua população antes da guerra era de 10 milhões de pessoas, das quais quase nove milhões eram polacos. Eram necessários mais Alemães e menos Polacos nessas zonas. Em 1939, começaram as deslocações: com pré-avisos de uma hora ou menos, com 30 quilos de objectos pessoais no máximo, juntos à pressa, as famílias polacas de camponeses eram postas a pontapé e à força em comboios, trancadas e enviadas para o Governo Geral. As famílias eram muitas vezes separadas: as crianças eram seleccionadas para ser «germanizadas», os homens eram enviados para os temidos campos de trabalho. Para o seu lugar vinham indivíduos de língua alemã do Leste da Europa, através de acordos feitos com outros governos, antes de 1941, e depois disso sob controlo directo dos Alemães. Pelo menos 750 000 Polacos foram deportados desta forma.

Duas instituições alemãs, a «Comissão do *Reich* para o Reforço do Germanismo» e o «Centro para os Assuntos Raciais e de Colonização» juntavam e movimentavam potenciais colonos alemães oriundos da Roménia, da Jugoslávia, dos Estados Bálticos, do Leste da Polónia e do Sul do Tirol: aproximadamente 1 250 000 Alemães foram transferidos de lugar, por vezes de forma vigorosamente compulsiva. Cerca de meio milhão estabeleceu-se na Polónia, principalmente em territórios anexados; o resto foi dividido por campos de trabalho temporários. Em Maio de 1942, um esquema grandioso, o «Plano Geral para o Leste», propunha a fixação de 3,5 milhões de Alemães nos próximos 25 anos, com guarnições móveis que deveriam ser espalhadas pela Rússia europeia para ajudar estes soldados-camponeses alemães a combater os nativos. As guarnições iriam para as fronteiras, contrariamente às áreas que deveriam ser anexadas ao Grande *Reich,* onde uma colonização mais intensiva seria empreendida. A derrota impediu que fossem feitos mais do que alguns começos esporádicos. No Governo Geral, 110 000 Polacos foram expulsos da área em volta de Zamosc (que passou a chamar-se Himmlerstadt) para libertar terras para os colonos alemães. Mais para Leste, em Novembro de 1942, sete aldeias na Ucrânia foram desocupadas e os colonos da etnia alemã instalaram-se. Na Primavera de 1944, 65 000 homens e mulheres, supostamente Finlandeses, foram enviados «de volta» à Finlândia, do Norte da Estónia, para abrir caminho à instalação de colonos alemães. Mais tarde, os «Nórdicos» tais como Dinamarqueses, Noruegueses, Suecos e até Ingleses, deveriam ser encorajados a ir para Leste e, nos Países Baixos, em 1942, uma firma holandesa começou as suas operações de planeamento da emigração para «Leste».

Para fortalecer o «socialismo», o governo da União Soviética também amontoava seres humanos em comboios de gado. Em 1939 e 1940, as autoridades soviéticas deportaram quase um milhão de pessoas, pertencentes à classe média e alta e à nobreza terratenente, da metade das terras da Polónia que ocuparam sob o Pacto germano-soviético: efectivamente, nessa época, essas pessoas estavam mais seguras no Governo Geral alemão. Depois de a União Soviética ter sido obrigada a entrar na guerra, alguns sobreviventes deste processo foram libertados dos campos de trabalho na Sibéria, que era o destino normal desses comboios de seres humanos. Os Estados Bálticos, recentemente ocupados, receberam o mesmo tipo de tratamento, com mais de 100 000 «burgueses», proprietários rurais, intelectuais e padres, juntos como cabeças de gado em comboios para a Sibéria. Para impedir que existisse uma futura colaboração com os invasores, Estaline enviou os quase meio milhão de habitantes de língua alemã da bacia do Volga para a Sibéria. Os habitantes muçulmanos do Sul da Rússia foram as vítimas de um dos decretos mais perversos de Estaline. Como represália para a sua suposta colaboração com os ocupantes alemães, Estaline reuniu aproximadamente 600 000 tártaros da Crimeia, Calmucos, Chechenos e Caracalpacos, que foram, todos eles, enviados para a Sibéria entre 1944 e 1946.

No Verão de 1943, começou a retirada alemã da Rússia, com combates por todo o caminho, acompanhados pela destruição de equipamento útil, de reservas de alimentos, envenenamento de poços e execução de trabalhadores que poderiam vir a ser úteis ao Exército Vermelho, que vinha a caminho. A comunidade alemã ou controlada pela Alemanha fugiu para ocidente. Então, em 1944, os novos colonos alemães no Leste começaram a fugir da guerra que se aproximava, seguidos pelos habitantes alemães mais antigos, que viviam em territórios anteriormente pertencentes à Polónia. Em 1945 e 1946, os Alemães foram expulsos da Checoslováquia e dos territórios alemães recentemente capturados pelos Polacos. Era agora a vez de os Polacos se instalarem em terras das quais os Alemães haviam sido deportados e de os Checos se instalarem nos territórios dos Sudetas, que o Acordo de Munique atribuíra a Hitler em 1938, expulsando de lá os Alemães. Em 1947, dez milhões ou mais de Alemães foram para ocidente, para uma Alemanha pós-1945, muitos deles para as zonas de ocupação inglesa e americana. Foi a maior migração de pessoas jamais registada, infligindo aos Alemães algumas das iniquidades que os agentes do «germanismo» tinham antes posto em prática. Primeiro, o Exército Vermelho invadiu as residências de Alemães, tendo sido autorizado, durante algum tempo, a vingar-se indiscriminadamente. A pilhagem, as violações e os assassínios atingiram as vítimas. Depois, vieram as expulsões pelos Polacos e pelos Checos, por vezes efectuadas com uma indiferença total, ou com uma brutalidade activa, induzida por cinco anos de sofrimentos infligidos pela dominadora raça alemã. Houve muitas mortes, sobretudo entre crianças e idosos. Em Potsdam, durante as frequentes discussões sobre a Polónia, Churchill e Truman protestavam repetidamente. Por fim, os aliados ocidentais conseguiram um acordo segundo o qual a transferência de populações seria feita de forma «ordenada e compassiva», mas, como diziam os Russos, mesmo que os governos polaco e checo tentassem, era difícil conter a amargura das suas populações.

Em 1945, uma outra deportação forçada preocupou aqueles que foram informados da sua ocorrência. Muitos Russos ficaram sob o controlo dos Ingleses e dos Americanos na frente ocidental, em 1944 e 1945. Os Aliados esperavam que não houvesse problemas. Partiram do princípio de que a maior parte fora forçada a trabalhar na máquina militar alemã e que a «libertação» levaria ao ansiado regresso à sua pátria vitoriosa. Em Ialta, os aliados ocidentais prometeram enviar para a União Soviética todos os cidadãos soviéticos. De Maio a Setembro de 1945, mais de dois milhões regressaram à sua terra natal. Frequentemente, as tropas aliadas tinham de utilizar a força; por vezes, algumas pessoas que a União Soviética não reivindicava, incluindo as que haviam emigrado durante o período da guerra civil, assim como os cidadãos dos territórios anexados a partir de 1939, eram enviadas para a União Soviética. Parece que as autoridades soviéticas executavam geralmente aqueles que tinham colaborado com os Alemães e que uma grande percentagem dos outros acabava em campos de trabalho. Os soldados americanos e ingleses tornaram-se cada vez mais relutantes a obrigar estes homens (e, por vezes, as suas famílias) a regressarem ao seu país e, no final de 1945, o regresso obrigatório passou a ser limitado, finalmente, aos soldados soviéticos da União Soviética anterior a 1939 e que se provasse terem sido colaboradores dos Alemães. Talvez meio milhão tenha conseguido evitar a repatriação.

Em 1945, os refugiados, as «pessoas desalojadas» e os sobreviventes dos campos de concentração e de prisioneiros de guerra caminhavam para Leste ou para Oeste, muitos deles à procura das suas antigas residências, muitos à procura de nova casa, muitos sem lugar para onde ir. A Alemanha tinha, aproximadamente, 14 milhões de pessoas deslocadas e três ou quatro milhões de Alemães desalojados em razão dos bombardeamentos. Os mais enfraquecidos eram os judeus sobreviventes dos campos de concentração, entre os quais quase metade morreu poucas semanas após a libertação. Contando com os judeus que surgiram dos seus esconderijos, havia entre 50 000 a 100 000 judeus na Alemanha. Inesperadamente, o seu número aumentou: um ano depois, havia 140 000 sobreviventes judeus nas zonas ocidentais e, em 1949, os territórios controlados pelos Aliados na Alemanha e na Itália tinham aproximadamente 250 000 judeus. Os judeus refugiados que regressavam da União Soviética, ou ex-prisioneiros ou judeus que saíam dos seus esconderijos, quando regressavam à Rússia Ocidental, à Polónia, à Hungria, à Roménia e ao resto da Europa do Leste, encontravam as suas comunidades destruídas e deparavam-se com novos residentes na posse das suas antigas casas. O seu regresso desencadeou até *pogroms* antijudaicos — o pior deles todos em Kielce, na Polónia, onde pelo menos 40 judeus foram mortos por bandos hostis. Os sobreviventes judeus foram, por conseguinte, mais para ocidente, sobretudo para a zona de ocupação americana na Alemanha.

O regresso a casa revelara-se impossível. Os sobreviventes da opressão alemã não se sentiam nem felizes, nem seguros na Alemanha. Para onde poderiam ir? Desta pergunta e do horror causado pelo destino dos judeus na Europa, que em 1945 foi, por fim, totalmente compreendido, surgiu o Estado independente de Israel.

Depois da guerra, as autoridades inglesas continuaram a achar, tão convictamente como antes, que não deviam ofender os influentes árabes: o acesso privilegiado ao petróleo do Médio Oriente era fundamental para melhorar a balança de pagamentos da Inglaterra, enquanto que a defesa da Inglaterra contra um hipotético avanço do Exército Vermelho na Europa Ocidental necessitava de uma capacidade de resposta contra a União Soviética, especialmente as suas áreas produtoras de petróleo, a partir de bases no Médio Oriente, ou eventualmente através da bomba atómica. Por conseguinte, opunham-se a um qualquer aumento da emigração judia para a Palestina e à criação de um Estado independente, controlado pelos judeus. A mudança no governo, que substituiu a coligação de Churchill pelo governo trabalhista de Attlee, pôs Bevin no lugar de Eden, como secretário dos Negócios Estrangeiros, o que reforçou a expressão dos pontos de vista anti-sionistas do Ministério dos Negócios Estrangeiros e das Colónias, e os militares afirmavam que, com o fim do domínio nazi, os judeus sobreviventes podiam e deviam continuar a sua vida nas suas antigas residências; se não o conseguissem, então deveriam mudar-se para outro lugar, talvez para os Estados Unidos, que eram a sociedade mais próspera do mundo, onde a cultura judaica florescia. O presidente Truman, que não tinha o imenso prestígio de Roosevelt, sendo, por conseguinte, mais sensível às pressões internas, e que talvez simpatizasse pessoalmente com as aspirações dos judeus, apoiou o pedido sionista de entrada livre de judeus refugiados na Palestina. Mas, como Bevin fez notar, numa expressão embaraçosa, o Presidente estava, assim, a fugir da dificuldade política que consistia em modificar as práticas da imigração americana: «Eles não queriam que houvesse demasiados judeus em Nova Iorque». Truman, pensavam os Ingleses, por causa do seu apoio ao estabelecimento de judeus na Palestina estava a tentar ganhar a aprovação dos judeus americanos sem afastar os anti-semitas e xenófobos americanos.

No Verão de 1945, o representante americano na Comissão Inter-Governamental para os Refugiados, depois de ter observado as terríveis condições de vida dos judeus sobreviventes, sugeriu a admissão de 100 000 refugiados judeus na Palestina e, em Agosto, Truman pediu aos Ingleses que autorizassem imediatamente a entrada de 100 000 judeus. Os Ingleses recusaram-se, e a divulgação do problema destes 100 000 judeus obrigou-os a abandonar a Palestina. De forma a antecipar os ataques dos Americanos à política inglesa, Bevin sugeriu que se criasse uma comissão anglo-americana, que se reuniria para encontrar uma solução. Esta comissão não recomendou a criação de um Estado judaico mas recomendou a entrada imediata dos 100 000 judeus na Palestina e Truman aproveitou imediatamente esse ponto. Mais uma vez, os Ingleses recusaram-se a dar a sua autorização. Em consequência, os chefes sionistas podiam explorar a vergonhosa atitude pró-árabe dos Ingleses para desacreditar a sua posição como mediadores entre judeus e árabes, na Palestina. A marinha inglesa viu-se na posição inglória de ter de interceptar e obrigar a regressar os barcos carregados de judeus, que transportavam alguns dos muito falados 100 000 judeus para a sua terra natal; o exército inglês na Palestina foi atacado por guerrilheiros e terroristas que a *Haganah*, a força oficial judaica de autodefesa, se via moralmente incapaz de atacar. No dia 22 de Julho de 1946, as forças da *Irgun*, de Menachem Begin, fizeram explodir o quartel-general dos Ingleses no Hotel Rei David, em Jerusalém.

Os líderes sionistas, tais como Ben Gurion, contavam com a aprovação dos Americanos para conseguir neutralizar os Ingleses e impor, tanto a estes como aos árabes, um Estado judaico independente. As autoridades inglesas não colaborariam com os judeus contra os árabes, com receio de perder a sua influência no mundo islâmico, nem com os árabes contra os judeus, por causa da resistência activa judaica, apoiada por uma crescente opinião pública americana (e inglesa). A crise económica em Inglaterra no início de 1947 pôs de parte qualquer tentativa para impor uma solução a ambas as partes. No dia 26 de Setembro de 1947, os Ingleses informaram as Nações Unidas de que tencionavam retirar-se da Palestina e remeteram de novo a questão para a ONU, sucessora da Sociedade das Nações, fonte inicial da autoridade legal dos Ingleses na Palestina. Em Novembro, a ONU votou a favor de um Estado judaico independente, numa Palestina dividida, e os Ingleses, desligando-se desta solução antiárabe, anunciaram que se retirariam finalmente da Palestina no dia 15 de Maio de 1948. Nesse dia, surgiu o Estado de Israel, lutando pela sobrevivência contra os seus inimigos árabes divididos entre si. O sofrimento dos judeus durante a Segunda Guerra Mundial tornara possível e legítima a luta por um Estado judaico soberano e os sofrimentos impostos a muitos dos naturais da Palestina.

Na Ásia e na África, a guerra acelerou a decadência do domínio dos europeus. Em 1942, Churchill proclamava: «Tencionamos guardar o que é nosso. Não me tornei o primeiro-ministro do rei para presidir à liquidação do Império Britânico». No entanto, a guerra enfraqueceu os grandes impérios coloniais e, em 1947, a independência da Índia foi o início da evolução e do eclipse do Império Britânico. Os Ingleses há muito tinham manifestado a esperança de um futuro governo autónomo para a Índia, mas o momento e as condições eram vagas. A guerra acelerou a libertação e enfraqueceu o poderio da Inglaterra para ditar as suas condições. Por todo o lado, no Oriente, as vitórias dos Japoneses tinham enfraquecido o prestígio dos Ingleses, e a interferência dos Americanos acelerava este processo ainda mais, enquanto a mobilização de mão-de-obra e de recursos na Índia, para o esforço de guerra, modificou as relações tradicionais entre os dois países. Mesmo antes de Pearl Harbor, os Americanos, que desejavam apoiar a Inglaterra, preocupavam-se com a hostilidade que existia na América em relação ao imperialismo britânico, sobretudo em relação ao seus domínios na Índia. Roosevelt perguntou a Churchill quais eram as suas intenções em relação à Índia, no seu encontro em Agosto de 1941. Depois de ter rebentado a guerra no Extremo Oriente, a conquista fácil, pelos Japoneses, das colónias inglesas teve como consequência uma maior pressão para a mudança por parte dos Estados Unidos, agora que a invasão da Índia parecia ser uma possibilidade. Em Fevereiro de 1942, Roosevelt pediu novamente a Churchill para encontrar uma forma de «conciliar a liderança indiana». Em Março de 1942, o governo britânico prometeu conceder a liberdade à Índia imediatamente a seguir à guerra, segundo uma Constituição redigida pelos Indianos.

Imediatamente após esta declaração, o domínio dos Ingleses tornou-se ainda mais forte. Quando o Partido do Congresso, que representava os nacionalistas, na sua maioria hindus, que exigiam uma Índia livre mas unida, se recusou a colaborar com o esforço da guerra sem que os Ingleses concedessem a independência imediata à Índia e lançaram a sua revolta, em Agosto de 1942, com a palavra de ordem «Abandonem imediatamente a Índia», os Ingleses conseguiram esmagar revoltas em grande escala e prender os líderes do Congresso. Conseguiram-no porque a máquina administrativa, o Exército e a polícia, cuja maioria dos membros não eram ingleses, se mostraram unidos e dispostos a obedecer às ordens. No final da guerra, estas qualidades tinham diminuído. A promessa de independência era um aviso para os funcionários públicos de que a sua lealdade para com os Ingleses não lhes asseguraria necessariamente uma recompensa ou segurança futuras. A mobilização dos recursos para a guerra enfraquecia todas as instituições governamentais: a percentagem de funcionários e oficiais ingleses baixou, por vezes drasticamente, assim como o tempo disponível para os recrutas indianos adquirirem um sentimento de empenhamento para com a nova organização. Além disso, as dificuldades económicas dos tempos de guerra, os racionamentos, as requisições e a inflação, trouxeram a impopularidade das classes proprietárias de terras, pró-inglesas, com as quais os Ingleses muito contavam para exercer o seu domínio e os apoios transferiram-se para os nacionalistas da classe média. A supressão do Partido do Congresso da Índia Unida, dominado por hindus, deu a possibilidade à Liga Muçulmana, que reivindicava um Estado paquistanês muçulmano separado, de aumentar os seus apoios, com a aceitação das autoridades inglesas que desejavam evitar uma confrontação com os muçulmanos devido ao seu enorme contributo em homens para o Exército indiano. Em consequência, as tensões aumentaram entre os dois grupos religiosos, e o Exército indiano e a polícia, que eram os instrumentos do poder dos Ingleses, estavam cada vez mais preocupados com os seus próprios destinos numa sociedade dividida em diversas comunidades, sendo cada vez mais impossível confiar neles para manter a ordem pública. Depois da guerra, os Ingleses só podiam impor de novo a sua posição como árbitros definitivos da distribuição de poderes na Índia através de uma utilização inaceitável dos recursos ingleses, particularmente das tropas do Exército britânico. Tal como estavam as coisas, o domínio inglês passou a ser cada vez mais irrelevante, até os Ingleses declararem que se retirariam em breve, numa tentativa para obrigar os seus sucessores a negociarem com eles a sua cooperação. A sua rápida perda de poder, de uma certa maneira, foi demonstrada pela euforia de amizade que lhes foi manifestada no momento da independência, no dia 15 de Agosto de 1947: já não metiam medo.

Os governos inglês, holandês e francês depararam-se com dificuldades especiais no pós-guerra, na tentativa de impor novamente o seu domínio sobre as colónias, ocupadas pelos Japoneses. Os Ingleses tinham uma vantagem: dispunham de tropas para aceitar a rendição das tropas japonesas. Na Malásia e em Singapura, fizeram-no rapidamente, já que a sua invasão da Malásia (ZIPPER) estava, em qualquer dos casos, prestes a começar e foi avante, felizmente talvez depois de a resistência japonesa ter terminado. Na Malásia, mesmo assim, os Ingleses tiveram, mais tarde, de lançar um ataque contra as forças comunistas que eles próprios tinham constituído durante a guerra para resistirem contra o Japão. Nas Índias Orientais holandesas, os Japoneses tinham encorajado grupos nacionalistas indígenas durante a ocupação e, em 1945, os

Ingleses não tinham tropas suficientes para abrir caminho para um regresso pacífico da administração holandesa, mesmo com a ajuda dos seus obedientes prisioneiros japoneses. Os Holandeses não foram, por isso, capazes de voltar a instaurar um controlo militar total. Não conseguiram impor um novo relacionamento com os nacionalistas locais que fosse o resultado da sua livre escolha, apesar de estes, a princípio, talvez esperando um esforço mais determinado e mais apoiado por parte dos Holandeses, se mostrarem ansiosos por negociar esse relacionamento.

Na Indochina francesa um padrão semelhante levou a uma das maiores guerras durante os anos que se seguiram à Segunda Guerra Mundial. Aqui, durante os últimos meses da guerra, os Japoneses acabaram com a administração francesa e colaboraram com os indígenas nacionalistas. No Laos e no Camboja, os Japoneses obrigaram as monarquias locais a repudiar o domínio dos Franceses; no Vietname, encorajaram a formação de um grupo de nacionalistas, incluindo comunistas, os *Viet-Minh*. Em Potsdam, o país foi dividido pelo paralelo 16 numa zona Sul que os Ingleses ocuparam depois da rendição dos Japoneses, e numa zona Norte, que foi ocupada pelos Chineses. No Sul, depois da rendição do Japão, os Ingleses combateram os nacionalistas e ajudaram os Franceses a regressar. No Norte, Ho Chi Min proclamou a República Democrática do Vietname e, apesar de os Franceses terem regressado ao Vietname do Norte, com a autorização do governo vietnamita, provavelmente para acelerar a retirada dos Chineses corruptos e gananciosos, a afirmação dos Franceses dos seus direitos no final de 1946 deparou com uma resistência vietnamita suficientemente organizada para começar uma guerra que conseguiu expulsar os Franceses da Indochina, em 1954. A esta seguiu-se uma outra luta feroz, quando os Estados Unidos intervieram para tentar deter os comunistas vietnamitas, apesar do seu anterior apoio a este movimento, contra os Franceses. Mais tarde, o novo governo do Vietname do Norte, que tomara o poder depois de os Japoneses terem destruído o poder dos Franceses e de os Aliados terem destruído o poder dos Japoneses, conquistou e tornou comunista toda a Indochina.

Numa outra parte do império francês, que tinha ligações mais estreitas com a França propriamente dita, a guerra modificou as relações entre governantes e governados; com efeito, a luta do pós-guerra pela Argélia pode datar-se do próprio dia em que teve lugar a rendição da Alemanha, 8 de Maio de 1945. As condições da guerra agravaram os problemas sociais que haviam surgido com o aumento da população, que foi uma característica dos países subdesenvolvidos no século XX: depois da ocupação do Norte de África, em 1942, pelos Ingleses e

Americanos, as carências aumentaram e os preços subiram. A guerra modificou as atitudes políticas. Antes da guerra existiam três movimentos argelinos indígenas: um movimento «reformista» muçulmano, que tinha como objectivo a restauração da pureza muçulmana; um grupo que tinha como objectivo uma completa igualdade com os Franceses na Argélia, liderado por Ferhat Abbas; e um partido que queria a independência, liderado por Messali Hadj. A derrota dos Franceses, em 1940, e o aparecimento do regime de Vichy, que rejeitava 70 anos de domínio republicano em França, apenas trouxeram consigo um conservantismo mais rígido. A invasão anglo-americana, no final de 1942, parecia significar, por conseguinte, a derrota da França conservadora e a sua substituição pelos Americanos, que pareciam muito poderosos, e que não se mostravam entusiasmados com a integridade do império francês. No início de 1943, Ferhat Abbas escreveu a Roosevelt apresentando as suas reivindicações e conversou com Robert Murphy, o representante pessoal de Roosevelt para o Norte de África. Desta forma, foi com a concordância tácita dos Americanos que Ferhat Abbas publicou, em Fevereiro de 1943, o «Manifesto do Povo Argelino», que reivindicava a autonomia da Argélia. Um ano mais tarde, o governo provisório de De Gaulle, em Argel, tentou recuperar terreno perdido proclamando a igualdade de cidadania para os Argelinos que se revelou ser mais evidente em teoria do que na prática. Em resposta, os adversários argelinos do poder dos Franceses uniram-se na «Associação dos Amigos do Manifesto» que, com a aproximação do fim da guerra, exigia a independência da Argélia. Uma manifestação, aparentemente organizada para chamar a atenção da opinião pública internacional, incluindo a da recentemente criada Organização das Nações Unidas, desencadeou inesperadamente motins entre camponeses pobres numa zona em volta de Setif, a cerca de 150 quilómetros a leste de Argel. Seguiu-se uma tentativa de insurreição geral. As autoridades francesas previram-na e reprimiram--na com violenta determinação, por meio da força aérea, de bombardeamentos navais e das suas tropas que haviam sido aerotransportadas para o efeito. Cerca de 100 franceses e talvez 5000 argelinos muçulmanos foram mortos. A partir daí, segundo o seu testemunho, os nacionalistas argelinos esperaram apenas por uma oportunidade melhor para se revoltarem, o que aconteceu em 1954.

À Segunda Guerra Mundial, por conseguinte, seguiu-se uma estabilidade política na Europa e uma instabilidade na África e na Ásia. A estabilidade europeia era consequência de uma divisão efectuada, de facto, com o acordo das grandes potências, durante a guerra, e que se manteve depois de a guerra ter acabado, apesar de ter sido conseguida por meio de ameaças mútuas, e cada vez mais apocalípticas, de destruição. Fora da Europa, as grandes potências não estavam de acordo quanto às suas respectivas esferas de influência, e mesmo que tivessem estado, as populações não europeias não estavam dispostas a aceitar as suas directivas.

A segunda metade do século XX foi marcada pela transformação do Japão e da Alemanha Ocidental, de inimigos que eram das democracias ocidentais em amigos prósperos, alinhados contra a expansão comunista. No novo mundo comunista, em expansão a partir de 1945, a expropriação dos bens e a deportação das pessoas foram os destinos das classes abastadas e da maior parte da *intelligentsia,* para benefício material de alguns dos camponeses mais pobres das classes trabalhadoras, enquanto no Ocidente capitalista industrializado, a reconstrução económica do pós-guerra demonstrou ser, inesperadamente, apenas o prelúdio de um desenvolvimento económico que durou várias décadas. Os subsídios e empréstimos dos Estados Unidos compensaram os obstáculos à expansão económica que a falta de dólares no pós-guerra para alimentar e reequipar as economias sobreviventes poderia de outra forma ter causado, e encorajaram a integração política e económica da Alemanha Ocidental e do Japão no mundo ocidental. No final de 1949, a produção industrial da Alemanha Ocidental ultrapassou os seus níveis anteriores à guerra e surgiu a nova República Federal Alemã. A ocupação do Japão pelos Estados Unidos, chefiada pelo general MacArthur como seu déspota iluminado, devotou a sua energia, durante dois ou três anos, à desmilitarização, à democratização e à emancipação da sociedade japonesa. Então, o receio da expansão comunista transferiu a sua ênfase para a recuperação económica e até para uma inversão, na prática, da proibição de forças militares imposta pela Constituição elaborada pelos Americanos. A ajuda americana, a par das importações para a guerra da Coreia, cuidava da balança de pagamentos do Japão e estimulava a expansão económica. Os níveis de produção e de consumo anteriores à guerra foram ultrapassados num prazo de seis anos após a rendição, à medida que o crescimento prosseguia a um ritmo sem precedentes. A hegemonia económica dos Estados Unidos, que foi uma consequência da Segunda Guerra Mundial, era agora utilizada como uma arma do liberalismo capitalista, e ajudou a fomentar uma prosperidade no pós-guerra expressa e mantida através dos milagres económicos das duas potências que perderam a guerra.

Nenhuma conferência de paz solene marcou o fim da Segunda Guerra Mundial. As grandes potências, com relutância e passo a passo, construíram o novo mundo durante a segunda metade do século XX. Uma série de negociações e encontros complexos estabeleceram a transcrição entre a grande aliança da América, da Inglaterra e da Rússia para as novas alianças, dirigidas contra a União Soviética. O culminar formal destas negociações ocorreu em Paris, no dia 23 de Outubro de 1954. A ocupação dos Aliados na Alemanha Ocidental acabou então; as tropas inglesas, francesas e americanas permaneceram na Alemanha como amigas para ajudar à sua defesa, e os Aliados convidaram a Alemanha Ocidental a juntar-se à Inglaterra, à França e aos Estados Unidos na NATO.

A SEGUNDA GUERRA MUNDIAL: UMA PEQUENA LISTA DE LIVROS

Bons trabalhos em apenas um volume são o de P. Calvocoressi e G. Wint, *Total War* (Londres, 1972), o de H. Michael, *The Second World War* (Londres 1974) e um pequeno estudo, que se concentra em temas sociais e económicos: G. Wright, *The Ordeal of Total War* (Nova Iorque, 1968). Para uma investigação pormenorizada, os trabalhos mais importantes são as histórias oficiais americana e inglesa. A Marinha dos Estados Unidos tem uma obra-prima de 15 volumes de S.E. Morison, *History of US Naval Operations in World War II* (Boston, Mass.,1947-62). W. Craven e J. Cate (orgs.) juntaram estudos individuais no seu *The Army Air Forces in World War II*, 7 vols. (Chicago, 1948-58), e, para as forças terrestres, a grande série de volumes em *The United States Army in World War II* tem o tratamento mais exaustivo até à data de todos os exércitos. K. R. Greenfield (org.), *Command Decisions* (Washington, 1960) reúne autores individuais com ensaios sobre pontos essenciais. O HM Stationery Office publicou dois grandes conjuntos de documentação na oficial *British History of the Second World War*, na *UK Civil Series* e na *UK Military Series*, a primeira sobre os problemas sociais e económicos, a segunda inclui estudos sobre as diversas campanhas e, numa importante subsérie de seis volumes, investigações valiosas, de *Grand Strategy*. Uma subsérie oficial inglesa mais recente, da autoria de F. H. Hinsley e outros sobre *British Intelligence during the Second World War, its influence on Strategy and Operations*, 3 vols. (Londres, 1979-88), reavalia de forma impressionante a guerra europeia, utilizando algumas provas ainda fora do domínio público. O Comando de Bombardeiros da RAF tem quatro volumes por C. Webster e N. Frankland, *The Strategic Air Offensive against Germany 1939-45*, 4 vols. (Londres, 1961). Relatos extensos do United States Strategic Bombing Survey foram publicados e fornecem informações essenciais sobre vários aspectos dos esforços de guerra da Alemanha e do Japão, assim como sobre os ataques bombardeiros estratégicos dos aliados. Uma selecção dos relatórios mais importantes foi feita por D. MacIsaac, em volumes (Nova Iorque, 1976). Existem boas histórias oficiais encomendadas pelos Domínios Ingleses e pela Índia. V. J. Esposito (org.) em *The West Point Atlas of American Wars*, vol. II, 1900-1953 (Nova Iorque, 1959) fornece mapas admiráveis com comentários.

Noutras línguas, os departamentos de História do Exército, da Força Aérea e da Marinha franceses estão a apresentar estudos excelentes, assim como os respectivos ministérios italianos, mais lentamente. Para a Alemanha, o trabalho oficialmente apoiado *Militärgeschichtliches Forschungsamt* em Friburgo está a publicar um número cada vez maior de estudos da mais alta qualidade. Do japonês têm sido traduzidas várias séries de ensaios, especialmente sob a direcção de J. W. Morley. O relato oficial russo mais recente sobre a guerra está contido nos 12 volumes da *Istorya woroi mirovoi voiny* (Moscovo, 1973-83).

A maioria dos trabalhos sérios que apareceram sobre a Segunda Guerra Mundial vêm referidos em dois periódicos, um deles alemão, o *Vierteljahrshefte für Zeitgeschichte* e o outro francês, a *Revue d'Histoire de la Deuxième Guerre Mondiale*. Duas compilações por A.G.S. Enser dão títulos de aproximadamente dez mil livros em inglês: *A Subject Bibliography of the Second World War, Books in English 1939-1974* (Londres, 1977) e *Books in English 1975-1983* (Aldershot, 1985).

Origens da Guerra na Europa e no Extremo Oriente

GERAL

A. P. ADAMTHWAITE, *The Making of the Second World War* (Londres, 1979).
P. M. H. BELL, *The Origins of the Second World War in Europe* (Londres, 1986).
G. MARTEL (org.), *The Origins of the Second World War Reconsidered. The A. J. P. Taylor Debate after Twenty-five Years* (Boston, 1986).
W. J MOMMSEN e L. KETTENACKER (orgs.), *The Fascist Challenge and the Policy of Appeasement* (Londres, 1983).
R. J. OVERY, *The Origins of the Second World War* (Londres, 1987).
K. ROBBINS, *Munich, 1938* (Londres, 1968).
A. J. P. TAYLOR, *Origins of the Second World War* (Londres, 1961).

ALEMANHA

V. R. BERGHAHN, *Modern Germany* (Cambridge, 1987).
W. CARR, *Arms, Autarchy and Agression* (Londres, 1972).
K. HILDEBRAND, *The Foreign Policy of the Third Reich* (Londres, 1973).
—, *The Third Reich* (Londres, 1984).
I. KERSHAW, *The Nazi Dictatorship* (Londres, 1985).
N. STONE, *Hitler* (Londres, 1980).
G. L. WEINBERG, *The Foreign Policy of Hitler's Germany*, 2 vols. (Chicago, 1970-80).

REINO UNIDO

U. BIALER, *The Shadow of the Bomber* (Londres, 1980).
M. CAEDEL, *Pacifism in Britain* Oxford, 1980).
M. COWLING, *The Impact of Hitler* (Cambridge, 1975).
D. DILKS, *Retreat from Power*, vol. I, (Londres, 1981).
N. H. GIBBS, *Grand Strategy*, vol. I, *Rearmament Policy* (Londres, 1976).
M. GILBERT, *Roots of Appeasement* (Londres, 1966).
M. HOWARD, *The Continental Commitment* (Londres, 1972).
G. C. PEDEN, *British Rearmament and the Treasury* (Edimburgo, 1979).
D. C. WATT, «Misinformation, Misconception, Mistrust — Episodes in British Policy and the Approach of War» *in* M. BENTLEY e J. STEVENSON (orgs.), *High and Low Politics in Modern Britain* (Oxford, 1983).

FRANÇA

A. P. ADAMTHWAITE, *France and the Coming of the Second World War* (Londres, 1977).
B. R. J. YOUNG, *In Command of France. French foreign policy and military planning 1933-40* (Cambridge, Mass, 1978).

POLÓNIA

A. M. CIENCIALA, *Poland and the Western Powers 1938-39* (Londres, 1968).

ITÁLIA

D. MACK SMITH, *Mussolini's Roman Empire* (Londres, 1979).
MacGregor KNOX, *Mussolini Unleashed 1939-41* (Cambridge, 1982).

ESTADOS UNIDOS DA AMÉRICA

R. A. DALLEK, *Franklin D. Roosevelt and American Foreign Policy* (Nova Iorque, 1978).

W. L. LANGER e S. E. GLEASON, *The Challenge to Isolation: The World Crisis of 1937-1940 and American Foreign Policy*, 2 vols., (Nova Iorque, 1952, 1953).

A. A. OFFNER, *American Appeasement 1933-1938* (Cambridge, Mass, 1969).

D. REYNOLDS, *The Creation of the Anglo-American Alliance 1937-41* (Londres, 1981).

JAPÃO

N. IKE (org.), *Japan's Decision for War, Records of the 1941 Conferences* (Stanford, 1967).

A. IRIYE, *The Origins of the Second World War in Asia and the Pacific* (Londres, 1987).

F. C. JONES, *Japan's New Order in East Asia 1937-1945* (Oxford, 1954).

P. LOWE, *Great Britain and the Origins of the Pacific War* (Oxford, 1977).

I. H. NISH, *Aliance in Decline* (Londres, 1977).

Batalhas e campanhas (para além das histórias oficiais)

GERAL

E. von MANSTEIN, *Lost Victories* (Londres, 1958).
F. W. von MELLENTHIN, *Panzer Battles 1939-45* (Londres, 1955).
A. SEATON, *The German Army 1933-45* (Londres, 1982).
M. Van CREVELD, *Supplying War* (Cambridge, 1977).

OCIDENTE E MEDITERRÂNEO

S. E. AMBROSE, *The Supreme Commander. The War Years of General Dwight D. Eisenhower* (Nova Iorque, 1968).

E. BELFIELD e S. ESSAME, *Battle for Normandy* (Londres, 1975).

B. BOND, *France and Belgium 1939-40* (Londres, 1975).

G. CHAPMAN, *Why France Collapsed* (Londres, 1968).

E. M. GATES, *End of the Affair. The Collapse of the Anglo-French Alliance 1939-40* (Berkeley, 1981).

D. GRAHAM e S. BIDWELL, *Tug of War. The Battle for Italy 1943-45* (Londres, 1986).

J. A. GUNSBERG, *Divided and Conquered: The French High Command and the Defeat of the West* (Westport, 1979).

N. HAMILTON, *Monty*, 3 vols., (Londres, 1981, 1983, 1986)

M. HASTINGS, *Overlord* (Londres, 1984).

J. KEEGAN, *Six Armies in Normandy* (Londres, 1982).

R. LAMB, *Montgomery in Europe 1943-45* (Londres, 1983).

J. ROHWER, *The Critical Convoy Battles of March 1943* (Londres, 1977).
R. F. WEIGLEY, *Eisenhower's Lieutenants* (Londres, 1981).

O EXTREMO ORIENTE E A BOMBA ATÓMICA
C. BLAIR, *Silent Victory. The US Submarine War against Japan* (Filadélfia, 1975).
R. J. C. BUTOW, *Japan's Decision to Surrender* (Stanford, 1954).
B. COLLIER, *The War in the Far East* (Londres, 1969).
J. W. DOWER, *War without Mercy* (Nova Iorque, 1986).
H. FEIS, *Japan Subdued. The Atomic Bomb and the End of the War in the Pacific* (Princeton, 1961).
M. M. GOWING, *Britain and Atomic Energy 1939-45* (Londres, 1964).
R. G. HEWLETT e O. E. ANDERSON, *A History of the United States Atomic Energy Commission*, vol. I, *The New World* (Washington, 1972).
D. IRVING, *The Virus House* (Londres, 1967).
R. RHODES, *The Making of the Atomic Bomb* (Nova Iorque, 1986).

A GUERRA GERMANO-SOVIÉTICA
S. BIALER (org.), *Stalin and his Generals. Soviet Military Memoirs* (Nova Iorque, 1969).
P. CARELL, *Hitler's War on Russia*, 2 vols., (Londres, 1964, 1970).
R. CECIL, *Hitler's Decision to Invade Russia* (Londres, 1975).
J. ERICKSON, *Stalin's War with Germany*, 2 vols., (Londres, 1975, 1983).
B. LEACH, *German Strategy Against Russia* (Oxford, 1973).
A. SEATON, *The Russo-German War* (Londres, 1971).
M. VAN CREVELD, *Hitler's Strategy 1940-41. The Balkan Clue* (Cambridge, 1973).
E. F. ZIEMKE, *Stalingrad to Berlim* (Washington, 1968).

A GUERRA AÉREA
M. HASTINGS, *Bomber Command* (Londres, 1979).
N. LONGMATE, *The Bombers. The RAF Offensive against Germany* (Londres, 1983).
W. MURRAY, *Luftwaffe. Strategy for Defeat* (London, 1985).
M. MIDDLEBROOK, *The Berlin Raids. RAF Bomber Command Winter 1943-44* (Londres, 1988).
—, *The Battle of Hamburg* (Londres, 1980).
—, *The Peenemünde Raid* (Londres, 1982).
R. OVERY, *The Air War 1939-45* (Londres. 1980).
R. V. JONES, *Most Secret War* (Londres, 1978).

J. Terraine, *The Right of the Line. The RAF in the European War* (Londres, 1985).

D. Wood e D. Dempster, *The Narrow Margin. The Battle of Britain* (Londres, 1961).

Churchill, Roosevelt, estratégia aliada e relações anglo-americanas

E. Barker, *Churchill and Eden at War* (Londres, 1978).

P. Brendon, *Winston Churchill. A Brief Life* (Londres, 1984).

J. M. Burns, *Roosevelt, the Soldier of Freedom* (Nova Iorque, 1970).

W. S. Churchill, *The Second World War*, 6 vols., (Londres, 1948-1954).

R. N. Gardner, *Sterling-Dollar Diplomacy* (Oxford, 1956).

M. Gilbert, *Winston S. Churchill*, vol. VI, *Finest Hour* (Londres, 1983); vol. II, *Road to Victory* (Londres, 1986).

R. M. Hathaway, *Ambiguous Partnership. Britain and America 1944--47* (Nova Iorque, 1981).

M. Howard, *Grand Strategy*, vol. IV, (Londres, 1972).

J. M. Keynes, *Collected Writings*, vol. XXIV, *The Transition to Peace* (Londres, 1979).

W. F. Kimball (org.), *Churchill and Roosevelt. The Complete Correspondence*, 3 vols., (Princeton, 1984).

W. R. Louis, *Imperialism at Bay* (Oxford, 1977).

M. Matloff e E. M. Snell, *Strategic Planning for Coalition Warfare 1941-43* (Washington, 1953).

W. H. McNeill, *America, Britain and Russia 1941-1946* (Londres, 1953).

M. Matloff, *Strategic Planning for Coalition Warfare 1943-44* (Washington 1959). H. M. Pelling, *Winston Churchill* (Londres, 1974).

M. A. Stoler, *The Politics of the Second Front* (Westport, 1977).

C. Thorne, *Allies of a Kind* (Londres, 1978).

D. C. Watt, *Succeeding John Bull* (Cambridge, 1984).

Economia e Sociedade

J. M. Blum, *V was for Victory* (Nova Iorque, 1976).

A. Cairncross, *Years of Recovery. British Economic Policy 1945-51* (Londres, 1985).

A. Calder, *The People's War. Britain 1939-45* (Londres, 1969).

D. Campbell, *Women at War with America* (Cambridge, Mass., 1984).

J. B. Cohen, *The Japanese War Economy 1937-45* (Minneapolis, 1949).

J. Costello, *Love, Sex and War* (Londres, 1985).
M. Harrison, *Soviet Planning in Peace and War 1938-1945* (Cambridge, 1985).
S. M. Hartmann, *The Home Front and Beyond. American Women in the 1940s* (Boston, 1982).
S. J. Linz (org.), *The Impact of World War II on the Soviet Union* (Totowa, 1985).
A. S. Milward, *War Economy and Society* (Londres, 1977).
— *The Reconstruction of Western Europe 1945-51* (Londres, 1984).
R. J. Overy, *Goering, Iron Man* (Londres, 1984).
R. Polenberg, *War and Society. The United States 1941-45* (Filadélfia, 1972).
H. L. Smith (org.), *War and Social Change* (Manchester, 1986).
P. Summerfield, *Women Workers in the Second World War* (Londres, 1984).
US Bureau of the Budget, *The U. S. at War* (Washington, 1948).
N. A. Vosnesensky, *The Economy of the URSS during World War II* (Washington, 1948).

Moral

R. Ahrenfeldt, *Psychiatry in the British Army* (Londres, 1958).
M. Balfour, *Propaganda in War, 1939-1945* (Londres, 1979).
J. Ellis, *The Sharp End of War. The Fighting Man in World War II* (Newton Abbot, 1980).
T. Harrisson, *Living Trough the Blitz* (Londres, 1976).
I. Kershaw, *Popular Opinion and Political Dissent in the Third Reich, Bavaria 1933-45* (Oxford, 1983).
I. McLaine, *Ministry of Morale* (Londres, 1979).
M. Steinert, *Hitler's War and the Germans* (Atenas, Ohio, 1977).
S. A. Stouffer (org.), *The American Soldier*, 2 vols., (Prinecton, 1949).
M. Van Creveld, *Fighting Power. German and US Army Performance 1939-45* (Londres, 1983).

O Extermínio dos Judeus

C. Abramski (org.), *The Jews in Poland* (Oxford, 1986).
R. Ainsztein, *Jewish Resistance in Nazi-occupied Eastern Europe* (Nova Iorque, 1974).
R. Braham, *The Politics of Genocide. The Holocaust in Hungary*, 2 vols., (Nova Iorque, 1981).
H. Fein, *Accounting for Genocide* (Nova Iorque, 1979).

G. FLEMING, *Hitler and the Final Solution* (Londres, 1985).
R. HILBERG, *The Destruction of the European Jews*, 3 vols., (nova ed., Nova Iorque, 1985).
G. HIRSCHFELD, *The Policies of Genocide* (Londres, 1986).
W. LAQUEUR, *The Terrible Secret* (Londres, 1980).
P. LEVI, *If This is a Man* (Londres, 1960).
M. R. MARRUS e R. O. PAXTON, *Vichy France and the Jews* (Londres, 1981).
E. MENDELSOHN, *The Jews of East Central Europe between the World Wars* (Bloomington, 1983).
G. REITLINGER, *The Final Solution* (Londres, 1953).
B. WASSERSTEIN, *Britain and the Jews of Europe* (Oxford, 1979).
D. S. WYMAN, *The Abandonment of the Jews. America and the Holocaust* (Nova Iorque, 1984).
S. ZUCOTTI, *The Italians and the Holocaust* (Londres, 1987).

Origens da Guerra Fria

T. H. ANDERSON, *The United States, Great Britain and the Cold War* (Colúmbia, 1981).
J. COUTOUVIDIS e J. REYNOLDS, *Poland 1939-47* (Leicester, 1986).
J. L. GADDIS, *The United States and the Origin of the Cold War* (Nova Iorque, 1972).
B. R. KUNIHOLM, *The Origins of the Cold War in the Near East* (Princeton, 1979).
W. LE FEBER, *America, Russia and the Cold War* (Nova Iorque, 1967).
V. MASTNY, *Russia's Road to the Cold War* (Nova Iorque, 1979).
M. MCCAULEY (org.), *Comunist Power in Europe 1944-49* (Londres, 1977).
R. L. MESSER, *The End of an Alliance* (Chapell Hill, 1982).
A. POLONSKY (org.), *The Great Powers and the Polish Question* (Londres, 1976).
G. ROSS (org.), *The Foreign Office and the Kremlin* (Cambridge, 1984).
V. H. ROTHWELL, *Britain and the Cold War* (Oxford, 1971).

Consequências da Guerra

J. M. BROWN, *Modern India* (Deli, 1985).
M. J. COHEN, *Palestine and the Great Powers 1945-48* (Princeton, 1982).
A. DALLIN, *German Rule in Russia* (Londres, 1957).

D. W. Ellwood, *Italy 1943-45* (Leicester, 1985).
M. R. D. Foot, *Resistance* (Londres, 1976).
G. Frumkin, *Population Changes in Europe since 1939* (Nova Iorque, 1951).
R. F. Holland, *European Decolonisation 1918-81* (Londres, 1985).
H. R. Kedward, *Occupied France. Collaboration and Resistance* (Oxford, 1985).
C. Killingray e R. Rathbone (org.), *Africa and the Second World War* (Londres, 1986).
N. Longmate, *The G.I.'s: the Americans in Britain 1942-45* (Nova Iorque, 1976).
W. R. Lewis, *The British Empire in the Middle East 1945-51* (Oxford, 1984).
P. Lowe, *The Origins of the Korean War* (Londres, 1986).
M. R. Marrus, *The Unwanted. European Refugees in the Twentieth Century* (Nova Iorque, 1985).
R. Ovendale, *The Origins of the Arab-Israeli Wars* (Londres, 1984).
C. Thorne, *The Issue of War. Societies and the Far Eastern Conflit* (Londres, 1985).
T. I. Williams, *Howard Florey. Penicillin and After* (Londres, 1984).

ÍNDICE

PREFÁCIO		7
I.	HITLER, A ALEMANHA E AS ORIGENS DA GUERRA NA EUROPA	9
II.	A CONQUISTA ALEMÃ DA POLÓNIA, DA NORUEGA, DOS PAÍSES BAIXOS E DA FRANÇA	31
III.	A INGLATERRA SOZINHA NA GUERRA	57
IV.	A OPERAÇÃO BARBAROSSA: O ATAQUE DA ALEMANHA À UNIÃO SOVIÉTICA	77
V.	OS ESTADOS UNIDOS ENTRAM NA GUERRA: AS ORIGENS DO ATAQUE DO JAPÃO.	91
VI.	AS VITÓRIAS E DESILUSÕES DO JAPÃO: DEZEMBRO DE 1941 A AGOSTO DE 1942	107
VII.	O FIM DA EXPANSÃO ALEMÃ: O ATLÂNTICO, O NORTE DE ÁFRICA E A RÚSSIA, DE 1942 A 1943	117
VIII.	AS ESTRATÉGIAS ANGLO-AMERICANAS PARA A VITÓRIA	141
IX.	ECONOMIAS EM GUERRA	161
X.	OS BOMBARDEAMENTOS ESTRATÉGICOS	185
XI.	O MORAL	213
XII.	OBRIGANDO OS ALEMÃES A RECUAR: O NORTE DE ÁFRICA, A ITÁLIA E A RÚSSIA	219
XIII.	O DIA D E A VITÓRIA NA EUROPA	241
XIV.	A DERROTA DO JAPÃO E A BOMBA ATÓMICA	275
XV.	DA GUERRA ATÉ À PAZ: AS RELAÇÕES ANGLO-AMERICANAS	299
XVI.	DA ALIANÇA À GUERRA FRIA: A UNIÃO SOVIÉTICA E O OCIDENTE	307
XVII.	O O IMPACTO DA GUERRA: O MASSACRE DOS JUDEUS EUROPEUS	323
XVIII.	O O IMPACTO DA GUERRA: BAIXAS, CRISE E MUDANÇA	343
BIBLIOGRAFIA		373